Zehn Frauen, die sich in ihrer Jugend gut kannten, erzählen fünf Jahrzehnte später aus ihrem wechselvollen Leben. Da ist zuerst die Schulzeit in der Stettiner Schule von 1939 bis 1945, die zunehmend bestimmt wird durch den Zweiten Weltkrieg mit Bombenangriffen und der Evakuierung der Klasse. Als die Sechzehnjährigen in Grimmen, einer kleinen Stadt in Vorpommern, entlassen werden, ist Stettin schon Kriegsschauplatz, die Eltern sind geflohen. Von der Roten Armee aus Grimmen ausgewiesen, machen sich viele auf den Weg in ihre Heimatorte, jedoch auch diese müssen sie wieder verlassen.

Vor dem Hintergrund der gemeinsamen Herkunft der Frauen, ihrer Erziehung durch die Schule und ihres engen Miteinanders während der Kinderlandverschickung ist es interessant, ihre Wege im einzelnen weiterzuverfolgen. Die chaotische Zeit direkt nach dem Krieg, die Erfahrung von Flucht, Hunger und Krankheit waren für alle prägend. Jedoch gelingt es ihnen, allmählich in einer fremden Umgebung heimisch zu werden, schließlich eine eigene Familie zu gründen, oft spät noch einen Beruf zu erlernen. So erzählen sie vom Verlust der vertrauten Heimat, doch auch von ihrem Lebenswillen, ihrer Hoffnung und ihrem Glauben.

Manche der Frauen hatten in Ost-, andere in Westdeutschland ein neues Zuhause gefunden, und die Probleme ihres Alltags waren vielfach charakteristisch für den jeweiligen Staat. Viele der wichtigen Ereignisse ihres Lebens waren bestimmt durch das politische Geschehen. So vermitteln die privaten Geschichten ein farbiges Bild der unterschiedlichen Lebensweisen in den beiden deutschen Staaten und können zu mehr Verständnis der Menschen füreinander beitragen. Darüber hinaus spiegelt sich darin die politische Geschichte Deutschlands von der Zeit des Nationalsozialismus bis zur Wiedervereinigung.

Marie Lammers, 1929 bei Stettin geboren, studierte Germanistik und Geschichte. 1959 ging sie mit ihrer Familie von der DDR in die Bundesrepublik. Die Lebensberichte ihrer früheren Stettiner Mitschülerinnen zeichnete sie nach dem ersten »gesamtdeutschen« Treffen der Klasse auf.

Marie Lammers

Lebenswege
in Ost- und Westdeutschland

Frauen aus einer Stettiner
Schulklasse erzählen

Fischer
Taschenbuch
Verlag

Die Frau in der Gesellschaft
Herausgegeben von Ingeborg Mues

Originalausgabe
Veröffentlicht im Fischer Taschenbuch Verlag GmbH,
Frankfurt am Main, Juli 1996

© Fischer Taschenbuch Verlag GmbH, Frankfurt am Main 1996
Gesamtherstellung: Clausen & Bosse, Leck
Printed in Germany
ISBN 3-596-13065-4

Gedruckt auf chlor- und säurefreiem Papier

Inhalt

Einleitung

Ein unsichtbares Band

Im Oktober 1991 fahre ich mit einem gemächlichen Zug durch das herbstliche Land am Südrand des Harzes. Mir gegenüber im Abteil sitzen zwei ältere Damen, die sich vertraulich miteinander unterhalten. »Wohl Schwestern«, denke ich. An einer der kleinen Stationen verabschieden sie sich herzlich voneinander: »Im nächsten Monat bei mir!« – Die Weiterfahrende erzählt mir dann, sie komme von einem Treffen mit ehemaligen Mitschülerinnen, die am Ende des Zweiten Weltkriegs aus Posen in den Harz verschlagen wurden und sich nun immer noch in regelmäßigen Abständen bei einer von ihnen sehen. »Uns hält ein unsichtbares Band zusammen«, sagt sie, »und besonders seit von meinen Angehörigen niemand mehr am Leben ist, sind mir die alten Freundschaften sehr wichtig. Wir kennen uns ja seit der Kindheit und können über alles miteinander sprechen.«

Auch ich bin unterwegs zu einem Klassentreffen. Meine Klasse war im Frühjahr 1945 »ins Leben entlassen« worden, wenige Wochen, bevor die Rote Armee die kleine Stadt Grimmen in Vorpommern erreichte, wohin man unsere Schule aus Stettin evakuiert hatte. Zu dieser Zeit war unsere Heimat bereits Kriegsschauplatz, die Eltern geflohen, die Väter zum Teil noch eingezogen, und wir wurden nun in alle Winde verstreut. Erst in diesem Herbst, 46 Jahre später, kommen wir zu unserem ersten Treffen zusammen. Vor der Wiedervereinigung wäre es nicht möglich gewesen, denn ein Teil der Klasse lebte in der DDR, der andere in der BRD.

»Freuen Sie sich!« sagt die Dame aus Posen, bevor sie aussteigt, »von einem Klassentreffen ist noch niemand enttäuscht nach Hause gefahren!« – Aber ich bin etwas skeptisch und unruhig; von meinen Mitschülerinnen habe ich in den vergangenen 46 Jahren nur wenige wiedergesehen. Unsere Heimatstadt heißt heute Szczecin, dort konnten wir uns nicht mehr begegnen, und das Briefeschreiben schlief im Laufe von arbeitsreichen Jahren ein. So hatte ich nun zu keiner der Ehemaligen mehr Kontakt.

In unserer Jugend waren wir teilweise sehr vertraut miteinander gewesen. Unsere gemeinsame Zeit in der Mittelschule hatte 1939, dem Jahr des Kriegsausbruchs, in Stettin begonnen. Während der Kinderlandverschickung und der Evakuierung zwischen 1942 und 1945 hatten wir uns gegenseitig Eltern, Geschwister und Freunde ersetzen müssen; so war aus der zufällig zusammengewürfelten Klasse eine engere Gemeinschaft geworden, als es sonst wohl der Fall ist. Aber nun, im Herbst 1991, liegt das alles sehr weit zurück, und ich spüre das Band nicht mehr, das sicher auch uns einmal verbunden hatte.

Wir kommen jetzt aus den verschiedensten Teilen Deutschlands, von der Oder und aus der Pfalz, von der Insel Sylt und aus Berlin, aber es wird nicht mehr die ganze Klasse sein. Nicht alle hatten die schwere Nachkriegszeit überlebt. Von einigen konnte keine Adresse ausfindig gemacht werden, niemand weiß, wohin sie verschlagen wurden. Andere waren jetzt durch schwere Krankheit verhindert, und wenige mochten nicht an die Erlebnisse der Kriegs- und Nachkriegszeit erinnert werden; sie hatten deshalb auch den Kontakt zu den alten Freundinnen nicht mehr gewollt. Andere wären gerne gekommen, aber sie hatten eine alte Mutter zu betreuen oder ihren kranken Mann zu pflegen. So würde ich nur etwa die Hälfte der ehemaligen Mitschülerinnen in S. wiedersehen.

Wir sind bei unserem ersten Klassentreffen nun 62 und 63 Jahre alt; in unser Leben haben drei der großen politischen Umbrüche, die Deutschland in diesem Jahrhundert erlebte, hineingewirkt: 1933 die »Machtergreifung« Hitlers, 1945 das Kriegsende und die Teilung Deutschlands und schließlich, 1989/90, die Wiedervereinigung von DDR und BRD. Die meisten von uns sind 1929 geboren; wir erlebten also unsere Kindheit unter der nationalsozialistischen Herrschaft. Unser »Erwerbsleben« begann, als wir, meist sechzehnjährig, mit dem Zusammenbruch Hitlerdeutschlands für unsere Versorgung und die unserer geflüchteten Angehörigen mit zuständig wurden; es endete für die meisten 1989, als die Klassenkameradinnen in der DDR mit sechzig Jahren in Rente gingen. So fiel die Zeit unseres Erwachsenenlebens zusammen mit dem Bestehen zweier deutscher Staaten. Ein Teil von uns war zwischen 1945 und 1961 in den Westen gegangen; die anderen waren »mit der DDR alt geworden«, wie eine von ihnen sagte. Sie hatten nur als kleine Kinder in einem freien Staat gelebt – der Weimarer Republik in ihrem Endstadium, das bestimmt war durch die Weltwirtschaftskrise und Terror von links und rechts.

Unser Treffen würde also auch eine Ost-West-Begegnung werden. Von einigen Klassenkameradinnen in der DDR hatte ich gehört, daß sie dort gern und gut gelebt haben; aber wie war es den anderen ergangen? Ob sie die »Nische« für sich gefunden hatten, wo sie von Forderungen nach politischen Bekenntnissen und Betätigungen nicht behelligt worden waren?

Ich kannte die Mechanismen, mit denen man in der DDR versuchte, Menschen in ein politisches Korsett zu zwingen, sie in ihrer Eigenständigkeit zu behindern; denn ich hatte nach dem Kriegsende und in den Anfangsjahren der DDR ebenfalls dort gelebt, hatte nach meiner Ausbildung eine Familie gegründet und versucht, in einer Schule zu unterrichten. Aber das war mir nicht lange möglich. Während des Studiums hatte ich noch frei diskutieren können; im Beruf, 1952, wurde von mir die Beeinflussung der Schüler im Sinne der SED verlangt, und ich gab meine Tätigkeit nach einem halben Jahr wieder auf. Wir blieben noch sechs Jahre in der DDR, fühlten uns aber immer mehr behindert und immer weniger sicher. Als es auch für meinen Mann gewiß war, daß er dort in seinem Beruf nicht in der Weise arbeiten konnte, wie er es für richtig hielt, verließen wir 1959 das Land. Zwei Jahre vor dem Bau der Mauer war es noch möglich, mit unauffälligem Gepäck von Ostberlin mit der S-Bahn in den Westsektor zu fahren.

Mein Neuanfang in der Bundesrepublik war schwierig. Ich mußte Zusatzexamen nach westdeutschen Anforderungen machen, meine kleine Tochter und ich lebten bei Freunden und in möblierten Zimmern, bis wir uns nach zwei Jahren in einer kleinen Wohnung einrichten konnten. Obgleich ich erst dreißig Jahre alt war, fiel es mir schwer, mich in die anders strukturierte Gesellschaft einzugewöhnen, und noch lange sah ich mich bei Gesprächen auf der Straße um, aus Sorge, jemand könnte hinter mir gehen und mich belauschen. Die ersten neuen Freunde fand ich unter den Kollegen, die auch aus »dem Osten« gekommen waren.

Einige unserer Klassenkameradinnen hatten immer Verbindung miteinander gehalten, auch DDR- mit BRD-Bürgerinnen. Vor allem Ines, die ganz im Süden der Bundesrepublik ein neues Zuhause gefunden hatte, bemühte sich darum. 1965 brachte sie für einen Klassen-Rundbrief die Anschriften vieler Ehemaliger in Erfahrung, dadurch lebten auch alte Freundschaften wieder auf. Im Sommer 1991 hatte Ines auch an mich geschrieben: »Jetzt können wir uns alle wiedersehen und sollten das auch tun!«

Als ich nun zum Klassentreffen reise, sind wir zwar schon seit einem Jahr in einem Staat vereinigt, jedoch die meisten Deutschen fühlen sich noch immer als Ost- oder als Westdeutsche. Würden wir überhaupt noch dieselbe Sprache sprechen?
Je näher mein Zug dem Ziel kommt, desto größer wird meine Aufregung. Die Aussicht, meine Mitschülerinnen wiederzusehen, erfüllt mich mit großer Spannung. Sollte ich doch noch mit meiner alten Klasse verbunden sein und habe es nur nicht mehr gespürt? – Der Zug hält. Annelise, bei der das Treffen stattfinden soll, hatte gesagt: »Ich hole dich ab, sonst nimm dir ein Taxi!« – Auf dem Bahnsteig steht niemand, aber als ich aus dem Zug klettere, läuft eine aufgeregte Schar älterer Frauen an mir vorbei. Die vordere schwenkt ein Schild an einer Stange, die anderen winken heftig mit ihren Regenschirmen. »Da ist sie!« ruft eine. »Nein, da kommt sie!« Und jetzt drängen sie sich um eine Frau mit königsblauem Hut, entreißen ihr das Köfferchen, umarmen sie alle heftig und rennen wieder lachend und redend zum Ausgang. Ich denke: Das können sie ja wohl nicht sein, meine Rentnerinnen und Großmütter, bleibe aber doch stehen – etwas an ihnen ist mir vertraut. Sie laufen mich fast um, als sie wieder zurück wollen, und ich rufe sie an. Eine erkennt mich und ich sie auch; die anderen soll ich raten: »Und wer bin ich?« Erwartungsvoll strahlen sie mich an, und tatsächlich erkenne ich die meisten von ihnen trotz der Veränderungen durch Runzeln und graue oder weiße Haare wieder. Eine Woge von Herzlichkeit nimmt mich

auf, ich werde zu einem Auto geschoben: »Nun komm mal, der Kaffee wartet!« Ich hatte mich erst für den nächsten Tag angemeldet und war zu früh gefahren.

Die meisten der Angereisten können mehrere Tage bleiben. Vielen sieht man an, daß sie schwere Bürden zu tragen hatten; aber ich habe den Eindruck: Alle konnten ihren Platz im Leben finden. Wir sitzen in der privaten Atmosphäre von Annelises Haus zusammen, machen weite Spaziergänge und haben Zeit füreinander, und in den Gesprächen finden wir bald hinter dem Fremden das Bekannte, Vertraute wieder. Einige sind mit ihren Männern gekommen, die sich jedoch im Hintergrund halten. Abends, wenn wir uns in die Mansarde unter dem Dach zurückziehen, sitzen sie geduldig unten um den großen Tisch und unterhalten sich. Wir hocken oben eng beisammen, erinnern uns auch an die alten Schulgeschichten, aber vor allem sprechen wir über die langen Jahre, in denen wir wenig oder gar nichts voneinander wußten.

Für mich wurden die Tage unseres Treffens eine sehr dichte Zeit voller überraschender Entdeckungen. Wir hatten teilweise ja schon dieselbe Volksschule besucht, nun kam durch Gespräche und Fotos vieles aus der Kindheit zurück, was dem Gedächtnis längst entfallen war. Ein verloren geglaubter Teil meines Lebens wurde mir wieder zugänglich, und ich mußte meinen Heimatort mit seinen Plätzen und Häusern nicht mehr allein in meiner Erinnerung suchen; wir hatten dieselben Menschen gekannt und waren durch dieselben Straßen gegangen. Auch wenn die Kindheit »zu Hause« nicht immer nur schön war; jetzt wurde mir bewußt, daß wir durch den Krieg nicht nur Besitz, soziales Ansehen und die uns vertraute Umgebung verloren hatten, sondern auch die Träume, Pläne und Hoffnungen unserer Kindheit und Jugend, die nur dort entstehen konnten, wo wir hingehörten und geborgen waren. Auch dieser Verlust war endgültig, ein Zurück in das Bekannte und Schützende von damals nie mehr möglich.

Bei späteren Besuchen in der Heimat reißen häufig wohl auch diese alten Wunden wieder auf: Die Orte sind trotz ihrer Zerstörung noch zu erkennen, Altvertrautes läßt Erinnerungen an die Kindheit wach werden, aber Neues, Fremdes will nicht zu dieser Erinnerung passen, so daß man schwankt zwischen freudigem Wiedererkennen und Enttäuschung. Auf unserem Klassentreffen erlebte ich nun, daß wir unserer Vergangenheit auch begegnen in den Menschen, die sie mit uns teilten. So wurde es wohl für manche von uns ein kleines bißchen auch ein Nachhausekommen, nachdem man lange fort war.

Am Beginn unseres Treffens hätte ich nicht unterscheiden können, wer von uns aus Ost- und wer aus Westdeutschland kam. Später merkte ich, daß viele von den Ostdeutschen zurückhaltender waren als die Westdeutschen, auch beim Erzählen; manches sprachen sie nicht offen aus, sondern deuteten eher an. Daß sie manche Ereignisse anders bewerteten als ich, konnte ich verstehen. – Wie nun alle so friedlich beieinandersaßen, kam mir der Gedanke: Es müßte interessant sein, das ganze Leben der einzelnen zu erfahren; man würde erkennen, welch unterschiedlichen Einflüssen wir ausgesetzt waren und was im Leben der Ostdeutschen anders verlaufen ist als in dem der Westdeutschen. Wir hatten ja viel Verbindendes, eine gemeinsame Basis in unserer Herkunft aus Pommern und den Erlebnissen in der Klasse. Die Erfahrungen unseres ganzen Erwachsenenlebens jedoch hatten wir in zwei gegensätzlichen politischen Systemen gemacht. »Wir kennen von unserem vierzig Jahre getrennten Leben bloß zwei Muster, das eine aus Wohlstand, Leistung und Streß, das andere aus Mauer, Rückständigkeit und Kosmetikmangel. Die individuellen Ausprägungen, die vielen Varianten so oder so entstandener Existenz verbergen sich resigniert hinter Vorurteilen und Desinteresse. Wenn wir nicht endlich beginnen, uns genauer anzusehen, werden wir nie begreifen, wer wir inzwischen wirklich sind.« (Jutta Voigt, Die Zeit, 24. 4. 1992)

Im Winter und Frühjahr nach unserem Klassentreffen reiste ich mit einem kleinen Aufnahmegerät umher, besuchte einen Teil meiner Mitschülerinnen, und sie erzählten mir ihr Leben. Von besonderer Bedeutung für alle war der Bruch in ihren Lebensläufen, der durch das Ende des Krieges verursacht worden war. – In Ostdeutschland erfuhr ich, auf welch unterschiedliche Weise Menschen in der DDR gelebt haben. Manchmal fragte ich mich: Wie hättest du in dieser

Situation entschieden, wenn du nicht rechtzeitig den Weg in den anderen Teil Deutschlands gefunden hättest? Sicher ist dem Historiker Wolfgang Mommsen zuzustimmen, wenn er sagt: »(Es) sollte den Bürgern in den westlichen Bundesländern ein deutlicheres Bild darüber vermittelt werden, unter welch andersartigen Umständen ihre Landsleute in der ehemaligen DDR leben, arbeiten und existieren mußten.« (Die Zeit, 2. 10. 1992)

Während meiner Besuche berichteten mir Kinder meiner Klassenkameradinnen, daß sie über das Leben ihrer Mütter als Mädchen und junge Frauen wenig wüßten; diese hatten lange Zeit nur vorwärts geschaut und es nicht für wichtig gehalten, über ihr zurückliegendes Leben zu sprechen. Manche hätten es aber jetzt wohl gerne getan, hatten sich schon vorgestellt, alles einmal aufzuschreiben – für die Kinder und Enkel, aber auch für sich, um sich klarzuwerden über manches. Anderen fiel es schwer, sich zu erinnern, denn damit kamen Verwundungen und Ängste wieder ins Bewußtsein, die sie überwunden geglaubt hatten.

Obgleich die einzelnen Erzählerinnen kein anderes Ziel hatten, als über ihr persönliches Leben zu berichten, ist daraus ein politisches Buch geworden: Teile der Geschichten können exemplarisch stehen für die Erlebnisse anderer Frauen unserer Generation, hinter dem privaten Erleben wird das Allgemeine erkennbar, das individuelle Schicksal ist verwoben mit dem politischen Geschehen. »Wenn Leute ihre Biographien erzählen, dann werden auch die Strukturen deutlich, in denen sie gelebt haben.« (Pfarrer Friedrich Schorlemmer auf einem Psychotherapeuten-Kongreß, zitiert in der FAZ, 10. 3. 1992) Vor allem die Erzählerinnen aus der ehemaligen DDR ermöglichen trotz des bewußt subjektiven Blickwinkels auch Einblicke in das politische System, in das sie sich mehr oder weniger freiwillig oder gezwungen einfügten.

Wir waren in unserer Jugend nur wenige von Millionen, die die Folgen eines durch Nationalismus, Habgier und deutsche Großmannssucht angezettelten Krieges mitzutragen hatten. In unseren Berichten wollten wir nicht bei den Leiden der Kriegs- und Nachkriegszeit stehenbleiben, sondern auch erzählen, wie es uns gelang, langsam in einen neuen Lebenszusammenhang hineinzufinden. Aber während wir uns aus der Sicherheit unserer heutigen Existenz an die Auswirkungen von Krieg und Unterdrückung auf unsere Leben erinnern, sehen wir, wie wieder Frauen und Kinder in Europa in einem vermeidbaren Krieg über Landstraßen getrieben werden oder vor einer aufgehetzten und enthemmten Soldateska durch zerstörtes Land fliehen. So gewinnt dieser Teil unserer Berichte eine furchtbare Aktualität.

Wegen eines Unfalls konnte ich die aufgenommenen Lebensgeschichten lange nicht abschreiben, und so werden sie nun nicht mehr in der Zeit der ersten Begegnungen zwischen Ost- und Westdeutschen erscheinen. Ich wünsche mir, daß auch unser Buch ein wenig dazu beitragen möge, daß die Menschen in Ost- und Westdeutschland ihre Gemeinsamkeiten erkennen – ohne der Gefahr eines erneuten Nationalismus zu erliegen.

Den Erzählungen der einzelnen Frauen ist ein Kapitel über unsere gemeinsame »Basis« vorangestellt, unsere Klasse während des Krieges von 1939 bis 1945.

»Nicht für die Schule,
sondern fürs Leben lernen wir«

Elisabeth-Schule und Hitlerjugend

> »Vor allem eins, mein Kind: Sei treu und wahr!
> Laß nie die Lüge deinen Mund entweihn!
> Von alters her im deutschen Volke war
> der höchste Ruhm, getreu und wahr zu sein.«

Dieses Gedicht von Ernst Moritz Arndt entzifferten wir voller Ehrfurcht auf einer der Säulen im Erdgeschoß der Schule, in der 1939 unsere sechs gemeinsamen Jahre begannen. Es war die »Elisabeth-Mädchen-Mittelschule zu Stettin«. Unsere Klasse hatte anfangs 47 Schülerinnen, die meisten kamen mit dem Zug aus einer der Ortschaften in der Umgebung Stettins. Einige von uns gingen schon um 5 Uhr 40 aus dem Haus, wenn der Unterricht um 8 Uhr begann, und waren erst am frühen Nachmittag wieder zu Hause. Während des gemeinsamen Weges blieben meist die Freundschaften aus der Volksschule bestehen. An den kurzen Nachmittagen hatten wir kaum Zeit für Verabredungen mit weiter entfernt wohnenden Mitschülerinnen.

Vom Hauptbahnhof in Stettin erreichten die Fahrschülerinnen in gut fünfzehn Minuten zu Fuß das Schulgebäude, das etwas erhöht in der Augustenstraße hinter der Hakenterrasse lag. Es war 1922 aus rotem Klinkerstein erbaut worden, innen und außen mit glasierten Fliesen geschmückt und wirkte etwas unnahbar. Als ich ihm im Sommer 1993 einen Besuch abstattete, erzählte der polnische Hausmeister, daß alle deutschen Besucherinnen nach den gekachelten Trinkbrunnen fragten, die zu unserer Schulzeit die Wände der Flure geschmückt hatten. Der schönste war rund und stand mitten in der Eingangshalle; sie hatten in den strengen Bau etwas Spielerisches und Bewegtes gebracht. – Als ich bei meinem Besuch in den Klassenflügel kam, empfand ich wie damals ein leichtes Gefühl von Beklemmung: Die Fenster des Flures sind so hoch eingefügt, daß man nicht hinaussehen kann. Der kühle Stil des Gebäudes und der Räume stand in einem gewissen Widerspruch zu dem von Humanität und Toleranz geprägten Geist der Schule.

Wir waren als Mittelschülerinnen privilegiert und wußten das; denn Schulbesuch war damals auch eine Geldfrage. Annelise erinnert sich: »Das Schulgeld betrug im Monat 17 Mark 50. Außerdem waren Bücher, Hefte usw. zu bezahlen.« Und Inge erzählt, sie sei Freischülerin gewesen, »und natürlich bekam ich auch nur wenig Taschengeld, 50 Pfennig in der Woche. Aber das war das Schöne an unserer Klasse, es hat keiner schief geguckt, und keiner war überheblich, weil er mehr Geld zur Verfügung hatte.«

Wir bekamen in der neuen Schule verhältnismäßig viele Hausaufgaben. Wenn wir uns bei unserer Klassenlehrerin Fräulein D., genannt Cläre, beschwerten, weil sie uns auch am Mittwoch, dem Nachmittag, der wegen des JM-Dienstes (Jungmädelbund der Hitlerjugend) aufgabenfrei sein sollte, Arbeiten aufgab, sagte sie: »Ihr müßt etwas lernen, das hat Vorrang!« – Die Gesinnung der meisten unserer Lehrer war nicht nationalsozialistisch, das merkten wir als Kinder durchaus. Auch einigen Eltern schien dies bekannt gewesen zu sein. »Meine Eltern wollten eine Schule, die nicht so politisch aufgezogen war«, berichtet Jutta, »sie legten Wert auf eine christlich orientierte Erziehung, und sie hatten gehört, daß in der Elisabeth-Schule nicht gleich gefragt wurde, ob man im JM-Bund Mitglied ist.« Trotzdem hing während des Krieges neben dem Lehrerzimmer eine große Landkarte, auf der in den ersten Kriegsjahren mit bunten Fähnchen die neuen Kampflinien abgesteckt wurden. Das war wohl eine der Pflichtübungen, durch die sich die Schule schützte.

Der Krieg hatte ein halbes Jahr nach unserer Umschulung begonnen. In den ersten Jahren merkten wir noch nicht viel davon. Zwar gab es Lebensmittelkarten, und von 1940 bis 1942 hatten wir auch schon häufig Fliegeralarm, jedoch nur sieben verhältnismäßig kleine Bombenangriffe auf Stettin. Annelise, die mit einigen anderen mit der Kleinbahn bis Finkenwalde kam und dort umsteigen mußte, weiß noch: »Der Winter 1942 setzte früh ein und wurde sehr streng. Wir Fahrschüler mußten oft auf den Bahnhöfen lange warten, weil die

Gleise nicht rechtzeitig geräumt werden konnten und die Züge deshalb Verspätung hatten. Wir waren ungern gesehen im Warteraum, aber wir haben draußen in der Bahnhofshalle auch sehr gefroren und wußten nie, wie lange wir auf den Zug warten mußten. Oft haben wir überlegt, ob es sich überhaupt noch lohnte weiterzufahren; denn bis wir in der Schule ankommen würden, wäre der Unterricht ohnehin beendet. Wenn der Zug endlich kam, war er eiskalt, und wir konnten von Glück sagen, wenn er nicht noch auf der Strecke hielt; der Verkehr war nun gänzlich durcheinandergeraten. – Häufig kam es auch vor, daß ich nicht wieder nach Hause konnte; die Kleinbahn fuhr einfach nicht mehr. Dann habe ich bei anderen übernachtet. Aber ich konnte meine Eltern nicht verständigen, weil wir kein Telefon hatten.«

In Stettin gingen wir manchmal nach der Verspätung unseres Zuges noch zum Aufwärmen in das Postamt an der »Grünen Schanze«, »aber dazu mußten wir uns einig sein, damit nicht ein Grüppchen aus einem Zug vorweg lief, und der Rest kam erst eine halbe Stunde später. Einige standen Posten und fingen die anderen ab. Manchmal trafen wir hier schon auf die Podejucher. Allmählich fanden wir Gefallen daran, die Schule zu schwänzen, besonders, wenn eine Klassenarbeit bevorstand oder wenn wir in der ersten Stunde Französisch hatten.« (Annelise) Unsere Französischlehrerin war sehr gutmütig. Als wir nun häufig erst am Ende ihres Unterrichts ankamen, wollte sie uns schließlich Geld geben, damit wir vom Hauptbahnhof mit der Straßenbahn fahren könnten; das hat Cläre aber verboten. Statt dessen versuchte sie, uns in ihren Stunden Nachhilfe in Französisch zu geben. Auch das Schwänzen wurde schließlich unterbunden. »Es muß uns jemand verpfiffen haben. Wir schlenderten wieder einmal sehr gemächlich am Bollwerk entlang, ohne zu bemerken, daß wir von Cläre beobachtet wurden. Es gab ein großes Donnerwetter, und die Sache hatte ein Ende.« (Annelise)

Gleichzeitig mit der Umschulung wurden wir auch Mitglied im JM. Die Mitgliedschaft war zu dieser Zeit schon Pflicht, und so wurde an zwei Nachmittagen der Woche der »Dienst« für uns ebenso selbstverständlich wie die Schule. Einige gingen gerne, andere hätten sich lieber entzogen und versuchten zu schwänzen. »Ich habe das eigentlich gar nicht als Zwang empfunden«, erinnert sich Ines, »mir gefiel es dort sehr gut. Die politischen Ziele, die dahintersteckten, haben wir damals noch nicht erkennen können. Mittwochs und samstags wurde ›angetreten‹, d.h., wir stellten uns auf in sogenannten Jungschaften, Jungscharen und Gruppen, die jeweils von einer Führerin geleitet wurden, und dann gab es Unternehmungen, die ich toll fand. Wir trieben Sport und machten Spiele; an Heimabenden lernten wir Lieder, bastelten, übten für Theateraufführungen. Es wurden auch Wanderungen gemacht, Geländespiele und Fahrten, bei denen wir in Zelten schliefen oder in einer Scheune. Bei unseren Treffen trugen wir Uniform: einen blauen Rock und eine weiße Bluse mit schwarzem Dreieckstuch und Lederknoten.« – Ob uns der Dienst Spaß machte oder wir ihn als ungeliebte Pflicht empfanden, das hing weitgehend ab von dem Geschick der Führerinnen, die, wenige Jahre älter als wir, meist nicht in der Lage waren, uns für das »nationalsozialistische Gedankengut« zu interessieren, und das verquaste Schulungsmaterial nur vorlasen.

Zu dieser Zeit waren auch die bombastischen Aufmärsche der Nationalsozialisten und andere Großveranstaltungen sowie die Propaganda in Radiosendungen und Wochenschauen, Zeitungen und Illustrierten schon selbstverständlich. Unsere ganze Umgebung wurde ja seit 1933 mehr und mehr durchtränkt vom Nationalsozialismus. In den Reden der Nazigrößen wurde in feierlichem Ton an unsere »Liebe zu unserem Vaterland«, unseren »Stolz«, unsere »Treue«, unsere »Opferbereitschaft« appelliert; uns wurde eingeredet, einer überlegenen Rasse anzugehören, die dazu ausersehen sei, andere zu beherrschen. »Der einzelne ist nichts, das Volk ist alles«, hieß es. Daß mit alledem unsere Begeisterungsfähigkeit mißbraucht und auch Machtgelüste geweckt wurden, haben wir zumeist nicht gemerkt, aber die pathetische Sprache hat sicher einige von uns zu Gefolgsmädchen »unseres Führers« gemacht. Manchmal haben wir die Hohlheit der Worte vielleicht gespürt, auch wohl gewußt, daß es nicht in unserem Interesse war, uns auf dem Altar des Vaterlandes zu opfern. Jedoch hätte niemand offene Opposition gewagt.

In unsere familiäre Umgebung hat der Nationalsozialismus in unterschiedlichem Ausmaß und auf unterschiedliche Weise hineingewirkt. Von den meisten Eltern war kaum Kritisches zu hören.

Jedoch waren wir alle den Wirkungen der Bilder, Lieder usw. ausgesetzt und konnten uns sicher auch bei vorsichtig kritischen Elternhäusern den suggestiven Wirkungen nicht völlig entziehen. Sie erzeugten wohl auch in uns ein Gefühl der Verpflichtung, für das gefährdete Vaterland zusammenzustehen. Trotzdem liebten nur wenige von uns das Antreten und das Marschieren im Gleichschritt. Auch vielen der kleineren »Pflichten« kamen wir nicht immer freudig nach; so bin ich nicht gerne mit der Sammelbüchse für das »Winterhilfswerk« durch die Straßen gegangen. Mehr Spaß machte es da schon, mit dem Handwagen umherzuziehen und in den Haushalten »Altmaterial« zu sammeln.

Als nach unserem ersten Sommer in der Mittelschule mit dem Polenfeldzug der Zweite Weltkrieg begann, war Deutschland gleichgeschaltet. Es gab nirgends mehr eine Organisation oder eine Persönlichkeit, von der wir Kritik an den Nationalsozialisten hätten hören können. Mit der Fortdauer des Krieges wurden die Propaganda radikaler und die Gesichter der Eltern sorgenvoller. Als 1941 der Krieg gegen die Sowjetunion begann, zeigte mir mein Vater auf einer Landkarte, wie klein Deutschland sei und wie groß Rußland: »Ob wir das wohl schaffen!« – Wie viele andere Deutsche bewegte ihn weniger der unrechte Anspruch der Nazis auf Weltherrschaft als die Möglichkeit, daß »wir« den Krieg verlieren könnten. Zunächst aber ging es ja weiter »vorwärts« im fremden Land.

»Ach Sellin…!«

Im Frühjahr 1942 fuhr der größte Teil der Klasse für vier Monate in ein Kinderlandverschickungslager (KLV) in Sellin auf Rügen. Wie viele andere Schulkinder wurden wir wegen der zunehmenden Luftangriffe auf Großstädte in ein ungefährdetes Gebiet gebracht. Die Teilnahme war noch freiwillig; die in Stettin Zurückbleibenden des Jahrgangs wurden zu einer Klasse unter Cläres Leitung zusammengefaßt, während wir in Sellin Frau A., eine junge Sportlehrerin, als Klassenlehrerin und Lagerleiterin bekamen. Wie Scholga sich erinnert, konnten wir »nicht alle in der ›Villa Irene‹ untergebracht werden, sechs von uns sollten in einem größeren Haus mit Schülerinnen

19

der Parallelklassen wohnen. Keine wollte dazu bestimmt werden, da schien es uns Stettinerinnen richtig, freiwillig zu gehen; wir wohnten und aßen also nicht mit unserer Klasse, aber alle übrige Zeit verbrachten wir zusammen.«

In Sellin wurde es für viele von uns eine schöne Zeit, für einige sogar »der schönste Sommer (ihres) Lebens«. Das hing auch damit zusammen, daß viele sonst keine Gelegenheit hatten zu verreisen, weil die Eltern ihr Geschäft nicht verlassen konnten oder wegen kriegsbedingter Verpflichtungen keinen Urlaub mehr bekamen. Manche hatten aus Geldmangel auch schon vor dem Krieg nicht reisen können. Nun hatten wir das Glück, den ganzen Sommer in einer der schönsten Gegenden Deutschlands zu verbringen; Meer und Wald, Strand, Küste und Wiese gehörten uns. Und da in unserem Lager nur 18 Mädchen waren und wir in einer kleinen Familienpension, der »Villa Irene«, freundlich betreut und verpflegt wurden, war das einzige, worunter einige manchmal litten, ein bißchen Heimweh.

Wir lebten zu dritt oder viert in einem Zimmer, hatten in Schränken und Kommoden nur wenig Platz für persönliche Dinge und sahen eigentlich ein, daß auf Sauberkeit und Ordnung geachtet werden mußte; nur die Übertreibungen mochten wir nicht. »Jeden Morgen mußten wir auf dem Hof in Reih und Glied antreten, und die Führerinnen kontrollierten unsere Zimmer. So manches Mal war danach die Wäsche aus dem Schrank gerissen, wenn sie nicht genau Kante auf Kante lag, oder es wurde beanstandet, daß an den Zahnbürsten noch Spritzer zu sehen waren oder sie nicht in einer Reihe ausgerichtet standen; oder auf dem Lichtschalter war Staub entdeckt worden. Man nahm das hin.« (Annelise)

Auch der Tagesablauf war genau festgelegt; bis auf ein paar Stunden Freizeit in der Woche wurden wir immer beschäftigt. Trotzdem hatten wir viel Spielraum: in den Pausen oder wenn die Schulaufgaben gemacht waren, wenn man in der Schreibstunde nichts zu schreiben oder in der Flickstunde nichts zu stopfen hatte. In der Schreibstunde mußten wir die Briefe unverschlossen der BDM-Führerin vorlegen, vermutlich, damit wir nichts Negatives nach Hause schrieben. Diese Vorschrift empfand ich als sehr unangenehm. Allerdings warf die Führerin nur einen Blick auf die Briefe; sie schien sich in der Rolle des Kontrolleurs auch nicht wohl zu fühlen.

In der Freizeit und meistens auch in jeder freien Minute spielten wir Völkerball neben dem Haus, auch in den Unterrichtspausen, die sich manchmal ausdehnten, weil einige der Lehrer aus anderen Häusern kommen mußten. Frau A., die uns nun in den meisten Fächern unterrichtete, war immer gut gelaunt. Ihr hatten wir es hauptsächlich zu verdanken, daß unser Aufenthalt in Sellin eine Art verlängerte Klassenreise wurde. Manche Unternehmung war wohl nur möglich, weil wir eine so kleine Gruppe waren; so konnten wir zum Beispiel Nachtwanderungen durch den Wald machen und sogar bei Mondschein in der Ostsee baden.

Mit den beiden BDM-Führerinnen, die für die äußere Ordnung und zumeist auch für die Zeit außerhalb des Unterrichts zuständig waren, hatten wir ebenfalls Glück. Niemand von uns kann sich an politische Schulungen in diesem ersten Lager erinnern. Offenbar hatten unsere beiden Führerinnen ebensowenig Lust zum »Dienst« wie wir. Wie bei Frau A. lernten wir bei ihnen viele schöne alte Lieder und Kanons und nur wenige HJ-Lieder. Wir verbrachten soviel Zeit wie möglich im Freien, machten wilde Geländespiele an der Steilküste, saßen in den Dünen und sangen oder spielten. Auf einer Wiese am Waldrand »haben wir auch oft Laienspiele eingeübt, Scharaden oder kleine Theaterstücke; eines hieß ›Die Regentrude‹ nach Theodor Storm. Für die Kostüme wurden aus Unterröcken lange Spitzenärmel gerafft, weiße Kragen wurden aus Papier geschnitten und Krönchen aus Buntpapier. Aus Decken drapierten wir Umhänge, aus Trainingshosen wurden Kniebundhosen für Prinzen und Bedienstete und aus Nachthemden lange Gewänder.« (Annelise) Jeder stiftete aus seinem Schrank, was gebraucht wurde. Natürlich mußten dann auch passende Frisuren gekämmt und gesteckt werden, und mit Buntstiften malten wir uns Schnurrbärte, rote Lippen und Wangen. So hatten wir schon bei der Kostümierung den größten Spaß.

Sehr unangenehm fand ich das Lagerleben aber, wenn wir am Sonntagvormittag unsere Uniformen anziehen und mit allen anderen Mädchen aus den Lagern zu einem großen freien Platz im Wald marschieren mußten. Hier wurde ein mehrreihiges Karree gebildet, wir sangen feierliche Lieder, heroische Gedichte wurden vorgetragen und Ansprachen gehalten, die wir nur hören konnten, wenn der

Wind günstig stand. Wir spielten derweil »Stille Post« oder schrieben den Mädchen vor uns Wörter auf den Rücken, die sie raten mußten. Am Ende der Veranstaltung marschierten wir möglichst schnell in unsere »Irene« zurück, vielleicht konnte man ja vor dem Mittagessen noch eine Runde Völkerball spielen ...

Zum Unterricht gingen wir häufig ins Freie, sonst fand er im einzigen größeren Raum des Hauses statt, in dem auch die Mahlzeiten eingenommen wurden. Während der Mittagsruhe nahmen wir manchmal unsere Decken und gingen auf die sehr geliebte »Ginsterwiese«, legten uns zwischen den duftenden Ginster, und wenn man die Augen schloß, hörte man nur das Summen der Bienen und die leisen Stimmen, wenn andere sich unterhielten. – »Hier in Sellin kamen nun auch andere Freundschaften zustande. Häufig war man mit einer Klassenkameradin im Zimmer, zu der man vorher keinen Kontakt hatte und die man nun näher kennenlernte. Innerhalb des Lagers konnten wir uns gegenseitig helfen. Wettkämpfe zwischen den einzelnen Lagern trugen wohl auch dazu bei, daß wir uns als zusammengehörig empfanden. Im Völkerball sind wir mit unserem kleinen Lager bis zur Vizemeisterschaft gekommen.« (Ines)

Am Sonntagnachmittag machten wir meist weite Wanderungen durch den Wald zum Jagdschloß Granitz, am Strand nach Baabe, Göhren und Binz, oder wir fuhren nach Mönchgut. Für solche Ausflüge bekamen wir immer einen Kuchenkorb mit, den wir zu zweit abwechselnd trugen, und eine Kanne Milchkaffee.

Wir hatten gehört, wir seien auf Rügen absolut sicher, weil sich dort ein Lager mit kriegsgefangenen englischen Offizieren befinde. Tatsächlich hatten wir nie Fliegeralarm. »Der Krieg war für uns in Sellin weit weg, nur an ein Ereignis erinnere ich mich: Wir standen oben auf der Steilküste und sahen aufs Meer, als plötzlich vor unseren Augen ein Schiff explodierte, das wohl auf eine Mine gelaufen war. Das hat mich damals unheimlich beeindruckt, es war eines der ersten Erlebnisse, die ich so direkt durch den Krieg hatte.« (Ines)

In diesem Sommer fanden auch keine Luftangriffe auf Stettin statt; so erlebten wir eine verhältnismäßig sorglose Zeit, und nur wenig erinnerte uns an den Krieg, zum Beispiel das Sammeln von Heilkräutern für Lazarette – hauptsächlich Schachtelhalm und Jo-

hanniskraut. »Und zur Zeit der Blaubeerernte gingen wir von Sellin bis hinter Baabe und haben mehrere Wassereimer voll gepflückt – ebenfalls für Lazarette, wie es hieß. Aber von den Blaubeeren wurden immer welche zurückbehalten, und unsere Wirtsleute haben uns damit einen schönen Blaubeerkuchen gebacken.« (Annelise)
»Unsere Rückfahrt nach Stettin war für einen Tag im September festgesetzt. Das Schiff lag bereit, aber am Morgen kam die Nachricht, es könne nicht auslaufen, weil die Ostsee in der Nacht vermint worden sei. Als es dann am nächsten Morgen doch mit dem Schiff heimwärts ging, hatten wir große Angst, daß etwas passieren könnte. Für die Fahrt bekam jede eine Schachtel Pralinen, aber als wir sie essen wollten, entdeckten wir Maden darin. Während der Fahrt sollten wir nun unter Deck bleiben, aber wir haben uns langsam, eine nach der anderen, nach oben geschlichen, weil wir wenigstens ins Wasser springen können wollten, wenn das Schiff auf eine Mine lief.« (Ines)
Wir sind heil in Stettin angekommen, wo unsere Eltern, die von den überstandenen Gefahren nichts ahnten, uns am Bollwerk in Empfang nahmen.
Gesund und gut erholt kamen wir nach Hause, und in der Schule merkten wir, daß wir nicht viel versäumt hatten. Mit den Zurückgebliebenen saßen wir wieder in einem Klassenraum. Cläre stand vorne, nichts schien sich verändert zu haben. Jedoch bald sollten wir den Krieg deutlicher zu spüren bekommen.

Cläre

»Während wir den Parteikurs als gegeben hinnahmen, war unsere Klassenlehrerin Cläre offenbar gegen den Nationalsozialismus.« (Ines)
Bei Cläre hatten wir die meisten Fächer: Deutsch, Geschichte, Englisch, meistens auch Erdkunde und die ersten beiden Jahre noch Religion. In den letzten Schuljahren kam Stenographie hinzu, ein Unterrichtsfach, das nicht im Lehrplan stand und das auf Cläres Initiative nur unsere Klasse zusätzlich bekam.
Cläre war groß und schlank, sie trug ziemlich lange Kleider von

zeitlosem Schnitt, die an ihr herabfielen, ohne die Figur zu betonen. Ihr rotblondes Haar war im Nacken zu einer dünnen Rolle aufgedreht. Auf der schmalen Nase saß eine feine, randlose Brille, durch die sie uns mit ihren klaren grauen Augen streng oder freundlich ansah. Sie hielt sich betont gerade und wirkte in ihrer Erscheinung immer korrekt. In der Klasse bewegte sie sich gemessen, den Kopf häufig ein wenig auf die Seite gelegt, im Freien ging sie in ihren Sportschuhen mit weit ausholenden Schritten. Als wir anfingen, mehr auf unser Äußeres zu achten, fiel mir besonders auf, daß Cläre das nicht tat. »Ob es Frisur oder Anzug war, sie sah immer ein bißchen altjüngferlich und lieblos gekleidet aus.« (Ines)

Cläre versuchte, uns zu Christentum und Mitmenschlichkeit zu erziehen, betonte jedoch niemals den Abstand zwischen ihren Erziehungszielen und denen des Nationalsozialismus. Diese wurden einfach nicht erwähnt. Aber allmählich müssen wir den Gegensatz doch gespürt haben, und als einige von uns entdeckten, daß sie unter dem Aufschlag ihres beigefarbenen Kostüms ein Parteiabzeichen trug, waren wir sehr erstaunt und machten uns gegenseitig darauf aufmerksam, weil wir meinten, das passe nicht zu ihren Einstellungen. Morgens begrüßte sie uns nie mit erhobenem Arm und dem vorgeschriebenen »Hitlergruß«, sondern sagte: »Guten Morgen!« – Ines erfuhr später durch eine Schülerin aus der Klasse, die Cläre von 1933 bis 1939 leitete, daß sie damals entlassen werden sollte, aber Rektor Klenner hatte sich dafür eingesetzt, daß sie bleiben konnte. »Diese Klasse hat ihr dabei sehr geholfen; bei einem Besuch des Schulrats wurden Daten und Heldentaten von Nazigrößen abgefragt, und die Schülerinnen meldeten sich wie besessen, obgleich das alles im Unterricht nie berührt worden war, und Cläre wurde nun ganz groß beglückwünscht.«

Mit ihrer Abneigung gegen den Nationalsozialismus mochte es auch zusammenhängen, daß Cläre in Deutsch und Geschichte kaum die vorgeschriebenen Schulbücher benutzte, sondern uns viel diktierte, auch viele Gedichte, die in keinem unserer Bücher standen. Später war es deshalb sehr nützlich, daß wir stenographieren konnten. Aber sie wollte uns wohl auch etwas mitgeben, das uns nach dem Krieg helfen würde, eine Existenzmöglichkeit zu finden. Denn an einen deutschen »Endsieg« wird sie nicht geglaubt und ihn auch nicht gewünscht haben. Tatsächlich haben viele ihre Stenographie in der Nachkriegszeit gut gebrauchen können.

Jutta erinnert sich: »Sie hat uns sehr gefordert und versucht, uns viel beizubringen, oft über den Lehrplan und ihre Fächer hinaus. Mein Vater schimpfte, wenn ich abends noch über den Büchern saß. Einmal gab er mir einen Zettel mit, auf dem stand, daß es wohl öfter zu viele Hausaufgaben wären.« Solche Kritik war aber eine Ausnahme; Lehrer waren auch für unsere Eltern meist eine Autorität, deren Entscheidungen nicht angezweifelt wurden. Für manche von uns war Cläre sicher der Mensch, der sie »während der Schulzeit am stärksten geprägt hat«, meint Ines. »Ich habe gute Erinnerungen an sie, aber wir hatten alle auch ein bißchen Angst vor ihr. Sie war streng und erwartete von uns unbedingte Disziplin. Aber sie hat uns auch viel gegeben, hat versucht, uns die Augen zu öffnen für alles Schöne, indem sie uns in Museen führte und uns im Deutschunterricht etwas über Malerei und Architektur beigebracht hat.«

Cläre wollte uns zu bescheidenen Frauen und Müttern erziehen, die, aufgehoben im christlichen Glauben, sich einem überlegenen Mann unterordnen und ihrer Familie dienen sollten. Auch das Vorlesen diente ihr dazu, uns in diesem Sinne zu formen. Eins ihrer liebsten Vorlesebücher war »Familie Pfäffling, eine deutsche Wintergeschichte« von Agnes Sapper. Der Roman ist 1906 erschienen, Cläre wahrscheinlich 1904 geboren, sie wird also das Buch schon in ihrer eigenen Kindheit geliebt haben. Agnes Sapper schreibt im Vorwort »an die Mutter«: »Du hast uns vor Augen geführt, welcher Segen die Menschen durchs Leben begleitet, die … aufgewachsen sind unter dem Einfluß von Eltern, die mit Gottvertrauen und fröhlichem Humor zu entbehren verstanden, was ihnen versagt war. Möchten die beiden Bände den Weg finden zu all denen, die für echtes deutsches Familienleben Sinn haben.« Cläre selbst war unverheiratet. Als wir nach dem Krieg hörten, sie habe geheiratet, konnten wir uns das gar nicht vorstellen. Uns schien sie alterslos und ohne menschliche Bedürfnisse zu sein, obgleich sie in der letzten Klasse mit uns die schönsten Liebesgedichte durchgenommen hat. Es war ihr dabei aber auch ein wichtiges Anliegen, daß wir uns nur mit einem Mann verbänden, dem wir rückhaltlos vertrauen könnten.

Wir lasen privat zeitweise ziemlich viele Jungmädchenbücher, die wir untereinander austauschten: »Elke«, »Goldköpfchen«, »Trotzkopf«, »Gisel und Ursel« und »Pucki« waren einige unserer Heldinnen, deren harmlose Abenteuer wir mit Spannung durch viele Bände verfolgten. Sie lebten in einer Welt ohne JM-Dienst und ohne Fliegeralarm und lösten alle Probleme mit Leichtigkeit; wenn in Else Urys »Nesthäkchen« auch Krieg vorkam, handelte es sich um den Ersten Weltkrieg. »Cläre empfahl uns gute Bücher und richtete sogar aus Spenden eine Klassenbibliothek ein. Nach meiner Meinung hat sie uns auf den Weg geführt, ich habe viel gute Literatur gelesen, besonders in den ersten Jahren nach dem Krieg«, erinnert sich Helga, und viele andere bestätigen das in ähnlicher Form.

Cläre war ausgebildete Theologin (Vikarin) und versuchte, uns christlich zu erziehen. Aber ihr Religionsunterricht war etwas abgehoben, ihr war wohl nicht bewußt, daß nicht alle ihr immer folgen konnten. Jedoch mit ihr über Zweifel zu sprechen war ganz unmöglich. Vielleicht war sie unserer realen Lebenswelt zu fern, um in religiöser Beziehung großen Einfluß auf uns auszuüben. Aber wegen meiner religiösen Zweifel hatte ich auch lange nach der Schulzeit noch ein schlechtes Gewissen. Als Gewinn habe ich die schönen Lieder von Paul Gerhard aus ihrem Unterricht mitgenommen, die sie morgens auch dann noch mit uns sang, als die Nazis das Fach Religion verboten hatten und sie vor dem Unterricht nicht mehr mit uns beten durfte. Aber auch jetzt noch gestaltete sie während der Adventszeit in der ersten Schulstunde kleine Feiern mit uns, die wir wohl alle liebten; wir zündeten Kerzen an, sangen Advents- und Weihnachtslieder, und Cläre las Weihnachtsgeschichten vor. Es ist im nachhinein nicht mehr festzustellen, wie weit Cläres Glaube uns beeinflußt hat. Wir wußten jederzeit, daß sie überzeugte Christin war, aber für unsere Gläubigkeit war wohl auch wichtig, ob unsere Eltern religiös waren, und diese waren nur zum Teil aktive Christen. Alle ließen uns zwar konfirmieren, die meisten besuchten auch zu Festzeiten den Gottesdienst, unsere religiöse Erziehung überließen sie aber Schule und Kirche.

»Auch mit privaten Sorgen konnten wir eigentlich zu Cläre kommen, wenn wir es auch selten getan haben, weil zwischen ihr und uns immer ein gewisser Abstand war«, sagt Ines. »Wir haben sie wohl nicht geliebt, aber geachtet, und gemocht haben wir sie schon.« Cläre war auf eine Art freundlich, die jede Vertraulichkeit verbot. Auch von ihren persönlichen Umständen wußten wir nichts. Doch machte sie sich Sorgen um uns: »Als wir noch in Stettin waren, gab es schon Fliegeralarm, und es fielen Bomben. Danach ist es öfter vorgekommen, daß Cläre mit ihrem Fahrrad auftauchte, um nachzusehen, ob uns auch nichts passiert war.« (Scholga) Das Verhältnis war aber sogar dann recht unpersönlich, wenn man wie Anna in Grimmen im selben Haus mit ihr wohnte: »Cläre war immer sehr sachlich, außer über Schulangelegenheiten gab es eigentlich mit ihr keine Gespräche. Im Herbst haben wir für die Kirche einmal die Bibliothek aufgeräumt, und da merkte Cläre wohl, daß ich mich nicht besonders gut fühlte, weil ich ziemlich still war. Plötzlich fragte sie mich, ob ich wohl Lust hätte, mit ihr am kommenden Freitag nach Stettin zu fahren, sie habe da etwas für die Schule zu erledigen, und ich könne mitkommen und meine Eltern besuchen. Da war ich natürlich sehr glücklich!

Wir sind morgens mit dem Zug losgefahren, haben unterwegs in unseren Büchern gelesen, und als wir aussteigen wollten, war ihr Hut weg. Sie trug immer so einen grau-braunen weichen Hut. Wir suchten überall und fanden ihn schließlich zusammengedrückt auf ihrem Sitz. Daß er nun Beulen hatte, störte sie aber nicht, sie stülpte ihn sich auf den Kopf, und wir konnten aussteigen.«

Cläres Distanz zu uns mag auch darin begründet gewesen sein, daß sie sich von einigen von uns nicht rückhaltlos akzeptiert fühlte. Wir waren teilweise sehr wild, ungestüm und »unweiblich«, hatten gar kein Verhältnis zu Cläres Bemühungen in dieser Hinsicht, waren wohl durch ihre Ernsthaftigkeit auch etwas überfordert und fühlten uns als Heranwachsende in unseren Bedürfnissen nicht verstanden. Die unausgesprochene Ablehnung durch einige ihrer Schülerinnen war für sie sicher spürbar, möglicherweise war sie deshalb öfter etwas gereizt. Dazu kam zweifellos ihre schwierige Stellung an einer staatlichen Schule in dieser Zeit. Es konnte also passieren, daß sie Schülerinnen gegenüber die Beherrschung verlor, obgleich sie sich um Gerechtigkeit bemühte. Am meisten darunter zu leiden hatte Christa: »Da ich mehr in die Kategorie Jungen hineinreichte, wurde ich ständig gemaßregelt und geriet immer mehr in die Rolle eines

Sündenbocks, von dem von vornherein nichts Gutes zu erwarten war. Dabei waren wir in der Klasse durchaus nicht alle nur ruhige Kinder; bevor der Unterricht anfing, war kaum jemand an seinem Platz, aber mich erwischte sie! Einmal saß ich auf dem Kartenständer neben der Klassentür, die Stunde war eben eingeläutet, und ich rechnete nicht damit, daß Cläre so schnell kommen würde; aber plötzlich ging die Tür auf, und batsch hatte ich eins auf der Backe.«

Ich fühlte mich von Cläres Deutschunterricht angesprochen, besonders in den letzten Jahren. Ich erinnere mich, wie wir in den letzten Monaten des Jahres 1944 in Grimmen am Spätnachmittag mit Mänteln im ungeheizten Klassenraum saßen; wegen der Stromsperre hatten wir eine Kerze auf jedem Tisch, und sie las mit uns »Maria Stuart«, »Die Jungfrau von Orleans« und als Krönung »Iphigenie«. In diesem Unterricht fühlte ich mich weit weg von all den Sorgen, die wir ja schon hatten. »Ganz am Ende der Schulzeit«, erinnert sich zum Beispiel Helga, »besprach sie mit uns griechische Sagen: Daidalos und Ikaros, den Trojanischen Krieg und Odysseus und andere griechische Helden, und wir erfuhren auch, wie sich die alten Griechen die Erschaffung der Welt vorgestellt hatten. Da habe ich schon sehr bedauert, daß dieser Unterricht so kurz war!« Wir saßen in Cläres Zimmer auf dem Teppich, und sie las uns aus Gesängen der Ilias vor.

Natürlich haben wir uns keine Gedanken darüber gemacht, ob dies im Lehrplan als Abschluß unserer Schulzeit vorgeschrieben war. Wahrscheinlicher scheint mir, daß sie uns auf diese indirekte Weise vertraut machen wollte mit dem grausamen Ende eines Krieges. Damals haben wir aber wohl nicht erkannt, wie sehr uns die fernen Schicksale selber angingen. Im Anschluß an eine dieser letzten Stunden, wohl im März 1945, fragte Cläre einzelne von uns, ob wir immer noch an den »Endsieg« glaubten.

Den engsten Kontakt nach unserer Schulzeit hatte Ines zu Cläre: »Der Mensch Cläre ist schwer zu fassen. Sie war Vorbild, aber eines, das man nie erreichen konnte, und deshalb schüchterte sie ein. Auch später als erwachsener Mensch fühlte ich mich in ihrer Gesellschaft stets wie auf der Schulbank und bemühte mich, ihren Erwartungen zu entsprechen; ich gab mich nicht so, wie ich war. Vielleicht meinte sie, alle Menschen wären durch Erziehung zu halben Engeln zu formen, sie war wohl trotz des Umgangs mit der Jugend etwas weltfremd geworden.

Anfang der sechziger Jahre wandte Cläre sich mit der Bitte an mich, einen Klassenrundbrief zu organisieren, sie konnte mir dafür viele Adressen zur Verfügung stellen. Über den Rundbrief hat sie sich dann sehr gefreut. Damals war sie schon krank, was aber wohl nur ihr engster Kreis wußte. Sie muß sehr viel gelitten haben. Im September 1971 ist sie gestorben. Auf dem Sterbebett hat sie ihren Mann gebeten, er möchte allen, mit denen sie im Leben zusammengekommen war, danken und immer wieder danken, weil sie ihr Leben schön und reich gemacht hätten. Sie muß einen großen inneren Schatz besessen haben, von dem sie versucht hat, allen Menschen abzugeben, nur wollten die ihn nicht immer haben.«

Kriegswinter

Nach unserer Rückkehr aus Sellin »gab es häufiger Fliegeralarm, dann fing die Schule erst zwei Stunden später an. In den weiter entfernt liegenden Orten wie Kolbatz bemerkte man das aber nur, wenn Stettin auch angegriffen worden war. Wir kamen also oft morgens in die Schule und waren allein dort, weil die übrige Klasse später kam.« (Annelise)

Im Winter hatten wir nun zweimal in der Woche auch Nachmittagsunterricht; wir mußten unsere Schule mit der benachbarten Otto-Schule teilen, in der jetzt ein Lazarett untergebracht war. Aus den Fenstern sahen Männer mit verbundenen Armen oder Köpfen auf den Schulhof. »Der Unterricht begann um 13 Uhr«, erzählt Jutta, »und ich mußte um 9 Uhr 15 aus Tantow abfahren, weil der nächste Zug aus dem Fahrplan gestrichen war; auf den Lokomotiven stand jetzt: RÄDER MÜSSEN ROLLEN FÜR DEN SIEG. Wenn wir nun gegen 10 Uhr in Stettin eintrafen, mußten drei Stunden irgendwie überbrückt werden. Manchmal gingen wir zu einer Mitschülerin, manchmal in die Stadt. Der Zeichenraum stand als Aufenthaltsraum zur Verfügung, und ein Mittagessen konnten wir im Seemannsheim bekommen, das dicht bei der Schule lag. Die letzte Stunde endete um 17 Uhr, aber ich durfte schon eine halbe Stunde früher zum Bahnhof gehen; meine Eltern wollten nicht, daß ich im Dunkeln nach Hause komme, denn der Weg war jetzt unsicher, wegen der Verdunkelung war es überall stockfinster – wir Schüler trugen Leuchtplaketten, auch an den Schulmappen. Die Züge waren nicht mehr richtig beleuchtet und auf unserer Strecke häufig auch mit Soldaten überfüllt.«

»Wegen der großen Kälte wurde es uns von Cläre gestattet, in Hosen zur Schule zu kommen. Allerdings sagte sie: ›Ich wünsche keine Hosenmädchen!‹ Wir trugen Röcke oder Kleider über den Trainings- oder Skihosen, und die Hosen mußten in der Klasse ausgezogen werden. Schließlich hatte die Schule gar keine Kohlen mehr, und es hieß lange vor Weihnachten schon, daß es Kohleferien gibt. Wir fuhren nur noch in gewissen Abständen zur Schule und bekamen Hausaufgaben. Es war sehr kalt und nicht möglich, daß man die Arbeiten vorzeigte und besprach. Eigentlich waren wir über den Unterrichtsausfall nicht unglücklich, zumal die Züge nun noch unregelmäßiger fuhren als im Winter zuvor.« (Annelise)

Einmal in diesem Winter war über Nacht wieder viel Schnee gefallen. Als wir zur Schule gingen, herrschte strenger Frost, und wir liefen schnell, um nicht zu frieren. In der Frauenstraße wurde Schnee von der Fahrbahn geräumt. Am Bürgersteig standen deutsche Soldaten in langen Mänteln mit Gewehren. Auf der Straße schippten sehr verwahrlost und elend aussehende Männer. Sie hatten kahle Köpfe, waren schmutzig und schlecht rasiert, und nur wenige trugen eine Kopfbedeckung. Die meisten hatten auch keine Mäntel an, sondern nur dünne Jacken; in ihren Lumpen waren Reste von fremden Uniformen zu erkennen. An den Füßen trugen sie neue Holzpantinen aus hellem Holz; und in diesen Pantinen waren sie barfuß. Wir liefen schnell an allen vorbei.

Erster Winter in Grimmen

1943 wurden die Luftangriffe auf Stettin schwerer und häufiger. Im Sommer wurde unsere Schule mit allen Schülern und Lehrern nach Grimmen in Vorpommern evakuiert, einer kleinen Ackerbürger-

Stadt mit Kopfsteinpflaster, über das die Pferdewagen rumpelten. Wir gehörten mit unseren vierzehn Jahren schon zu den älteren Schülerinnen. Man hatte den Grimmer Einwohnern gesagt, sie müßten uns nur für kurze Zeit unterbringen. »Aber die Familien, die uns aufnehmen sollten, konnten uns absolut nicht gebrauchen, und bei den meisten waren wir keine gern gesehenen Gäste.« (Ines)

»Als wir vom Bahnhof durch Grimmen marschierten, habe ich mich sehr einsam gefühlt. Die Leute guckten aus den Fenstern, als wollten sie prüfen: Na, wen kriegen wir denn nun von diesen Mädchen? – Da ist mir zum ersten Mal bewußt geworden, daß es etwas sehr Fremdes ist, was da auf uns zukommt. Vor allem wußten wir ja nicht, wann wir wieder zurück konnten oder ob wir auch mal Urlaub bekommen!« (Anna)

»Zunächst standen wir da am Bahnhof, wir wurden von Pimpfen abgeholt und mußten durch diese furchtbare Stadt – so empfand ich es damals –, das war ja fast ein Nest, keine Stadt. Dann ging es zum Schulhof, und da standen wir nun wie Vieh, das versteigert werden sollte.« (Christa)

In dieser Zeit gab es nicht mehr genug Lebensmittel und Heizmaterial. Wir bekamen als Jugendliche aber bessere Lebensmittelmarken als alte Leute und Hausfrauen, und wenn man sehr wenig aß, konnte man damit auskommen. Hannelore erinnert sich: »Ich bekam mit Annelise ein Mansardenzimmer; wir hatten Familienanschluß und haben uns eigentlich ganz wohl gefühlt. Aber bald merkten wir, daß unsere Butter zusammenschrumpfte, und Annelise sah einmal, wie die Wirtin davon ihrem Mann das Brot schmierte, bevor er zur Arbeit ging. Wir bekamen beide Pakete von zu Hause und haben alles mit dem Lineal vermessen und geteilt, selbst Fischbüchsen. Manchmal aßen wir heimlich abends im Bett, denn unsere Wirtin wollte auch von den Paketen etwas abhaben, aber das haben wir so verhindert.« Auch andere machten unerfreuliche Erfahrungen, wie Christa: »Zu meinem Unglück war ich in ein Quartier geraten, wo die sogenannte Pflegemutter meine Post durchstöberte... Daraufhin habe ich meine Briefe vor meiner Wirtin versteckt, aber das Vertrauen war nun zerstört, und ich habe mich um ein anderes Quartier bemüht. Ich kam zu einer älteren Dame, bei der hieß ich Chriseling, und sie stopfte alles Eßbare in mich hinein, was sie bekam. Das war schon Überfürsorge – aber ich fand es auch irgendwie schön.«

Ines hatte vier verschiedene Wohnstellen: »Der häufige Wechsel war nicht angenehm. Aber daß ich lernen mußte, allein zurechtzukommen und mich anzupassen, hat mir im späteren Leben geholfen...«

Anna mußte nur einmal umziehen: »Die erste Zeit, als ich mit Ines bei Pfarrer S. wohnte, waren wir ein bißchen gehemmt. Es wohnten zwei Lehrerinnen im Hause, und in der recht konservativen Pfarrersfamilie mit den vielen Kindern fühlten wir uns nicht glücklich. Schöner war es dann, als ich zu zwei anderen ins Zimmer in dem Gasthof von ›Tante R.‹ kam. Hier konnten wir zwar weder das Bad benutzen, noch bekamen wir von der Marmelade des Hauses zu essen. Aber es wurde auch nichts von uns verlangt; wir mußten keine Pflichten in der Familie übernehmen, nur unser Zimmer mußten wir selber sauberhalten. Da habe ich mich dann doch freier gefühlt. Wir hatten viel Besuch von Klassenkameradinnen, weil man zu uns einfach die Treppe hochkommen konnte. Die anderen mußten ja immer erst ihre Wirtsleute fragen, wenn sie jemanden mitbringen wollten, weil man durch deren Wohnung mußte. Wir konnten uns unterhalten und lachen, das fiel in unserem Zimmer nicht besonders auf, denn darunter lag die Gaststätte, aus der immer ein bißchen Gemurmel drang. Allerdings war es fürchterlich eng; wir hatten zu dritt nur einen Tisch, und wenn wir Schularbeiten machen oder essen wollten, zogen wir den Tisch an mein Bett, auf dem ich dann saß.«

Brigittas erste Wirtsleute betrachteten sie als Kindermädchen: »Dort war ein kleines Kind von zwei oder drei Jahren, und wenn ich nach draußen gehen wollte, um mich mit Freundinnen zu treffen, mußte ich es immer mitnehmen. Bei Tisch durfte die Kleine sich von meinem Teller holen, was ihr schmeckte.«

Cläre hat sich aus Schwierigkeiten bei der Unterbringung ganz herausgehalten und uns an den Parteifunktionär verwiesen, der für unsere Quartiere zuständig war. Sie gab ihren Unterricht wie gewohnt, nur am Anfang der Stunde fragte sie, ob es etwas Besonders zu berichten gebe. Aber wir lernten bald, daß wir die meisten Probleme alleine lösen mußten, haben uns gegenseitig darüber das Herz ausgeschüttet und uns geholfen, so gut es ging.

Von Brigitta ist ein Aufsatzheft erhalten, und in dem Aufsatz »Ich erlebe den Krieg als Evakuierte in Grimmen« schrieb sie am 17. November 1943: »Das einzige Schöne an der Evakuierung ist, daß man des Nachts ruhig schlafen kann und keinen Angriff zu erwarten braucht. Es schadet einem nichts, wenn man mal eine kurze Zeit ohne Mutter ist. So wird man wenigstens etwas selbständig. Durch die Evakuierung werden viele Jungen und Mädel dem deutschen Volke erhalten. Wir werden in Grimmen auch weiterhin unsere Pflicht erfüllen, bis wir wieder zu Hause bei unseren Eltern sind.« – Mit den letzten Sätzen gibt sie wohl die Einstellung wieder, die Partei und Staat von uns erwarteten.

Auch für die Grimmer Schule waren wir eine Belastung. Wir hatten nun meistens Nachmittagsunterricht und durften nur die Klassenräume benutzen, so wurde der naturwissenschaftliche Unterricht ohne Anschauungsmaterial erteilt. Selbst »Kochen« hatten wir nur theoretisch: Die Rezepte wurden besprochen und diktiert. Es waren viele Kriegsrezepte dabei: Plätzchen mit »Milei« (einem Ei-Ersatz), »Falsches Marzipan« mit Kartoffeln, »Krokantstangen« mit Haferflocken, »Gulasch« mit Mohrrüben, »Napfkuchen« mit Quark statt Fett, »Falsche Schlagsahne« aus Magermilch und Mehl und »Gekochter Honig« aus Buttermilch. Unsere Lehrerin empfahl uns, die Rezepte zu Hause nachzukochen, aber das sahen die meisten Wirtinnen nicht gerne. – Einige von uns wurden in den Wirtsfamilien mitverpflegt, die anderen gingen mittags in eine Gaststätte, und die Kaltverpflegung kauften wir uns selber.

Die Einquartierung bei fremden Menschen war vor allem am Anfang für viele von uns belastend, aber als wir in den Ferien nach Hause fahren durften, ging es manchen schon besser. Bald gewannen wir unserem Zwangsaufenthalt sogar angenehme Seiten ab: Zum Beispiel holten wir uns Romane aus einer privaten Leihbücherei, und niemand kümmerte sich darum. Anna erzählt: »Wir haben in Grimmen auch manche Freiheiten genossen. Sehr schön fand ich immer unsere Tanzveranstaltungen. Wir kamen ab und zu bei jemandem zusammen, und Hella hat Akkordeon gespielt. Wir hüpften dann zu Walzerklängen herum. Ich habe die gemeinsame Freizeit und diese Musik als etwas sehr Schönes in Erinnerung; wir hatten ja weder ein Radio, noch konnten wir in ein Konzert gehen.

Es gab für uns auch keine Tanzstunde mehr, in den letzten Kriegs-jahren war Tanzen ja überhaupt verboten.«
Auf einem Straßenabschnitt in Grimmen hatte sich eine Art Corso gebildet, in der Dämmerung schlenderten wir hier – meistens zu mehreren eingehakt – auf und ab und tauschten Blicke mit den Grimmer Jungen, die uns entgegenkamen; das fanden wir furchtbar aufregend. Da viele von uns ohne Aufsicht waren, war verfügt wor-den, wir müßten im Winter um 19 Uhr und im Sommer um 20 Uhr in unseren Quartieren sein, und daran hielten wir uns in der Regel auch.

Letzter Sommer in Sellin

Als man uns mitteilte, daß wir für den Sommer 1944 wieder in ein KLV-Lager nach Sellin gebracht werden sollten, waren wir recht froh, denn wir fuhren nach dem ersten schwierigen Winter in Grim-men gerne nach Sellin. Die meisten von uns konnten sich ja auch an den Sommer 1942 in der »Villa Irene« erinnern und erwarteten nun eine Wiederholung. Diesmal sollte die ganze Klasse fahren und ge-meinsam untergebracht werden, unsere Lagerleiterin sollte Cläre sein.
»Am 21. Mai, Pfingstsonntag, stand der Sonderzug auf dem Grim-mer Bahnhof bereit; unser großes Gepäck, Federbetten und Koffer, waren im Gepäckwagen hinter der Lokomotive verstaut. Aber als wir abfahren sollten, gab es Fliegeralarm, und wir mußten warten. Als es dann endlich losgehen konnte, war die Freude groß; es war ein schöner, sonniger Tag, und wir hatten schon Sommerkleider an-gezogen. Wenige Kilometer vor Stralsund blieb der Zug auf freier Strecke stehen. Plötzlich überflogen uns Flugzeuge – so niedrig, daß wir die Besatzungen erkennen konnten. Einige von uns beugten sich aus den Zugfenstern und winkten, später sagten sie, sie hätten die deutschen Hoheitszeichen erkannt. Aber im nächsten Augenblick wendeten die Flugzeuge, und wir hörten lautes Maschinengewehr-feuer. Es ging alles sehr schnell, ich kroch instinktiv mit dem Kopf unter die Bank. Kurz darauf hörte das Knattern auf, und das Brum-men der Flugzeuge entfernte sich. Nun lief jemand am Zug entlang

und rief, alle sollten aussteigen und sich draußen hinlegen. Wir mußten weg vom Zug, liefen den Bahndamm hinunter auf die Wiese, die allerdings keinerlei Deckung bot, und warfen uns in unseren bunten Sommerkleidern ins Gras. Die Flugzeuge kamen aber nicht zurück; es wurde festgestellt, daß niemand von uns verletzt war, und wir konnten nach einer Weile wieder einsteigen. Die Besatzungen hatten auf den Gepäckwagen und die Lokomotive geschossen, die Fenster des Gepäckwagens waren kaputt, die Lokomotive zerstört, der Heizer war tot und der Lokomotivführer schwer verletzt. Natürlich waren wir sehr erschrocken und aufgeregt und hatten Angst, die Flugzeuge könnten doch wiederkommen. Wir mußten nun etwa zwei Stunden auf eine neue Lokomotive warten, und in dieser Situation kam uns das endlos lange vor. In der Zwischenzeit lief ein Sanitäter am Zug entlang und rief: ›Wo ist das Mädchen mit den Ameisenstichen?‹ Darüber mußten wir dann schon wieder lachen, denn er betonte so merkwürdig ›Améisen‹.

Wir sollten mittags in Sellin sein, angekommen sind wir aber erst am späten Nachmittag. Später erfuhren wir, daß der Lokomotivführer nicht mehr gerettet werden konnte. In Vorpommern waren noch andere Züge von englischen Tieffliegern beschossen worden; sie hatten die Lokomotiven zerstören wollen.« (Helga)

Wir waren auf Rügen zwar geschützt, aber 1944 bei weitem nicht mehr so unbeschwert wie zwei Jahre zuvor. Der Krieg war fortgeschritten, und die Ostfront rückte näher. »Ich fürchtete schon, daß die Front Stettin samt unseren Eltern überrollen könnte.« (Ines) Auch unsere Angst um Angehörige an der Front war jetzt größer: Verschiedene Väter, Brüder und Freunde waren schon verwundet, vermißt oder gefallen; mit uns Gleichaltrige waren Luftwaffenhelfer geworden. Und wir waren auch in Sorge um unsere Angehörigen zu Hause, weil die Bombenangriffe auf Stettin jetzt häufiger stattfanden, 1944 gab es in Stettin 119mal Fliegeralarm. Nach einem Angriff mußten wir meist mehrere Tage auf ein Lebenszeichen von unseren Familien warten, denn wir waren angewiesen auf die normale Post.

Eines Nachts erwachte Jutta »um vier Uhr morgens von einem ganz unbekannten Geräusch: Es war ein schweres, dumpfes Beben in der Erde und Grummeln in der Luft, das aus weiter Ferne kam. Es schwoll an, verebbte und wurde wieder stärker und hörte sich sehr fremd und unheimlich an. Ich hatte Angst und weckte die andern im Zimmer. Helga hatte am 6. Juni Geburtstag, daher weiß ich das Datum noch so genau. Dies war die Nacht, in der die Alliierten in der Normandie landeten. Der gewaltige Lärm der Geschütze und Bomben war durch das Wasser der Nord- und Ostsee bis nach Rügen getragen worden.« Jetzt konnte man, obgleich der »Totale Krieg« ausgerufen worden war, kaum noch an einen »Endsieg« glauben, klammerte sich aber an Nachrichten wie die über die deutschen »Wunderwaffen« V1 und V2.

Auch in unserem Lager fühlten wir uns nicht so wohl wie in der »Villa Irene«, es war größer als das erste und dadurch nicht so intim, die Wirtsleute waren nicht so freundlich und fürsorglich, der ganze Ton war unpersönlicher und unsere Cläre als Lagerleiterin eher ernsthaft, streng und nicht kameradschaftlich wie Frau A. Außerdem verstand sie sich nicht mit der BDM-Führerin – wir hatten jetzt nur eine –, es gab häufig Kompetenzgerangel, so daß wir schließlich eine andere bekamen.

In diesem Lager war auch die politische Schulung konsequenter. »Wir mußten schon die ganze Entwicklung der Partei auswendig lernen, das fanden wir alle doch sehr lästig.« (Annelise) Jetzt hätten wir gerne mehr Zeit für uns gehabt. »Wir waren nun ja auch schon fünfzehn, teilweise sechzehn Jahre alt und haben versucht, ein bißchen mehr persönliche Freiheit zu bekommen.« (Ines)

In Ausnahmefällen durften wir in den Sommerferien nach Hause fahren. Juttas Eltern besaßen etwas Land, und so konnte sie als Erntehelferin angefordert werden. Wer solche Möglichkeiten nicht hatte, versuchte es auf andere Weise, häufig mit Erfolg. »Wenn ich in dieser Zeit daheim war, sprachen meine Eltern auch schon offener über die politischen Verhältnisse; vor allem wurden Befürchtungen immer deutlicher spürbar, der Krieg könnte verloren gehen, und daraus erwuchs dann auch Angst.« (Ines)

Jutta sah »in der Nacht vom 17. August 1944 von Tantow aus den Großangriff auf Stettin. Meine Mutter ließ mich am 18. nicht alleine nach Sellin fahren, weil wir gehört hatten, zusammen mit vielen Häusern in der Altstadt von Stettin sei auch der Bahnhof von Bomben getroffen worden. In Stettin hatten wir noch etwas Zeit; wir liefen zur Altstadt, und was wir sahen, war entsetzlich: viele Trümmer, qualmende Häuserreste, verzweifelte, suchende Menschen und andere, die sich bemühten, etwas Gerettetes in Sicherheit zu bringen. Solche schlimmen Bilder kannte ich bis dahin nur aus Wochenschauen von der Front. Wir liefen zur Wohnung von Ursel R. aus unserer Klasse; sie war zerbombt. Meine Mutter sprach fremde Menschen an, und wir erfuhren, daß alle aus dem Haus lebten, sie waren noch aus dem Keller herausgekommen. So konnte ich trotz der Verwüstungen und schrecklichen Bilder die gute Nachricht nach Sellin bringen, daß Ursels Eltern und Großeltern nichts passiert war.«

Die »Mittlere Reife«

Als wir im September 1944 wieder nach Grimmen zurückfuhren, war die Stimmung gedrückt; wir durften in den Ferien nicht nach Hause. Die russischen Truppen standen bereits an der Weichsel; aber wie bedrohlich die Lage wirklich war, konnten wir uns nicht vorstellen. Wir waren lebenshungrig und versuchten, die Angst zu verdrängen.

»Wir wohnten zu zweit in einem Mansardenzimmer unterm Dach«, erzählt Hannelore, »und jeden Morgen wurden wir früh geweckt durch eine Abteilung Marine-Artillerie, die zum Übungsplatz marschierte. Eines Morgens, als es schön geschneit hatte, formten wir aus dem Schnee Bälle und legten sie auf dem Fenstersims bereit. Als nun die Soldaten wieder vorbeimarschierten, bewarfen wir die Kompanie damit. Das machten wir dann öfter, hatten großen Spaß dabei und glaubten, man sehe uns nicht. Eines Abends aßen wir im ›Preußenhof‹ auf unsere Marken Bratkartoffeln und merkten, wie ein Soldat, der dort Geige spielte, uns immer ansah. Wir meinten, er wolle mit uns anbandeln, und fingen an zu kichern und zu kokettieren. Um halb neun mußten wir von der Straße sein, also zahlten wir und gingen nach Hause. Nun packte der Geigenspieler seine Geige ein, schloß den Kasten und stellte ihn weg; dabei behielt er uns immer im Blick. Draußen kam er hinter uns her, und wir waren beide sehr aufgeregt, denn nun glaubten wir sicher, daß er sich für uns interessiere. Er verfolgte uns bis vor die Haustür, und dann kam er im Galopp auf uns zu, faßte uns beim Kragen und sagte: ›Jetzt hab ich euch! Ihr seid die, die immer mit den Schneebällen werfen!‹ Ich weiß nicht mehr, wer von uns beiden zuerst den Schlüssel aus der Tasche hatte und die Haustür aufschloß. Wir haben uns aus dem Griff befreit, sind schnell in den Hausflur geflüchtet und haben die Tür zugeschlagen. Diese Wendung der Geschichte war natürlich ein bißchen enttäuschend für uns, wir waren jetzt sechzehn Jahre, da wollten wir doch anerkannt werden.«

In Grimmen war nun alles knapp, besonders aber das Heizmaterial. Ich war aus meinen Schuhen herausgewachsen, konnte aber keine neuen kaufen, obgleich ich »Punkte« hatte. Auch Marken der Kleiderkarte verfielen, weil die Geschäfte nicht mehr ausreichend beliefert wurden. Die Schule war nun immer häufiger nicht geheizt.

»Mit vierzehn Jahren waren wir vom BDM übernommen worden und hätten jede Woche ›Dienst‹ machen müssen, aber es gab keine Führerin mehr für uns. Dafür wurde nun diejenige aus unserer Klasse bestimmt, die den höchsten Rang hatte. Wir trafen uns im kalten Klassenraum und bemühten uns, so eine Art Heimabend zu machen. Aber wir langweilten uns fürchterlich, kamen dann ins Erzählen, und das Ende vom Lied war, daß wir an den Nachmittagen regelmäßig ins Kino gingen – ohne schlechtes Gewissen übrigens. Das heißt aber nicht, daß wir den Nationalsozialismus alle abgelehnt hätten. Wahrscheinlich gefiel uns vor allem der Zwang nicht, uns regelmäßig treffen zu müssen und bestimmte Themen zu besprechen. Aber wir waren ja in dem System aufgewachsen, und man hatte uns eingebleut, daß wir in einer großen Zeit lebten, daß wir glücklich sein mußten, in dieser Zeit leben zu dürfen; daß der ›Führer‹ immer recht habe und daß für uns alles gut würde. Und selbst, als der Krieg auf sein bitteres Ende zuging, habe ich die Wahrheit noch nicht erfaßt.« (Ines)

In den letzten Herbstferien sollten wir auf einem Gut in der Nähe von Grimmen Kartoffeln sammeln. Für die meisten von uns war das eine schwere und ungewohnte Arbeit, bei der man sich außerdem die letzte Kleidung verdarb, und fast alle brachten nach und nach ein Attest, daß sie eine Krankheit hätten oder zu Hause gebraucht würden.

Man durfte aber nur noch nach Hause fahren, wenn man außerhalb eines bestimmten Kreises wohnte, der wie mit dem Zirkel um Stettin geschlagen war. Auch dann bekam man jedoch nur Fahrkarten für Strecken bis zu 50 Kilometern Entfernung. So halfen sich viele, indem sie mehrmals eine neue Karte lösten, wie etwa Jutta: »Jetzt ging es auf einem Umweg nach Hause. Die erste Fahrkarte löste ich bis Neubrandenburg – aussteigen, neue Karte lösen nach Pasewalk – aussteigen, Karte lösen bis Stettin und schließlich die letzte nach Tantow. Ich habe nicht immer denselben Zug bekommen, dann mußte ich eben auf den nächsten Anschluß warten.« Um nicht von den Schaffnern an den Sperren als Umsteiger erkannt und zurückgewiesen zu werden, verließen wir manchmal das Bahnhofsgebäude und kletterten etwas entfernt über den Zaun wieder zurück auf den Bahnsteig.

Auch zu Weihnachten durften nicht mehr alle nach Hause. Unsere Wirtin hatte Heiligabend etwas für uns gekocht. Aber ich konnte kaum essen, denn meine Mutter hatte geschrieben, sie werde versuchen, mich anzurufen; der Anruf kam aber nicht, und ich wartete aufgeregt. Schließlich klingelte das Telefon, meine Wirtin schrie laut in den Apparat und winkte mich herbei. Aber ich konnte überhaupt nichts verstehen, ich hörte nur Knallen und Knattern. Ich geriet in große Angst, daß in meinem Heimatort schon geschossen werde und meine Mutter ihn nicht habe verlassen können.

Als Helga zu Weihnachten 1944 nicht heimfahren durfte, wurde sie krank. »Je länger der Krieg dauerte, desto belastender wurde für mich die Trennung von meinen Angehörigen. Ich glaube, ich lag schon den dritten Tag im Bett, da machte Frau L. die Tür auf und sagte: ›Helga, du kannst aufstehen, deine Mutter ist gekommen!‹ – Ich stand auf und war gesund. Da merkte ich erst, daß ich Heimweh hatte. Rektor Klenner wollte Jutta nicht fahren lassen, obgleich Tantow nicht für uns gesperrt war. Meine Mutter hatte es Juttas Eltern aber versprochen, sie mitzunehmen, und so sind wir einfach doch zu dritt nach Stettin gefahren und waren glücklich.«

Als wir nach Weihnachten alle wieder in Grimmen waren, »verstärkte sich die Angst, denn es gab schwere Luftangriffe auf Stettin, und wir lebten in ständiger Sorge um unsere Eltern. Auch in Grimmen war jetzt oft am Tage Fliegeralarm, weil die Bomberverbände die Stadt überflogen, ehe sie ihre Bomben auf ostdeutsche Städte oder Berlin warfen. Anstatt in einen Bunker zu gehen, was wir eigentlich sollten, liefen wir lieber in den Stadtpark. Wir hörten das drohende Brummen der schweren Maschinen über uns, sahen sie in der Sonne glitzern und fragten uns angstvoll, welche Stadt wohl diesmal ›dran‹ sein würde.« (Ines)

»In den letzten Monaten in Grimmen, bis zum Frühjahr, hatten wir keinen normalen Unterricht mehr, die Grimmer Schule wurde mit Flüchtlingen belegt, wir wichen aus in Gaststätten oder in die Sakristei der Kirche, wo die Bänke aus Stein waren und wir sehr froren. Cläre hat sich bemüht, mit uns noch Unterricht zu machen, auch in ihrem eigenen Zimmer, das sie mit einer anderen Lehrerin teilen mußte. Zwischen die beiden Bereiche war eine Wolldecke gespannt, und wir saßen dort auf dem Teppich, die Schuhe hatten wir an der Treppe ausgezogen.« (Annelise)

Ab Januar 1945 wurden wir truppweise eingesetzt für Nachtdienste am Bahnhof oder in der Schule. »Jetzt kamen laufend Flüchtlinge aus Ostpreußen. Wir hatten eine Ausbildung in Erster Hilfe gemacht, bekamen eine Armbinde und waren nun GD-Mädchen (Gesundheitsdienst). Wenn die Züge ankamen, mußten wir die Flüchtlinge von der Bahn abholen und zur Schule bringen, sie hatten ja Gepäck, es waren kleine Kinder dabei, die weinten. Bis der Zug kam, vertrieben wir uns die Zeit. Es machten auch Jungen Dienst, das war für uns recht interessant, und wir nutzten die Wartezeit für Gesellschaftsspiele mit ihnen – ›Stuhlrücken‹ und ›Der Platz an meiner Linken ist leer‹ – bis der nächste Zug kam.« (Annelise)

»In dem bitterkalten Winter kamen – häufig nachts – die Flüchtlingszüge an mit Menschen, die erbarmungswürdig aussahen, und wir haben in der Schule gekocht – Milchsuppe in riesigen Kesseln; die Flüchtlinge wurden gebracht und konnten in den Klassenräumen auf Stroh schlafen.« (Friederike) »Ich seh noch vor mir, wie in all dem Elend eine Mutter ihr Baby stillte, ein anderes kleines Kind nagte an einer trockenen Stulle.« (Hannelore) Hannelore war Haupt-GD-Mädchen in Grimmen und deshalb verantwortlich für die Kranken, die mit den Flüchtlingszügen ankamen. »Da habe ich auch zweimal Tote herausgeholt, das ging fast über meine Kräfte. Einmal haben wir einen alten Mann aus dem Zug getragen und wollten ihn in die Bahnhofshalle setzen – er konnte aber gar nicht mehr sitzen. Da habe ich seine Beine angehoben, habe ihn noch hingelegt, bis Hilfe kam, aber er ist auf dieser Bank gestorben. Wenn ich mich heute daran erinnere, dann weiß ich nicht, was ich damals empfand; man war bald abgestumpft gegen dieses Leid und gefühllos geworden. Wenn Flüchtlingstransporte ankamen, dann stiegen meist gleich Leute aus und riefen: Hierher! Wir brauchen einen Arzt! Ich lief dann hin, und mit den Flüchtlingen zusammen holten wir die Kranken aus dem Zug. Draußen vor der Bahnhofshalle standen Soldaten mit Pferdefuhrwerken, und sie packten dann mit an. Die Flüchtlinge wurden ins Marinelager gefahren. Ich fuhr mit und bemühte mich, einen Arzt zu finden. Manchmal mußte ich durch das ganze Lager laufen, und was ich da sah, hätte ich nicht für möglich gehalten: Die Offiziere und die Blitzmädchen (Luftwaffenhelferinnen) amüsierten sich miteinander, während die Flüchtlinge zum Teil schwerkrank und mit Schmerzen in der Kälte auf Hilfe warteten. Wenn ich im Marinelager dann endlich einen Arzt erwischte, schickte er ein paar Soldaten mit, und ich wurde von der weiteren Betreuung der Kranken befreit.«

»Einmal stieg aus einem der Züge ein kleiner Junge, vielleicht neun Jahre alt, mit einem noch kleineren Bruder; sie hatten die Eltern auf dem Transport verloren und waren nun allein unterwegs. Das hat sich mir tief eingeprägt, wohl weil auch ich nicht mehr wußte, wo meine kleinen Geschwister geblieben waren«, erinnert sich Helga. Und Jutta erzählt: »In manchen Nächten war gar nichts zu tun, wir haben mit den Jungen von der HJ gelacht und gealbert, der Ernst der Lage wurde mir erst richtig bewußt, als eines Nachts meine Tante aus Pyritz (Hinterpommern) und ihr altes Hausmädchen Hilde mit einem Flüchtlingszug eintrafen. Die unglücklichen Frauen erzählten, wie sie die letzten Tage in ihrer zur Festung erklärten Stadt erlebten – die alten Männer und die Jungen von dreizehn und vierzehn Jahren mußten beim Volkssturm Dienst machen, während die Bonzen des Landratsamtes heimlich die Stadt verließen. Mein Onkel erlitt einen Herzschlag und mußte wegen des Beschusses unbeerdigt liegenbleiben, die deutschen Soldaten nahmen die Wohnung in Besitz und versorgten sich. Die Russen standen schon in der Stadt, als die beiden Frauen hinausgingen.« Jutta besorgte Tassen und Postkarten für sie. »Mir wurde bewußt, wie schlimm es sein muß, wenn man Haus und Hof verlassen muß – unter Beschuß –, und der Krieg war nicht mehr weit von uns entfernt.«

Aus Hinterpommern kamen nun auch Trecks mit Pferdewagen durch Grimmen, zuerst noch aus weiter entfernten Orten, dann auch aus Dörfern dicht hinter der Oder. Bald trafen die ersten Mütter und kleinere Geschwister von Mitschülerinnen in Grimmen ein, andere hatten nur wenige Kilometer westlich der Oder Zuflucht gesucht, alle glaubten, nach dem Ende der Kämpfe wieder zurückgehen zu können. Väter waren noch zum Volkssturm eingezogen oder zum Schippen von Wällen abkommandiert worden. Stettin wurde durch Bomben und Artilleriebeschuß zu 70 Prozent zerstört.

Wenn wir wußten, wohin unsere Angehörigen geflohen waren, bekamen wir das Abschlußzeugnis schon vor dem offiziellen Schulende am 26. März und konnten versuchen, zu ihnen zu gelangen. »Im Büro des Gutes Groß-Lehmhagen schrieben wir unsere Abschlußarbeit. Wir saßen dicht gedrängt auf dem Fußboden, und ich dachte: Das ist ja nicht zünftig, da kann ja einer auf die Arbeit des andern sehen!« (Hannelore) Die letzten Schülerinnen der Klasse trafen sich zu einer kleinen Entlassungsfeier mit Cläre in der Sakristei. Uns wurde empfohlen, auch zu unseren Eltern zu gehen. Unsere Schule fühlte sich nicht mehr für uns verantwortlich. Aber für die Zivilbevölkerung fuhren nicht mehr auf allen Strecken Züge, so daß wir teilweise per Anhalter versuchten, wegzukommen, zumeist in Richtung Osten.

Wir waren bis zum Ende unserer Schulzeit den unterschiedlichsten Einflüssen ausgesetzt, aber alles, was man uns beibrachte, verband sich unter dem Signum »deutsch«. Die »Werte des Deutschtums« zu vermitteln, war auch ein Ziel unserer Schule, darin traf sie sich mit dem Nationalsozialismus; wir lernten vor allem deutsche Dichter, deutsche Musik, deutsche Architektur und Malerei kennen. Und im Religionsunterricht der ersten Jahre und später im Konfirmandenunterricht war es der Protestantismus des Deutschen Luther, der uns gelehrt wurde.

Zu kritischer Auseinandersetzung jedoch wurden wir nirgends angeleitet. Zwar lernten wir bei Cläre: »Habe Mut, dich deines eigenen

Verstandes zu bedienen!« Aber in ihrem Unterricht rangierten die Dichter der Klassik und Romantik vor denen der Aufklärung. Und im Konfirmandenunterricht wurde der Glaube ebenso selbstverständlich erwartet wie vom Nationalsozialismus die bedingungslose Gefolgschaft. Für Kritik war in keinem der Bereiche Platz, und wir haben während der Schulzeit nicht gelernt, uns mit einer der »Wahrheiten«, die man uns beibrachte, auseinanderzusetzen.

Aus heutiger Sicht scheint mir, daß von den verschiedenen Institutionen die Schule den größten Einfluß auf uns hatte, vor allem seit den KLV-Lagern und der Evakuierung. (Es ist bekannt, daß Hitler plante – hätte Deutschland den Krieg gewonnen –, die Kinderlandverschickung im großen Stil weiterzuführen, um den Einfluß von Eltern und Schule zugunsten der HJ einzuschränken. In unseren Lagern war der Einfluß der HJ geringer als der der Lehrer. Das wird nicht in allen KLV-Lagern so gewesen sein; bei uns aber galt noch 1944 Cläres Wort.)

Da wir früh selbständig wurden, unsere eigenen Erfahrungen machten und für die Befriedigung unserer Interessen selber sorgen mußten, haben wir wohl auch früh angefangen zu relativieren, was uns beigebracht wurde. Außerhalb der verschiedenen Lehren und Anforderungen führten wir unser privates Leben und machten uns ein eigenes Bild. Vielfach zogen wir uns in Bereiche zurück, auf die niemand offiziell Einfluß nahm: trieben Sport, spielten ein Instrument oder pflegten andere Interessen. So nähte zum Beispiel Hannelore früh ihre Kleider selber oder bastelte begeistert Hüte; andere verschlangen Jungmädchenbücher, Romane oder Reisebeschreibungen, gingen häufig ins Kino oder veranstalteten heimlich Tanznachmittage. Ein Freizeitangebot, wie man es heute kennt, gab es für uns außerhalb der HJ nicht.

Für alle war wohl in den letzten Jahren der Schulzeit die Beziehung zu den Jungen sehr wichtig; vor und nach dem »Dienst« wurde heimlich mit den Jungen geflirtet, die gleichzeitig mit uns antraten und nach Hause gingen. Wir hatten sonst wenig Gelegenheit zu persönlichen Begegnungen mit jungen Männern, in Grimmen waren wir Mädchen ja ohnehin in der Überzahl; außerdem mußten immer mehr Jungen unseres Alters und die etwas Älteren als Luftwaffenhelfer, Marinehelfer oder Soldaten in den Krieg, und unser Umgang mit ihnen beschränkte sich auf Feldpostbriefe, auf die man häufig lange und angstvoll wartete. Und je länger der Krieg dauerte, um so häufiger kam statt des ersehnten Briefes die Nachricht von Verwundung oder Tod oder eine Vermißtenmeldung.

Wir träumten von einer schöneren Zukunft. Auch wenn wir Cläres etwas überhöhtem Bild von dem, was uns »später« erwartete – wenn wir heiraten und Kinder bekommen würden –, nicht trauten, hatten wir dem doch kaum eigene Erfahrungen entgegenzusetzen. Wir waren ganz unvorbereitet auf die Wirklichkeit, die nun zunächst mit dem Einmarsch der Roten Armee über uns hereinbrach. Während der ersten Zeit der Besatzung lebten wir ungeschützt in einem rechtsfreien Raum, der auf den Landstraßen auch noch bestand, als in den Orten längst die Anfänge einer neuen Ordnung mit Geboten und Verboten wirksam wurden.

Als wir uns zu unseren Eltern aufmachten, hatten die meisten wohl die Erwartung, dort sicher zu sein. Aber viele Eltern waren auf die Gefahren des Kriegsendes fast ebensowenig vorbereitet wie wir; offenbar hatten manche die nahende Gefahr zu lange verdrängt. Viele von uns waren nun mit Müttern allein, die gewohnt waren, sich ihren Männern unterzuordnen, und nicht gelernt hatten, selbständig Entscheidungen zu treffen. Doch auch, wenn die Väter mit auf die Flucht gehen konnten, war die Familie nicht besser geschützt. So erwartete uns bei den Eltern statt der Sicherheit vielfach Ratlosigkeit.

Unser Schulwissen half uns jetzt nicht weiter. Später, als die Zeiten ruhiger wurden, konnten wir uns auf manches besinnen, das wir gelernt hatten, und kamen dankbar darauf zurück. Aber zunächst ist es manchen mit der Schule ergangen wie Hannelore, die sagt: »In den Jahren nach dem Ende des Krieges merkte ich bald, daß wir in der Schule zu idealistisch erzogen worden waren. Das Leben war ganz anders und viel härter.« Für Ines war »das Wertvollste, das die Schule uns mitgegeben hat, die positive Grundeinstellung; sie hat mir mehr geholfen als alles Wissen«.

In den folgenden Kapiteln erzählen zehn meiner ehemaligen Mitschülerinnen, wie sie die schweren ersten Nachkriegsjahre überwanden, wieder in eine Ordnung fanden, sich eine Existenzmöglichkeit schufen, Familien gründeten, ihr Leben in Ost- oder Westdeutschland führten und – häufig erst spät – eine Reise zurück in das Land ihrer Kindheit wagten.

Hannelore

Als ich fünf Jahre alt war, zogen wir von einem Dorf in die Stadt Stettin, und für mich brach eine Welt zusammen, ich mußte aus meinem Kinderparadies hinaus in die Fremde. Aber langsam fand ich neue Spielkameraden und gewöhnte mich ein. Meine Eltern waren schon älter, als ich geboren wurde, und ich war ihr einziges Kind. So wurde ich sehr geliebt, und meinem Vater bedeutete ich alles. Er war die Bezugsperson für mich, ich konnte ihn nach allem fragen. Und wenn ich an seiner Hand ging, fühlte ich mich geborgen, und wir waren beide glücklich. Er war in Stettin an das Postamt 7 versetzt worden, meine Mutter und ich holten ihn nun oft von dort ab.

Bald nach unserem Umzug nach Stettin habe ich dort den 30. Januar 1933 erlebt. Ich erinnere mich, daß die Straße gesäumt war von Menschen, sie schwenkten Fähnchen und riefen »Sieg Heil!«. Mein Vater ging mit mir hinter der Menge vorbei. Ich wollte als Kind auch mit den anderen in der Reihe stehen und ein Fähnchen haben, aber er sagte: »Da gehen wir nicht hin!« Ich fühlte mich außenstehend, mit Vater so allein. Beim Postamt 7 am Grünhofer Markt war ein langer, breiter Zaun beklebt mit Plakaten, Hitlerbildern und Hakenkreuzen usw., und mein Vater machte eine Bemerkung wie »Popanz« und »Schmierereien«. Ich spürte, er war mit alledem nicht einverstanden, und da setzte für mich so etwas wie eine Erkenntnis ein, daß man nicht alles mitmachen kann.

Mein Vater arbeitete nur kurz im Postamt 7, er wurde versetzt zum Hauptpostamt an der »Grünen Schanze«. Hier sollte er Amtsvorsteher werden – unter der Bedingung, daß er in die NSDAP eintrat. Aber davon hielt er nichts. Er hatte Verwundungen aus dem Ersten Weltkrieg, konnte nun einen Arzt davon überzeugen, daß die Folgen sich verschlimmerten, und so wurde er pensioniert.

Nun träumte er von einem eigenen Häuschen mit Garten in der schönen Umgebung von Stettin. Aber er hatte sein erspartes Geld seiner Schwester geliehen, und es war angelegt in Grund und Boden. Deshalb zogen wir mit dem nötigsten Gepäck auf den Bauernhof unserer Verwandten, wo mein Vater mitarbeitete und so seine Pension für das Häuschen sparen konnte. Ich wußte, wir würden nicht immer dort bleiben. Die Gründe für unseren Aufenthalt dort kannte ich aber nicht. Doch nun hatte ich wieder freien Himmel über mir und Freuden und Abenteuer, die man nur auf dem Land erleben kann. Zum ersten Mal sah ich bei meiner Tante, wie Brot gebacken wurde, und der frische Kanten mit Schmalz und Zucker war für uns Kinder eine Delikatesse. Meine etwas ältere Cousine und ich zogen mit einem hochrädrigen Puppenwagen zum Kühehüten auf die Weide; dort breiteten wir eine Decke aus, nähten unseren »Kindern« neue Kleider und schreckten erst auf, als keine Kuh mehr am Horizont zu sehen war. Ich liebte alle Tiere auf dem Hof und lernte auch den kreischenden Ganter zu bändigen. Und mit meinem Vater hoch oben auf dem Heuwagen sitzend auf den Hof zu fahren, das gehörte zu den schönsten Erlebnissen meiner Kindheit. Aber ich fiel auch in die Kalkgrube und geriet unter die Räder eines Fuhrwerks. Ich kam immer heil davon, und als wir nach zwei Jahren abfuhren, gab es wieder einen sehr traurigen Abschied.

Mein Vater suchte nun nach einem Grundstück, und bis er es gefunden hatte, wohnten wir zunächst bei meinen Großeltern in Vorpommern, dann in einer Übergangswohnung in Stettin, schließlich in Hökendorf-Rosengarten. Diese Gegend gefiel meinem Vater am besten, und hier wollte er nun bleiben. Und eines Tages kam er und sagte: »Jetzt habe ich das Haus gefunden!« Ich war begeistert, vom Haus und von der schönen Lage am Wald, in einer Straße mit anderen hübschen Häusern. Es war ein großes Eckgrundstück, und ich bekam ein wunderschönes eigenes Zimmer. Ich war nun acht Jahre alt und besuchte die zweite Klasse.

Glücklicherweise mußte ich die Schule nicht noch einmal wechseln. Aber dann versäumte ich doch in der vierten Klasse ein halbes Jahr, weil ich Gelenkrheuma bekam. Und da ich auch körperlich ein bißchen schwach und blaß war, kam ich erst nach der fünften Klasse in die Elisabeth-Schule in Stettin.

Wir besaßen nun mehrere Gärten, und mein Vater konnte dort arbeiten und Obst und Gemüse ernten. Ich mußte sonnabends helfen, die Beete harken und die Straße fegen. Einen Teil der Ernte holte das Marktauto ab, so bekamen wir etwas mehr Geld. Denn Geld war knapp bei uns, das Haus mußte abbezahlt werden, und meine Mutter war häufig krank; ich bekam erst sehr spät ein Taschengeld.

Ich fand in Hökendorf eine Freundin, auch unsere Familien kamen sich zuerst näher, aber ihr Vater hatte einen höheren Posten bei der Reichsbahn und mußte deshalb Mitglied der NSDAP sein, und mein Vater hielt sich in politischer Beziehung sehr zurück. Im Krieg wurde er allerdings als Luftschutzwart für unsere Straße eingesetzt. Ich war sein Melder, und wenn Stettin angegriffen wurde, war ich bei ihm, ging mit ihm Streife, und das machte mich stolz.

Die ersten Jahre im Jungmädel-Bund fand ich nur durch meine Freundin interessant, aber ich kam schon mit dreizehn in den BDM, und dort begeisterte mich die Führerin so sehr, daß ich Feuer und Flamme war und ein überzeugtes BDM-Mädchen wurde. Ich nahm die politische Meinung meines Vaters nicht mehr wahr, habe zu Hause auch nicht mehr gefragt, und mein Vater sprach von sich aus nicht über Politik. Die BDM-Führerin war vier Jahre älter als ich, sportlich und sehr gepflegt. Von dieser Zeit an habe ich auf mein Äußeres geachtet, auch meine BDM-Uniform alleine gewaschen und gebügelt. Ich sah in dieser Führerin ein Vorbild und eiferte ihr nach. So, wie meine BDM-Führerin den Nationalsozialismus verkörperte, gefiel er mir, und ich wurde auch Führerin.

Unser Häuschen in Hökendorf steht nun nicht mehr, vor einiger Zeit hat man es abgerissen und eine Villa auf das Grundstück gebaut. Ich bin, als man von hier aus hinfahren konnte, wohl bald zehnmal dort gewesen, habe vor dem Haus gestanden und bin enttäuscht wieder abgefahren. Von Zeit zu Zeit zog es mich immer wieder hin, aber wohnen wollte ich da nicht mehr, zuviel hatte sich verändert. Früher war ich immer sehr gerne in die Buchheide, unseren Wald, gegangen, aber jetzt macht mich der Anblick der hohen Betonbauten, die inzwischen am Waldrand stehen, unglücklich.

Jedesmal bei meinen Besuchen zog es mich auch zu einem früheren Spielkameraden, der noch wenige Häuser von unserem entfernt wohnte; seit einem Jahr ist auch er tot. Seine Frau schreibt mir noch, aber ich mag nun nicht mehr nach Hökendorf fahren. Ich glaube, was mich immer wieder dorthin gezogen hatte, war nicht nur »Sehnsucht nach der Heimat«, sondern vor allem nach der Kindheit und Jugendzeit – mit den Menschen, die dazugehörten; vor allem Sehnsucht nach dem Gefühl von Geborgenheit und Sicherheit. So fühlte ich mich auch besonders stark dorthin gezogen, als ich hier unter politischen Druck geraten war. Da war das Heimweh nach meinem Elternhaus, in dem ich ja noch gut aufgehoben war, am größten.

Mit meinen Eltern zusammen war ich zuletzt im Januar 1945 in unserem Häuschen. Als ich zurück nach Grimmen fuhr, ahnte ich allerdings nicht, daß ich zum letzen Mal zu Hause war.

Nachdem uns die Schule in Grimmen entlassen hatte, ging ich zu meinen Großeltern nach E. in Vorpommern. Meine Mutter war aus Hökendorf schon dort angekommen, aber Cläre wollte mich nicht früher gehen lassen. »Das ist ja nur ein Katzensprung!« hatte sie gesagt. Mein Vater war im Januar noch eingezogen worden und sollte bei Pasewalk Kriegsgefangene beaufsichtigen. Nachdem ich einige Tage in E. war, kam er aber auch und erzählte, die Bewacher hätten den Auftrag bekommen, die Gefangenen laufenzulassen und sich selbst zu retten. Kurz vor der Roten Armee kamen deutsche Soldaten durch unseren Ort. Zum Teil verwundet, liefen oder schlichen sie in Richtung Westen durch die Straße. Wenige hatten auch Fahrräder. Wir wohnten über einer Konditorei, und die Konditorsfrau kochte in der Waschküche große Kessel mit Kaffee – »Muckefuck« natürlich, richtigen gab es ja schon lange nicht mehr –, und ich ging auf die Straße und holte die Soldaten herein.

Es wurde dann ruhig, keine deutschen Truppen kamen mehr, aber bald fuhren die ersten russischen Meldetrupps durch E. Wir wollten eigentlich in der Stadt bleiben, aber nun bekamen wir Angst, und vor der russischen Armee flohen wir – etwa hundert Menschen aus unserer Straße – mit Fahrrädern in Richtung Norden aus der Stadt in ein Wäldchen. Wir wollten da draußen abwarten, bis die Truppen einmarschierten. Aber plötzlich stellte meine Großmutter fest, daß sie ihren Wecker vergessen hatte; es war ein Bernsteinwecker, noch aus ihrer Heimat Westpreußen. So fuhr ich zurück und holte den

Wecker, aber als ich aus der Wohnung nach unten kam, rollten über die Hauptstraße schon die ersten fremden Panzer. Ich konnte mit meinem Fahrrad noch zurückfahren, hatte das Feld am Stadtrand auch schon erreicht, da kamen Tiefflieger über E. Sie hatten mich gesehen und schossen. Ich sprang vom Rad, warf mich hin und sah nach allen Seiten. Keine Menschenseele weit und breit, nur der flache Acker und über mir die schießenden Flugzeuge. Da bekam ich doch richtige Angst und dachte an meine Eltern. Zum Glück drehten die Flieger bald ab, und ich konnte weiterfahren zu unserem Unterschlupf.

Dort haben wir wohl ein paar Stunden gelegen, als ein deutscher junger Mann auftauchte mit einer Rote-Kreuz-Binde um den Arm und sagte: »Ihr könnt alle wieder zurückkommen in eure Wohnungen, die Panzer fahren durch die Stadt, die Besatzungen tun keinem etwas!« Als wir nun in die Stadt kamen, waren zwar keine Fahrzeuge mehr zu sehen, es dauerte aber gar nicht lange, und schon waren die ersten Russen im Haus – und mit dem Gewehr unterm Arm suchten sie junge Frauen. Die nächsten zwei Wochen brachten wir auf einem Boden zu, der nur über eine Leiter zu erreichen war. Wir waren ungefähr zwölf Frauen, auch aus der Nachbarschaft.

Als es wieder sicherer wurde, fand mein Vater Arbeit bei einem Bauern, er arbeitete nur fürs Essen und einen Liter Milch, und während der Saison nahm er mich mit. Eine ehemalige Arbeitsmaid war schon dort. Wir mußten auch melken, das fiel mir besonders schwer. Die Bäuerin hatte zwei Butterfässer, die stellte sie in die Scheune, und wir mußten dort buttern. Wir bekamen nicht viel davon ab; die Leberwurst oder der Rübensirup wurden ohne Butter aufs Brot gekratzt. Die Butter wurde zum Teil verschoben, das hatten wir gemerkt: Die Bäuerin machte Stampfkartoffeln, daraus formte sie kleine Laibe und knetete darum herum die Butter. Sie wurde verkauft für 200 Mark das Pfund. Da beschlossen wir, uns auch soviel Butter zu nehmen, daß wir uns satt essen konnten. Also säuberte meine Mutter eine Nivea-Dose, und beim Buttern haben wir dann diese Dose mit Butter gefüllt. Die nahm meine Mutter abends mit, wenn sie die Milch holte, und es hat niemand gemerkt.

Im Sommer kam die Parole, Flüchtlinge ohne Arbeit sollten in ihre

Heimat zurück. Meine Großmutter stellte uns einen Handwagen zur Verfügung und suchte Betten und Geschirr zum Mitnehmen heraus. Ich sah diesem Treiben so zu und hatte das Gefühl, es sei nicht gut, zu gehen. Bei uns zu Hause, in Hökendorf und Finkenwalde, war noch gekämpft worden, von den Höhen der Buchheide hatten die Russen wochenlang Stettin beschossen, und wir mußten damit rechnen, von unserem Haus nichts mehr vorzufinden. Aber man wußte es nicht, und es wäre dann ja immer noch das Grundstück mit den Gärten dagewesen. Mein Vater sagte immer, wenn eine Entscheidung anstand: »Darüber muß ich erst schlafen!« Und als er nun mich fragte: »Mädchen, was machen wir?«, da sagte auch ich: »Darüber muß ich erst schlafen!« Am nächten Morgen erklärte ich, ich hätte eine böse Ahnung, wir sollten nicht gehen! – Nun konnte zwar mein Vater eine feste Arbeit nachweisen, aber ich nicht. Wir kamen dann mit dem Bauern überein, ich solle dort ganztags arbeiten und auch dort schlafen. Er hat sich natürlich gefreut; er bekam auf diese Weise eine weitere billige Arbeitskraft.

Morgens um dreiviertel vier stand der Bauer nun an der Treppe und rief: »Mädels, aufstehen!« – Wir haben von morgens vier bis abends halb zehn gearbeitet, und dann brach ich zusammen. Ich hielt das nicht aus und mußte die Arbeit wieder aufgeben. Aber wir hatten erreicht, daß wir in E. bleiben konnten. Nach einigen Wochen kamen die ersten Flüchtlinge schon wieder zurück, ausgeplündert, krank und elend.

Ich bin in E. geblieben, bis heute. Aber zunächst begann nun das große Grübeln, ich mußte eine Arbeit finden. E. war eine kleine Landstadt. Ich habe mich überall beworben: Als Verkäuferin in den Geschäften brauchten sie mich nicht, sie hatten ja kaum etwas zu verkaufen. Auf der Post sollte ich in einem halben Jahr noch einmal nachfragen. Dann wollte ich Friseuse werden, aber mein Vater sagte: »Ich habe dich nicht auf die Mittelschule geschickt, damit du anderen Leuten die Köpfe wäschst!« – Neben uns wohnte eine Putzmacherin, die machte Hüte. Das hätte mir zwar gefallen, darin hatte ich mich schon zu Hause versucht, aber das durfte ich auch nicht, denn da sollte ich doch nur reinemachen. Es gelang mir nicht, eine Arbeit zu finden.

Aber dann hörte ich im Herbst, der Rektor der Mittelschule suche

Schulhelferinnen. Ich glaubte zwar nicht, daß ich unterrichten könnte, habe mich aber doch gemeldet. Zusammen mit noch zwei jungen Mädchen fuhr ich zum Schulrat in die Kreisstadt. Nun hatte ich sehr viel Glück, denn der Schulrat wurde vertreten durch unseren alten Rektor Klenner, und so wurde ich sofort eingestellt. Ich konnte also als Schulhelferin in E. anfangen, ein wichtiger Schritt war geschafft.

Insgesamt waren wir zwölf junge Lehrer, die ohne Ausbildung im Oktober 1945 den Unterricht aufnahmen. Ich sollte schon sehr bald eine erste Stunde geben, eine Vertretungsstunde in Biologie in einer 7. Klasse. »Der Mensch« war dran; und ich hatte keine Ahnung von dem Stoff, aber einen Nachmittag Zeit, um mich vorzubereiten. Am nächsten Morgen wünschten mir die alten Lehrer Glück, und das konnte ich gebrauchen. Als ich in der Klasse stand, ergoß sich über mich ein Regen von Papierschnitzeln. Ich wartete ruhig ab, bis das Pulver verschossen war, dann fragte ich: »Wer hat sich das ausgedacht?« Der Anführer meldete sich merkwürdigerweise, und ich wies ihn an, alles wieder aufzusammeln. »Und wir können ja inzwischen schon anfangen«, sagte ich, »was wißt ihr denn von der Verdauung?« Die Klasse machte mit, wahrscheinlich hatte es ihr imponiert, daß ich mich nicht hatte in die Flucht schlagen lassen oder Hilfe geholt hatte. Nach diesem Erlebnis hatte ich das Gefühl: Ich schaffe es. Ich hatte meine ersten Ängste überwunden und bin glücklich aus der Klasse gegangen.

Wir Junglehrer wurden nun langsam mit dem Unterricht vertraut; die alten Lehrer halfen uns, indem sie uns nachmittags Anleitung gaben. Eine Enttäuschung kam, als der erste Monat um war und es kein Geld gab, auch im November nicht. Unser erstes Gehalt bekamen wir dann im Dezember, es waren 35 Mark. Aber es gab ja in der ersten Zeit sowieso nichts zu kaufen, die wenigen Lebensmittel bezahlten meine Eltern.

Ganz allmählich kam auch die Politik ins Spiel. Man sagte uns, wir müßten uns nun für den demokratischen Wiederaufbau entscheiden und in eine der antifaschistischen Parteien eintreten. Wir waren eine ziemlich lustige Truppe, nahmen das Leben locker, und einer der jungen Kollegen schlug vor: »Wir machen das ganz einfach, drei Mann gehen in die CDU, drei gehen in die Bauernpartei, drei in die

SPD und drei Mann in die KPD.« Eine bestimmte Richtung hatten wir ja alle nicht, und so haben wir uns auf die Parteien verteilt; ich ging in die CDU. Aber politische Arbeit haben wir trotzdem nicht geleistet, die ersten Jahre konnten wir noch ohne sie Lehrer sein.

Anfang 1947 schickte man mich nach Putbus ins Institut für Lehrerbildung zu einer Kurzausbildung: Uns wurden nun die ersten theoretischen Grundkenntnisse der Pädagogik vermittelt. Wir hatten als Schulhelfer ja schon zwei Klassen mit je bis zu 36 Schülern zu leiten, das war gar keine so leichte Aufgabe. Die Ausbildung in Putbus fiel uns aber trotzdem schwer. Es war reine Theorie, die in Vorlesungen ziemlich zügig vermittelt wurde.

Nach sechs Wochen kam ich zurück an meine Schule, nun war ich »Schulamtsbewerber«. Die Arbeit machte mir Spaß, ich merkte auch, daß ich eine Ader für die Pädagogik hatte, und war eigentlich sehr glücklich in dem Beruf. Trotzdem betrachtete ich ihn noch lange Zeit als Notlösung, schwebte mir doch eigentlich ein Beruf im Bereich Mode vor. Auf die weiteren Lehrerprüfungen habe ich mich deshalb widerwillig vorbereitet und sie schließlich nur abgelegt, um mich vor den Kollegen nicht zu blamieren. Wenigstens wollte ich nun Handarbeitslehrerin werden, aber als ich in Berlin einen Ausbildungsplatz bekam (1949), war ich im Begriff zu heiraten und wollte nicht mehr weg aus E.

Inzwischen wurden wir auch politisch geschult. Dazu kam der »Kreisausbildungsleiter«, aber es ging noch recht human dabei zu. Die Jahre nach unserer Hochzeit waren eigentlich unsere glücklichsten in der DDR, weil wir die Hoffnung hatten, nun würde es aufwärts gehen. Man merkte das auch an der Belieferung der Geschäfte mit Lebensmitteln, mit Bekleidung usw.

1953 ging mein Mann für ein Jahr nach Erfurt zur Weiterbildung, und ich ließ mich mitversetzen. Meine Mitgliedschaft bei der CDU bestand nur auf dem Papier, in Erfurt hatte ich mich gar nicht angemeldet, und als ich nach E. zurückkam, war die Parteizugehörigkeit erloschen, der Vorsitzende der CDU in E. hatte sich nach Westdeutschland abgesetzt, und ich bin seitdem parteilos geblieben.

Wir hatten dann an der Schule in E. ein paar schöne Jahre – bis uns das Schicksal sehr hart traf: Unser kleiner Sohn verunglückte mit drei Jahren. Ich brach völlig zusammen und konnte nur sehr schwer diesen Verlust verwinden. Hinzu kam, daß gerade in dieser Zeit meine Eltern überraschend in den Westen gingen. Mein Vater hatte einen Interzonen-Paß beantragt und war zu seiner Schwester gefahren. Dort lernte er einen anderen ehemaligen Postbeamten kennen, der ihm riet, im Westen zu bleiben, weil er dort eine gute Rente bekäme. In E. waren meine Eltern, nachdem auch meinem Vater die Landarbeit zu schwer geworden war, nur mit unserer Hilfe finanziell ausgekommen. So blieb mein Vater im Westen, und nach einem halben Jahr reiste meine Mutter schwarz hinterher. Anfangs war es für meine Eltern schwierig, doch mein Vater bekam dann seine Pension und eine Entschädigung für unser Häuschen in Hökendorf. Aber als sie nun beide kurz nach unserem Unglück gingen, war es für mich doch sehr schwer. Ich war auch im Haushalt unselbständig, meine Mutter hatte die Hausarbeit bei uns erledigt und mich damit entlastet. Ich hatte gar keine rechte Ahnung, auch vom Kochen nicht.

In der folgenden Zeit wurde überdies die politische Entwicklung hin zum Kommunismus immer deutlicher. Die neu eingestellten jüngeren Kollegen waren ja in den SED-Staat schon hineingewachsen und hatten nun das Bestreben, vorwärts zu kommen. So wurden wir mit unserer kritischen Einstellung ein bißchen an die Wand gedrückt, ich war bis zum Schluß abgestempelt als die Rückschrittliche. Mein Mann hatte zuerst noch geglaubt, der Sozialismus sei von der Theorie her das Ideale. Aber wir mußten dann immer wieder erkennen, daß er gar nicht durchzusetzen war. Wenn wir nun unsere Meinung sagten, wurden wir für revisionistisch erklärt. Man berücksichtigte uns nicht mehr bei Prämien und anderen Vergünstigungen.

In der politischen Schulung, die alle vier Wochen für das ganze Kollegium Pflicht wurde, wurden wir angesprochen: »Wie ist Ihre Meinung dazu?« Es lag mir nicht, die vorgefertigten Phrasen nachzubeten. Wir hatten Schulungsmaterial bekommen, das mußten wir durcharbeiten, und dann wurde es durchgesprochen. Wir mußten Rede und Antwort stehen, und wenn wir nicht »richtig« antworten konnten, wurde das schriftlich festgehalten. Die Veranstaltung nannte sich »Politisches Seminar« und war vorgesehen für die Genossen Lehrer. Für die Parteilosen war die Teilnahme zuerst freiwillig, und wir gingen nicht hin. Doch dann hat man uns höflich aufgefordert, teilzunehmen, man könne nicht Lehrer sein, wenn man nicht politisch geschult sei. Na gut, dachten wir, vielleicht würde es unser Ansehen aufpolieren, wenn wir uns nicht ausschlössen, so nahmen wir daran teil. Bald war das ganz selbstverständlich; wenn wir einmal fehlten, wurden wir am nächsten Tag gefragt: »Wo waren Sie gestern?« Das erste Mal sagte ich: »Ich bin doch nicht verpflichtet, teilzunehmen!« Aber dann wurde mir deutlich gemacht, daß wir zu erscheinen hätten. Und so wurde es allmählich bei uns eingeplant: Wir gehen zur politischen Schulung. Kam der bewußte Montag heran, war der Sonntag für uns verloren. Denn wir saßen den ganzen Tag über dem Schulungsmaterial, um wenigstens einigermaßen vorbereitet zu sein.

Ende der fünfziger Jahre wurde auch im Unterricht kontrolliert, ob im Sinne von Staat und Partei gelehrt wurde. Man war darauf aufmerksam geworden, daß wir nicht ganz die gewünschte Linie vertraten, und griff uns nun immer häufiger an. Ich fühlte mich persönlich eingeengt. Dazu kamen die inzwischen schlechte Versorgungslage und die mangelhafte Ernährung: Gab es Obst, standen wir stundenlang an; bekamen wir einmal einen Kohlkopf, waren wir glücklich. Befördert wurden nur Kollegen, die die Interessen des Staates vertraten. Jede Äußerung, die gegen die Ziele der SED gerichtet war, wurde in der Personalakte festgehalten. Für andersdenkende Menschen war die Situation kaum noch zu ertragen.

Etwa ab 1957 war uns klar: Wir sind auf dem falschen Weg. Nun überlegten wir ernsthaft, ob wir ebenfalls den Schritt in den Westen wagen sollten. Aber 1958 wurde unsere Tochter und 1960 unser zweiter Sohn geboren, und mit den kleinen Kindern schien uns die Flucht nicht möglich. Wir hofften: Vielleicht schaffen wir es später! In diesen Jahren gingen 22 Lehrer unserer Schule in den Westen. In einer Aussprache beschuldigte man meinen Mann, die Kollegen abgeworben zu haben. Natürlich wußte er davon nichts und war sehr erstaunt, und ein Teilnehmer an dieser Runde sagte: »Ich habe den Eindruck, man will den Kollegen R. knieweich machen!« Von nun an wurden wir beobachtet. Wer bei uns ein- und ausging, war der Schulleitung genau bekannt. Unsere Post wurde kontrolliert – sie kam verspätet an. In einer Aussprache beim Direktor wurde uns vorgeworfen, Pakete »von drüben« und auch viel Westpost und Westbesuch zu bekommen. Jemand im Haus schien dies alles weiterzutragen.

Als mein kleiner Sohn laufen konnte, waren wir soweit. Uns war nun klar, hier können wir nicht mehr länger bleiben. Das war im Sommer 1961, und wir bereiteten unsere Flucht vor. Alles, was mir in unserer Wohnung wertvoll erschien, packte ich abends in den Kinderwagen, setzte unseren Jungen obenauf, und wir machten einen gemütlichen Spaziergang in unseren Garten. Dort trug ich alles in die Laube, schloß sie zu, und mein Großvater, der einen zweiten Schlüssel hatte, holte die Sachen später in seine Wohnung. Nach einigen Tagen waren wir bereit, am nächsten Morgen abzufahren. Wir wollten, damit es nicht auffiel, zuerst mit unseren beiden Kindern nach M. bei Bitterfeld fahren; dort lebte ein Onkel von mir, der uns helfen wollte. Wir hatten vor, vierzehn Tage dort zu bleiben, dann die Rückfahrkarten nach E. zu kaufen, in Berlin wieder umzusteigen, aber diesmal Richtung Westberlin.
So war es geplant. Aber es kam nicht dazu. Als mein Mann sich bei seinen Eltern verabschieden wollte, wurde er von der Polizei aus der Wohnung geholt. Ich konnte das zuerst gar nicht fassen und war vollkommen hilflos. Als ich meinen Mann in der Untersuchungshaft besuchen konnte, fragte ich: »Was soll ich denn nun machen?« Und mein Mann sagte: »Fahrt ruhig, erholt euch! Du hast Erholung nötig – fahr du mit den Kindern nach M.!«
Für mich hieß das, ich sollte mit den Kindern trotz seiner Inhaftierung nach Westdeutschland gehen. Aber ich hatte nicht mehr den Mut, zumal ich auch nicht wußte, wie lange man meinen Mann einsperren würde; und ich hatte Angst, wir könnten dann für immer getrennt sein, und unsere Ehe würde auseinandergehen. Und so bin ich in E. geblieben.
Anfang Juli war mein Mann verhaftet worden, und im August stand schon die Mauer. Nun waren wir sowieso gezwungen, hierzubleiben, und es gab kein Entrinnen mehr. Der Wachmann im Gefängnis sagte zu meinem Mann: »Seien Sie nicht traurig, nun sind wir ja alle eingesperrt, nicht nur Sie!«

Mein Mann war vier Monate in Untersuchungshaft, und zur Last gelegt wurde ihm: Verdacht auf Republikflucht, Hetze gegen die SED, gegen die Parteisekretärin und Verführung der Jugend im Sinne des Kapitalismus. Es waren vier politische Punkte, und als fünfter Punkt kam hinzu »unmoralisches Verhalten«. Zu diesem Anklagepunkt war es durch ein Gerücht gekommen, er konnte nicht bewiesen werden; das wußte man wohl vorher. Die Anklage beruhte auf einer Begebenheit auf dem Abiturfest. Die Lehrer waren eingeladen, die Schüler haben mit den Lehrern getrunken, und man versuchte, meinen Mann betrunken zu machen; das ist aber nicht gelungen. Eine der Abiturientinnen sagte bei der Gerichtsverhandlung aus, sie sei sehr verliebt gewesen in meinen Mann. Sie versuchte, ihn zu verführen. Hans hat das abgebogen, es ist aber doch unter den Abiturienten darüber geredet worden, vor allem von dieser Schülerin, die nicht auf ihre Kosten gekommen war. Jedenfalls kursierten Gerüchte in der Schule, kamen dem Direktor zu Ohren, und damit hatte man einen Anlaß gefunden, meinen Mann anzuzeigen. Weil man ihm nun aber nichts Unmoralisches nachweisen konnte, mußten die politischen Punkte zur Absicherung her.

Ich habe in der Zeit weiter unterrichtet. Das fiel mir sehr schwer, aber ich wußte: Er hat sich nichts zuschulden kommen lassen. Ich brauchte mich nicht zu schämen, konnte erhobenen Hauptes durch die Stadt gehen. Mir wurde damals sehr viel Sympathie entgegengebracht. Es kamen Schüler meines Mannes, die mir sagten, sie hätten Unterschriften für ihn gesammelt, Eltern kamen und bekundeten mir ihr Mitgefühl. Und so hatte ich die moralische Unterstützung, weiter an der Schule als Lehrerin zu arbeiten. Die Situation war für mich natürlich nicht einfach, neben der beruflichen Arbeit mußte ich die Kinder betreuen, und dann war ja auch die seelische Belastung groß. Die Kinder brachte ich morgens in den Kindergarten und in die Krippe, und am Nachmittag holte ich sie wieder nach Hause. Sie waren eineinhalb und drei Jahre alt, und sie litten natürlich auch, sie entbehrten Aufmerksamkeit, Zuwendung und Wärme.

Jeden Donnerstag fuhr ich in die Haftanstalt, um meinen Mann zu besuchen. Ich hatte einen Rechtsanwalt genommen und glaubte natürlich auch, er stünde auf unserer Seite. Er war vor den Verhandlungen in die Schule gekommen und hatte auf einer Konferenz den Fall im Kollegium dargelegt; und seine letzten Worte waren: »Ich plädiere für Freispruch!« Auch deshalb war ich zuversichtlich. Dann hatte ich aber doch den Eindruck, daß er mit dem Staatsanwalt und dem Richter eine verschworene Gemeinschaft bildete und ein abgekartetes Spiel mitmachte. Bei einer Konsultation sagte er mir, ich solle dafür sorgen, daß Schüler und Eltern in E. endlich Ruhe geben. Ich freute mich natürlich über die Aktivitäten zur Unterstützung meines Mannes, aber gleichzeitig erkannte ich, daß dieser Rechtsanwalt kein Beistand für uns war. So mußten wir denn diese Machenschaften allein durchstehen. Der Rechtsanwalt nannte auch keine Entlastungszeugen. Als ich einmal zu ihm kam und danach fragte, nannte er zwei Namen von Kollegen, von denen das Gericht eine »allgemeine Einschätzung« meines Mannes »durch das Kollegium« eingeholt hatte. Über den Bericht des einen Kollegen war ich sehr verwundert, denn er hatte sich uns gegenüber immer freundlich gezeigt. Jetzt schätzte er meinen Mann angeblich als unkameradschaftlich ein. Der andere Kollege, ein SED-Genosse, hatte sehr sachlich geantwortet und die angeblich positive Einschätzung des Rechtsanwalts bestätigt.

Ich selbst hatte viel Hilfe, unter anderem von zwei Nachbarinnen. Konnte ich einmal die Kinder nicht abholen, übernahm das eine von beiden; die andere kaufte ab und zu für mich ein und putzte mir die Fenster. Es gab Tage, an denen ich mich so elend fühlte, daß ich nicht zur Schule gehen konnte. Dann versorgten sie mich und betreuten meine Kinder. Es war schon ein gutes Gefühl, in einer so schwierigen Situation hilfsbereite Nachbarn zu haben!

Als ich meinen Mann in der Untersuchungshaft besuchte, wurde ich von einem kleinen Polizisten, der ein bißchen hinkte, zu ihm geführt. Er setzte sich taktvoll abseits und hat wohl auch dem Gespräch gar nicht zugehört. Die Besuchszeit war eigentlich längst um, aber er ließ mich viel länger bleiben. Ich hatte das Gefühl, er war selber mit dem ganzen System nicht einverstanden, was sich später auch bestätigt hat. Auch ermahnte er meinen Mann: »Wenn Sie jemanden in die Zelle bekommen, schweigen Sie!« – Es kam dann tatsächlich ein dritter Häftling in die Zelle, der immer politische Witze erzählte. Aber nun haben die beiden anderen nicht reagiert, nicht gelacht und sich gar nicht darum gekümmert; sie hatten die Warnung verstanden. Der neue Häftling sollte die beiden anderen aushorchen, um etwas Belastendes herauszubekommen. Man suchte eine Handhabe gegen sie.

Der Richter warf meinem Mann während der Untersuchungshaft immer wieder vor, er würde simulieren. Aber Hans hatte aus dem Krieg eine Hirnverletzung davongetragen und litt unter den Folgeerscheinungen: Er konnte nachts nicht schlafen, das Herz raste, und der Druck im Kopf war schwer zu ertragen. Der Richter glaubte, er könne ihn überführen, indem er ihn in die Nervenklinik einwies. Doch dort stellte der Leiter tatsächlich diese alte Hirnverletzung fest; mein Mann war sogar so stark geschädigt, daß er eigentlich gar nicht hätte Lehrer werden dürfen. Der Professor wollte ihn aufgrund der Untersuchungsergebnisse sofort invalidisieren. Aber mein Mann hatte selber gar nicht erkannt, wie sehr er unter der Verletzung litt. Seine Beschwerden wurden von den Ärzten immer als Herzleiden betrachtet. Jetzt stellte sich heraus, daß das Herz bei Erregung vom Gehirn falsch gesteuert wurde.

Der Professor hatte offenbar gemerkt, daß da eine politische Intrige im Gange war, denn er bot Hans an, ihn für unzurechnungsfähig zu erklären. Aber das wollte mein Mann nicht, er wollte doch ein vollwertiger Mensch sein. So einigten sie sich auf den Absatz »b« dieses Paragraphen, das heißt, Hans wurde für »bedingt zurechnungsfähig« erklärt.

Mein Mann wurde nun im Herbst zu sieben Monaten Haft verurteilt. Ohne dieses Gutachten hätte er wohl mehr bekommen. Das Urteil beruhte auf dem Punkt: Verführung der Jugend im Sinne des Kapitalismus. Zur Verhandlung und zur Verkündung des Urteils wurden viele Bürger aus E. eingeladen, zum Beispiel aus den Gewerkschaftsleitungen der Betriebe, die die gewünschte Richtung vertraten. Ich hatte immer eine Abneigung gegen diese Menschen, die ich nun im Gerichtssaal sah, weil sie sich politisch in unserem Ort sehr hervortaten. Aber während der Gerichtsverhandlung machte ich eine merkwürdige Feststellung: Als der Richter das Urteil verlas, entstand etwas Unruhe im Saal, ein Murmeln begann, und schließlich verließen fast alle geladenen Gäste den Gerichtssaal;

sie waren mit der Führung der Verhandlung und dem Urteilsspruch nicht einverstanden. Seit diesem Prozeß empfinde ich vor dem Gericht nicht mehr Respekt, sondern nur noch Angst.

Der Rechtsanwalt erklärte mir nach dem Urteil, wir könnten Berufung einlegen. Allerdings, viel wäre damit nicht zu erreichen. Es mache eben einen guten Eindruck, mein Mann könne sich damit ein bißchen rehabilitieren, und man würde sagen, er sei unbelastet, er habe keine Schuld. Aber auf diesen Vorschlag habe ich verzichtet. Ich hatte dafür gar kein Geld. Außerdem rieten mir andere: »Legen Sie bloß keine Berufung ein, man zieht Ihnen das Geld aus der Tasche, und Sie erreichen nichts!«

Und so hat denn Hans seine sieben Monate abgesessen, und ich habe versucht, hier weiter meine Arbeit zu tun. Ich war aber so erschöpft, daß ich eines Tages nicht mehr konnte. Mein Hausarzt wußte ja, wo die Ursachen lagen, und schrieb mich sofort krank. Er war auch der Meinung, ich müßte eigentlich den Schuldienst für einige Jahre unterbrechen, um mich wirklich einmal zu erholen und alles zu vergessen, was wir durchgemacht hatten. Er war der Arzt, der auch die Diagnose bei unserem Jungen gestellt hatte, als er verunglückt war. Aber ich wollte seinem Rat nicht folgen, die Arbeit gab mir auch ein bißchen Halt und Trost.

Weil mein Mann in E. einen guten Ruf hatte und das Urteil auch nicht ausreichend begründet war, forderte der Direktor seiner Schule bei einem Fahnenappell die Kollegen auf, mit den Klassen über den »Fall zu diskutieren«. Er sagte, der Kollege R. habe sich moralisch vergangen, das sollte nun bekanntgemacht werden, und man sollte in dieser Richtung sprechen. Er wußte, daß die allgemeine Sympathie auf unserer Seite war, jetzt versuchte er, meinen Mann in Mißkredit zu bringen. Und so haben mir denn auch einige Kollegen die kalte Schulter gezeigt. Aber es ist doch nicht gelungen, die Bevölkerung gegen uns einzunehmen. Ich hörte von der ganzen Aktion durch Schüler und Eltern.

Weil vier Monate der Haft schon durch die Untersuchungshaft abgegolten waren, mußte Hans nur noch drei Monate verbüßen und kam Ende Januar nach Hause. Wir erfuhren nun noch einmal sehr viel Sympathie. Die Handwerker kamen und gratulierten – mit Blumensträußen; Freunde kamen, und so haben wir diesen Übergang, uns wieder in der Öffentlichkeit zu zeigen, leichter geschafft. Wir wußten, wir waren nicht allein. Mein Mann wurde nicht wieder in den Schuldienst eingestellt, sondern mußte sich etwas anderes suchen. Zunächst fand er eine Arbeit als Maurer, das hatte er ja mal gelernt, und jetzt kam ein Bekannter und holte ihn in einen Betrieb. Die Arbeit war aber sehr schwer, er hielt sie gesundheitlich nicht durch. Ein guter Freund war Elektriker und riet ihm zu einer Ausbildung in diesem Beruf. Nun arbeitete er aber als Maurer in der Landwirtschaft, und da kam man nicht ohne weiteres wieder heraus. Er mußte einen Antrag stellen, und da der Vorsitzende der LPG ihm wohlgesonnen war, wurde dieser Antrag befürwortet. Und so fing mein Mann eine Elektrolehre an.

Aber kurz danach wurde er vom Schulrat zu einer Aussprache vorgeladen. Der alte Schulrat war inzwischen abgelöst worden, und der neue war etwas neutraler eingestellt, auch humaner. Er sagte: Herr R., Ihnen ist Unrecht geschehen, wir möchten Sie zurückholen in den Beruf.« Hans hat das wohl noch nicht so recht geglaubt. Ich mußte dann noch einmal zum Schulrat und den schriftlichen Bescheid abholen. Als mein Mann abends von seiner Arbeit nach Hause kam und das Moped über den Hof fuhr, schaute er fragend nach oben. Und als ich am Küchenfenster nickte und lachte, da sah man förmlich, wie ihm ein Stein vom Herzen plumpste: Es hat geklappt! Er schob sein Moped in den Stall, kam aber nicht hoch. Schließlich lief ich nach unten, um nach ihm zu sehen, und da hatte er seinen Rucksack noch auf dem Rücken, hielt einen Lappen in der Hand und putzte sein Moped, und die Tränen sind immer nur so in den Lappen gelaufen.

Der neue Schulrat wollte das Unrecht wiedergutmachen, aber an ein Gutmachen war nicht zu denken, das war nicht möglich, und Schadenersatz konnte uns keiner geben.

Hans war zunächst als Lehrer auf dem Land – mußte immer mit dem Moped fahren, aber nach einem Jahr »Bewährung« kam er an die Schule nach E. zurück. In diesem Jahr geschah etwas Merkwürdiges: Heiligabend am Vormittag klopfte es bei uns an die Tür, ich öffnete – es war der Vorgesetzte, der meinen Mann angezeigt hatte. »Kann ich euch mal sprechen?« – Ich bat ihn herein, er setzte sich

neben Hans auf das Sofa, und dann kam ein Entschuldigungsge-
stammel. Er legte die Hand auf den Oberschenkel meines Mannes
und sagte: »Hans, ich habe dir Unrecht getan! Kannst du mir das
verzeihen? Und Frau R., es war eine schwere Zeit für Sie, aber Sie
haben ja so tapfer zu Ihrem Mann gehalten!« – »Ja«, sagte ich, »ich
hatte auch allen Grund, es war ja gar nichts gewesen!« – »Ja«, sagte
er, »ich habe mich geirrt, und Hans soll auch an unserer Schule
wieder rehabilitiert werden, und er soll auch wieder froh werden
können!« So hampelte er da herum! Und ich habe nicht den Mut
aufgebracht zu sagen: Nun sagen Sie das auch öffentlich dem Kollegium!
Der neue Schulrat hatte meinen Mann ermutigt: »Herr R., wenn
Ihnen noch einmal in irgendeiner Weise Unrecht geschieht, kommen Sie zu mir!« – Wir wurden wieder sicherer im Auftreten und
haben unsere Rechte mehr durchgesetzt.

Jedes Jahr im Sommer kamen meine Eltern aus dem Westen zu Besuch. Das war natürlich für uns immer eine große Freude, aber das
Problem der Einreisegenehmigung war auch eine Belastung. Zunächst brauchte ich eine Genehmigung meines Direktors. Mit dieser
mußte ich zum Schulrat. Inzwischen war der humanere schon wieder abgelöst worden, und der neue Schulrat war ein ganz radikaler.
Der Weg dorthin war für mich immer ein Gang nach Canossa. Wir
brauchten nun noch eine Genehmigung vom Rat der Stadt, und
dann konnten meine Eltern kommen. Sie kamen immer sehr gerne
zu uns und blieben, solange die Aufenthaltsgenehmigung es erlaubte, meistens vier Wochen. Es ging meinem Vater finanziell im
Westen sehr gut, und er wollte uns nun auch gern etwas Gutes tun,
zumal in der DDR gesagt wurde, daß ich ihn nicht würde beerben
können, weil ich verheiratet war; und deshalb würde seine Hinter-
lassenschaft an den westdeutschen Staat fallen. In Berlin war die
Firma GENEX eingerichtet worden, über sie konnte man aus dem
Westen mit Westgeld den DDR-Bürgern Geschenke zukommen
lassen, und so kam ich zu einem Auto. Mein Mann wollte kein Auto,
aber mich lockte es sehr, Auto zu fahren. Ich entschied mich für
einen Trabant, als mein Vater mich fragte. Ich konnte noch nicht
fahren, und mit einem kleinen Auto, dachte ich, fährt es sich ein-

facher. Mein Vater hat das Auto also an die GENEX bezahlt, und nach vier Wochen konnte ich in Eisenach einen Trabant abholen. Wir hatten keine Garage, das Auto stand vor der Tür, und ein neuer Trabant war zu der Zeit, Anfang der siebziger Jahre, etwas ganz Besonderes in E. Man mußte normalerweise ungefähr fünfzehn Jahre auf ein Auto warten. Wir hatten nie davon gesprochen, daß wir Auto fahren wollten, und die Leute, die vorbeigingen, fragten: »Wem gehört das Auto, wo kommt das her, habt ihr Fahrerlaubnis?« – »Nein.« – »Na, dann verkauft uns doch das Auto!«

Um eine Fahrerlaubnis erwerben zu können, mußte man ein bis zwei Jahre warten. Mein Vater hatte aber gleich die Ausbildung in Westgeld mitbezahlt. Und nachdem das Auto nun drei Wochen hier gestanden hatte, bekam ich von der Fahrschule einen Brief, ich sei eingeplant und könne sofort kommen, um die Fahrerlaubnis zu machen. Das habe ich dann auch getan.

Das Auto war natürlich ein Grund des Ärgers für viele, die schon lange warteten, und es kam auch manchen Kollegen und meinem Vorgesetzten zu unvorbereitet. Viele Leute beneideten mich, wenn ich mit dem Wagen durch die Stadt fuhr. Es war auch ein hübscher Wagen – weiß mit hellgrünem Dach. Wer bekam hier schon ein zweifarbiges Auto! Mein Direktor fuhr einen alten einfarbigen Trabant. Also, mein neuer schöner Wagen erregte Neid.

Ich wurde in der Schule vor den Kadi zitiert und sollte sagen, woher ich den Wagen hätte. Dem Direktor sei zu Ohren gekommen, ich fahre einen Westwagen. Ich sagte: »Ich fahre einen Wagen aus unserer DDR-Produktion. Er ist allerdings mit Westgeld bezahlt worden, und es ist doch besser, wenn das Geld in Form von Devisen unserer DDR zufließt, als wenn der Bonner Staat davon Waffen kaufen würde.« Nun versuchte der Direktor mir klarzumachen, daß ich als DDR-Lehrer keinen Wagen fahren könne, der mit Westgeld bezahlt wurde. Das wäre nicht in unserem Bewußtsein, das könne man der Bevölkerung nicht zumuten, denn die andern bekämen das auch nicht. Ich war sehr wütend und konnte mich nur schwer beherrschen. Wir schrieben nun voller Zorn einen Brief an das Ministerium des Innern nach Berlin. Wir bekamen aber keine klare Antwort, ich sollte meinem Vater die Anschrift von

GENEX schicken. Ich hatte den Eindruck, es ging dem Staat nur darum, über GENEX das Westgeld zu bekommen.

Einige Jahre später kaufte mein Vater uns einen Wartburg. Und mit dem sind wir im Dunkeln nach Hause gekommen; ich traute mich nicht, damit bei Tageslicht durch E. zu fahren, und wir haben ihn ganz schnell in die Garage gestellt, die wir nun hatten. Man kann sich in Westdeutschland sicher nicht vorstellen, was es in dieser Zeit in der DDR bedeutete, einen Wartburg zu haben – das war so etwas Überwältigendes, man kam doch als Normalbürger an einen Wartburg nicht heran. In den nächsten Tagen sind wir dann beide öfter in die Garage gegangen und haben uns an dem Wagen gefreut. Aber ich hatte Angst vor neuen Aussprachen im Kollegium. Das Auto stand vierzehn Tage in der Garage, und dann sagte Hans: »Jetzt ist es mir egal!« Wir besuchten im Nachbarort einen guten Freund und fuhren den Wagen dort in einer ruhigen Straße ein. Hans hatte inzwischen auch die Fahrerlaubnis erworben. Und dann wagten wir es auch, durch E. zu fahren, natürlich anfangs mit klopfendem Herzen. Aber zu unserem Erstaunen kam gar nichts mehr, keine Aussprachen und keine Vorhaltungen, wir wurden nur ein bißchen schief angeguckt. Und nach dem Tod meines Vaters konnte ich auch mein Erbe antreten, mein Vater hatte ein Testament gemacht, so daß ich das Geld später doch bekam.

Unsere Tochter Marianne wollte gerne die Oberschule besuchen, und wir stellten den Antrag an unsere Direktion wie üblich, als sie in der neunten Klasse war. Die Oberschule hätte dann mit der elften Klasse angefangen. Der Antrag wurde abgelehnt mit der Begründung, der Durchschnitt von 1,3 reiche nicht aus, weil die Eltern zu den Intelligenzlern zählten. Ein Arbeiterkind brauchte nur einen Durchschnitt von 1,5 aufzuweisen. Wir glaubten diese Begründung nicht, vielmehr sahen wir als Grund für die Ablehnung die Tatsache an, daß unsere Tochter sich hatte konfirmieren lassen. Ihre Freundin kam aus einer sehr christlichen Familie. Wir sprachen zu Hause nicht über die Kirche, die Kinder sollten sich ihren Weg allein suchen, wir wollten sie nicht beeinflussen. Und so war Marianne denn zu uns gekommen und sagte: »Ich gehe mit S. zum Konfirmanden-unterricht!« Wir ließen sie gehen.

Nach der Ablehnung unseres Antrags beendete sie die neunte Klasse. Inzwischen leitete ein neuer Direktor die Schule, und als die Mädchen die zehnte Klasse besuchten, stellten sie noch einmal einen Antrag, diesmal auf eine Berufsausbildung mit Abitur. Und dieser Antrag wurde von dem neuen Direktor genehmigt. Unsere Tochter ging dann in eine Berufsschule für Bauwesen, in eine Klasse für Bauzeichner. Gleichzeitig bekam sie eine Ausbildung als Maurer und Zimmermann, und auf dieser Grundlage konnte sie später auf die Hochschule nach Wismar gehen zum Bauingenieur-Studium.

Ende der siebziger Jahre hatte ich eine Gallenoperation, und weil ich mich danach schwach fühlte, stellte ich einen Antrag auf Herabsetzung der Unterrichtsstundenzahl. Ich bekam nun weniger Geld und bekomme deshalb jetzt auch eine niedrigere Rente. Mir wurde sogar eine Kur genehmigt, und ich fuhr ins Erzgebirge. An meinem Tisch saß ein Lehrer aus Thüringen, und ich hörte beim Gespräch heraus, daß er jedes Jahr zu seinen Eltern nach Westdeutschland fuhr. Wir haben dann ganz offen darüber gesprochen, und ich erfuhr mit Staunen, daß Lehrer durchaus berechtigt seien, in den Westen zu fahren. Meine Eltern wohnten inzwischen in Westberlin. Als mein Vater über neunzig war, wünschte er sich immer wieder, ich solle ihn besuchen. Aber ich hatte nie gewagt, einen Reiseantrag zu stellen. In unserem Bezirk waren Reisegenehmigungen sehr schwer zu bekommen, und hier war wieder unser Kreis der schlimmste: Lehrer durften überhaupt nicht nach Westberlin fahren. Ich war von der Kur nach Hause gefahren mit dem Vorsatz, gleich einen Antrag zu stellen. Aber dann überkam mich hier doch wieder die Feigheit, weil ich ja unsere Vorgesetzten kannte.
Im darauffolgenden Januar (1981) schrieb meine Mutter, mein Vater sei schwer erkrankt. Mit diesem Brief fuhr ich nun zum Schulrat und beantragte eine Reise nach Westberlin. Der Schulrat hörte sich mein Anliegen an, seine Meinung war für mich vollkommen undurchsichtig, der Blick war ausdruckslos. Er sagte: »Kollegin R., ich kann dazu heute nichts sagen, kommen Sie bitte in einer Woche wieder, wir werden uns beraten!« – Ich antwortete: »Aber ich gebe zu bedenken, mein Vater ist sehr alt, es kann jeden Tag zu spät sein.« – »Ja, ich kann es nicht ändern«, sagte er, »kommen Sie bitte in einer

Woche wieder!« – Sehr schweren Herzens fuhr ich nach einer Woche wieder hin, ich rechnete mit einer Absage. Aber er war nun sehr freundlich und höflich, ich durfte Platz nehmen, und dann teilte er mir den Beschluß mit: »Wir lassen Sie einmal nach Berlin fahren, Sie dürfen wählen, entweder Sie fahren jetzt anläßlich der Krankheit, oder Sie fahren zur Beerdigung. Beraten Sie sich mit der Familie, wann Sie fahren möchten!« Aber ich wußte, daß ich gleich fahren wollte: »Zur Beerdigung brauche ich nicht zu fahren, ich fahre jetzt zu Lebzeiten!« – »Gut«, sagte er, »wir lassen Sie fünf Tage fahren, bei zwei Reisetagen haben Sie drei Tage bei Ihrem Vater. Aber denken Sie daran, einmal können Sie nur fahren!« Ich war aber ganz freudigen Herzens, durfte mir aus dem Büro die Zusage abholen, mit diesem Schreiben ging ich zur Polizei, und innerhalb von drei Tagen hatte ich die Reisegenehmigung. Und ich hatte sogar Glück, diese Reise fiel in die Ferien. Ich nahm den ersten Zug, der noch halb in der Nacht fuhr, und bin am fünften Tag auch spät in der Nacht erst nach Hause gekommen. Bei meinem Besuch in Westberlin merkte ich, daß mein Vater schon sehr schwach war, aber die Freude über mein Kommen war groß, und wir konnten uns noch viel erzählen – es war wie in alten Tagen.

Auch meine Mutter war eigentlich hilfsbedürftig. Wenn wir in ihrer Nähe waren oder sie andere Gesellschaft hatte, dann hatte man das Gefühl, mit einem gesunden Menschen umzugehen. War sie allein, dann verfiel sie in Lethargie und Gedankenlosigkeit. Mein Vater wünschte sich, die letzten Monate bei mir zu leben! Ich versprach das: »Wir machen ein Zimmer frei, ich hole euch beide her, und dann werdet ihr bei uns leben.« Wir wollten uns einschränken, unsere Tochter war zu dieser Zeit schon beim Studium in Wismar, und unser Sohn wollte ohnehin bald mit seiner Freundin zusammenziehen. Wir haben das Zimmer also für meine Eltern vorbereitet.

Dann fuhren wir nach Ungarn in Urlaub, und kaum waren wir zurück, im August 1981, kam ein Telegramm von der Hauswartfrau, mein Vater sei verstorben. Und außerdem stand im Telegramm: Mutter nicht mehr zurechnungsfähig. Mit diesem Telegramm fuhr ich zum Schulrat und bat um eine erneute Reisegenehmigung. Ich erklärte, meine Mutter leide schon länger unter Verkalkung, und ich wolle sie nun ganz zu mir nehmen. Sie sei aber nicht in der Lage, allein zu reisen, ich müsse sie holen. Nachdem er eine Weile überlegt hatte, sagte er: »Gut, Frau R., holen Sie Ihre Mutter, aber denken Sie daran, hintergehen Sie uns nicht! Bringen Sie Ihre Mutter mit!« Es ging dann auch wieder sehr schnell, ich bekam die Papiere, auch die Genehmigung für meine Mutter, und fuhr sofort ab. Ich hatte wieder fünf Tage.

Als ich in Berlin ankam, erkannte meine Mutter mich nicht. Sie stand und plättete – die ganze fertige Wäsche aus dem Schrank. Mein Vater war schon vierzehn Tage tot. Meine Mutter war nicht mehr in der Lage, irgend etwas in die Wege zu leiten, sie kochte nicht, ihr war alles ganz egal, es war ein schlimmer Zustand. Ich hatte mich auf eine Beerdigung vorbereitet, aber nun erfuhr ich, daß mein Vater schon eingeäschert war und daß er noch den Wunsch geäußert hatte, in E. beigesetzt zu werden. Wir haben dann später hier auch die Trauerfeier gehalten.

Ich packte nun die Sachen zusammen, die wir für meine Mutter brauchten; dabei fand ich Messer, Gabeln, Tortenheber – alle Wertsachen waren versteckt – unter Kissen, im Kleiderschrank usw. In den drei Tagen mußte ich nun auch die Behördengänge machen, ich mußte eine Steuererklärung besorgen, die Überführung der Urne nach E. vorbereiten und all die andern Dinge regeln, die mit der Übersiedlung meiner Mutter verbunden waren. Zum Glück erfuhr ich, daß eine Firma in Stralsund Wohnungen in Westberlin auflöse und die Möbel in die DDR befördere; den gesamten Umzug hätte ich in den drei Tagen nicht schaffen können.

In E. meldeten wir meine Mutter wieder an, und der stellvertretende Bürgermeister kam mit einem Blumenstrauß und hieß sie als »Bürger der DDR« willkommen. Anspruch auf Wohnraum hatte sie allerdings nicht, aber sie hätte ja ohnehin nicht mehr alleine wohnen können. In der folgenden Zeit mußte ich ihre Stube immer einfacher einrichten, ich mußte immer mehr herausnehmen, denn sie versteckte oder verlor alles. Ich konnte sie neben meinem Beruf einfach nicht mehr versorgen und beantragte eine Hausfrauenhilfe. Die wurde mir auch genehmigt, vom Rat der Stadt bezahlt, und eine Frau hat meine Mutter jeden Morgen sehr liebevoll betreut, sie gewaschen, angezogen und zum Teil auch gefüttert.

So ging nun alles für eine Weile ganz gut, aber nach drei Jahren stellte man fest, daß ich an Krebs erkrankt war, und ich mußte nach Greifswald zur Behandlung. Es war Sommer, ein sehr ungünstiger Zeitpunkt, viele Schwestern waren in Urlaub und die Krebsstation wegen Personalmangels geschlossen. So blieb ich auf der Aufnahmestation, kam in ein Zimmer mit zehn Frauen, jede hatte eine andere Krankheit, und es war ständiger Wechsel. Ich lag hier zehn Tage und fühlte mich sehr schlecht. Auf dem Fußboden liefen Schaben, und die Atmosphäre war ganz trostlos. Weil eine Operation aus verschiedenen Gründen nicht möglich war, wurde ich bestrahlt. Danach mußte ich zu Hause auf die Einweisung in die Radiologie warten, wo die Behandlung fortgeführt werden sollte. Ich war durch die Bestrahlungen geschwächt und hatte mich auch mit der Krankheit noch gar nicht abgefunden. Und in dieser Situation wurde es mir mit meiner Mutter sehr schwer. Sie verstand ja nichts mehr, wollte sich mit mir unterhalten, wenn ich mich ausruhen und erholen wollte.

Auf den Platz in der Radiologie mußte ich vier Monate warten, aber dann war ich sehr angenehm überrascht von den Ärzten und den Schwestern und dem ganzen zuversichtlichen Ton auf dieser Station. Ich wurde aufgenommen wie in eine Familie; das tat sehr gut. Und trotz der Krankheit und der starken Bestrahlungen – sie mußten in meinem Fall ja die Operation ersetzen – fühlte ich mich hier sehr wohl. Wir wurden in jeder Hinsicht sehr gut betreut. In dieser Zeit konnte ich mich mit der Krankheit auseinandersetzen, ich merkte, anderen Menschen ging es nicht anders, und gewann Zutrauen zu mir.

Nach sechs Wochen kam ich wieder nach Hause, hatte nun einen ganz anderen Rhythmus, hatte von meiner gewohnten Aktivität auf Ruhe umgeschaltet. Aber ich wurde trotz der versuchten Schonung doch immer elender. Meine Mutter brauchte mich immer mehr, sie wollte bei mir sitzen, mit mir reden oder ausgeführt werden, und wenn sie Gesellschaft hatte, ging es ihr gut.

Ich mußte während der nächsten zwei Jahre regelmäßig zur Untersuchung, und weil ich mich nicht erholte, schickte meine Ärztin mich schließlich ohne weitere Rücksichten für vier Wochen zur Kur, und meine Mutter mußte vorübergehend in ein Altersheim. An dem Tag, als ich wieder nach Hause kam, ist sie gestorben. Kurz danach mußte ich zu meiner letzten Untersuchung, und nun teilte mir der Arzt mit, ich hätte die Krankheit überwunden!

Während dieser Krankheit fand ich meinen Weg zu Gott zurück, auch dank eines jungen Pastors, der mich in dieser Zeit besuchte. Er gab mir Zuversicht und Kraft, an das Gesundwerden zu glauben. Heute bin ich in meinem Glauben gefestigt.

In der Schule waren wir im christlichen Sinn erzogen worden, aber danach war ich froh, den religiösen Vorstellungen unserer Cläre entkommen zu sein. Ich lebte ohne Glauben und fühlte mich nicht gebunden. Meine Eltern waren der Kirche zugehörig, übten aber keinen direkten Einfluß auf mich aus. Ich suchte nach einer Weltanschauung, die mir im Leben Richtung und Halt geben könnte. Im Marxismus fand ich sie nicht, der Materialismus befriedigte mich nicht. So blieb ich einige Jahre ohne Richtung. Aber das Leben wurde immer schwerer, das Schicksal brachte mich in viele harte Situationen. In meinen schwersten Nöten und Ängsten betete ich einfach ganz still für mich zu Gott; ich mußte ihn sehr oft anflehen und um Hilfe bitten. Je älter ich wurde, um so gefestigter wurde ich auch wieder in meinem Glauben.

Jetzt begann ein neuer Lebensabschnitt. Weil ich mit 59 Jahren ein halbes Jahr vor der Rente stand, ließ ich mich invalidisieren, denn in der Schule wäre ich für dieses halbe Jahr nur als »Springer« eingesetzt worden. Es ist mir anfangs sehr schwer gefallen, nicht mehr mit Kindern zu arbeiten, aber im Lauf der Zeit habe ich immer häufiger festgestellt, wie schön das Leben sein kann, wenn man nicht mehr den Streß hat. Ich war immer mal für eine Woche bei meinen Enkelkindern und habe sie betreut. Als nach drei Jahren, 1990, mein Mann auch in Rente ging, wurde das Leben doppelt schön. Aber da waren wir auch schon mitten in der »Wende«.

Im Sommer 1989 gab es für uns ein politisches Erwachen. Unsere Kinder verlebten ihren Urlaub bei uns, und wir erfuhren mit Erstaunen, welche Unzufriedenheit in Berlin und Umgebung unter der Bevölkerung herrschte. Unsere Kinder engagierten sich stark für eine neue, bessere DDR, sie gingen zu Demonstrationen, besuchten kleine Foren, und wir waren überrascht, was alles in unserer DDR vorging. Für uns waren das ganz neue Töne, aber jetzt zeigten die

Menschen auch hier im Norden immer stärker ihre Unzufriedenheit; sie wollten nicht mehr unter der Diktatur leben. Die Mängel in der wirtschaftlichen Versorgung haben wir hier auf dem Land nicht als gravierend erlebt, aber der politische Druck wurde immer stärker empfunden. Hans kam aus der Schule nach Hause und berichtete: »Wir werden immer mehr belauscht, und die oben machen sich immer breiter, wir Demokraten können gar nichts mehr sagen.« Es ging das Gerücht, daß unterirdische Konzentrationslager gebaut würden für alle, die mit dem Staat nicht einverstanden waren.

Meine Tochter entwarf die Losung: »Sägt die Bonzen ab, aber laßt die Bäume stehen!« – Daß meine Kinder nun plötzlich Losungen schrieben und damit auf die Straße gingen, das hat mich sehr ergriffen und eigentlich auch beschämt; denn ich bin ja jahrelang Gegner der Kommunisten gewesen und ihres Staates. Wir kannten hier auch einander, die anderer Meinung waren; man wußte, zu wem man Vertrauen haben konnte. Und als wir nun das Gefühl hatten, wir werden immer mehr unterdrückt, fanden wir uns auch öfter zusammen, einfach privat zum Gespräch, und man hat all seinen Frust ausgesprochen und abgeladen. Und so kam es denn auch bald, daß in E. zur ersten Demonstration aufgerufen wurde. Ich war aber nicht dabei. Ich glaubte, daß ich nicht mitgehen dürfe, weil mein Mann noch im Schuldienst war. Eines Tages traf ich eine alte Dame, mit der ich befreundet war, sie sprach mich auf der Straße an und fragte, warum ich nicht mitgegangen sei: »Wo lebt ihr denn? Wir sind doch schon ein Ende weiter! Und bei der nächsten Demonstration bist du dabei!«

Zwischen der ersten und der zweiten Demonstration hatten noch drei Wochen gelegen, aber dann wurde jeden Montag dazu aufgerufen. Abends läuteten die Glocken, und nun war ich in diesem Zwiespalt: Mein Mann ist noch im öffentlichen Dienst, steht unter Druck, wird beobachtet – und ich sitze zu Hause und möchte mitgehen! Ich hab mir dann ein Herz gefaßt, und als die Glocken läuteten, bin ich doch gegangen. Ich wurde natürlich mit Freuden empfangen. Wir haben uns in der Kirche versammelt, 100 bis 200 Menschen: Einige Männer – ein Lehrer, ein Tischler, der Pastor, ein Zahnarzt – riefen öffentlich in der Kirche zum Widerstand gegen die Diktatur auf: »Wir müssen aufstehen und uns wehren!« – Die Fragen der Wirtschaft wurden angesprochen, daß kein Material mehr in den Werken war und die Arbeiter nur noch herumsitzen konnten. Es wurde gesagt: »Die ganze Bauwirtschaft ist marode, wir können nichts mehr ausbessern; viele Häuser müssen dringend saniert werden, aber das ist gar nicht möglich!« So wurde alles vorgebracht, was die Menschen bedrückte.

Und es wurden jedesmal mehr, die sich zu einer Gruppe fanden und versuchten, bestimmte Themen anzusprechen. Und so forderten sie auch, beim nächsten Mal sollten auch die Direktoren der Fabriken kommen und sich den Fragen stellen; denn nach oben gingen Meldungen über erfüllte Pläne, und sie steigerten ihr Soll sogar noch, und in Wirklichkeit gehe alles bergab – da stimme doch etwas nicht! Die Betriebsleiter kamen dann auch, aber sie hatten keinen Mut, die Wahrheit zu sagen, und als einer wieder anfing schönzufärben, rief jemand: »Nun sagt doch mal endlich, wie es wirklich ist! Ihr habt doch die Einnahmen gar nicht, von denen ihr sprecht! Wie wollt ihr denn eure Pläne erfüllen, wenn ihr kein Material habt, keine Rohstoffe!« Da war ihm der Wind aus den Segeln genommen, und er mußte nun endlich Farbe bekennen.

Da wir uns öffentlich zeigten, hatten auch andere Menschen Mut bekommen, und der Zug wurde immer länger. Es mag etwa die fünfte Demonstration gewesen sein, als wir bald dreitausend Menschen waren, die Kirche war gepreßt voll, die meisten Menschen standen draußen, und es wurden Lautsprecher angebracht. Der Pastor sagte: »Wir haben doch auch Lehrer unter uns, ist denn keiner da, der endlich mal nach vorne kommt und gegen den Schulrat spricht!« Er sah mich an, aber ich machte nur eine abwehrende Bewegung. »Immer noch Angst?« fragte er, »ist denn das die Möglichkeit, daß unsere Menschen so verängstigt sind!« Es wurde öffentlich gefordert, bestimmte Funktionäre in leitenden Stellungen von ihren Posten zu entfernen, und immer wieder wurde gesagt: »Wir müssen den Schulrat ablösen! So geht es nicht weiter!« Aber es hat sich keiner gefunden, der gegen den Schulrat sprach.

Bei einer Demonstration wurde dazu aufgerufen, eine Friedenskette zu bilden, sie sollte von Norddeutschland bis Süddeutschland reichen, und damit sollte symbolisiert werden, daß wir in Freiheit leben und dies friedlich erreichen wollten. Es wurden die Autofahrer gebeten, sich bereitzustellen, allen wurde ihr Standort angewiesen; denn die Kette sollte nicht durchlässig sein, und die entfernteren Punkte mußten ja auch besetzt werden. E. bekam eine Strecke an einer Landstraße zugewiesen, und wir luden Freunde, Bekannte und Fremde in unsere Autos ein und fuhren am 1. Advent in einem Corso – es können 20, 30 Wagen gewesen sein – zu dieser Straße. Der Pastor und jemand aus der Kirchengemeinde hatten ein Megaphon, sie gingen die Kette entlang und gaben Anweisungen, was zu tun sei: Lücken zu füllen, aufzurücken. »Faßt euch an! Wenn ihr dicht steht, hakt euch ein, und sonst reicht euch die Hände!« Es war für mich sehr bewegend, und ich hatte immer den Gedanken: Deine Kinder stehen auch irgendwo in dieser Kette! – Dann haben wir uns noch einmal weinend umarmt. Zurück nach E. fuhren wir über die Dörfer, Menschen kamen aus den Häusern und winkten uns zu.

Mit der Menschenkette war der Höhepunkt der Demonstrationen erreicht. Danach leitete sich der eigentliche Umsturz ein. Nachdem ich mit in dieser Friedenskette gestanden und gesehen hatte, wie die Menschen sich jetzt begeisterten und hofften, nun würde alles anders werden, versuchte ich, diese innere Verbundenheit, die ich spürte, zu Hause wiederzugeben. Und schließlich sagte mein Mann: »Wenn das so ist, dann komme ich jetzt auch mit! Ich werde auch auf die Straße gehen und offen meine Meinung zeigen!« Von nun an sind wir immer beide gegangen, und wir haben unsere Kerzen mitgenommen. Wir gingen in einem Zug mit Kerzen von einer Kirche zur anderen durch E. und dann in die Kirche hinein. Und wir haben es tatsächlich geschafft, daß der Bürgermeister in die Kirche kam, zu uns sprach und Stellung nahm. Eigentlich tat er mir ein bißchen leid, denn man merkte ihm an, auch er war nicht mehr einverstanden, konnte aber nichts für die Bevölkerung tun, er hatte überhaupt kein Geld mehr. Und auch er sehnte die Wende herbei. Er ist in Ehren entlassen worden, sein Stellvertreter wurde dann Bürgermeister, und als der Umsturz endgültig war, wählten wir einen neuen Bürgermeister.

Wenn ich nun von heute aus zurückblicke auf unser Leben, dann ist mir bewußt, daß wir ja über vier Jahrzehnte unter politischem Druck standen, sehr gelitten haben, schwer gekämpft haben, vielen

Auseinandersetzungen standhalten mußten. Heute, nach der Wende, nachdem wir frei sind, nachdem wir auch keinen wirtschaftlichen Mangel mehr leiden, ist das Leben schön für uns, und wir genießen es. Was mich aber belastet, das sind unsere Umweltsorgen, die ökologischen Katastrophen, die auf unseren Erdball zukommen. Und die Not in anderen Ländern. Aber mir persönlich ist es nie so gut gegangen wie jetzt.

12. April 1993: 1992 wagten wir noch einmal einen Blick in die Vergangenheit und forderten Einsicht in unsere Stasi-Akte. Was wir an Ungeheuerlichkeiten feststellten, haben wir noch nicht verarbeitet. Vor uns lag eine Akte von 70 Seiten. Über sechs Jahre, von 1968 bis 1974, hatte man fünf Stasi-Leute auf uns angesetzt, die uns beobachteten. Es waren zwei hauptamtliche Stasi-Offiziere und drei Informanten mit Decknamen. Sie gingen bei uns als Freunde und Bekannte ein und aus. Wir ahnten nicht, daß wir von ihnen belauscht wurden. Sie notierten jede unserer Äußerungen – welche Musiksender, welche Nachrichtensender wir hörten, wer uns besuchte und wie wir uns zueinander verhielten. Jede Kleinigkeit wurde festgehalten.
Ich weiß nicht, wie man diesen Menschen jetzt hätte begegnen sollen; sie leben alle fünf nicht mehr. Wir können es noch immer nicht fassen, wie infam wir von Freunden hintergangen worden sind. Warum die Bespitzelung 1974 eingestellt wurde, ist uns unbekannt, vielleicht waren wir nicht ergiebig genug. Wir hatten in den schweren Jahren gelernt, unsere wirkliche Meinung über den Staat für uns zu behalten.

Annelise

Es muß um 1931 gewesen sein, ich war etwa drei Jahre alt, da wurde mein Vater arbeitslos. Er war Förster und hatte nach seiner Ausbildung auf verschiedenen Gütern in Brandenburg gearbeitet. Meine Eltern erzählten, daß er dort auch andere Arbeiten verrichten sollte, zum Beispiel kutschieren und die Pferde versorgen; meine Mutter sollte in der Küche helfen. Das wollten meine Eltern beide nicht, und deshalb verlor mein Vater seine Stellung.

Nun wurde aber die Not bei uns sehr groß, denn mein Vater bekam nur 18 Mark in der Woche. Ich weiß nicht, warum ich mich so genau daran erinnere, daß meine Mutter immer sagte: »Diese 18 Mark, die braucht er ja für sich allein!« Denn er machte in einer entfernten Ortschaft Aushilfsdienste bei einer Behörde und mußte sich dort ein Zimmer mieten. So war er immer vierzehn Tage fort, und meine Mutter war mit meinem achtjährigen Bruder und mir allein und völlig mittellos. Ich weiß noch, wie sie zusammen mit meinem Bruder im Wald Holz holen mußte – ich bin nur mitgelaufen –, und sie setzte sich auf einen Baumstamm und weinte; sie hatte einfach keine Kraft mehr. Doch eines Tages kam der Briefträger mit einem großen Paket aus ihrer Heimat. »Sie schickt der Himmel!« rief sie da. »Ich war völlig am Ende, hab mir schon Gift besorgt, ich wußte nicht mehr weiter.« Wenn ich heute daran denke, bekomme ich noch eine Gänsehaut! Das Paket war wieder ein Lichtblick, es enthielt Geräuchertes, Wurst und Schmalz, und so ging es uns wieder für eine Zeit besser.

Meine Mutter kam von einem Bauernhof im Hessischen. Sie hatte Wirtschafterin gelernt und arbeitete dann auf einem Gut in der Kurmark. Dort lernte sie meinen Vater kennen, der damals Forsteleve war.

Meines Vaters Arbeitslosigkeit führte dazu, daß er kurz vor 1933 der NSDAP beitrat; später galt er deshalb als »alter Kämpfer«. Ein Kollege, der eine Anstellung hatte, war schon früher der Partei beigetreten und redete nun meinem Vater zu: »Du wirst sehen, wenn du eintrittst, dann kriegst du auch bald eine Anstellung beim Staat!«

Das klappte aber doch nicht so schnell. Zunächst wurde er nun nachts oft gerufen, und es hieß, »Kommune« sei unterwegs und randaliere. Mit anderen zusammen wurde er auf Lastwagen umhergefahren, um »Ordnung zu schaffen«. Da hatte meine Mutter oft nachts Angst, denn am Morgen kam er von diesen Touren immer ganz kaputt nach Hause und sagte: »Es ist fürchterlich! Es ist fürchterlich!« Er wollte das nicht mehr mitmachen und ging statt dessen zur SS, und darauf war er sehr stolz. Als Hitler Reichskanzler wurde, war er für kurze Zeit bei der Hilfspolizei. Über einer schwarzen Uniform trug er nun ein bodenlanges Cape und einen Tschakko auf dem Kopf. Als einmal Hitler nach Belzig kam, unserem größeren Nachbarort, mußte mein Vater helfen, die Straße abzusperren. Da war er besonders glücklich, dabeizusein. Er hatte geglaubt, mit Hitler werde alles gut; viele hatten das ja gedacht, und zunächst hatte es wohl auch den Anschein. Aber weil mein Vater sehr klein war und man bei der SS nur große Männer haben wollte, wurde er wieder entlassen.

Er hatte weiterhin Bewerbungen eingereicht, und es gelang ihm schließlich, in den Staatsdienst zu kommen. 1935 zogen wir deshalb nach Kolbatz in der Nähe von Stettin, und es wurde auch versprochen, daß später ein Forsthaus für uns gebaut werde. Zunächst mußten wir zur Miete wohnen, aber es gab doch jetzt ein festes Gehalt, wenn es auch nicht sehr hoch war, und nun ging es uns viel besser. Ich war bei unserem Umzug sieben Jahre alt und hatte noch lange Sehnsucht nach meinem Geburtsort Lütte in der Mark Brandenburg. Hinter dem Horizont müsse Lütte liegen, dachte ich immer, aber es war nicht so. Meine Eltern haben nicht gemerkt, daß ich mit meiner Sehnsucht in Lütte war.

Wir hatten in Kolbatz auch keinen Garten, daher pachtete meine Mutter sich einen, und der hat uns recht gut ernährt. In den Sommerferien pflückten wir im Wald eimerweise Himbeeren; meine Mutter machte Gelee daraus. Wir tauschten sogar beim Fleischer

Himbeeren gegen Fleisch und Wurst. Fleisch stand ganz selten auf unserem Küchenzettel. Ein großer Freudentag war es deshalb immer, wenn mein Vater ein Stück Wild geschossen hatte, denn die Innereien durften wir behalten; dann gab es Leber oder Lungenhaschée mit Herz, und das war köstlich für uns.

Obgleich ich vieles nicht hatte, war die Kindheit in Kolbatz dann doch herrlich für mich: Ich als Mädchen konnte mit den Jungen angeln gehen! Es gab da einen kleinen Fluß, die Plöne, und wenn ich im Frühjahr, wenn die Plöne über die Ufer getreten war, mit nassen Füßen nach Hause kam, gab's auch manchmal Dresche, weil meine Mutter sich Sorgen gemacht hatte.

Im Sommer konnten wir in der Plöne baden. In den Ferien waren auch meine beiden Brüder dabei, und sie verlangten, ich sollte wie die Jungen auch aufs Fischerhaus klettern und hinunterspringen, damit sie sagen konnten: »Guckt mal, was unsere Schwester alles kann!« Wenn ich mich weigerte, drohten sie, mich zu Hause zu verraten; denn ich sollte eigentlich überhaupt nicht schwimmen, weil ich durch eine doppelte Lungenentzündung herzkrank geworden war. Ich wollte aber nicht nur zugucken, also tat ich, was meine Brüder wollten.

Die Sommer waren sehr heiß, es gab starke Gewitter, und im Winter, schon lange vor Weihnachten, hatten wir Eis und Schnee. Dann haben wir Kinder auf die Pferdeschlitten gewartet, die aus den umliegenden Ortschaften kamen, um einzukaufen. Manche Kutscher erlaubten, daß wir unsere Rodelschlitten hinten dranhängten, einen hinter den anderen. Aber manche Kutscher schlugen uns auch die Peitsche um die Ohren. Manchmal haben sie uns aus Schabernack abgehängt, aber meistens fuhren wir so weit mit, bis ein anderer Schlitten entgegenkam, der uns wieder mit zurücknahm. Wenn wir uns zu Fuß auf den Rückweg machen mußten, wurde gemessen, wie tief die Schneeverwehungen am Straßenrand waren, das brauchte seine Zeit. Zu Hause gab es oft von meinem Vater ein Donnerwetter wegen unseres Aussehens, und meine Mutter hängte die schneeverklumpten Trainingshosen an den Ofen zum Trocknen. Bald standen dann lauter kleine Seen vom Schneewasser um den Ofen.

Wenn die Plöne zugefroren war, gingen wir Schlittschuh laufen. Es waren wenige Mädchen, also lief ich mit den Jungen, weit hinaus bis

auf den Garbst-See. In das Eis waren Löcher geschlagen und Stroh-
puppen (zusammengedrehtes Stroh) hineingesteckt worden, damit
die Fische Luft bekamen. Das Eis schwankte oft, und es krachte
auch mitunter bedrohlich. Aber ich bin niemals eingebrochen und
fand es auf dem Eis ganz wunderschön.

Ich war schon in Lütte eingeschult worden, hatte zuerst furchtbare
Angst, nichts begreifen zu können, und weinte jeden Tag. Selbst in
Kolbatz ging das noch so. Die anderen Kinder trugen es meiner
Mutter zu, so daß sie sagte: »Für jeden Tag, den du nicht weinst,
bekommst du fünf Pfennig!« Das half, und ich gewöhnte mir das
Weinen ab. Aber die fünf Pfennig bekam ich nur kurze Zeit.

In Kolbatz gingen wir in eine einklassige Schule und waren etwa 50
Kinder in dem einen Raum. Aber wir hatten einen hervorragenden
Lehrer, der es sogar fertigbrachte, eine Musikgruppe aufzubauen.
Wir bekamen von ihm privat Unterricht; mich und einen Jungen,
Fritz, hatte er für die Geige interessiert, und meine Eltern kauften
mir für wenig Geld eine gebrauchte Geige. Ich hatte allerdings ganz
andere Vorlieben, und so manches Mal mußte der Fritz kommen,
um mich zur Stunde zu holen. Meistens war ich dann gerade dabei,
nach Regenwürmern für meine Angel zu buddeln. Ich mußte
schnell die Hände waschen – die Nägel blieben schwarz –, und dann
wurde Geige geübt. Doch hat dieser Lehrer uns soweit gebracht,
daß wir sogar vom Blatt spielen und den Lehrer begleiten konnten,
wenn er zur Passionsnacht oder zu anderen besonderen Gelegenheiten in der Kirche Klavier spielte.

Mein größerer Bruder – er war sieben Jahre älter als ich – hatte unsere Not nicht miterlebt, weil er einen Freiplatz in einem Internat in
Potsdam hatte. Später wurde aus dem Internat eine NAPOLA (Na-
tionalpolitische Erziehungsanstalt). Meinem Bruder gefiel es dort;
er trieb sehr gerne Sport und war glücklich, hier Rhönräder und
andere Geräte zur Verfügung zu haben. Nun schickten meine Eltern
auch meinen jüngeren Bruder, der ebenfalls ein guter Schüler war,
auf das Internat, aber ihm behagte es dort gar nicht. Er war weicher,
litt unter dem Kommandoton, der dort herrschte, und hatte starkes
Heimweh. Meine Mutter war in dieser Zeit häufig krank, und einmal mußte sie gerade über Ostern ins Krankenhaus. Meine Brüder
schrieben aus Potsdam und fragten, ob sie nach Hause kommen

könnten, und mein Vater schrieb zurück: Ihr könnt kommen, wenn Ihr mit dem zufrieden seid, was ich Euch biete und nicht zum Essen zu anderen Leuten geht! Meine Brüder versprachen das natürlich und kamen. Es war der erste Ostertag, und mein Vater hatte auf dem Küchenplan Pellkartoffeln und Hering. Meine Brüder kamen zu Tisch, der jüngere rührte nichts an. »Was ist los?« fragte mein Vater, »du mußt doch genauso Hunger haben wie wir auch!« »Nein.« Und als mein Vater nun immer weiter bohrte, sagte mein älterer Bruder schließlich: »Na ja, Papa, er hat schon gegessen, unten bei den Wirtsleuten.« Mein Vater war sehr ärgerlich: »Sofort stehst du auf, packst deine Sachen und fährst zurück nach Potsdam!« Mein Bruder packte unter Tränen seinen Koffer. Er ging zum Bahnhof. Aber mein älterer Bruder bat meinen Vater: »Laß ihn mich wieder zurückholen, noch ist Zeit!« Und in letzter Minute sagte mein Vater: »Es ist gut, hol ihn zurück!« Es wurde dann nicht mehr darüber gesprochen. Als aber meine Mutter davon hörte, war sie fassungslos: Wie ein Vater so handeln konnte!

Weil mein jüngerer Bruder sich auf der NAPOLA gar nicht wohl fühlte, bat meine Mutter, mein Vater solle ihn dort wegnehmen. Aber mein Vater wollte das nicht, seine Söhne sollten couragiert werden. »Nein«, sagte meine Mutter, »der Junge geht mir kaputt, er muß zu uns zurück!« Sie setzte sich schließlich durch, und mein Bruder kam in Stettin auf die Höhere Handelsschule. Das war nun allerdings mit größeren Kosten verbunden, und so war in Frage gestellt, ob meine Eltern mich zur Mittelschule würden schicken können. Nach vielem Rechnen haben sie es mir dann doch ermöglicht.

Ich wurde erst aus der fünften Klasse angemeldet; denn ich hatte nun einen weiten Schulweg. Um 6 Uhr 11 fuhr die Kleinbahn in Kolbatz ab. Im Zug saß dann schon eine neue Freundin; ihr Vater war Zahnarzt, und sie bekam ein bestimmtes Taschengeld; und wenn wir in Stettin noch auf die Bahn warten mußten, kaufte sie sich gern ein Eis. »Willst du dir nicht auch was kaufen?« fragte sie mich dann. »Ach«, sagte ich, »ich hab heute gar nicht so Appetit!« Das konnte ich nun ja nicht immer sagen; ein andermal gab ich an: »Ja, aber ich hab kein Geld mit.« »Ach, kann ich dir doch borgen!« Aber ich konnte nicht zu meiner Mutter sagen: Ich habe mir Geld für Eis geborgt! Das hätte ich nie gewagt. Ich hatte schon ein schlechtes Gewissen, wenn ich zehn Pfennig für ein Heft brauchte, denn oft sagte sie dann: »Kind, wo soll ich das hernehmen!«

Ich bin gern zur Schule gegangen und habe mir auch Mühe gegeben, weil ich wußte, es war für meine Eltern ein Opfer. Allerdings hatte ich aus meinem Einklassen-Unterricht Lücken, vor allem haperte es sehr in deutscher Grammatik. Wenn wir in Finkenwalde noch Aufenthalt hatten, sagte ich nun öfter zu Elli, die die Klasse schon einmal gemacht hatte und sich auskannte: »Wollen wir nicht schon mal Hausaufgaben machen? Dann haben wir das doch schon fertig!« Und wenn ich zur Grammatik dann Fragen stellte, sagte sie: »Was, das weißt du nicht? Bist du aber dumm!« Ich habe es schließlich aber doch noch begriffen.

Meine Eltern verreisten nie, weil mein Vater meinte, er könne seinen Wald nicht alleine lassen, und so fuhr ich in den Sommerferien sehr gerne zu meiner Großmutter nach Berlin. Mein Vater war in Berlin aufgewachsen, mein Großvater war Beamter an der Kadettenanstalt in Lichterfelde gewesen. Jetzt hatte Großmutter ein Häuschen mit einem sehr großen Garten, und dort gab es keinen Rasen, sondern jeder Fleck war genutzt. Sie hatte Kirschen, Johannisbeeren, Stachelbeeren und auch viel Gemüse. Ich half ihr beim Obstpflücken, dann wurde alles mit dem Handwagen zu einem Händler gefahren, und von dem Erlös bekam ich immer etwas ab. Großmutter war herzensgut zu mir. Wenn ich ankam – meine Fahrkarte mit einer Schnur um den Hals –, stand sie auf dem »Stettiner Bahnhof«, und das war jedesmal eine riesengroße Freude. Zu Hause hatte sie immer etwas Leckeres für mich bereit, ich erinnere mich besonders an die getrockneten Bananen aus dem Reformhaus. So etwas gab es bei uns auf dem Lande ja nicht.

Großmutter vermietete ein Zimmer an einen »möblierten Herrn« – für 25 Mark im Monat einschließlich Heizen des Ofens. Im Krieg wohnte ein Ingenieur dort, der bei den Telefunken-Werken in der Nähe arbeitete, und Herr Z. schwang Reden, die absolut nicht im Sinne der Nationalsozialisten waren. Großmutter warnte ihn immer: »Seien Sie bloß still! Sie reden sich noch um Kopf und Kragen!« Das letzte Mal fuhr ich im Sommer 1941 nach Berlin; und ich hatte einen Bezugschein für Schuhe mit, die in Lichterfelde gekauft werden sollten. Herr Z. untersuchte die Schuhe genauestens und sagte: »Frau Blume, es geht abwärts! Sie werden es auch noch merken, seh'n Sie mal, jetzt ist der Absatz schon aus Holz, das darf doch nicht sein!« Meine Großmutter erwiderte: »Sie übertreiben, Sie sehen auch zu schwarz, so schlimm wird es nicht kommen!«

Bald danach begannen die Luftangriffe auf Berlin und Stettin, wir wurden evakuiert, und im Sommer 1942 fuhr ich mit nach Sellin. In diesem KLV-Lager passierte es, daß ich ganz unerwartet zu einem Posten kam. Im Lager wurde nachgefragt, wie ich mich verhalte und ob ich wohl in der Lage sei, eine Jungmädel-Gruppe zu leiten. Das wurde bejaht, und zu Hause bekam ich sofort die entsprechende Schnur und hatte dann so fast huntert Mädchen aus mehreren Dörfern unter mir. Ich war vierzehn, und zuerst fühlte ich mich geehrt, aber die Aufgabe erwies sich dann als recht schwierig. Ich mußte an den Dienstnachmittagen mit dem Fahrrad über die Dörfer fahren, die Heimatabende besuchen und kontrollieren, ob alle teilnahmen und der Dienst ordnungsgemäß ablief. Ich sollte auch Anregungen geben, und dafür bekam ich Anweisungen. Aber bald wurde mir das alles sehr lästig. Es war der Winter 1942/43, ich war nach der Schule erst nachmittags zu Hause, die Dörfer lagen etwa drei Kilometer auseinander, und so kam ich von meiner Tour mit dem Fahrrad immer erst abends im Dunkeln zurück. In diesem Winter sollten für die Soldaten an der Front Handschuhe gestrickt werden. Die Mädchen mußten Wolle sammeln, und ich sollte sie zum Stricken anleiten, aber ich konnte es selber nicht. Meine Mutter strickte für mich mehrere Paar Handschuhe und Strümpfe, damit ich etwas abgeben konnte. Also, es war eine große Belastung, und ich war heilfroh, als ich im nächsten Frühjahr diesen Posten los wurde: Wir zogen aus Kolbatz fort.

Wegen des Krieges hatte man das versprochene Forsthaus für uns nicht gebaut, aber nun war die Försterei Fliederbruch in der Buchheide frei geworden, und mein Vater wurde dorthin versetzt. Die Försterei lag wunderschön, sie war von wildem Flieder umgeben, der zur Blütezeit einen betörenden Duft verströmte – dazu die blühenden Akazien am Waldrand, hundert Meter entfernt. Wenn ich heute zurückdenke, kommt mir ein Lied in den Sinn, das wir damals gelernt haben:

Am Weg dort hinterm Zaune – blüht eine eigne Welt,
Dort hat der ganze Himmel – zur Erde sich gesellt.

Das Forsthaus war noch ein Fachwerkbau. Nun hatten wir einen großen Garten, und auch ein See gehörte dazu mit einem Kahn; im See gab es Schleie, Hechte, auch Aale. Mein Vater hatte Bienen, und wenn unsere Verwandten aus Berlin kamen, dann sagten sie: »Ihr wohnt in einem Land, wo Milch und Honig fließen!« Denn wir fütterten auch eine Kuh und ein Schwein.

Als wir zuerst in der Försterei ankamen, war alles sehr verwildert, und durch die Nähe des Wassers gab es viele Ratten. Das war sehr unangenehm, sie fraßen die Kartoffeln an und das Obst, und selbst die jungen Entenküken holten sie sich. Mein Vater versuchte alles mögliche, um sie loszuwerden, aber es half nichts. Jemand sagte eines Tages, man müsse sich Perlhühner anschaffen, die vertrieben die Ratten durch ihr Kreischen. Gesagt, getan! Zwar mußte mein Vater diesen Hühnern häufig die Flügel stutzen, denn sie gingen gern am Waldrand auf die Bäume, kamen dann nicht wieder zurück und mußten abgeschossen werden. Aber ihr schrilles Geschrei, das sich anhört wie Klock acht, klock acht, konnten die Ratten tatsächlich nicht ertragen, und sie verließen das Anwesen.

Unser nächster Nachbar wohnte etwa 500 Meter entfernt, er war Ortsgruppenleiter und hatte freiwillige weißrussische Arbeiter für den Wald aufgenommen, weil er sich davon Vorteile versprach. Mein Vater bemerkte, daß die Männer immer dünner und schwächer wurden, und fragte sie, was sie zu essen bekämen, und sie haben berichtet. Mein Vater ging dann zu ihrem Wirt und beschwerte sich für die Leute, sie müßten schwer arbeiten, und er verlange, daß sie besseres Essen bekämen. Daraufhin wollte der Mann ihn anzeigen wegen »Fremdenfreundlichkeit«. Er drohte eine Zeitlang damit, tat es dann aber doch nicht. Die Arbeiter halfen nun abwechselnd ein wenig bei uns auf dem Hof und bekamen dafür jeweils eine ordentliche Mahlzeit.

Ich hatte jetzt einen neuen Schulweg, mußte zuerst mit dem Fahrrad sechs Kilometer durch den Wald bis zum Bahnhof in Podejuch und von dort mit dem Zug weiter. Auf den Waldwegen fuhr es sich schwer, die Buchheide ist hügelig. Ich hatte auch Angst auf dem einsamen Weg, und meine Mutter teilte diese Angst. Aber mein Vater meinte: »Ach, stell sie doch in den Glasschrank!« Eines Tages, als ich nach Hause fuhr, sah ich, wie ein Mann sich auf dem Weg vor mir zu schaffen machte. Kurz darauf war mein Reifen platt, und schnell war der Mann bei mir und bot an, das Rad zu reparieren. Ich hatte erst die Hälfte der Strecke bewältigt und sagte: »Ach ja, das wäre ja furchtbar nett!« Nun wollte er in einen Seitenweg mit mir gehen – er wisse dort eine Bank –, damit man die Schrauben nicht verliert. Das war mir gar nicht geheuer. Und wirklich, als das kaputte Rad abgenommen war, wurde er sehr zudringlich. Ich sollte mich hinsetzen, damit er den Schlauch über meinem Knie spannen konnte. Dann fing er an, meine Beine abzuklopfen, dabei wurde er ganz rot im Gesicht. Da habe ich Ängste ausgestanden! Ich überlegte, wie ich den Mann loswerden könnte. Ich stand langsam auf und sagte: »Ach Gott, es dauert länger als ich dachte, bestimmt kommt mein Vater mir schon entgegen, er braucht ja das Fahrrad, er ist Förster und fährt nachmittags damit immer zum Forstamt.« Auf diese Weise konnte ich den Mann tatsächlich einschüchtern, und er fragte nach: »Dein Vater ist Förster?« Zuerst wollte er es wohl nicht glauben, aber dann setzte er doch das Rad wieder zusammen.

Als das Fahrrad fertig war und ich losfuhr, war die Kette zu fest gespannt, ich mußte mich mächtig anstrengen beim Treten und kam ganz atemlos zu Hause an. Und mein Vater wartete wirklich auf das Fahrrad. Ich hatte keinen Hunger und ging gleich in mein Zimmer, um Schularbeiten zu machen. Aber ich konnte mich überhaupt nicht sammeln und ging wieder nach unten. Meine Mutter sah mir an, daß etwas passiert war, und ich mußte nun berichten. Der Mann wurde nie mehr gesehen. Aber auf keinen Fall ließ mich meine Mutter nun wieder zur Schule. Sie fuhr mit mir in einer Taxe hin, und es wurde meinetwegen eine Konferenz einberufen. Man riet, ich solle nur dann zur Schule kommen, wenn ich die Möglichkeit hätte, mit jemandem zu fahren. Aber das war nur selten der Fall und keine Dauerlösung. So beschlossen meine Eltern, mich von der Schule abzumelden und zu Verwandten in Kolberg zu geben, wo eine Cousine im selben Alter war; nach den Sommerferien 1943 sollte ich dann dort zur Schule gehen. Aber es kam anders: Das Problem löste sich für mich, indem unsere Schule nach Grimmen verlegt wurde.

Nun konnte ich in meiner alten Klasse bleiben, aber es gab eine Menge Umstellungen.

Wir durften in den Ferien von Grimmen aus nach Hause, und das waren natürlich immer wunderschöne Ferien in Fliederbruch. Inzwischen lebte noch eine Familie aus Stettin im Forsthaus – mit Kindern in meinem Alter, die auch in den Ferien nach Hause kamen. Familie Weißbach konnte in ihrem Haus in Stettin nicht mehr wohnen, weil es durch Bomben zu stark beschädigt war. So war eines Tages ein großer Lastwagen bei uns vorgefahren mit Sack und Pack, drei Kindern obenauf, dem Ehepaar und einem Dienstmädchen. Mein Vater fiel aus allen Wolken; sie waren vom Ortsgruppenleiter eingewiesen worden. Herr Weißbach hatte in Stettin eine Vulkanisierwerkstatt, die als »kriegswichtiger Betrieb« galt.
Die Familie wurde im ersten Stock untergebracht, und sie war ein echter Zugewinn in unserer Einsamkeit. Wir freundeten uns an, und sie gewöhnten sich schnell an das einfache Leben in der Försterei. Wir hatten ja noch keine Wasserleitung und keinen Stromanschluß! Als wir nach Fliederbruch gezogen waren, hatten wir als erstes Petroleumlampen besorgen müssen. Wenn wir dann an den Winterabenden um solch eine Lampe saßen, war es immer eine ganz eigene Atmosphäre. Ich durfte allerdings nicht nur Bratäpfel essen. Meine Mutter fand, eine Frau dürfe nie die Hände in den Schoß legen, ich mußte ein Strickzeug in die Hand nehmen, und sie brachte mir nun bei, Strümpfe zu stricken; ich kann es heute noch.
Mehrmals, wenn einer meiner Brüder Fronturlaub hatte, durfte ich außer der Reihe nach Hause fahren, auch schon 1942 von Sellin aus. Wenn ich in den späteren Jahren in Richtung Stettin fuhr, waren die Züge oft mit Soldaten überfüllt, und viele waren verwundet. Wir hatten in der Familie auch große Sorge; meine Brüder wurden beide verwundet, der jüngere zweimal. Meine Mutter hatte das immer schon vorher geträumt. Sie sagte dann: »Dem Jungen ist etwas passiert, ich habe ihn ganz bleich in der Tür stehen sehen!« Und man konnte sich darauf verlassen, daß ein Brief aus dem Lazarett kam. Mein älterer Bruder geriet schon 1943 in Afrika in amerikanische Gefangenschaft, und wir warteten dann sehr lange auf Nachricht von ihm. In Amerika meldete er sich zum Baumwollpflücken in

Texas, und dabei ging es ihm besser als im Gefangenenlager. 1947 wurde er entlassen.

Aber in Fliederbruch erlebte ich auch meine erste große Liebe. Ich war fünfzehn, und mein Freund war der älteste Sohn von Weißbachs. Er hatte schwarze Locken und braune Augen, war in der Marine-HJ, und wenn er seine Uniform trug, fand ich ihn noch attraktiver; außerdem spielte er wunderbar Akkordeon. Er war so alt wie ich, aber schon sehr viel weiter. Für mich war es etwas Himmlisches, den ersten Kuß zu bekommen! Und ich habe ihm alles geglaubt. Mit seinen Geschwistern radelten wir zum Binower See zum Schwimmen, es waren herrliche Ferien. Ich dachte immer: Das wirst du in Grimmen alles deinen Freundinnen erzählen! Und dort habe ich dann sogar versucht, ihnen vorzuführen, wie ich geküßt wurde – zuerst in unserem Zimmer; meine Freundin Ulli mußte mich in den Arm nehmen, und ich blickte hingebungsvoll zu ihr auf. Am Nachmittag in der Klasse haben wir es dann allen vorgemacht.

Wir schrieben uns nicht, und ich erwartete freudig die nächsten Ferien. Aber eines Tages kam ein Brief von meiner Mutter: Dein Freund J. hat eine neue Freundin nach Hause gebracht – wurde schon zum Kaffee eingeladen! Damit war die erste Liebe zu Ende. Als ich nun wieder nach Hause kam, freute mich nichts mehr, ich fühlte mich ausgenutzt und angeführt und spuckte demonstrativ überall da in die Ecke, wo er mir einmal einen Kuß gegeben hatte.

In diesem Herbst starb mein jüngerer Bruder an den Folgen einer Verwundung. Er war in Stettin ins Lazarett gebracht worden, durfte aber zu gewissen Zeiten nach Hause, und am Abend vor seinem Tod hatte er noch zur Schwester gesagt: »Ach, Schwester, morgen fahre ich wieder nach Hause zu meiner Mutter, ich freue mich schon darauf, sie kann so wunderbar kochen!« – In der Nacht geschah es dann. Es war Vollmond, mein Vater saß auf dem Anstand, er wollte ein Wildschwein schießen. Es kam auch ein Wildschwein über die Lichtung, ganz silberig! Er dachte, er könne nicht richtig sehen und rieb sich die Augen, dann putzte er das Fernglas, und schließlich glaubte er, alles sei eine Halluzination – aber es blieb ein silbernes Wildschwein, das langsam an ihm vorbeizog. In dem Moment hörte er Rufe durch den Wald: Herr Blume! Herr Blume!« Es war der Sohn von Weißbachs. Er suchte meinen Vater, weil sie einen Anruf aus dem Lazarett bekommen hatten: Sofort kommen, es geht zu Ende! – Es war natürlich schon zu spät, als meine Eltern hinkamen.

Das war 1944 im November. Mein Bruder wurde auf unserem Friedhof in Binow beigesetzt. Eigentlich hätte das gar nicht sein dürfen. Er war Reserve-Offizier geworden und hätte in Stettin auf dem Soldatenfriedhof beerdigt werden müssen. Aber Weißbachs, die viele Beziehungen hatten, gelang es, den Sarg heimlich auf einem Lastwagen zu uns nach Fliederbruch zu schaffen. Er wurde im Eßzimmer aufgebahrt, und es gab eine christliche Beerdigung mit dem Superintendenten aus Kolbatz.

Seit dem Tod meines Bruders war mein Vater völlig gebrochen; er warf sich vor, zu streng mit ihm gewesen zu sein. Abends in der Dämmerstunde durfte meine Mutter ihn nicht allein lassen. Er saß am Ofen und sprach nur mit seinem Sohn: »Ich weiß, du bist ja noch am Leben – ich hab es damals auch gar nicht so gemeint – ich wollte ja nur, daß du nicht verweichlicht wirst – du solltest ein echter Mann werden…« Er machte sich bittere Vorwürfe, weil er meinen Bruder einmal sogar ins Internat zurückschicken wollte. Dabei hatten sie beide später, als mein Bruder schon Soldat war, sich über den Vorfall ausgesprochen, und mein Bruder hatte gesagt: »Nein, Papa, du hast völlig richtig gehandelt, du mußtest so handeln! Du warst ja immer korrekt und bist einen geraden Weg gegangen!« Nach diesem Gespräch hatte mein Vater an die Stange der Wetterfahne auf dem Scheunendach einen Schuß gesetzt, und mein Bruder tat es ihm nach. Dann hieß es: Wenn nun der Große nach Hause kommt, soll auch er seinen Schuß in die Fahnenstange setzen. Aber dazu ist es nicht mehr gekommen.

Mein Vater war in einem so schlimmen Zustand, daß wir, wenn nicht die Flucht nötig geworden wäre, ihn in ein Krankenhaus hätten bringen müssen. Er war nicht mehr fähig, seinen Dienst auszuüben, er war ganz gebrochen, und es war furchtbar schwer mit ihm. Meine Mutter hat doppelt gelitten, einmal hing sie selbst ja auch so sehr an ihrem Sohn, und nun mußte sie auch noch meinen Vater aufrichten.

Und dann kam Weihnachten. Weißbachs waren um uns besorgt und hatten uns zu sich eingeladen. Aber als wir hochgehen wollten, war mein Vater verschwunden. Meine Mutter hatte schon alles abgeschlossen – das tat sie jetzt abends immer –, aber nun stand das Fenster im Herrenzimmer offen! Nach sehr langer Zeit erschien mein Vater wieder und sagte: »Ja, ihr feiert Weihnachten, und keiner denkt an den Jungen! Ich hab ihm ein bißchen Gebäck gebracht, damit er auch was hat!« Es war ein sehr trauriges Fest, auch weil die Front immer näher rückte; die Propaganda wollte uns allerdings noch immer glauben machen, es sei alles nicht so schlimm.

Ich meine, es war in diesen Weihnachtsferien, als ein großer Luftangriff auf Stettin stattfand. Zuerst bebte die Verbindungstür zwischen unserem Wohnzimmer und dem Eßzimmer derartig, daß wir wußten, jetzt ist Berlin wieder dran. Das hatte sich immer hinterher durch die Nachrichten bestätigt. Im Anschluß begann ein Angriff auf Stettin. Wir hörten das Brummen der Flieger, furchtbares Getöse, Detonationen. Am Himmel wurden »Weihnachtsbäume« gesetzt, und es kam wie ein glitzernder Regen herunter, lauter kleine Sternchen, ein wunderschön schauriger Anblick, wie ein Feuerwerk. Später stellte sich heraus, das waren Phosphorkanister, die da abgeworfen wurden. Weißbachs hatten große Angst um ihren ältesten Sohn, der in der halbzerstörten Stettiner Wohnung gerade an dem Tag Wache zu halten hatte, um zu erkennen, wann Brandbomben auf die Dächer geworfen werden.

Solange der Angriff dauerte, konnten wir nicht weg. Wir hatten als Zuflucht unseren in die Erde gebauten Rübenkeller. Meine Mutter und die Tochter von Weißbachs preßten sich Sofakissen auf den Kopf, um den Lärm nicht hören zu müssen. Aber mein Vater mußte nach draußen und schauen, obgleich auf unseren gepflasterten Hof Eisensplitter prasselten. Später sahen wir auch kleine Beschädigungen am Haus. Und auch unser Hund hatte große Angst, drückte sich mit eingeklemmtem Schwanz am Stallgebäude vorbei, um zu uns in den Rübenkeller zu kommen. Wir waren ja nur gerannt, hatten auf den Hund wenig Rücksicht nehmen können. Es tut mir heute noch weh, er hat da schon seine erste Angst ausstehen müssen. Später, als meine Eltern die Försterei verlassen mußten – die Granaten prasselten schon auf den Hof –, wollte mein Vater den Hund mitnehmen, aber er lief wieder zurück und war nicht zu bewegen, den Hof zu verlassen.

Als der Luftangriff vorüber war – der Himmel war dunkel, und es roch stark nach Rauch – und es nun allmählich Morgen wurde, machten wir drei Jugendlichen uns mit Fahrrädern auf den Weg, um zu sehen, was aus dem Sohn von Weißbachs in Stettin geworden war und ob vielleicht unsere Hilfe benötigt würde. Und das war tatsächlich so. Wir gerieten in heftigen Funkenflug und starke Hitze, und überall waren Qualm und Brandgeruch. Dem Bruder war nichts geschehen, er hatte aber Brandbomben zu löschen gehabt und war völlig verrußt – Hände und Gesicht waren schwarz. Und auch wir waren in kürzester Zeit schwarz und mußten uns auch etwas vor den Mund nehmen, um ein bißchen besser atmen zu können. Uns wurden nasse Wolldecken umgehängt, weil wir Leuten halfen, Sachen aus den Häusern zu holen. Furchtbar war der brennende Phosphor auf den Straßen. Wir halfen soviel wir konnten, waren später völlig erschöpft, und das Atmen fiel uns schwer. Wir waren einer Rauchvergiftung nahe und mußten schließlich aufgeben.

In diesem Winter fuhr ich mit fünf anderen aus unserer Klasse noch nach Ostpommern. Wir hatten uns um eine Lehrerinnen-Ausbildung beworben. Kurz nach Weihnachten bekamen wir den Bescheid, wir sollten Anfang Januar – es muß etwa der 8. Januar gewesen sein – zur Prüfung nach Schneidemühl kommen. Wir fuhren zunächst von Grimmen nach Hause, um unsere Sachen in Ordnung zu bringen, und trafen uns dann in Stettin zur gemeinsamen Fahrt. Es war sehr viel Schnee gefallen, als ich mit meinem Koffer nach Podejuch zur Bahnstation mußte; der zweite Sohn von Weißbachs begleitete mich. Unterwegs trafen wir eine Kompanie Soldaten aus den Kasernen in Podejuch, die ein Onkel von mir anführte. Er war entsetzt, als er hörte, wohin ich wollte: »Weißt du denn überhaupt, wo das liegt? Das ist ja schon Kampfgebiet! Kehr um, rate ich dir!« Ich hörte natürlich nicht auf seine Warnung, sondern dachte: Das ist falsche Propaganda. Wir kamen auch heil in Schneidemühl an, aber während der ganzen Zeit dort hörten wir schon Geschützdonner, mal lauter, mal dumpf und grummelnd. Uns wurde gesagt, es handle sich um Übungen.

Nach unserer Ankunft wurden wir als erstes untersucht; ich war kerngesund, von meiner Herzkrankheit keine Spur mehr. Jeden Morgen war Fahnenappell, und es gab auch eine Fahnenweihe, der ganze Stil war sehr nazistisch. Die zackigen jungen Prüferinnen trugen alle Uniform, dunkelblau mit Silberlitze, und auch wir mußten unsere BDM-Uniform tragen. Unsere Unterkunft war nicht geheizt, und ich habe kaum jemals wieder so gefroren wie in dieser Zeit. Der Schlafsaal war eiskalt, und es zog so, daß ich eine Kopfgrippe bekam. Waschen mußten wir uns in fast gefrorenem Wasser.

Wir sollten später Bescheid bekommen, wie die Prüfung ausgefallen war. Wenn wir sie bestanden hatten, sollte im Frühjahr die Ausbildung in dieser Lehrerbildungsanstalt beginnen. Im stillen dachte ich: Das ist ja wie ein Gefangenenlager! Das Leben in unseren KLV-Lagern hatte mir sehr viel besser gefallen. Hier aber gab es gar keine Freude, alle waren nur unpersönlich, ernst und streng.

Unsere Rückfahrt nach einer Woche ging sehr, sehr stockend. Der Zug war mit Flüchtlingen besetzt, und Militärzüge hatten Vorrang. Es war uns damals nicht richtig bewußt, welches Glück wir hatten, noch nach Hause zu kommen. Vierzehn Tage später erhielt ich in Grimmen den Bescheid, ich könne meine Ausbildung in Schneidemühl anfangen. Zu dieser Zeit – Ende Januar – war die Stadt bereits von russischen Truppen eingeschlossen.

Durch Grimmen zogen nun ständig Flüchtlingstrecks, viele trachteten danach, nach Dänemark zu kommen. Als ich einmal mein Staubtuch ausweden wollte, sah ich in der Straße viele mit Planen überspannte Wagen und ein Schild »Domäne Kolbatz«. Das Staubtuch fiel mir aus der Hand, und ich lief nach unten. Ich erfuhr: Dieser Treck aus Kolbatz war schon sehr lange unterwegs gewesen, viele Bekannte waren dabei und auch der Kaufmann unseres Dorfes. Er griff unter seinen Kutschbock und holte ein halbes Pfund Butter hervor; aber ich nahm sie ihm nicht ab, mir ging es zu der Zeit ja noch gut.

(Annelise erfährt, daß ihre Eltern in Torgelow bei Pasewalk sind, weil ihr Vater die weißrussischen Waldarbeiter über die Oder bringen mußte. So fährt sie per Anhalter der Front entgegen; Marie Lammers)

Was ich auf dieser Fahrt sah, war recht traurig: rechts und links der Straße tote Pferde – teilweise schnitten die Menschen sich Fleisch zum Essen aus den Keulen. Flüchtlinge hatten ihre Toten in Teppiche gewickelt und in den Straßengraben gelegt. Es war sehr schwierig, gegen das Chaos in östliche Richtung zu fahren, aber schließlich kam ich bei meinen Eltern an. Am 20. April wurde in Torgelow noch Hitlers Geburtstag gefeiert – mit Fahnen, Ansprachen und Musik. Danach kam der Geschützdonner immer näher, und meine Mutter gab keine Ruhe, sie wollte weiter. Einige der Sachen, die sie gerettet hatte, grub sie in Torgelow am Haus ein. Zwei Daunendecken stopfte sie in Säcke, und dann ging es mit zwei vollbeladenen Fahrrädern los. Meine Eltern hatten in Fliederbruch noch das Schwein geschlachtet; jetzt nahmen wir einen Schinken mit. Aber ich hätte nie gedacht, wie schlimm ein salziger Schinken schmecken kann, wenn man kein Brot dazu hat! Wir hatten bald nur noch Durst und tauschten ein großes Stück Schinken gegen ein kleines Stück Brot ein. – Wir hatten kein festes Ziel, wollten nur weg von der Front und zogen immer mit dem Flüchtlingsstrom in Richtung Westen.

Wir waren nun drei Personen und hatten nur zwei Räder. Also schoben zwei immer ein Stück weit, dann wurde einer abgelöst, und der dritte schob. In der ersten Nacht legten wir uns auf zwei Bänke, die bei einer Kirche standen. Einer mußte wachen, denn es wurde viel Gepäck gestohlen. Es war noch sehr kalt. Da wir nicht schnell genug vorwärts kamen, luden wir hinter Demmin so viele Sachen ab, daß wir mit den Rädern fahren konnten – auch wieder im Wechsel, einer lief immer hinterher. Aber dann bekam eines der Räder einen Plattfuß, und wir ließen es liegen. Und wieder warfen wir Gepäck ab. So ging es immer weiter, und schließlich schlief ich im Laufen ein; ich hätte nie geglaubt, daß das möglich ist, aber ich habe sogar geträumt.

Ich trug die Offiziersstiefel meines ältesten Bruders, die für ihn gerettet werden sollten. Weil sie aber für mich zu groß waren, hatte ich dicke Blasen bekommen. Bei Darguhn sackte ich einfach zusammen, meine Beine versagten den Dienst, und meine Eltern waren nun ratlos. Ein Offizier hatte uns beobachtet, er hielt ein Privatauto an, in dem nur ein Ehepaar und der Chauffeur saßen, und sie wurden gezwungen, mich mitzunehmen, was sie nicht wollten. Ich stieg also ein, die Leute fingen an zu essen – keiner kam auf den Gedanken, daß ich auch Hunger haben könnte.

Bei Grevesmühlen war eine große Kreuzung, die Flüchtlinge kamen hier aus mehreren Richtungen an, und dort wurde ich abgesetzt. Da stand ich nun viele Stunden und hoffte voller Angst, daß meine Eltern noch kämen. Plötzlich sah ich über die Kreuzung unsere Familie Weißbach fahren! Sie hatten ihr Auto behalten dürfen. Der älteste Sohn war mit siebzehn noch eingezogen worden, und die andern beiden Kinder und das Dienstmädchen saßen hinten auf dem Anhänger, festgebunden mit einer Wäscheleine, damit sie nicht vor Übermüdung herunterfielen. Nun stellten sie natürlich Fragen und wollten mich mitnehmen, aber ich wollte weiter warten. Es war schon gegen Abend, da sah ich endlich meine Eltern kommen. Auch sie waren völlig entkräftet, hatten aber noch das Fahrrad. Meine Mutter hatte unterwegs in einer Molkerei noch Milch für mich bekommen, man hatte ihnen sogar eine Milchkanne gegeben. Dann war sie mit dem Fahrrad gestürzt, und die schöne Milch war dahin.

Als wir am Straßenrand standen, kamen Wehrmachtskolonnen vorbei, die auch versuchen wollten, nach Dänemark zu gelangen. Mein Vater schenkte das letzte Fahrrad einem der Soldaten, und dafür durften wir heimlich auf den Kartoffelwagen der Soldaten klettern. Meine Mutter war recht korpulent, häufig krank gewesen und ganz unsportlich. Aber als nun ständig Tiefflieger angriffen, konnte sie so schnell von dem Wagen hinunter- und wieder hinaufklettern, daß wir alle, so traurig die Lage war, lachen mußten. Wir blieben unverletzt, aber es war ein schlimmer Anblick, wie die Flüchtlinge, auf die die Tiefflieger geschossen hatten – und es war offensichtlich, daß es nur Frauen, Kinder und alte Männer waren –, nun am Weg vor ihrer verstreuten Habe und ihren brennenden Federbetten standen.

(Anneliese Familie erreicht mit den Soldaten Schlutup bei Lübeck; M. L.)

Am nächsten Tag kam die Nachricht, Hitler sei tot! Da gab es ein Hallo: Nun wird ja alles anders! Aber so schnell ging das doch nicht. Und in mir brach eine Welt zusammen, weil ich es nicht glauben konnte, daß wir so betrogen waren. Ich hatte nie daran gezweifelt, daß der Nationalsozialismus eine gute Sache sei, nachdem mein Vater erst durch seinen Eintritt in die Partei eine Anstellung im Staatsdienst bekommen hatte und es dann wirtschaftlich für uns bergauf ging. Meine Eltern hatten sich in meiner Gegenwart auch später nie kritisch geäußert. Ich war nun bitter enttäuscht. Es blieb jedoch keine Zeit, darüber nachzudenken; der nächste Tag lag im ungewissen, und man hatte Angst.

Wir zogen weiter mit der Wehrmachtskolonne in Richtung Schleswig-Holstein und kamen bis vor Plön nach Fegetasche. Alle Flüchtlinge gingen in eine Gastwirtschaft und schliefen auf dem Fußboden. Meine Eltern hatten am 12. Mai ihren Silberhochzeitstag, und wir pickten die Brotkrümel von der Tischplatte. »So weit haben wir's gebracht«, sagte meine Mutter, »daß wir nach fünfundzwanzigjähriger Ehe auf nackter Erde schlafen!« Aber wir bekamen dort etwas sehr Gutes, nämlich die gelbe Holsteiner Grasbutter. Und die gab es reichlich, mehr als die Lebensmittelkarten auswiesen; auch Milch konnten wir kaufen, soviel wir wollten.

In einem Wehrmachtsarsenal konnten wir zwei Wassereimer erstehen und eine Waschschüssel, in der wir uns nun waschen konnten. Nach vierzehn Tagen mußten im Marine-Baracken-Lager des Ortes die Soldaten zusammenrücken und uns Flüchtlinge aufnehmen. In diesem Lager lag noch eine richtige deutsche Marine-Einheit, es gab sogar einen Militärarzt, der nun auch die Flüchtlinge betreute.

Wir wurden im Lager verpflegt. Aber für die vielen Menschen gab es nur zwei Toiletten, und die lagen im Freien auf einem Platz vor den Baracken. Sie wurden schlecht gesäubert, die Fäkalien nur daneben gekippt und mit Ätzkalk überschüttet, und die Sonne brannte sehr heiß. So brach unter den Flüchtlingen eine Epidemie aus: Wir hatten alle Brechdurchfall, aber meine Mutter traf es am schlimmsten. Wir baten den Arzt, etwas zu unternehmen, aber er schimpfte nur, meine Mutter solle sich nicht so anstellen, sie könne sich zusammennehmen. Schließlich haben wir darauf bestanden, daß sie in ein Krankenhaus kam. Der Arzt organisierte ein Privatauto, und sie wurde nach Neustadt an der Ostsee gebracht.

Am nächsten Tag wollte ich sie besuchen. Es waren 80 Kilometer, und ich hatte mir ein Fahrrad geliehen. Als ich ankam, wunderte ich mich, weil man mir sofort Mittagessen anbot: »Kommen Sie, setzen sie sich erst mal und essen sich satt! Sie müssen ja Hunger haben!« Aber ich wollte nur wissen: Was ist mit meiner Mutter!

Ich hatte ein merkwürdiges Gefühl, wagte aber auch aus Angst nicht zu fragen. Als ich schließlich gegessen hatte, wurde ich gefragt, ob ich denn nicht gewußt hätte, daß meine Mutter schwerkrank war. – War! – Das war schon das entscheidende Wort. Ich sollte sie nicht noch einmal anschauen. Aber eine Schwester fragte: »Sie heißen bestimmt Annelise? Ihre Mutter hat immer Ihren Namen genannt.« Sie hatte wohl große Sorgen, wie ich nun im Leben weiterkomme.

Ich mußte nun alles Nötige für die Beerdigung veranlassen, mußte einen Sarg bestellen, den Pfarrer aufsuchen. All diese Dinge waren mir fremd, ich machte sie ganz mechanisch, und im Hintergrund hatte ich die furchtbare Angst: Wie würde mein Vater es aufnehmen! Er wäre beim Tod meines Bruders schon fast umgekommen, und er hing auch so sehr an meiner Mutter. Von niemand anderem mochte er Essen annehmen, meine Mutter mußte es gekocht haben. Als ich in Neustadt alle Dinge geregelt hatte, war ich auch körperlich nicht mehr in der Lage, mit dem Fahrrad zu fahren. Ich stand an der Straße, und ein Laster nahm mich mit. Er hatte schon andere Mitfahrer, und die sangen lustig, aber mir war sehr elend. Es war jedoch ein Glück für mich, daß ich bis zum Lager mitgenommen wurde. Und dort sprach wohl schon mein Gesichtsausdruck für sich, denn mein Vater sagte gleich: »Brauchst nichts zu sagen, ich seh es dir schon an, nun müssen wir eben sehen, wie wir fertig werden!« – Das waren seine einzigen Worte. Die Krankenschwester des Lagers bereitete ein Essen für uns, aber wir konnten nichts essen. Sie wollte wohl ein bißchen gutmachen, was der Arzt versäumt hatte. Dieser Arzt sagte jetzt: »Es sind so viele gestorben, heute kommt es auf einen mehr oder weniger auch nicht an.«

Wir lebten wohl zwei Monate in diesem Lager. Meine Mutter war, bevor sie krank wurde, mit mir noch in der Umgebung spazierengegangen; es war eine schöne, romantische Landschaft, und sie hatte gesagt: »Weißt du, wenn das alles nicht so traurig wäre – in dieser Gegend könnte ich mich auch wohl fühlen.« Ein paar Tage nach ihrem Tod wurde das Lager aufgelöst, wir sollten auf andere Ortschaften verteilt werden. Mein Vater hatte sich zwei Männern angeschlossen, und sie sagten: »Wir lassen uns nicht irgendwo hinschieben, wir gehen auf eigne Faust!« Die Frauen aus unserer Baracke warnten mich, nicht mit den Männern zu gehen; aber mein Vater wurde grob: »Du gehörst zu mir, du hast mit mir zu kommen!«

Ich gehorchte, und wir kamen in eine Ortschaft, wo man uns überhaupt nicht gebrauchen konnte. Die Frau eines Lehrers ließ uns aus Mitleid auf dem Schulhausboden schlafen. Die Gesellschaft der beiden Männer war mir sehr unangenehm; der eine sah mich ständig gierig an, und das ging eine ganze Woche so. Ich mußte für die Männer kochen und versuchte, aus dem Dorf Schoten, Mohrrüben und Kartoffeln für einen Eintopf zu bekommen. Irgendwann fuhren die beiden fremden Männer einmal in den Kreis Segeberg, wo sie auf die anderen Flüchtlinge aus unserem Lager trafen. Ach, meinten sie, die seien dort untergekommen, da müßten wir nun auch hin! Also wurde ein Pferdewagen gemietet, der uns mit unserer schmalen Habe in diesen Ort, Wittenborn, fuhr. Natürlich waren alle Quartiere belegt, wir kamen ja zu spät! So sollten wir in der Molkerei des Dorfes untergebracht werden, aber dort war es furchtbar kalt. Selbst bei der großen Sommerhitze konnte man sich darin nicht aufhalten. Und so lagen wir schließlich am Straßenrand. Die Besitzerin der Gastwirtschaft war dann auf uns aufmerksam gemacht worden. Sie hatte zwar ihre Gaststube schon mit Soldaten belegt, nahm uns aber noch auf. So hatten wir wenigstens ein Dach über dem Kopf, und es war warm. Wir lagen mit den Soldaten recht und schlecht auf der Erde. Mitunter gaben sie uns Brot ab, denn sie hatten regelmäßig ihre Verpflegung, während wir als Flüchtlinge zunächst gar nichts bekamen.

Schließlich erbarmte sich eine Bäuerin, und wir konnten in ihre Bodenkammer ziehen. Die war aber so kurz, daß ich die Tür offenlassen mußte, damit beim Schlafen meine Füße Platz hatten, und des Nachts kamen die Mäuse. Wenn ich merkte, wie sie auf die Bettdecke krochen, warf ich die Decke hoch, und sie rollten hinunter. Da fällte mein Vater im Wald vier Bäume und baute ein Doppelstockbett. Dann ließ er zwei Strohsäcke füllen, und nun konnten wir schlafen, die Mäuse störten uns nicht mehr.

Das erste Jahr war eine traurige Zeit. Zuerst durfte ich in der Küche des Bauern für uns kochen, aber das währte nicht lange. Ich baute mir dann hinter der Scheune eine Kochstelle aus Ziegelsteinen. Das Holz suchten wir uns im Wald. Im Winter mußte ich auf dem eisernen Ofen, der in der Kammer stand, kochen. Aber bis das Feuer den Topf erreichte, verbrannte viel Holz. Und wenn der Wind aus Osten wehte, pustete er die Rußflocken in die Kammer, und ich konnte gar nicht kochen. Wegen der Mäuse legten wir die Lebensmittel in einen Drahtkorb der Bäuerin und hängten ihn an die Decke. Wir bekamen inzwischen Lebensmittelkarten, wobei ich als Jugendliche bessere Marken hatte als mein Vater, der nun sehr darauf bedacht war, nur das zu essen, was ihm zustand. Wir waren so sparsam, daß wir erst zu Beginn der nächsten Dekade die Reste des Brotes von der alten Dekade aßen.

Inzwischen hatten wir kaum noch Geld. Das letzte Geld, das meine Mutter mitgenommen hatte, war für die Beerdigung ausgegeben worden; wir mußten ja den Sarg bezahlen, eine Grabstelle kaufen, und mein Vater hatte sogar schon einen Stein bezahlt, aber der wurde nie gesetzt. Denn irgendwann war auch der Steinmetz pleite. Mein Vater war körperlich nicht in der Lage, auf dem Land zu arbeiten, aber ich half bei der Ernte, beim Kartoffelnbuddeln und Dreschen. Es fiel mir unsagbar schwer, und der Knecht sagte dann oft: »Laß mal sein, laß mal sein!« Ich brachte einfach die Arme nicht mehr hoch, um die Garben zum Dreschen weiterzureichen. Durch das Kartoffelnessen war ich wohl dick und rund, aber immer hatte ich Hunger, man bekam ja nicht genug Fett. Als jedoch der Bauer im Herbst die Gänse schlachtete, teilte er eine Gans, und die eine Hälfte bekam ein Flüchtlingsehepaar, die andere Hälfte bekamen mein Vater und ich. Und als im Winter das Schwein geschlachtet wurde, erhielten wir auch jeder eine Schlachtplatte. Heiligabend lud der Bauer uns Flüchtlinge zu sich in die »gute Stube« ein und bewirtete uns mit allem, was es an feinen Sachen zu essen und zu trinken gab. Doch uns ist das gar nicht bekommen, wir waren es ja nicht mehr gewohnt.

Wir bekamen zu zweit von der Gemeinde eine Unterstützung von 54 Mark im Monat, und wenn es uns später besserginge, sollten wir das Geld zurückzahlen. Anfang 1946 kam von der Gemeinde die Anfrage, ob mein Vater nicht etwas arbeiten könne, vielleicht Osterhasen basteln? »O Gott!« sagte mein Vater, »Osterhasen – nein, das kann ich nicht, aber ich habe eine Tochter, und die ist recht geschickt.« Ich wurde also angelernt. Die Behörden wollten ja versuchen, Flüchtlinge in einen Arbeitsprozeß einzugliedern. Jetzt mußte ich immer große Mengen Papier von Bad Segeberg nach Wittenborn schleppen. Das Papier wurde stapelweise mit Leim angefeuchtet, und daraus bastelte ich die Osterhasen, sogar mit Kiepe. Ich stellte sie zum Trocknen auf, dann brachte ich sie nach Bad Segeberg, und dort mußte ich mich in einer Familie hinsetzen und sie anpinseln. Für einen Osterhasen bekam ich 1,80 Mark, und am Tag schaffte ich zehn Stück. Das reichte nun für das Nötigste; es gab ja nicht viel an Lebensmitteln auf die Marken.

Aber nach Ostern wollte niemand mehr Osterhasen. Für meinen Vater war es ganz ungeheuerlich, Almosen anzunehmen, und so fing er im Sommer an, Ginster zu schneiden. Er konnte sich Draht besorgen und band nun Ginsterbesen, und diese wurden verkauft. Zeitweise stellte er sogar einen Gehilfen ein. Einmal hatte mein Vater so viele Besen, daß er sich einen Lastwagen mieten mußte, um sie nach Neumünster zum Händler zu schaffen. Aber im nächsten Jahr wurde ihm diese Möglichkeit genommen, weil eine Firma den ganzen Ginsterbestand aufkaufte. Der Ginster wurde nun gerodet, und die Besen stellte man maschinell her.

Ich erlebte in diesen Jahren nach dem Krieg auch schöne Stunden, die ich nicht missen möchte. Der Bauer hatte eine Enkeltochter, und die nahm mich mit zum Fasching. Es war zwar noch kein Jahr um, seit meine Mutter verstorben war, und ich hätte eigentlich noch gar nicht ausgehen dürfen. Aber ich brauchte auch etwas Freude. Mit einem alten Vorhang als Rock und einer Maske mit angemalter Trinkernase aus Papier, die Haare wie ein Besen hochgebunden, ging ich als fromme Helene; eine Flasche mit dünnem Kaffee diente mir als Schnaps. Niemand erkannte mich, und bei der Demaskierung bekam ich den zweiten Preis.

Fasching wurde aber nicht nur in unserem Dorf gefeiert, sondern in mehreren Orten, und überall gab es »Timbersoldaten«, deutsche Soldaten, die für die Engländer Holz schlagen mußten. Sie wohnten in Barackenlagern, wo sie auch Veranstaltungen arrangierten. Diese Soldaten fuhren uns zu den verschiedenen Faschingsvergnügen.

Im Frühjahr 1947 schrieb mein Bruder, er werde aus der Gefangenschaft entlassen. Über Verwandte hatte er uns gefunden und freute sich, zu uns zu kommen. Aber er wußte noch nichts vom Tod unserer Mutter, und so hatte ich trotz der Freude auch Angst. Denn inzwischen hatte mein Vater sich eine neue Frau gesucht. Ich hatte aus unserer Bodenkammer ausziehen müssen und Unterkunft mit einer anderen Flüchtlingsfrau in der Gastwirtschaft gefunden. Da fühlte ich mich wieder als Flüchtling und auch völlig überflüssig.

Und nun kam der Brief meines Bruders. Mein Vater hatte wohl selbst keine Meinung, ihn von der Bahn abzuholen, also mußte ich nach Bad Segeberg. Ich erkannte ihn sofort in der schwarzen Entlassungskleidung – »PRISONER OF WAR« war mit weißer Farbe darauf geschrieben. Und nun mußte ich ihm auf dem sechs Kilometer langen Weg klarmachen, daß er seine Mutter nicht mehr vorfinden werde, aber bereits eine andere Frau an ihrer Stelle. Mein Vater bereute bald diese zweite Heirat; es stellte sich heraus, daß die Frau ihn belogen hatte, und die Ehe wurde annulliert, weil sie unter falschen Voraussetzungen geschlossen worden war. Ich zog zurück in die Bodenkammer.

Mein Bruder hatte im Dorf ein Zimmer zugewiesen bekommen und half meinem Vater beim Besenbinden.

(Annelises Bruder trifft dann seine alte Liebe wieder und zieht nach Westfalen; M. L.)

Er war ehemaliger Berufsoffizier, mittellos und ohne eine andere Ausbildung. So arbeitete er zuerst in Belgien im Bergwerk. Meine Schwägerin wollte jedoch nicht, daß er weiter diese harte Arbeit machte, und so fing er in der Fabrik des Ortes als Hilfsarbeiter an. Beim Schieben von Loren verletzte er sich das Bein und konnte daraufhin im Büro arbeiten. In Abendkursen machte er seinen Industriekaufmann, wurde später Prokurist und schließlich Direktor dieser Fabrik.

In der Zeitung hatte ich gelesen, junge Leute, die Lehrer werden wollten, sollten sich melden. Ich war inzwischen schon neunzehn Jahre, noch immer ohne Ausbildung und hätte die Möglichkeit gerne wahrgenommen. Ich meldete mich also, gab an, daß ich die Aufnahmeprüfung für die Lehrerbildungsanstalt kurz vor dem Kriegsende bestanden hatte, und sollte angenommen werden. Das war im Sommer 1947. Aber dann konnte ich die Ausbildung doch nicht anfangen, weil ich wieder für meinen Vater sorgen mußte.

Bald darauf kam die »Entnazifizierung« für meinen Vater; er hatte auf dem Fragebogen angegeben, daß er Parteimitglied war. Vor einer Kommission wurde er nun von Engländern befragt, warum er in die Partei eingetreten sei, und er sagte: »Aus Not.« »Warum haben Sie Ihre Söhne auf die NAPOLA gegeben?« – »Auch aus Überzeugung, und sie sollten nicht nur auf die Dorfschule gehen, es sollte aus ihnen mehr werden.« – Alle Aussagen wurden akzeptiert, er wurde sehr höflich behandelt, und die Sache war damit abgeschlossen. Er hatte vorher große Sorge gehabt, und wegen seiner Ehrlichkeit hatte er auch keine Stellung als Förster bekommen.

Damals gab es Briefe, die einschließlich Umschlag nur aus einem Blatt Papier bestanden: Man beschrieb die Innenseite, klebte das Blatt dann an den drei Kanten zusammen und schrieb außen die Adresse drauf. Einen solchen Brief bekam ich in dieser Zeit von meiner Großmutter aus Berlin, ich sollte zu ihr kommen: »Ich brauche Deine Hilfe, außerdem muß Du einen Beruf erlernen, und Dein Vater soll sich eine neue Frau suchen!« Mein Vater fand über ein Eheinstitut eine Försterstochter in der Ostzone (Sowjetische Besatzungszone) und ging dahin. Aber dort hatte er überhaupt keine Chance mehr, wieder in seinen Beruf zu kommen, im Gegenteil: Weil er sich nun weigerte, SED-Mitglied zu werden, bekam er nur Gelegenheitsarbeiten, meistens mußte er Holz hacken. Es hat ihn sehr deprimiert, so degradiert zu werden, und er ist seelisch daran zugrunde gegangen.

Ich war kurz zuvor, im Herbst 1947, schon zu meiner Großmutter nach Westberlin gegangen. Nur mit einer Aktentasche und etwas Proviant versehen, fuhr ich nach Helmstedt, weil der Übergang dort leichter sein sollte als bei Lübeck, und schloß mich einer älteren Frau an. Sie wollte mich als ihre Nichte ausgeben, und ich half ihr beim Tragen ihres Gepäcks. Wir waren abends angekommen und übernachteten für etwas Geld bei fremden Leuten auf dem Fußboden in der Küche. Sie durften aber gar keine Grenzgänger aufnehmen und wurden öfter kontrolliert. Auch in dieser Nacht kam eine Kontrolle, und unsere Wirtin schob uns ganz schnell in eine Kammer. Wir haben wenig geschlafen, hatten natürlich auch Angst vor dem nächsten Tag. Am anderen Morgen gingen wir zum Schlagbaum. Die alte Dame sagte: »Wir wollen nach Berlin, da gehören wir hin, wir haben uns nur Sachen geholt!« Die Russen diskutierten miteinander, und dann sagten sie: »Davai – davai!« Wir marschierten also einfach über die Grenze und waren selig.

Mit dem Zug ging's dann weiter in Richtung Magdeburg. Der Zug war vollkommen überfüllt, wir fanden nur noch einen Stehplatz. So kam ich nun nach sieben Jahren das erste Mal wieder zu meiner Großmutter nach Berlin-Lichterfelde. Das Häuschen stand noch, und Großmutter freute sich riesig. Eine Kartenlegerin hatte mir kurz vorher geweissagt, ich würde einmal zwischen vielen Bäumen wohnen. In Großmutters Garten standen nun immer noch die vielen Obstbäume, und ich fragte mich, ob die wohl gemeint waren. Tatsächlich habe ich dort dann 37 Jahre lang gelebt, aber es war doch noch nicht die letzte Station.

Nun war ich ja illegal nach Berlin gekommen, und Berlin hatte Zuzugssperre, weil es überfüllt war. Es gab nur eine einzige Möglichkeit, dortzubleiben: durch Kopftausch. Meine Großmutter hatte eine Untermieterin, die in den Westen wollte, und diese sagte: »Frau Blümchen, das kriegen wir schon hin!« Sie war auf den Behörden bekannt und hat es irgendwie erreicht, daß ich an ihrer Stelle nun ganz offiziell in Berlin wohnen durfte.

Es war eine große Umstellung für mich, nun wieder in geordneten Verhältnissen zu leben, in einem richtigen Bett zu schlafen, eine Küche benutzen zu können mit allen Gerätschaften und ein Wohnzimmer zu haben mit Sofa, Tisch und Stühlen! Auf dem Fußboden lagen Teppiche, und an den Fenstern hingen Gardinen. Das alles war zunächst überwältigend und sehr fremd. Ich mußte mich wieder an zivilisierte Verhältnisse gewöhnen, und das hat mich große Mühe gekostet. Ich bekam auch täglich Kopfschmerzen durch den Verkehr in Berlin, obwohl er damals, Ende 1947, noch gar nicht stark war. Die Augen taten mir weh, ich fühlte mich anfangs gar nicht wohl. Fast sehnte ich mich zurück nach Schleswig-Holstein, nach der Ruhe im Dorf. Großmutter war schon recht alt, und ich war ihr als Hilfe auf dem großen Grundstück sehr willkommen. Aber um Lebensmittelkarten zu bekommen, mußte ich eine bezahlte Arbeit vorweisen. Ich arbeitete in einer Fabrik, doch nach zwei Monaten dachte ich: Du bist es deinen Eltern schuldig, mehr aus deinem Leben zu machen! Zuerst versuchte ich, im »Lettehaus« eine kunsthandwerkliche Ausbildung zu bekommen, aber dort mußte man Schulgeld zahlen, und ich besaß ja überhaupt kein Geld. Weil ich gerne kunstgewerbliche Arbeiten machte, bemühte ich mich dann um eine Lehrstelle auf diesem Gebiet, aber ich fand keine. So blieb schließlich nur eine Damenmaßschneider-Lehre. Diese Lehre machte ich zwar widerwillig, stand sie aber doch bis zur Gesellenprüfung durch. Es war kein guter Beruf für mich, aber als ich später verheiratet war und Kinder hatte, war es nützlich, daß ich nähen konnte.

Im Frühjahr 1948 kam ich noch einmal nach Wittenborn. Mein Vater wollte mit mir unsere restliche Habe holen. Er holte mich in Berlin ab, und wir machten uns auf den Weg in Richtung Lübeck. Wir hatten von Organisationen gehört, die Menschen in Gruppen über die »grüne Grenze« führten, und erkundigten uns in den Grenzorten. Wir fanden einen »Helfer« und mußten pro Person 200 Mark bezahlen. Das war für uns sehr viel Geld, aber wir dachten, es bliebe uns nichts anderes übrig. Wir ahnten nicht, daß wir Betrügern in die Hände gefallen waren – sie führten uns direkt zu den Russen, bei denen wir noch Strafe zahlen mußten. Aber diese ließen uns dann weiter, und wir hatten sogar noch etwas Geld behalten: Ich hatte schon gelernt, wie mein Schulterpolster näht, und hatte eines als Geldversteck präpariert. Wir mußten dann über überschwemmte Wiesen laufen und waren bis zu den Knien klitschnaß. Unterwegs halfen wir noch jemandem tragen, einem Mann, der humpelte. Er versprach uns allerlei dafür. Aber nachher war er fix verschwunden, er konnte mit seinem Gepäck plötzlich sehr schnell laufen, und wir haben keine Belohnung gesehen.

Mit dem Zug erreichten wir schließlich Wittenborn, fanden auch noch alle Sachen vor und wurden nett aufgenommen. Wir verkauften die einfachen Möbel für wenig Geld. Dann mußten wir uns, nun mit Gepäck, wieder auf den Rückweg machen. Ich hatte große Angst. Mein Vater aber sagte: »Jetzt gehen wir direkt durch die Sperre!« Das taten wir auch, und zwar wieder bei Lübeck. Diesmal allerdings wurden wir auf der russischen Seite 24 Stunden in einer Baracke eingesperrt. Wir wurden beide getrennt verhört: Woher wir kämen, wohin wir gehörten und so weiter. Endlich ließ man uns mit all unseren Sachen gehen, und wir konnten nun unbehelligt weiter – ich nach Berlin und mein Vater in seinen neuen Wohnort in der Nähe von Frankfurt / Oder.

Während meiner Lehrzeit hieß es, ein Teil unseres Geldes würde umgetauscht in Alliiertengeld. Wir mußten dazu nach Karlshorst zur russischen Kommandantur. Dort standen die Menschen in endlosen Schlangen, und das Umtauschen dauerte fast einen ganzen Tag. Wir machten das mehrmals, das Geld galt wohl nur innerhalb Berlins, und wir konnten dafür bestimmte Artikel kaufen wie Streichhölzer, Seife und irgendwelche Luxusartikel. Für uns waren Streichhölzer sehr wichtig, weil wir in Großmutters Haus nur Ofenheizung hatten.

Mein Lehrlingsgeld war gering. Ich fing an mit 17,50 Mark für vierzehn Tage im ersten Lehrjahr, und im dritten Lehrjahr waren es 24,50 Mark. Meine Großmutter bekam nach dem Krieg auch nur eine kleine Pension, und ich mußte ihr im Monat 16 Mark abgeben, damit sie Strom, Steuern und anderes bezahlen konnte. Aber sie konnte viel in ihrem Garten ernten, hatte Stammkunden, an die sie verkaufte, und wir haben sehr einfach gelebt. Im Garten stand ein schöner Nußbaum, dessen Früchte uns mit Fett versorgten. Häufig aßen wir Haferflocken, in Wasser gekocht, und rieben Nüsse und Äpfel hinein. Das war ein nahrhaftes Essen, und wir mußten nur die Haferflocken kaufen. Abends gab es immer noch die Stromsperren, aber das hatte auch seinen Reiz: Man saß zusammen, konnte sich gemütlich unterhalten, wir aßen unsere Äpfel und tranken Tee, den Großmutter aus getrockneten schwarzen Johannisbeerblättern kochte.

Zum Ende meiner Lehrzeit lernte ich meinen Mann kennen. Er war Spätheimkehrer und nach fünf Jahren russischer Kriegsgefangenschaft hinter dem Ural nach Berlin gekommen. Er war gesundheitlich angeschlagen, hatte auch Wasser, und als ich ihn einige Monate nach seiner Heimkehr kennenlernte, lief er mit einem furchtbar wirren Haarschopf umher. Fast entschuldigend erklärte er mit, daß der Kopf kahlgeschoren war und die Haare nun erst wieder wachsen mußten. Es war Liebe auf den ersten Blick. Meine Großmutter war ihm auch sehr zugetan, vor allem, weil er sich sofort bei ihr vorstellte und fragte, ob sie es gestatte, daß er mich ins Kino einlade, und er bringe mich auch wieder nach Hause.

Auch die Eltern meines Mannes hatten nichts gegen unsere Verbindung, sie waren aber sehr interessiert an Großmutters Haus. Wir hatten uns verlobt, und mein Schwiegervater sagte plötzlich: »Macht mit der Großmutter klar, daß sie dir das Haus schon bei ihren Lebzeiten überschreibt, dann könnt ihr auch heiraten!« Mein Vater hatte zwar auf sein Erbe verzichtet, aber nur zugunsten seiner beiden Kinder. Nun mußte Großmutter ein Testament machen. Sie wollte festlegen, daß mein Bruder entweder 3000 Mark sofort bekommen müsse oder 5000 Mark in Raten. Darüber waren meine Schwiegereltern ganz erbost, auch mein Mann, und es kam zum Streit. Ich schlug vor: »Machen wir es doch umgekehrt; mein Bruder bekommt das Haus und ich dann die 3000 oder 5000 Mark von ihm.« Aber das gefiel ihnen auch nicht. Jetzt wurde mein Bruder aufsässig. Er hatte immer zu meinen Gunsten gedacht, wollte mich nun auch nicht unglücklich machen und hätte sich mit dem Geld zufrieden gegeben. Ich wiederum wollte ihn nicht übervorteilen. So erklärte ich eines Tages meinem Verlobten: »Großmutter hat nun ein Testament gemacht, danach soll die Hälfte des Grundstückes nach ihrem Tod mein Bruder erben.« – »Oh«, sagte er darauf, »das muß ich aber meinen Eltern erzählen, was die dazu sagen!« Da zog ich den Verlobungsring vom Finger und sagte: »Du brauchst nicht mehr mit deinen Eltern zu sprechen, damit ist die Sache geklärt! Entweder du magst mich oder das Haus!« Nun war er ganz entsetzt, wie ich das tun und so sprechen könne, wir liebten uns doch. Ich wollte aber klare Verhältnisse, habe mich gewehrt und mir dadurch Respekt verschafft. – Und es wurde eine sehr gute Ehe.

Meine Schwiegereltern zahlten dann an meinen Bruder die 3000 Mark, aber es war in ihren Augen zuviel und in meinen zuwenig, und ich nahm mir vor, wenn ich jemals die Möglichkeit haben sollte, meinem Bruder etwas von seinem eigentlichen Anteil zu geben, würde ich das tun. Später kam es dann auch dazu: Als mein Mann gestorben war, mußte ich das Haus verkaufen, habe meinem Bruder vom Erlös einen Teil abgegeben, was ihm zu dieser Zeit sehr gelegen kam.

Wir, mein Mann und ich, wohnten nach unserer Heirat bei Großmutter und zahlten ihr auch eine Miete, so mußte sie nicht allein leben, und wir hatten eine Wohnung. Sie war aber schon etwas schwierig, wohl auch, weil sie mich nun mit jemandem teilen mußte, und sicher dachte sie, jetzt sei sie überflüssig. Aber als unser erstes Kind geboren war, hatte sie wieder eine Aufgabe; daran hatte sie ihre Freude, und unsere Tochter bekam von allem, was sie in ihrem Garten hatte, das Beste.

Die Familie meines Mannes war aus Westpreußen geflohen, und als er nun aus der Gefangenschaft zu seinen Eltern nach Berlin gekommen war, wollte der Vater mit seiner Hilfe wieder ein Geschäft aufbauen. Beide waren Elektriker, mein Mann hatte früher bei Siemens in Berlin gelernt. Dort machte er nun auch seine Meisterprüfung, und sein Vater stellte ihn ein. Es ging mit dem Geschäft langsam, aber stetig voran, und als mein Schwiegervater es mit 70 Jahren aufgab, kaufte es mein Mann und führte es weiter. Er hat schwer gearbeitet, und allmählich konnten wir uns finanziell erholen. Nach einigen Jahren begannen wir im Harz mit dem Bau eines Hauses für unseren Lebensabend – mit Einliegerwohnungen als Rentenbasis. Und so kam es, daß ich nach dem frühen Tod meines Mannes finanzielle Belastungen hatte und die Werkstatt und auch Großmutters Haus in Berlin verkaufen mußte.

Als mein Mann nach seinem Herzinfarkt auf der Intensivstation lag, hatte ich einen Traum: Ich sah mich auf einer Blumenwiese stehen, in schwarzer Kleidung und mit einem großen schwarzen Florentinerhut auf dem Kopf – ganz allein. Und da wußte ich, das wird mein späteres Leben, ich würde alleine sein. Ich zog dann in das Haus im Harz. Und das ist nun wohl wirklich die Umgebung, die mir die Kartenlegerin in meiner Jugend beschrieben hatte. Später erkannte ich auch, daß die blühende Wiese aus dem Traum für mich eine schöne Bedeutung hatte. Ich fühle mich in der wunderschönen Landschaft, die mich hier umgibt, wohl und geborgen und genieße jeden Tag, den ich hier noch leben und arbeiten kann.

In den ersten Jahren meiner Ehe arbeitete ich noch im Geschäft meines Schwiegervaters mit, mußte den großen Garten instandhalten, und wir waren ständig damit beschäftigt, das Haus zu erweitern und zu modernisieren. Ich hatte zwei Töchter mit viereinhalb Jahren Abstand. Aber als sie erwachsen waren, sprachen mein Mann und ich immer häufiger davon, doch einmal in unsere Heimatorte fahren zu wollen. Wir hatten Sehnsucht – mein Mann nach Schlochau und ich nach Fliederbruch und Kolbatz. Ich wußte aus Erzählungen so viel über Schlochau, daß ich es schon gut kannte. Es wurde dann möglich, nach Polen zu fahren, und Mitte der siebziger Jahre beluden wir das Auto mit vielen Sachen, die in Polen willkommen waren – Kleidern, Strümpfen, Kaffee, Schokolade. Bei Scheune passierten wir die Grenze.

Wir fuhren zuerst nach Schlochau. Mein Mann zeigte mir, was ich schon aus den Erzählungen kannte, aber es war natürlich nicht mehr so, wie er es in seiner Erinnerung bewahrt hatte. Nach zwei Tagen ging es wieder zurück, und nun standen Fliederbruch und Kolbatz auf dem Programm. Meine Erinnerung war, so dachte ich, sehr genau, und ich wüßte den Weg von Podejuch in die Buchheide noch sicher. Aber er war dann doch schwer zu finden, denn auch dort hatte sich vieles verändert, und der Wald war dichter geworden. Schließlich kamen wir doch an die richtige Abzweigung, und bald konnte ich das Scheunendach von Fliederbruch erkennen.

Auf dem Hof stand ein polnisches Ehepaar, das zunächst etwas mißtrauisch war. Ich wühlte aufgeregt in meiner Tasche nach Fotos, und als sie diese sahen, wurden sie freundlich; die Frau sprach deutsch und erzählte, daß vor uns schon mehrere Deutsche dort gewesen seien und behauptet hätten, dort gewohnt zu haben, aber niemand habe Fotos gezeigt.

Das Wohnhaus stand nun nicht mehr, sie hatten selbst aber noch darin gewohnt, all ihre Kinder waren darin geboren. Das Haus mußte später abgerissen werden, weil es durch Granateinschläge sehr beschädigt und baufällig geworden war. Ein Stein davon lag noch da, den habe ich mitgenommen. Aber die große Kastanie am Haus stand noch und blühte gerade in voller Pracht. Es war eine Stimmung wie zu unserer Zeit im Frühjahr: Am Waldrand die blühenden Akazien mit ihrem betörenden Duft, dazu der wilde Flieder; die Luft war gewitterschwül.

Wir wurden eingeladen, hineinzukommen. Die Frau, Magdalena, band sich eine weiße Schürze um und bat uns zu Kaffee und selbstgebackenem Kuchen an den Tisch, jemand hatte Geburtstag. Die Familie hatte sich aus dem Stallgebäude mit der Knechtkammer eine neue Wohnung gebaut, Magdalenas Mann war beim Forstamt als Waldarbeiter beschäftigt.

Wir wollten uns dann das ganze Gehöft und den Garten ansehen und auch an den See und gingen durch den Wirtschaftsgarten hinunter. Der Garten war nicht mehr eingezäunt, aber ich fand noch die Stelle, wo wir die dornenlosen Brombeeren gepflanzt hatten; der Brombeerbusch stand noch da, jedoch hatte er jetzt wieder Stacheln. Der See war kleiner geworden, es mußte ja immer Schilf geschnitten werden, und das hatte man versäumt.

Als wir dort unten standen, erinnerte ich mich an eine traurige Begebenheit. Am anderen Ufer besaß ein Rechtsanwalt ein Sommerhaus, ein Wirtschafter verwaltete es. Der Anwalt hatte ein Waisenkind adoptiert, das die Leute aufziehen mußten, ein hübscher Junge, acht Jahre alt. Im Sommer 1944 wollte sich der Kleine beim Baden Seerosen abreißen. Er konnte aber noch nicht schwimmen und ging dabei unter. Und nun riefen die Leute über den See um Hilfe. Wir, die Kinder von Weißbachs und ich, tauchten sofort ins Wasser und suchten nach dem Jungen, aber wir konnten ihn nicht finden. Das Boot wurde geholt, und schließlich haben wir ihn mit Hilfe von Stangen entdeckt. Ich hatte zwar gelernt, wie man Wiederbelebungsversuche macht, aber meine Hilfe kam zu spät. Hinterher sagten meine Mutter und Frau Weißbach: »Damit hat das Unglück hier begonnen!« Denn danach wurde mein Bruder schwer verwundet, mein Vater brach zusammen, und dann mußten wir fliehen. Mir war die traurige Begebenheit ganz entfallen und damit auch die Worte der Frauen. Wir hatten zu dieser Zeit noch nicht erkannt, daß das Unglück viel früher begonnen hatte. Denn wir hatten der Propaganda geglaubt, wir Deutsche müßten den Krieg führen, um uns zu verteidigen. Wenn in unserer Umgebung etwas Unrechtes geschah – ein Ortsgruppenleiter etwa sich bereicherte –, dann schoben wir das auf die persönliche Unzulänglichkeit des einzelnen. Daß Deutsche allerdings zu solchen Greueltaten – den Mißhandlungen in den eroberten Gebieten und in den Konzentrationslagern – fähig waren, hätte ich nie für möglich gehalten. – Man hat uns in doppelter Hinsicht betrogen: einmal durch die Propagandalügen, und zum zweiten haben wir ja auch unsere Heimat und nahe Angehörige verloren. Ich denke, weil wir selbst nicht schuldig geworden sind, können wir heute erzählen.

Magdalena fragte: »Wem gehört der See?« Das Haus gegenüber war von anderen Polen bewohnt, und diese meinten, ihnen gehöre der See. Ich sagte: »Nein, der See gehört zur Försterei!«

Wir fuhren auch noch nach Kolbatz, Magdalena lud Kind und Hund ein und kam mit. Im Vorgarten des Hauses, in dem wir gewohnt hatten, stand ein sehr großer Walnußbaum und rauschte vor dem Fenster. Als wir nun zum Haus kamen, sahen wir, er war in der Mitte gebrochen, und die große Krone lag mit grünen Blättern noch neben dem Stamm. Ich dachte: Er will mich noch einmal grüßen – oder ich soll von ihm Abschied nehmen. Immer, wenn in Berlin Großmutters Walnußbaum rauschte und seine Nüsse abwarf, war mir dieser Baum in Kolbatz in den Sinn gekommen. Dank Magdalenas Hilfe durften wir einen Blick in das Haus werfen. Wir haben uns auch noch ein wenig in Kolbatz umgesehen, aber es wurde dunkel, ein Gewitter zog auf, und wir mußten nach Fliederbruch zurück, wo wir zum Schlafen eingeladen waren.

Magdalena hatte in Neumark eine Flasche Wodka gekauft, den tranken wir zum Abendbrot, es gab Bratkartoffeln mit sauer eingelegten Fischen aus »unserem« See. Magdalena erzählte, sie sei nach Deutschland kriegsverpflichtet und mit einem Deutschen verlobt gewesen, leider sei er gefallen. Sie sang deutsche Lieder, und es wurde noch ein sehr lustiger Abend. Aber in der Nacht stritt sich das Ehepaar, wir wußten nicht, ob das etwas mit uns zu tun hatte, und machten uns die unmöglichsten Gedanken, jedoch am anderen Morgen herrschte wieder Frieden, und wir sollten noch länger bleiben. Aber uns zog es nach Hause.

Unsere Gastgeber hatten einige Wünsche: Rundfeilen und eine Kettensäge, und wir haben nach unserer Rückkehr alles gleich besorgt und ihnen geschickt. Aber wir waren kein zweites Mal dort, unsere Sehnsucht war vollkommen erloschen. Wir waren sehr deprimiert und brauchten beide mehrere Wochen, um darüber hinwegzukommen, wie sehr sich in unserer früheren Heimat alles verändert hatte und nun so traurig aussah. Auch die bescheidenen Verhältnisse, in denen die Menschen dort lebten, machten uns zu schaffen.

Bald nachdem wir wieder zu Hause waren, bestellte ich die »Pommersche Zeitung«, die ich lange gehalten hatte, ab; für mich war Pommern nun gestorben, ich empfand es nicht mehr als unsere Heimat. Ich hatte in der »Pommerschen Zeitung« viel gelesen, und wenn es auf Weihnachten zuging, und es wurden Grüße an Freunde, Bekannte übermittelt, bekam ich auch Zuschriften von einigen ehemaligen Kolbatzern. Darüber freute ich mich immer; so mancher Kontakt ist auch erhalten geblieben, und ich habe erfahren, was aus Menschen aus meiner Kinderzeit geworden ist: Auch im Westen ist es nicht allen Flüchtlingen gelungen, sich ein neues Zuhause aufzubauen. Vor allem wohlhabende Leute wie unsere Familie Weißbach hatten es lange Zeit schwer, sich aus der größten Armut zu befreien. Andererseits sind viele, die vorher ganz unbemittelt waren, erst durch die Vertreibung zu Wohlstand gekommen. Von den Kindern armer Leute, die in Kolbatz als Gutsarbeiter gearbeitet hatten, hat manch einer einen Beruf ergriffen, den er, wenn sie in ihren alten Verhältnissen geblieben wären, gewiß nicht erreicht hätte.

Unsere Reise nach Pommern war für uns wohl notwendig. Meine Kindheit ist Teil meines Lebens, und das Gefühl, von den Orten, an denen ich aufgewachsen bin, abgetrennt zu sein und mich dort nur in der Erinnerung aufhalten zu können, hatte mich immer sehr bedrückt.

Als es nach der Wende möglich wurde, fuhr ich mit meinem Bruder auch nach Lütte, meinem Geburtsort in der Altmark, und das wurde eine sehr schöne Reise, weil wir dort auch alte Bekannte wiedersahen. Aber leben könnte ich heute dort nicht mehr; wir haben uns eine andere Welt aufgebaut.

Jutta

Das Dorf Tantow liegt südlich von Stettin am Oderbruch; als ich fünf Jahre alt war, übernahm mein Vater hier die Zweigstelle des Stettiner »Landwirtschaftlichen Ein- und Verkaufsvereins«, und wir zogen in eine große Dienstwohnung. Meine Mutter hatte Zwillinge bekommen, und wir sollten auf dem Land aufwachsen. So bin ich großgeworden mit Säen und Ernten. Wir hatten einen großen Garten, eine Wiese, auf der wir barfuß laufen konnten, und bald auch Kleinvieh – zuerst Hühner und einen mächtigen Hahn, der Riesenradau machte mit seinem Krähen. Wunderschön war es, wenn um die Osterzeit die Glucke ihre Eier ausbrütete und die Küken so langsam trockneten und sich unter den Flügeln ihrer Mutter wärmten; wir sahen gerne zu beim Füttern. Später bekamen wir auch Enten, die sehr viel Futter »verschnabbelten«, Zwerghühner und viele Tauben, zeitweise sogar auch ein Schaf oder eine Ziege. Ich erinnere mich, daß die Ziege sich an Korn, das aus einem Speicherfenster gelaufen war, überfraß, so daß sie tot umfiel. Für uns Kinder war das Leben mit den Tieren bald selbstverständlich. Meine Mutter stammte aus dem hinterpommerschen Stolp, gärtnerische und landwirtschaftliche Kenntnisse waren ihr bis zu unserem Umzug fremd, und sie bekam oft Herzklopfen, wenn mein Bruder unter dem Bauch der Pferde hindurchlief. Meine kleine Schwester fuhr die Zwerghühner in ihrem Puppenwagen spazieren.

Hinter dem Wohnhaus hatten wir ein Stückchen Land, vielleicht fünf Morgen groß, das wurde mit Roggen bestellt. Am Feldrand standen Klatschmohn, Kornblumen und Kamille, und wenn die Kornblumen blühten, nahm mein Vater mich an die Hand und ging mit mir um das Feld. Aber er warnte mich, ich dürfe nicht allein die Gartenpforte zum Feld öffnen: »Im Feld wohnt die Kornmuhme, und das Kind, das noch nicht über die Getreidehalme hinweggucken kann, wird in das Korn hineingezogen und findet den Weg nicht wieder hinaus...«

Ich fand in Tantow zwar keine Freundin in meinem Alter, hatte aber trotzdem eine fröhliche Kindheit in der freien Natur. Häufig waren mir die Zwillinge anvertraut. Aber als ich in die kleine Dorfschule kam, liebte ich am meisten die Pausenspiele, denn so etwas kannte ich vorher nicht. Wir spielten »Ist die schwarze Köchin hier?« und »Ein Plumpsack geht herum...« oder »Wer fürchtet sich vorm Schwarzen Mann?«.

Unsere Schule hatte nur zwei Klassen, ich lernte wohl ziemlich schnell und ging immer häufiger in den Unterricht der höheren Stufe. Deshalb beschlossen meine Eltern, mich schon nach dem dritten Schuljahr auf die Mittelschule in Stettin zu schicken. Jetzt begann ein ganz anderes Leben für mich. So lange war ich nur umsorgt, und jeder Schritt wurde kontrolliert, nun mußte ich lernen, allein eine gute halbe Stunde mit dem Zug von Tantow nach Stettin zu fahren und mich dort frei zu bewegen. Ich bekam etwas zusätzlichen Unterricht zur Vorbereitung, und mein Vater fuhr mit mir nach Stettin, ging mit mir den neuen Schulweg und brachte mir bei, wie ich in Notsituationen von einer Telefonzelle aus ohne Geld mit einem R-Gespräch zu Hause anrufen konnte.

Ich war in der Stettiner Klasse die einzige aus Tantow und durfte mir zu meinem zehnten Geburtstag im August zehn Mitschülerinnen einladen, von denen zwei sogar über Nacht blieben. Dabei war die größte Freude für alle unsere hohe Strohmiete. Wir sind dort hinaufgeklettert und mit Gejohle und Geschrei so lange hinuntergerutscht und -gerollt, bis keine mehr ihre Spangen in den Zöpfen hatte; wir mußten zum Kaufmann laufen und neue Zopfspangen holen. Im nächsten Monat brach der Krieg aus, aber zunächst ging für uns Kinder das Leben weiter wie gewohnt.

Normalerweise wurde man mit zehn Jahren »Jungmädel«, doch meine Eltern sagten, ich hätte keine Zeit; ich kam ja wirklich erst um 14 Uhr nach Hause. Aber im folgenden Jahr mußte ich dann doch JM-Mitglied werden. Man hatte meinem Vater gesagt, gerade die Mittel- und Oberschülerinnen müßten dem Jungvolk angehören.

Im dritten Jahr des Krieges, 1942, waren in den Großstädten die Lebensmittel schon recht knapp. Wir aber auf dem Land hatten keine Not, wir bauten jetzt unsere eigenen Kartoffeln an und säten Mohn, so hatten wir zum Braten und Backen reichlich gepreßtes Mohnöl und konnten unsere Verwandten in den Städten mit Lebensmitteln unterstützen. Einmal fuhr ich in den Ferien mit nach Berlin, als mein Vater unseren Verwandten dort Kartoffeln brachte. Der Eilzug brauchte keine eineinhalb Stunden, mein Vater stand mit dem Kartoffelsack auf dem Gang, ich saß mit einem Beutel Erbsen auf dem Schoß im Abteil. Zu dieser Zeit war Berlin noch heil, und ich war beeindruckt vom Verkehr auf den Straßen und von den U- und S-Bahnen. Mein Vater fuhr mit mir zum Wannsee, und wir stiegen auf den Funkturm, ich bewunderte das Olympiastadion von 1936, und im Naturkundemuseum fürchtete ich mich vor dem Gerippe des Dinosauriers. Wir gingen Unter den Linden entlang, und mein Vater zeigte mir das Brandenburger Tor und die Neue Wache.

Bald darauf begannen die Fliegerangriffe auf Berlin und Stettin. Wir hatten in Tantow keinen Alarm, aber wir hörten die Angriffe. Das Gehör war bald so geschult, daß ich zwischen feindlichen und deutschen Flugzeugen unterscheiden konnte. Bei den Angriffen saßen wir auch im Keller, eng aneinandergedrängt, und wenn die Kellertüren bebten oder vom Druck der Luftminen aufflogen, hatte ich große Angst.

Als mein Vater nicht mehr mit Lebensmitteln zu unseren Verwandten fahren konnte, schickten wir Pakete, aber diese durften nur fünf Kilogramm wiegen, und wenn man auch Kartoffeln schicken wollte, war das nicht viel. So kamen wir auf die Idee, 20-Kilogramm-Pakete postlagernd in die Nähe Berlins zu schicken, und unsere Verwandten konnten sie sich von dort mit der S-Bahn abholen.

Meine Eltern hatten schon lange für ein eigenes Haus gespart, aber im Krieg wurden die Aussichten für den Hausbau immer geringer. 1944 ergab sich dann die Möglichkeit, ein Behelfsheim zu errichten, weil wir mit drei Kindern als »kinderreiche Familie« galten und die große Dienstwohnung dann ja auch frei wurde. Wir hatten dort schon längst Einquartierung von ausgebombten Stettinern. Mein Vater wollte mit uns wohl auch weg von den Bahngleisen. Seine Rede war: »Genießt den Krieg, der Friede wird fürchterlich!« Er war noch kurz vor Kriegsende Mitglied der NSDAP geworden. Schon vorher hatte man ihn häufig dazu aufgefordert und ihn zunehmend unter Druck gesetzt. Als er nach seinem Beitritt nach Hause kam, warf er vor Wut das Parteiabzeichen auf den Boden und zertrat es.

»Die Familie bleibt zusammen!« Mit dieser Parole kam meine Mutter Ende März 1945 nach Grimmen, um mich abzuholen. Als wir abfuhren, waren auch in Grimmen schon Panzersperren errichtet, und überall herrschten Unruhe und Beklemmung. Ein paar Sachen ließ ich zurück, die sollten später abgeholt werden. Wir hörten aber dann, daß Plünderer sie hatten mitgehen lassen. Auf Umwegen fuhren wir nach Tantow. Als wir aus dem Zug stiegen, war ich erschüttert: Der Ort hatte keine Ähnlichkeit mehr mit meinem Heimatdorf, er sah aus wie ein Kriegsschauplatz. Es war Ostern und schönstes Frühlingswetter. An Häuserwänden stand im Sonnenschein zu lesen: »Die Oder ist die HKL!« (Hauptkampflinie). Seit dem 11. März wurde auch schon Stettin beschossen. Meine Mutter hatte mich auf diese Situation vorbereitet, aber nun sah ich mit eigenen Augen, wie auf der Verladerampe für das Erntegut Panzer und Geschütze ausgeladen wurden; die Straßen und Bürgersteige waren von den schweren Fahrzeugen stark beschädigt, mitten durchs Dorf liefen Schützengräben. Überall sah man Soldaten und nirgends mehr Zivilisten, die hatte man längst evakuiert; lediglich der Bäcker und der Fleischer waren noch da und nun wir als vollständige Familie. Auch die ausländischen Arbeitskräfte waren Richtung Westen getreckt.
Mein Vater mußte in Tantow bleiben; das Getreide im Speicher war »kriegswichtig«. Ende Februar hatte er eine »vertrauliche Dienstsache« bekommen, darin wurde mitgeteilt, falls der Ort Kriegsgebiet werde, sei der Wehrmacht Hilfestellung zu geben, die Papiere sollten nach Loitz geschickt werden – eine Kleinstadt in der Nähe von Greifswald. Jeder habe auf seinem Posten zu bleiben, hieß es weiter in dem Schreiben, und bis zum Äußersten und in vollem Umfang seine Pflichten zu erfüllen. Aber man sei der Überzeugung, daß es zu dieser Notmaßnahme nicht kommen werde. Heil Hitler!
Mein Vater wollte nicht allein in Tantow bleiben. Obgleich meine

Mutter schon aufgefordert worden war, mit den jetzt zehnjährigen Zwillingen den Ort zu verlassen, blieb sie da. Im Februar war Pyritz gefallen, vierzehn Tage später stand die Rote Armee an der Ost-Oder bei Greifenhagen, unserer Kreisstadt, etwa acht Kilometer Luftlinie von uns entfernt. Dazwischen liegen die beiden Oderarme mit dem Oderbruch – an den Ufern Deiche, dann saftige Wiesen und Morast, ein Paradies für Tiere, das heute wieder zum Naturschutzgebiet gemacht werden soll. Im Frühjahr waren die Oderwiesen wie jedes Jahr überschwemmt, Brücken und Straßen nicht passierbar, und so konnte auch die Rote Armee nicht übersetzen. Die Russen sammelten sich und schossen herüber zu unserem Ufer, acht Wochen lang, mit Geschützen und ihren heulenden »Stalinorgeln«. Als wir ankamen, waren die Häuser in Tantow voller Einschüsse, und täglich kreisten russische Tiefflieger über uns; auf Tantow hatten sie es besonders abgesehen, weil dort am Bahnhof die deutschen Truppen und die Munition verladen wurden. Da waren wir nun froh, daß wir noch im Winter in unser Behelfsheim gezogen waren.

Anfang April bekam mein Vater den Auftrag, den Speicher zu räumen, das Getreide sollte umgelagert werden. Es waren aber keine Arbeitskräfte mehr da, er mußte also selber sacken und aufladen, brauchte nun eine Hilfe fürs Büro, und so stellte er mich ein. Ich mußte Lieferscheine schreiben, auf die Wiegekarten achten und die Empfangsquittungen sortieren. Auf dem Speicher lagerten noch 1200 Zentner Getreide und 4000 Zentner Erbsen. Der »Verein« hatte aber nur noch einen Pferdewagen mit einem Kutscher und zwei Pferden, so ging das Umlagern sehr langsam. Das Getreide wurde mit Hilfe der Wehrmacht weiter nach Westen transportiert. Wir kamen nicht auf die Idee, für unsere Familie einen Sack Erbsen und Getreide in unseren Keller zu bringen. Wir lebten von einem Tag zum anderen, ohne besondere Vorstellungen. Wegen des dauernden Beschusses hatten wir unsere Betten im Keller aufgestellt, aber mit dem Gedanken an Flucht befaßten wir uns nicht, die Familie sollte ja zusammenbleiben! Jedoch liefen wir Kinder schon lange mit Brustbeuteln herum, in denen unsere Personalien und die Adressen aller unserer Verwandten steckten.

Am 19. April meinte mein Vater abends: »Heute nacht werden sie wohl noch mehr als sonst schießen!« Der 20. April war ja »Führers Geburtstag«, der immer mit großen Feiern begangen wurde. Am Morgen des 20. April setzte nun ein so starker Beschuß ein, daß wir alle Angst bekamen. Ununterbrochen schlug es ein! Jetzt wurde doch der Entschluß zur Flucht gefaßt, denn es ging um unser Leben. Mein Vater lief zum Kutscher, er solle anspannen. Zuerst luden wir, wie befohlen, die betrieblichen Unterlagen auf, dann packte der Kutscher Sachen für sich und seine Familie auf den Wagen, und so war dieser fast voll, als er zu uns kam. Wir hatten im Stall noch einen zweirädrigen Karren, den holten wir nun, beluden ihn mit unseren nötigsten Sachen und koppelten ihn an den Pferdewagen. Ich bestand darauf, daß meine große Puppe mit den echten Haaren mitmüsse. Zwar war ich schon fünfzehn, aber ich meinte, sie gehöre zu mir. Meine Mutter hatte sie vor den kleinen Geschwistern für mich im Kleiderschrank verwahrt, und nun nahm ich sie auf dem Arm mit. Meine kleine Schwester konnte sich von ihren Angorakatzen nicht trennen, sie weinte so sehr, daß die Tiere auch auf den Wagen gesetzt wurden.

Unserem Treck schlossen sich der Bäcker und der Fleischer an; der Bäcker zog in einem Karren ein schlachtreifes Schwein mit. Der Ort sah schon wüst aus, auf dem Gut brannte das Schloß, in dem Verwundete untergebracht waren. Unsere Pferde waren mit den zwei Wagen überbeansprucht, und so ging es nur langsam voran. Wir liefen hinter dem Wagen her, warm angezogen, aber zitternd vor Angst, denn immer wieder kamen Tiefflieger und schossen. Wir versuchten uns zu schützen, liefen mal an der Seite des Wagens, mal davor und hofften und beteten, daß niemand getroffen würde. Auf den Straßen war viel Bewegung, Truppen kamen uns entgegen oder überholten uns, wir kamen nur sehr schlecht vorwärts. Ein Offizier, der in unserer Fahrtrichtung unterwegs war, hielt an und forderte meine Mutter auf, ihm die kleinen Kinder mitzugeben, es sei zu gefährlich für sie. So gab meine Mutter ihm die Zwillinge mit und bat, sie am nächsten Chausseehaus abzusetzen. Und den beiden sagte sie, daß sie unbedingt dort auf uns warten müßten. Erst im nachhinein fiel ihr ein, daß das Chausseehaus ja zerstört sein könnte. Trotz des Beschusses fanden wir meine Geschwister aber wohlbehalten wieder. Von nun an gab es freiwillig keine Trennung mehr.

Aber mein Vater war ja in Tantow geblieben, er versuchte weiter, vom Speicher das Getreide abzutransportieren. Tantow lag nun schon in der Hauptkampflinie, und das Korn wurde jetzt gleich auf Wehrmachtswagen geladen. Abends kam er uns mit dem Fahrrad nach, um zu sehen, wie weit wir gekommen waren. Er fuhr dann wieder zurück, bis er am 23. April nicht mehr durchkam und bei uns blieb.

Unser Ziel war Loitz, dahin sollten ja die Papiere gebracht werden. Dort sind wir aber nie hingekommen, die Straßen waren zu verstopft. Nachts schliefen wir in Sälen, Schulen oder Gaststätten, einmal in einer Scheune. Eines Morgens konnten wir unsere Katzen nicht einfangen und mußten schließlich ohne sie weiter, darüber war meine Schwester sehr unglücklich. In der Panik hatten wir alles mögliche eingepackt, aber nicht genug zum Essen. Im nächsten Ort wurde deshalb das Schwein des Bäckers geschlachtet. So hatten wir für die nächsten Tage Fleisch und Schmalz und brauchten den Schweinekarren nicht mehr mitzuziehen. Die Möglichkeit, ein Nachtquartier zu bekommen, war auch günstiger, wenn man etwas anzubieten hatte. Das Schlachten hatte uns aber einen Tag Zeit gekostet, und als wir am 30. April auf Umwegen Verchen am Kummerower See erreichten, stand dort Treck an Treck, es ging nicht mehr weiter. Um mit der Fähre übersetzen zu können, mußten wir warten, aber inzwischen holte uns die Rote Armee ein.

Es ist gar nicht zu beschreiben, was für ein Geschrei auf den Straßen, in den Wohnungen herrschte. Mein Vater versteckte mich auf einem Heuboden, holte mich nach kurzer Zeit aber wieder herunter, weil er meinte, es sei auch dort gefährlich. Und wirklich: Zehn Minuten später kletterten die Russen hinauf und stießen auf der Suche nach Frauen mit ihren Bajonetten in das Heu. Es waren die Truppen, die wochenlang im Morast an der Oder gelegen hatten, jetzt stürzten sie sich auf uns wie wilde Tiere und reagierten sich ab, viele waren betrunken. Ich habe unbeschreibliche Ängste ausgestanden und selbst auch Schreckliches erlebt. Meine Eltern konnten mich nicht schützen. Noch viele Jahre mußte ich immer wieder an die Erlebnisse dieser Wochen denken, konnte sie nicht loswerden. Schließlich habe ich die Notizen, die ich über unsere Flucht gemacht hatte, vernichtet. Ich wollte endlich vergessen...

Am Kummerower See entschlossen wir uns schnell zur Rückfahrt. Die Russen waren nun überall, und wir wollten nach Hause, wollten sehen, ob von unserem Haus noch etwas stand, ob wir etwas retten könnten. Wir hatten ja nichts verbrochen und deshalb auch keine Angst vor Vergeltungen. Mein Vater hatte die Kriegsgefangenen – russische, polnische, französische und jugoslawische –, die während der Kriegszeit auf dem Speicher arbeiten mußten, sehr gut behandelt. Anfangs, als es nur zwei Gefangene waren, hatte meine Mutter für sie mitgekocht. Das wurde ihr aber zuviel, als es mehr wurden, und der Pole Johann Hallas regte nun an, daß seine Frau nach Tantow kommen und für alle Kriegsgefangenen kochen könnte. Nach mehreren hartnäckigen Vorsprachen meines Vaters bei seinem Stettiner Vorgesetzten erteilte dieser endlich die Genehmigung, daß Maria Hallas nach Tantow kommen durfte. Johann freute sich unbändig über diese Nachricht. Mein Vater ließ nun den Keller des Dienstgebäudes ausbauen, Dielen und einen Herd setzen – teilweise machten das die ausländischen Arbeiter selbst. Und dann kam Maria, aber nicht allein, sondern mit zwei kleinen Kindern! Das hatte Johann vorher nicht gesagt, aber nun mußte mein Vater die Familienvergrößerung dem Stettiner Direktor melden. Da gab es ein Riesendonnerwetter, aber die Kinder konnten schließlich bleiben, und nun wohnten alle in dem ausgebauten Keller. Die Kinder waren kleiner als meine Geschwister und bekamen die Sachen, aus denen diese herausgewachsen waren; sie hatten wenig mitnehmen können. Frau Hallas wurde als Arbeitskraft auf dem Gemeindebüro angemeldet und bekam für sich und die Kinder Lebensmittelmarken und Punktkarten für Textilien. Als sie einmal für ihre Tochter ein Kleid kaufen wollte, gab es ihr die Verkäuferin nicht, weil sie Polin war. Maria sprach wenig und schlecht deutsch, aber meine Mutter verstand, nahm die Punktkarte und kaufte das Kleid für Wyslava.

Als wir nun vom Kummerower See nach Tantow zurückfuhren, verloren wir nach und nach immer mehr von unserer Habe. Die Pferde wurden ausgespannt, wir fingen dann neue, fremde und scheue ein. Und was wir Frauen und Mädchen immer wieder erdulden mußten, war grauenvoll. Meine Mutter gab den Schmuck, den sie noch hatte retten können, weg, damit man mich nicht vergewaltigen sollte, aber das war vergebliche Liebesmüh. Nachts schliefen wir auf unserer übriggebliebenen Habe auf dem Wagen, dicht an uns vorbei rasselten die russischen Panzer. Wir beteten laut, fanden im Vaterunser Kraft, den nächsten Tag zu überstehen. Mut hatten wir alle nicht mehr.

Am 2. Mai wurde mein Vater verhaftet. Die Russen vermuteten, er sei Pilot bei der deutschen Wehrmacht gewesen, weil er eine Lederkappe trug. Er trug sie gern beim Motorradfahren, weil man sie unterm Kinn gut verschließen konnte. Er wurde nun als »Pilot« Kriegsgefangener und mußte für eineinhalb Jahre nach Rußland.

Für uns wurde die Heimfahrt ohne Mann noch schwieriger. Die Pferde wurden uns wieder ausgespannt, wir fingen ein anderes ein, aber es war ein Einspännerpferd, das am Zweispännerwagen nicht laufen wollte. Manchmal übernachteten wir in einer Scheune, auf der blanken Erde, aber schlafen konnten wir nicht viel, und am nächsten Tag ging es weiter. Je näher wir Tantow kamen, desto schlimmer wurden die Spuren des Krieges. Ich sah die ersten toten Soldaten, eine Mutter mit einem toten Kind auf dem Arm – die Frau schrie, schrie, schrie! Es war die schrecklichste Zeit meines Lebens, und ich hoffe, daß meinen Kindern und den nachfolgenden Generationen so etwas erspart bleibt!

Am 6. Mai kamen wir wieder in unserer Heimat an, mit fast nichts. Natürlich hatte ich auch meine schöne Puppe hergegeben. Tantow war nicht wiederzuerkennen: Häuser waren ausgebrannt, an den anderen Gebäuden sah man tiefe Einschläge von Granaten, alle Fenster waren kaputt, die Türen standen offen, drinnen Schutt und Zerstörung. Die Straßen waren jetzt total zerfahren, tote Pferde lagen da mit aufgedunsenen Bäuchen. Und überall liefen Soldaten der Roten Armee umher.

Wir wußten nicht, wohin in dem kaputten Dorf. Wir waren immer noch die drei Familien, die zusammen geflohen waren, und besaßen nur noch das, was wir auf dem Körper trugen. Wir hatten weder eine Decke zum Zudecken noch einen Löffel zum Essen. Das Haus des Bäckers war ebenfalls ausgebrannt, so machten wir uns ein Quartier in der Backstube. Am schlimmsten waren auch hier die Nächte:

Die Rote Armee schickte immer noch Nachschub, der durch den Ort kam. Wir wurden oft belästigt, aber das ist viel zu milde ausgedrückt. »Uhri, Uhri!«! – »Frau komm!« hieß es oft. Trotzdem schickten wir die Kinder zu den Russen zum Betteln um Brot. Die Russen waren im Siegestaumel und sangen – wie furchtbar fanden wir ihre Sprache! Sie sangen so laut, es tat uns in den Ohren weh.

Auch in den Geschützstellungen und Schützengräben lagen Tote. Trotzdem suchten wir uns dort Decken für die Nacht und was sonst noch brauchbar war. Auf dem Hof des Bäckers stand eine Pumpe, wo wir uns frisches Wasser holen konnten. Wir wuschen Decken und Geschirr kalt und ließen alles an der Luft trocknen.

Vier Wochen lang waren wir wohl die einzigen Deutschen im Ort. Zu Pfingsten saßen wir alle gemeinsam auf dem Hof, die Sonnenstrahlen wärmten uns. Da kam ein russischer Offizier, sah sich die Menschen nacheinander an, ging dann auf meine Mutter zu und sagte in gutem Deutsch: »Wir brauchen hier einen Bürgermeister, ich glaube, Sie sind die richtige Person dafür!« Meine Mutter war schockiert und lehnte ab. Dieser Offizier hatte in unserem Häuschen in der Siedlung ein Fotoalbum von uns gefunden und nun meine Mutter auf dem Hof wiedererkannt. Meine Geschwister hatten ausgekundschaftet, daß unser Haus heil geblieben war, ein riesiger Bombentrichter gähnte hinter dem Haus. Aber wir durften nicht hin, die ganze Siedlung war abgesperrt, dort hatten die Russen die Kommandantur eingerichtet. Jetzt fragte meine Mutter den Offizier, ob wir etwas von den Sämereien, die in unserem Keller lagen, im Garten aussäen dürften, wir müßten ja vorsorgen und hätten dann wenigstens zum Winter etwas zu essen. Aber daraus wurde nichts.

Auf der Straße an der Verladerampe standen die Klaviere, die die Russen aus den Häusern geholt hatten, und sie veranstalteten Freudenkonzerte darauf, meist konnten sie nicht spielen und trommelten mit den Stiefeln auf den Tasten herum; dabei gingen natürlich viele Instrumente kaputt. Später wurden sie in Waggons verladen und zusammen mit Möbeln und anderen brauchbaren Sachen aus den Wohnungen, vor allem Standuhren, nach Rußland transportiert.

Ganz allmählich kamen mehr Deutsche zurück, und es begann wieder eine gewisse Ordnung im Dorf; auch die Vergewaltigungen ließen im Sommer nach. Es gab schließlich ein Gemeindebüro, einen Bürgermeister und einen Gemeindeboten, der besondere Nachrichten ausrief. An der Tafel beim Gemeindebüro wurden die Befehle der SMAD (Sowjetische Militäradministration) veröffentlicht. Alle arbeitsfähigen Menschen wurden jetzt für verschiedene Arbeiten eingeteilt – auf dem Feld, an der Gleisstrecke der Eisenbahn und an den Häusern der Kommandantur. Wir waren alle sehr verängstigt, hatten aber noch genug Kräfte, um überleben zu können.

Nach einigen Monaten wurde die Siedlung von den Russen geräumt, und wir durften wieder in unser Haus einziehen. Aber da kamen neue Ängste auf uns zu. Wir trennten uns nun von den anderen Familien, aber es war nicht einfach für eine Frau mit drei Kindern, allein in einem Haus zu wohnen. Zuerst mußten wir tagelang aufräumen und saubermachen. Alle unsere Schätze im Keller waren verdorben; wenn man die Kellertür öffnete, kam einem ein ganz ekelhafter Gestank entgegen. In unserem Haus hatte sich das Kasino der Offiziere befunden, und gleich oben auf der Kellertreppe lagen Knochen von Tieren und in Verwesung übergegangene Fleischreste. Was sie nicht brauchten, hatten die Russen die Kellertreppe hinuntergeworfen. Unser Rauchtisch mit den gedrechselten Beinen stand draußen, die Platte zerhackt, der Tisch war als Hackklotz für das Fleisch benutzt worden. Unten im Keller waren alle Weckgläser offen, der Inhalt lag auf der Erde. Die Ölbilder, die mein Vater gemalt hatte und die nun im Keller hingen, waren zerschnitten, unsere Federbetten aufgeschlitzt, die Bücher zerfetzt, begossen; kein brauchbares Stück Kleidung war mehr da, nur scheußlicher Gestank. Kurz, es war nichts mehr zu retten.

Mein Vater hatte an die weiß gekalkten Kellerwände mit Druckbuchstaben geschrieben: »Tue recht und scheue niemand! – Unrecht Gut gedeihet nicht! – Mene tekel ufasen!« Niemand hatte sich an diese Sprüche gehalten, vielleicht auch keiner sie gelesen oder verstanden. Trotzdem, ich fand die mahnenden Worte richtig, und sie blieben an der Kellerwand. Heute weiß ich, daß deutsche Soldaten, vor allem die von der SS, in Feindesland auch nicht auf Mahnungen reagiert, sondern sinnlos zerstört hatten.

In unserem Haus war kein Fenster heil, die Tür konnte man nicht verschließen. Alles wurde provisorisch und erfinderisch repariert. Zur Nacht stellten wir unter den Drücker der Haustür Hacken, davor einen Hauklotz, das war unsere Absicherung. Natürlich hatten wir nun auch Ungeziefer, Läuse und Flöhe, und an den Händen hatten wir Krätze. Gegen die Kopfläuse rieb uns unsere Mutter die Haare mit Petroleum ein, das wir fanden. Das hielt die Kopfhaut nicht aus, und wir bekamen Beulen auf dem Kopf. Wir haben alles mögliche gegessen und getrunken, um uns am Leben zu erhalten. Die Karowsche Mühle in Tantow war verbrannt, auch das Korn darin. Mein Bruder suchte zwischen den schwarzen Haufen nach Getreide, das nicht ganz verkohlt war. Davon kochten wir uns »Schrotsuppe«, nachdem wir das Korn in einer alten Kaffeemühle gemahlen hatten.

Allmählich füllte sich das Dorf; Einheimische kamen wieder, und viele Trecks lagerten in Tantow, weil sie hier über die Oder zurück in ihre Heimat wollten. Tantow lag unmittelbar an der Strecke nach Hinterpommern. Bei diesen Flüchtlingen brach zuerst Typhus aus. Die Menschen holten sich von der verkohlten Mühle die Holzkohle als Medizin, es sind aber doch viele gestorben.

Im Herbst gingen wir auf Pilzsuche, obgleich wir gar nicht alle Pilzarten kannten. Eine Nachbarin kontrollierte unsere Ernte und sagte: Das sind alles »Champelnons«, und wir kochten und aßen alles. Es interessierte uns auch nicht, ob ein giftiger Pilz dabei war, dann wären wir eben alle auf einmal tot gewesen.

Im November lagen in den Panzergräben immer noch tote Soldaten, deutsche und russische, und überall Munition und Bomben. Die deutschen Männer, die schon im Dorf waren, mußten die Toten bergen. Manchmal war nicht einmal mehr eine Erkennungsmarke zu finden. Die Soldaten wurden auf dem Tantower Friedhof beigesetzt. Die evangelische Frauenhilfe von Tantow pflegt noch heute die Soldatengräber. In dem Feld hinter unserem Haus waren zwei große Bombenkrater, dahinein warfen wir und unsere Nachbarn alles, was wir an Munition am Haus fanden.

Zu den vielen Menschen, die nach Hinterpommern in ihre Heimat wollten, gehörten auch zwei Tanten mit Mutter und Tochter aus Stolp und Pyritz. Es war selbstverständlich, daß wir sie aufnahmen.

Die vielen Menschen im Haus gaben uns auch mehr Sicherheit, und so waren wir nun acht Personen. Sonst kümmerten wir uns nicht viel um andere, jeder hatte mit sich selbst zu tun, für alle ging es nur ums Überleben.

Ich mußte überwiegend auf dem Feld arbeiten, machte aber oft schlapp, ich hatte ja nichts im Magen – wie die anderen auch –, außerdem die Beine voller offener Stellen. Es gab weder Verbandszeug noch ärztliche Hilfe, wir hatten nicht einmal Wäsche zum Wechseln. Die Wäsche wurde in klarem Wasser durchgespült, auf die Leine gehängt und wieder angezogen. Aber wir wurden erfinderisch: Auf dem Speicher lagen noch große Rollen mit Bindegarn für die Mähmaschinen; das war stabiles Kunstgarn, gedrehte Fäden, die außen von einer festen Schicht umgeben waren. Wir pellten die Außenschicht ab und strickten aus den inneren Fäden Hemdchen und Höschen, sogar Sandalen haben wir daraus gemacht! Zuerst wurden lange Zöpfe geflochten, die dann mit Sacknadeln, die wir ebenfalls auf dem Speicher fanden, als Sohlen zusammengenäht wurden, und das Blatt wurde in einem Stück gestrickt. So konnten wir uns wunderbar behelfen, denn unsere Schuhe waren ja vom täglichen Tragen unbrauchbar, die meiner Geschwister außerdem zu klein. Später strickten wir dann auch Pullover und Jacken aus Bindegarn. Natürlich war das Material ziemlich hart und ließ sich schwer verarbeiten, die Finger taten weh beim Stricken.

Die Krankheiten griffen um sich, viele Menschen starben. Elf Kilometer von uns entfernt behandelte ein Tierarzt die Kranken, die zu ihm kamen. So stellte die Gemeinde Tantow für die Menschen, die nicht laufen konnten, ein Fuhrwerk zur Verfügung. Auch ich fuhr mit und wurde mit Medikamenten für Großtiere behandelt. Aber meine offenen Stellen heilten nicht. Meine Geschwister holten aus den Wiesen Breitwegerichblätter, die säuberten und trockneten wir. Dann legte ich sie auf die Wunden, und sie zogen viel Eiter heraus. Aber es reichte alles nicht. Diese Krankheit wurde »Beulenpest« genannt und war wahrscheinlich die Folge von Mangelernährung.

Meine Geschwister strolchten oft übers Land. Als Elfjährige waren sie darauf geeicht, nach Lebensmitteln zu suchen. Einmal entdeckten sie Rübenschnitzel in einer Miete, ursprünglich als Viehfutter gedacht. Mit einer Karre holten wir sie, weichten sie ein und versuchten, aus dem Saft Sirup zu kochen. Es wurde natürlich nur dünne Soße, schmeckte aber süß und war für uns ein Hochgenuß. Es war nur wichtig, irgendwie den Magen zu füllen. Wir lebten von der Hand in den Mund, waren sehr glücklich, wenn wir auf dem Feld Rapsschößlinge fanden, aus denen dann eine köstliche »Kohlsuppe« gekocht wurde.

Im Sommer wurde das Wintergetreide, das noch auf einigen Feldern gewachsen war, gemäht, meine Mutter half beim Dreschen, und wir bekamen dafür ab und zu eine Zuteilung Getreide. Im Herbst war im Nachbarort schon ein Bäcker tätig, und nun konnte man gegen Getreide oder Mehl ein Brot kaufen. Das wurde zu Hause dann genau eingeteilt. Jeder paßte auf, daß sein Stück auch nicht kleiner war als das von Bruder oder Schwester. Es war schrecklich! Von den im Keller aufbewahrten Sämereien konnten wir fast nichts mehr verwenden. Die Möhrensaat ging nicht auf, lediglich aus den Kürbiskernen wuchsen zwei schöne Kürbisse heran und lagen weit sichtbar in unserem Garten. Aber wir hatten nun keinen Zaun mehr um unser Häuschen; der Polizist im Ort versprach, er würde auch die Kürbisse bewachen, wenn er einen davon bekäme. Zum Schluß war aber nur noch einer da, und wie wir ihn verwendet haben – ohne Zucker und ohne Essig –, das kann ich heute nicht mehr sagen. Im Mai hatten wir noch Kartoffeln gelegt, und wer dabei geholfen hatte, durfte im Herbst auch ernten und bekam ein paar Pfund. Wir konnten uns nun zwar eine Kartoffelsuppe kochen, aber sie schmeckte nicht, denn wir hatten kein Salz mehr. Auch sonst war nicht für Eßbares gesorgt, es gab keine Geschäfte, wir konnten nichts kaufen. In dieser Zeit kursierten viele Gerüchte, zum Beispiel: Stettin wird Freistaat, und wir gehören dann zum Umland. Ein anderes Mal kam die Parole auf, unser Gebiet solle polnisch werden. Wir hatten bis zum Herbst keine zuverlässigen Nachrichten von außen, bekamen auch keine Zeitungen und wußten nicht, was wir von alledem halten sollten.

Im November/Dezember 1945 ging – recht unregelmäßig, aber doch ab und zu – die Post, wir konnten schreiben, und es kamen Nachrichten ins Haus. Und so bekam ich von einer Klassenkameradin aus Grimmen ein Pfund Salz geschickt; wir waren ganz aus dem Häuschen vor Freude.

Petroleum für Lampen besaßen wir auch nicht mehr, also ließen wir abends die Ofentür offen, damit wir wenigstens etwas sehen konnten. Für den Winter holten wir uns Holz, das wir zersägten, aber auch Streichhölzer gab es nicht. Überall lagen immer noch Kriegs-Reste herum: Granaten, Bomben. Zuerst konnte man die Felder gar nicht pflügen, deshalb wurden als Suchkommandos deutsche Kriegsgefangene eingesetzt oder zurückgekehrte Männer. Mein elfjähriger Bruder untersuchte die Munition natürlich und brachte uns von den Handgranaten Zünder mit. Damit konnten wir dann Feuer machen. Im Herbst bekamen wir sogar wieder Strom, die Kommandantur hatte dafür gesorgt, daß die Masten und Leitungen der Überlandzentrale repariert wurden. Aber wer hatte noch eine heile Glühbirne in der Lampe?

In Richtung Osten fuhr die Eisenbahn wieder, die beschlagnahmten Sachen mußten ja nach Rußland gebracht werden. Mein Bruder schlich mit anderen Jungen oft auf dem Bahnhofsgelände umher. In einem Waggon entdeckten sie Melasse, Viehfutter. Sie bohrten den Behälter an, und wir holten uns einen Eimer voll von der klebrigen Masse. Dann fingen wir an, aus den Waggons Briketts zu klauen; das ging den ganzen Winter über, wir konnten es immer besser. Wir hatten einen enormen Selbsterhaltungstrieb entwickelt, aber aus Angst vor Kontrollen brachten wir immer nur kleine Mengen nach Hause. Leider waren wir auch alle sehr krank, gleichzeitig und abwechselnd hatten wir schlimm die Ruhr.

Nachts ging von uns natürlich keiner auf die Toilette nach draußen, das war viel zu gefährlich. In dieser Zeit lungerten viele Menschen herum, das Stehlen war an der Tagesordnung. Unsere Haustür wurde immer noch von innen verbarrikadiert; davor stand ein alter, verbeulter Eimer, den wir nachts benutzten und morgens zunächst vor die Tür stellten. Als meine Tante eines Morgens den Eimer von dort zur Toilette bringen wollte, war er weg – gestohlen. Es brauchte offenbar jemand einen Eimer, so waren die Zustände.

Für die vielen Aufräumungsarbeiten im Ort wurden auch deutsche Kriegsgefangene unter russischer Bewachung eingesetzt. »Woina Pleny« stand auf ihren Jacken. Sie fällten beschädigte Bäume, schälten die Rinde ab, und wir konnten uns diese zum Heizen holen. Aber dabei durften wir kein Wort mit den deutschen Soldaten sprechen. Einer von ihnen hatte aber einen Bleistift, und damit schrieb er die Adresse seiner Familie auf einen Rindenrest, den wir schweigend mit einsammelten. Meine Mutter schrieb an die Frau eine Karte, daß ihr Mann lebe, aber in Gefangenschaft sei. So hatten auch wir immer gehofft, ein Zeichen von meinem Vater zu bekommen, wir hatten ihn stets in unsere Gebete eingeschlossen. Wir hatten verabredet, daß er sich bei Verwandten in Berlin melden solle, und so war meine Mutter die erste, die nach Berlin fuhr, wohl im September 1945. Man fuhr ohne Fahrkarte, und es ging immer nur einige Stationen weit. Voll Freude entdeckte meine Mutter, daß in Pankow das Haus unserer Verwandten noch stand, Onkel und Tante in einer fast komplett erhaltenen Wohnung lebten. Nur wenige Wertsachen waren gestohlen, der Radioapparat beschlagnahmt worden. Wir hatten die Verwandten im Krieg kräftig unterstützt, aber jetzt hatten sie für uns nichts übrig, keine Bluse, kein Hemd. Da auch keine Nachricht von meinem Vater da war, kam meine Mutter sehr enttäuscht wieder nach Hause.

Ende Oktober 1945 war beim Gemeindeamt ein Aushang angeschlagen: Es wurden Lehrer gesucht. Wer sich zu dieser Aufgabe befähigt fühle, solle sich melden. Nach vielem Überlegen bewarb sich meine Mutter, obwohl man jünger als 40 Jahre sein sollte. Der Bürgermeister kam zu uns, ging auf mich zu und wollte mit mir Einzelheiten besprechen. Meine Mutter hatte erklärt: »Wir machen das beide!« Ich sollte mich ebenfalls melden, aber ich hatte Hemmungen, mochte nicht vor einer Klasse stehen. Das schlimmste aber war, daß man Russisch lernen mußte, um es dann zu unterrichten, und das konnte ich nun nicht. Ich hatte eine innere Sperre, Haß auf die Russen und konnte nicht über meinen Schatten springen. Obgleich meine Mutter fast 45 Jahre alt war, wurde sie vorgeschlagen; es hatte sich auch niemand sonst gemeldet.

Im Dezember 1945 ging meine Mutter nach Löcknitz zur Ausbildung. Die Unterbringung war primitiv, jeder füllte sich einen Strohsack, und waschen mußte man sich draußen an der Pumpe, mitten im Winter. Aber als sie zu Weihnachten nach Hause kam, erzählte sie Wunderdinge: In dem Ort waren die Verhältnisse fast normal! Da gab es Lebensmittelkarten, jeder bekam Brot, wenn auch wenig, und ab und zu eine Tasse Milch aus Trockenpulver. Was für ein

Unterschied zu unserem Leben in Tantow! Wir wußten nicht, warum wir so benachteiligt waren, erst später erkannten wir, daß man in der Sowjetischen Zone nicht wußte, wozu Tantow gehörte, wo genau die Grenze zu Polen gezogen war. So wurden wir und andere in der Nähe liegende Orte regelrecht vergessen.

Die SMAD-Befehle waren am Gemeindebüro in russischer Sprache angeschlagen. Wichtige Mitteilungen für die Bevölkerung wurden »ausgeklingelt«, der Gemeindebote ging mit der Klingel durch den Ort und holte die Menschen auf einen Platz. Im Januar oder Februar 1946 wurde ausgeläutet, die Bevölkerung solle sich im Konsum-Laden einfinden, es gebe die erste Butterzuteilung: 16 Gramm pro Person. Für uns acht Personen wurden von einem großen Butterklumpen 128 g abgeschnitten. Das war nun für uns ein unvergleichliches Ereignis. Zuerst rochen wir an der Butter, ehe wir dann beschlossen, diese 128 Gramm genau in acht Teile zu schneiden, und jeder sollte mit seinem Teil machen können, was er wollte – ihn auf einmal in den Mund schieben, auf zwei Scheiben Brot kratzen oder eine halbe Stulle richtig damit bestreichen. Jedenfalls war es eine einmalige Köstlichkeit, die jeder nun auf seine Weise genoß.

Der Zug nach Berlin wurde auch benutzt zum Zwiebeln- und Möhrenstoppeln. In Schönermark vor Angermünde waren viele Gemüsefelder noch im März 1945 bestellt worden. Und bis hier hingen die Menschen wie Trauben außen am Zug. Natürlich sind wir auch stoppeln gefahren, vor allem meine Mutter und meine Geschwister. Mir machten meine offenen Füße und Beine zu schaffen, aber ich konnte die Zeit ja nicht vertun. In Tantow wurde eine Getreideannahmestelle aufgemacht, sie hieß jetzt »Raiffeisen-Verein«. Dorthin ging meine Mutter mit mir, und ich wurde im November 1945 als kaufmännischer Lehrling eingestellt. Verschiedene Geschäftsführer hatten sich dort schon als Leiter versucht, aber sie kamen und gingen, das hing mit der Entnazifizierungs- und Säuberungsaktion zusammen.

Obgleich ich dort von niemandem angeleitet wurde, fühlte ich mich gleich gebraucht. Ich habe begeistert gearbeitet, als ich sah: Wir können etwas schaffen, es geht vorwärts! Im Büro waren mehrere ungelernte Arbeitskräfte, auch Jugendliche, und wir hielten toll zusammen. Aber ständig besuchten uns Russen, um zu kontrollieren, und durch Sprachschwierigkeiten kam es zu Mißverständnissen. Das Getreide war lose gelagert und mußte ständig bewegt werden, es wurde von einer Stelle zur anderen geschippt, damit Luft darunter kam und es nicht schimmelte. Dabei verlor es an Feuchtigkeit und wurde leichter. Über Nacht wurden nun von den Russen Verwiegungsaktionen gestartet, der Bestand überprüft, und wenn das alte Gewicht nicht mehr stimmte, wurde der Leiter der Annahmestelle für eine Weile eingesperrt. So gab es ständig neue Aufregungen. Während dieser »Lehrzeit« habe ich nie eine Berufsschule besucht, es gab auch keine. In den ersten Jahren wechselte das Personal häufig, so war ich wohl die Jüngste im Büro, aber bald die Dienstälteste, wußte gut Bescheid und arbeitete sehr viel.

Meine Beine waren auch im nächsten Frühjahr noch entzündet und bis zu den Knien umwickelt. Wir konnten die Verbände immer nur auskochen, hatten kein Waschpulver und keine Seife. Im März 1946 fuhr ich nach Berlin zur Charité. Der Zug endete in Angermünde, und per Lastwagen ging es weiter nach Berlin. Da die Wagen nicht planmäßig fuhren, übernachtete ich zwei- oder dreimal bei einer Klassenkameradin, die hier bei Verwandten wohnte und weiter zur Schule ging.

In der Charité wollten Menschenmassen behandelt werden, aber nach langer Wartezeit kam auch ich an die Reihe. Meine Wunden wurden mit Wasserstoff ausgewaschen, das wilde Fleisch wurde abgebeizt. Das war schmerzhaft, aber ich hatte Hoffnung auf Heilung. In gewissen Abständen mußte ich wieder zur Behandlung kommen, und die kleineren Löcher heilten langsam zu. Das war wie ein Geschenk für mich. Häufig war ich schon mit einem Stock gegangen, auch weil ich sehr schwach war. Allmählich bildete sich Haut über den nun sauberen Wunden, die Beine sahen zwar noch dunkelblau aus, aber ich konnte jetzt ohne Stock versuchen zu gehen. Ich hatte das Schlimmste überstanden.

Erst ganz allmählich normalisierte sich das Leben bei uns. Im April 1946 bekamen wir die ersten Lebensmittelkarten, und es gab darauf auch etwas zu kaufen. Dann meldete sich mein Vater, er war in Chernikow in der Ukraine, und wir konnten nun antworten. Im August 1946 wurde er entlassen, kam bei uns an, und ich erkannte ihn nicht! Er sah aus wie ein ganz alter, müder Mensch, mit einem Bart, eingefallenem Gesicht und glanzlosen Augen. Um die Füße hatte er Fußlappen, aber das war ja normal in dieser Zeit. Er war unbeschreiblich elend, aber die Freude war für uns alle groß.

Mein Vater war in ein Arbeitslager für »Wiedergutmachung« gekommen, er mußte für andere etwas gutmachen, für Kriegsverbrechen büßen, die er nicht begangen hatte. Arbeiten, hart und schwer, konnte er schon immer, aber in der Ukraine haben ihn die Kräfte oft verlassen, es gab vielfach nur Wassersuppe, und er wurde krank. Er sagte, der dicke Schal, den ich ihm einmal aus Schafwolle gestrickt hatte, hätte ihm das Leben gerettet; er benutzte ihn als Nierenbinde, Kopfschutz, Bauchbinde und zum Füßewärmen. Sein selbstgeschnitzter Eßnapf bekam nun einen Ehrenplatz im Wohnzimmer, und meine Mutter mußte stets am 13. August darin eine Suppe servieren – zur Erinnerung an die schwere Zeit des Hungers und der Gefangenschaft.

Meine Mutter war nun schon eingesetzt als Lehramtsanwärterin und unterrichtete Kinder in der Unterstufe. Aber ihre erste Arbeit war, gemeinsam mit dem Bürgermeister einen Schulraum einzurichten. Die Fenster mußten vernagelt werden, Bänke wurden zusammengesucht, eine Tafel aus dem Nachbarort geholt, und die Schüler mußten Holz sammeln und hacken, damit der Ofen im Klassenzimmer geheizt werden konnte. Die meisten Kinder hatten ein Jahr Unterricht versäumt. Nun gab es auch noch keine Schulbücher und Hefte, meine Mutter mußte improvisieren.

An den Grundschulen wurde geworben für den Besuch der Oberschule, die Lehrer sollten befähigte Schüler vorschlagen. Auch meine Geschwister wurden vorgeschlagen und für den Besuch der Oberschule in Boock bei Löcknitz angemeldet, 40 Kilometer von Tantow entfernt. Für die Internatsunterkunft mußte jedes Kind ein Federbett mitbringen, außerdem wurde ein Zentner Weizen für die Verpflegung verlangt. Mein Bruder hatte sich aus verschiedenen Teilen ein Fahrrad zusammengebaut, und es ließ sich sogar bewegen, wenn auch sehr schwer. Es gab ja keine Reifen, und so war die Bereifung aus Vollgummi geschnitten. Man kam aber damit besser vorwärts als zu Fuß, und die Zwillinge teilten sich nun das Rad, wenn sie zum Wochenende nach Hause kamen, jeder fuhr ein Stück, und jeder lief ein Stück. Aber meine Eltern konnten die Belastung für beide nicht tragen, und wir hatten auch das geforderte Getreide nicht. Der Junge sollte auf jeden Fall etwas lernen, so kam meine Schwester wieder zurück und besuchte die Tantower Schule, aber nur an manchen Tagen, an anderen half sie, die Familie zu ernähren. Meistens ging sie zu bekannten Bauern, half auf dem Feld oder beim Dreschen – für einen Liter Milch oder ein paar Eier, denn wir hatten ja immer noch alle viel Hunger.

Im Frühjahr und Sommer 1946 fand in Tantow die Bodenreform statt, Großgrundbesitzer und Bauern mit mehr als 100 Hektar Land wurden enteignet. Das Dorf hatte um diese Zeit mehr Einwohner als während des Krieges: Aus Malente in Holstein waren Arbeiter vom Gut zurückgekommen, und die Leute von den Trecks aus Hinterpommern saßen immer noch bei uns fest und hofften, in ihre Heimat zurückzukehren. Von der Kommission der Bodenreform wurden Landstücke bis zu zehn Hektar abgegeben an alle, die Interesse hatten. Das waren nun erfahrene Bauern, Landarbeiter und auch Menschen, die wenig Ahnung von der Landwirtschaft hatten, aber hier eine Existenzmöglichkeit sahen. Es war genug Land vorhanden, man gab auch an Privatleute kleinere Flächen ab, und so haben wir uns um den Streifen hinter unserem Haus beworben. Wir bearbeiteten das Land ohne Pferd und Pflug, nur mit eigener Körperkraft und primitiven Hilfsmitteln. Zuerst waren Kartoffeln wichtig, und wir bekamen sogar Saatgut, ich weiß nicht mehr, woher. Später pflanzte mein Vater etwa 100 wilde Obstbäume, die er veredelte, sowie Stachel- und Johannisbeerbüsche an die Grenze zu unseren Nachbarn.

Es war immer noch viel Land übrig, und so kamen Leute von außerhalb und siedelten. Zwei Jahre später wurde die Aktion »Industriearbeiter aufs Land« gestartet. Die Fabriken waren ja zum großen Teil als Reparationen abgebaut worden, und die Arbeiter hatten keine Arbeit mehr. Teilweise wurden sie umgesiedelt, und bei Tantow entstand ein neues Dorf mit Arbeitern aus Rochlitz in Sachsen, »Neu-Rochlitz«. Am 7. Oktober 1949, dem »Tag der Republik«, standen schon die ersten primitiven Baracken oder Holzhäuser. So wurden aus Industriearbeitern Landwirte. Nicht alle haben es gleich gepackt, aber wichtig war, daß sie sich ernähren konnten.

Nachdem mein Vater zu uns zurückgekehrt war, änderte sich einiges in der Familie. Die Tanten hatten Verbindungen zu ihren Töchtern gefunden, zogen bei uns aus und suchten sich eine neue Heimat. Mein Vater übernahm Arbeiten für die Gemeinde. Er wollte und mußte ja auch arbeiten, denn nur die Werktätigen bekamen Lebensmittelkarten. Im Speicher mußte er mit seinen Fußlappen an den Beinen losen Dünger entladen; das war hart, die Füße wurden richtig zerfressen von dem Salpeter. Aber er wollte nun wieder für die Familie sorgen, meine Mutter sollte aufhören zu arbeiten. Er bekam schließlich eine feste Anstellung bei der Gemeinde und wurde eingesetzt als »Allroundman«, dort, wo die Felder wegen der unklaren Grenzziehung vier Jahre lang brachgelegen hatten. Man wußte jetzt, daß in unserer Gegend die Grenze entlang der Oder verlief.

Auf diesem »Restacker Staffelde« waren auch die Gebäude zerstört, und mein Vater begann mit der Aufbauarbeit. Überstunden waren in dieser schweren Zeit ja sowieso an der Tagesordnung, mein Vater blieb oft über Nacht fort, und Geschichten mit Frauen fingen an. Damit begann die Zerrüttung der Familie; einige Jahre später reichte meine Mutter die Scheidung ein.

Meine Arbeitsstelle hieß jetzt VEAB (Volkseigene Erfassungs- und Aufkaufbetriebe), und obgleich mehr Leute eingestellt wurden, hatten wir enorm viel zu tun mit der Berechnung der Soll- und Ist-Abgaben für über 1000 Einzelerzeuger aus zwölf Gemeinden. Während der Sommermonate wurde die Arbeit nur abends durch die Stromsperren unterbrochen; dann liefen wir schnell zum Abendessen nach Hause. In dieser Zeit wurde auch mein jetziger Mann eingestellt. Er war 1947 aus einem Internierungslager in Dänemark zu seiner Familie gekommen, die in Tantow Zuflucht gesucht hatte. Er war Versicherungskaufmann, konnte sehr schnell und korrekt arbeiten. 1949 wurde er für eine Weiterbildung geworben und sollte in der MAS (Maschinenausleihstation) eine Funktion übernehmen. Fortbilden wollte er sich wohl, aber nicht zu einem anderen Betrieb wechseln. Wir hatten uns gern, gingen oft zusammen tanzen, aber als er mich, bevor er zum Lehrgang gehen sollte, fragte, ob ich seine Frau werden wolle, mußte ich erst mal die Luft anhalten und um Bedenkzeit bitten. Wir vertrauten einander, hatten uns auch gedrückt und geküßt, aber ich mußte mir erst selbst die Frage beantworten, ob das alles für ein gemeinsames Leben reichte. Ich sagte schließlich »ja«! Meine Eltern stimmten der Verbindung zu, sie kannten meinen Mann schon, und er kam aus einer guten Familie. Für uns begann eine schöne Zeit, langsam wuchs eine Liebe.

Meine Eltern drängten darauf, ich solle meine Lehre beenden. Durch die Wechsel in der Leitung des Betriebes wußte niemand, daß ich kein Facharbeiter war. Ich machte ja auch keine Lehrlingsarbeiten, war auf allen Gebieten vollkommen selbständig, hatte eine Vollmacht für die Bank – aber nie eine theoretische Ausbildung gehabt. Nun übte ein Kollege mit mir Buchungssätze, mein Mann erklärte mir die Bilanz, und im März 1949 bestand ich meine Prüfung an der Industrie- und Handelskammer in Greifswald, vor allem dank meiner Erfahrungen aus der Praxis. Als Belohnung spendierte ich mir ein Schweineohr aus dem HO-Geschäft. Natürlich waren die 3,50 Mark dafür viel Geld für mich. Unsere Gehälter waren ja sehr gering, ich hatte als Lehrling im ersten Halbjahr 20 Mark brutto und im letzten 60 Mark netto im Monat, und das Geld gab ich selbstverständlich zu Hause ab, wo es noch an allen Ecken und Enden fehlte. Ich selbst brauchte ja auch kaum welches, es gab wenig zu kaufen. Ein HO-Geschäft, in dem man ohne Marken einkaufen konnte, hatte bei uns noch nicht eröffnet.

Siedler, die über ihr Soll hinaus »freie Spitzen« ablieferten, bekamen erhöhte Preise, einen Bezugsschein für Textilien oder ähnliches. Einmal war ich mutig und sprach einen Bauern an, ob er mir das Getreide verkaufen wolle, ich wollte es auf meinen Namen abliefern. Der Bauer war einverstanden, ich zahlte ihm den hohen Preis, die Ablieferung lief auf meinen Namen, und ich kam auf diese Weise zu einem Paar Lederschuhe. Das war 1948 für mich wie ein Gewinn im Lotto. Es waren zwar Herrenschuhe, schwarze, aber das war egal, ich war stolz und glücklich! Mit diesen Schuhen bin ich auch tanzen gegangen. Leider konnte ich nicht richtig tanzen, aber mein Mann brachte mir auch das bei. Es war eine regelrechte Tanzwut ausgebrochen, denn während des Krieges war ja das Tanzen untersagt. Nun wurde alles nachgeholt.

In dieser Zeit bekamen die Straßen wieder ordentliches Pflaster, und ganz allmählich begann ein normales Leben.

Im Betrieb mußten wir weiter sehr viel arbeiten, in der Saison auch am Wochenende, und wir konnten nicht immer tanzen gehen. Oft ging die Arbeit die Nächte durch. Von den Landwirten wurden uns öfter Zigaretten angeboten, wir rauchten alle, wollten damit auch Hungergefühle überdecken. Aber mein Magen vertrug das Rauchen nicht, ich bekam eine Gastritis und mußte sogar ins Krankenhaus. Natürlich besuchte mich mein Mann, mit dem ich nun »heimlich verlobt« war. Und dort habe ich ihm nun viel aus meinem Leben erzählt, von der Flucht und auch von den Vergewaltigungen. Das wirkte alles lange in mir nach, und ich hatte deshalb auch nicht heiraten wollen. Ich konnte mir nicht vorstellen, daß man mit einem Mann sein Leben teilen kann. Mein Mann verstand nun, weshalb ich mir die Bedenkzeit ausgebeten hatte. In ihm hatte ich einen Menschen gefunden, der Verständnis hatte, der den Partner achtete, und das war ausschlaggebend für mich. Weihnachten 1949 haben wir uns offiziell verlobt. Mein Mann hatte seiner Mutter einen dicken goldenen Ring abgebettelt, und so hatten wir sogar Verlobungsringe, extra angefertigt, das war zu der Zeit etwas ganz Besonderes. Pfingsten 1951 wollten wir heiraten.

Meine Mutter hatte inzwischen wieder zu arbeiten angefangen, sie sparte ein Jahr lang eisern, um ihrer großen Tochter eine schöne Hochzeit ausrichten zu können; die letzte größere Familienfeier hatte zu meiner Konfirmation, Ostern 1944, stattgefunden. In Berlin gab es bereits schöne Stoffe zu kaufen, und so fuhr meine Schwester hin und kaufte ein. Ich bekam sogar ein Kleid aus Spitze und einen längeren Schleier. Zum Polterabend war das halbe Dorf zu uns unterwegs.

(Juttas Mann Arnim findet Arbeit in Angermünde und bekommt dort ein möbliertes Zimmer; M. L.)

Am Sonntag abend fuhr er mit einem Koffer voller Briketts und Holz nach Angermünde. Sein schweres Gepäck war verdächtig, er wurde kontrolliert, weil man Buntmetall im Koffer vermutete. In dieser Zeit blühte der schwarze Markt, Händler kamen von überall, es wurde unheimlich viel getauscht. Die Bauern konnten sich Wäsche, Kleidung, sogar Teppiche eintauschen. Wir hatten nichts zu tauschen, aber wir wurden jetzt satt, und darüber waren wir froh. Ich wurde nach Angermünde versetzt und fuhr die erste Zeit täglich die 40 Kilometer hin und zurück mit der Eisenbahn, bis mein Mann die Zuweisung für sein möbliertes Zimmer bekam. Nun wohnten wir dort beide. Mittags gingen wir essen, am Wochenende fuhren wir, mit der schmutzigen Wäsche im Gepäck, nach Tantow, denn wir hatten keine Kochgelegenheit und keine Möglichkeit, unsere Wäsche zu waschen. Wieder machten wir viele Überstunden, aber mein Mann machte seine Überstunden, wenn ich zu Hause war und umgekehrt. Wir schrieben uns gegenseitig Zettel, wer einkaufen sollte und was. Diesem Zustand bereitete ich ein Ende, indem ich Anfang 1952 in der Verwaltung der HO anfing.

Wir wollten gerne nach Ostberlin, bekamen aber nicht die Zuzugsgenehmigung, weil wir keine Wohnung hatten. Meine Tante in Westberlin wollte uns helfen und vermittelte meinem Mann eine Stelle als Vertreter in Bayern. Aber mein Mann hatte wenig Lust dazu, und auch mir fehlte der Mut, so weit von zu Hause fortzugehen. Für mich war das Zusammengehörigkeitsgefühl, der Halt in der nahen Familie, sehr wichtig; und ich mochte nicht in die Fremde gehen, wo ich keinen Rat mehr bekam, wenn ich in Not war. Also blieben wir in Angermünde, und an den Sonntagen fuhren wir häufig nach Berlin, wohin die Züge nun wieder nur eine Stunde brauchten. Oft besorgte uns mein Onkel Theaterkarten, und wir gingen nun in Berlin ins Theater, ich besonders gern in die Oper.

Im nächsten Jahr bekamen wir ein größeres Zimmer mit Küchenbenutzung. 1954 wurde unser erster Sohn geboren, und ich gab nach dem Wochenurlaub meine Arbeitsstelle auf. Aber ideal war es nicht mit dem Baby in nur einem Raum, wir mußten uns abends ganz still verhalten, der Kleine hatte einen leisen Schlaf.

Meine Eltern ließen sich 1956 scheiden, und 1957 ging meine Schwester in den Westen, das war eine schwere Zeit für uns alle.

(Juttas Familie findet eine kleine Zweizimmerwohnung mit einem Waschbecken in der Küche, der Toilette auf dem Hof. Der älteste Sohn kommt in den evangelischen Kindergarten, und Jutta arbeitet wieder. Ein zweiter Junge wird geboren, und durch eine Wohnungsgenossenschaft bekommt die Familie schließlich Ostern 1964 eine Neubauwohnung; M. L.)

Endlich hatten wir ein Bad! In der alten Wohnung mußte ich Wasser in großen Kesseln auf dem Gasherd heiß machen, und gebadet wurde in der Küche in einer Wanne auf der Erde; jetzt brauchte ich nur den Badeofen anzuheizen, es war einfach wunderbar! Im Sommer konnten wir auf dem Balkon frühstücken, und die Jungen hatten ihr eigenes kleines Zimmer. In dieser Wohnung sind wir geblieben, obgleich sie, als die Jungen größer wurden, auch wieder zu klein war.

Mit unserem Bekanntenkreis hatten wir ein wenig Pech. Ich hatte eine sehr nette Kollegin, aber sie ging kurz vor dem Mauerbau nach Westberlin zu ihrer Mutter. Wir kannten ihre Absicht, durften aber mit niemandem darüber sprechen, sonst hätten wir sie verraten und uns mitschuldig gemacht.

Zurück blieb die 73jährige Großmutter, die wir nun trösten mußten, die vieles nicht verstand. Unsere Bekannte bat uns, uns öfter mal um die Oma zu kümmern. Nun sorgten wir dafür, daß sie wochentags eine warme Mahlzeit aus dem Altersheim bekam, erledigten die Einkäufe, putzten Fenster, wuschen Gardinen, an den Wochenenden brachten unsere Jungen ihr das Mittagessen von uns. Natürlich war sie unglücklich, von ihrer Familie allein gelassen zu sein, so habe ich ihr zum Geburtstag Kuchen gebacken, sie zu uns eingeladen, sie zum Friedhof begleitet und ihre Gräber gepflegt. Die Kinder schrieben aus dem Westen und schickten Päckchen. Schlimm war es für die alte Frau, als wir umzogen, nun war die Entfernung größer. 1971 starb sie. Ich mußte für die Beerdigung sorgen und den Haushalt auflösen. Kurz zuvor war ich operiert worden, und so war das für mich eine große Anstrengung. Keiner von den Verwandten aus dem Westen konnte kommen. Noch heute pflegen wir das Grab von Oma L.

Auch zu einem Kollegen meines Mannes und dessen Frau hatten wir freundschaftlichen Kontakt, mit diesem Ehepaar konnten wir über alles sprechen, was uns beschäftigte. Leider starb der Mann, und wir waren dann mit neuen Freundschaften sehr vorsichtig; man hatte von Stasi gehört und wußte nicht, wem man trauen konnte. Wir wagten nicht mehr, einen Bekanntenkreis aufzubauen. Langeweile an den Wochenenden hatten wir aber trotzdem nicht: Die Geschwister meines Mannes wohnten in unserer Nähe, meine Mutter zog nach ihrer Pensionierung nach Angermünde, und in Tantow wohnte noch meine Schwiegermutter.

Nach der Geburt meines zweiten Sohnes hatte ich dreieinhalb Jahre pausiert und kam nun auf Umwegen zum VEB (Volkseigener Betrieb) Tierzuchthandel. Ich hatte viel Kontakt zu Vorsitzenden der Landwirtschaftlichen Produktionsgenossenschaften, Viehzuchtbrigadieren und merkte, was für gut ausgebildete Menschen in der Landwirtschaft tätig waren. Ich arbeitete sechs Stunden täglich, meine Mutter kümmerte sich um die Hausaufgaben unserer Jungen. Ich mußte nun öfter nach Frankfurt/Oder zur Anleitung fahren. Sie begann mit einer Zeitungsschau oder einer kurzen politischen Schulung.

Bei den ersten Schulungen dieser Art, noch in Tantow, hatte ich oft »auf Durchgang« geschaltet; damals sollten wir schon informiert werden über Kolchosen, über die Kollektivierung und den Kommunismus. Aber in den Anfängen ging es bei uns in der Landwirtschaft immer auf und ab. Zum Beispiel hatten die großen Güter nicht genügend Ställe, und so wurden nach dem sowjetischen Kolchosmodell Rinderoffenställe eingerichtet. Das Vieh blieb auch bei Kälte lange auf der Weide, und es war grausam anzusehen, wie viele Tiere dabei verendet sind. Unsere Viehrassen waren nicht für den durchgängigen Weidebetrieb geeignet. Es dauerte lange, bis man das einsah. Die Landwirtschaft sollte mit Gewalt industrialisiert werden, als die Voraussetzungen noch gar nicht gegeben waren.

Aber die Entwicklung blieb nicht stehen, die Betriebe wurden spezialisiert, die Menschen qualifiziert. Inzwischen hatte sich also viel auf dem landwirtschaftlichen Sektor getan. Als alles einigermaßen lief, hatten die Bauern auch einen geregelten Arbeitstag, hatten mehr Zeit für sich und bekamen sogar Urlaub. Fast alle fütterten privat Schweine oder Mastrinder und erhielten bei der Ablieferung eine Menge Geld, denn der Staat zahlte hohe Aufkaufprämien. Außerdem hatte jeder einen Hof voll Geflügel und im Stall Kaninchen. Ich glaube, die Landbevölkerung war im großen und ganzen zufrieden. Überhaupt ging es wirtschaftlich langsam aufwärts. Wir hatten ja lange schwer an den Reparationen zu tragen gehabt, die wir an die Sowjetunion leisten mußten, noch jahrelang aus der laufenden Pro-

duktion, die nach Zerstörung und Demontage der Fabriken sehr mühsam wieder in Gang gebracht wurde.
(Offiziell gezahlte Reparationsleistungen der Sowjetischen Besatzungszone und der DDR bis 31.12.1953: Ca. 66 Mrd. Mark. Die drei Westzonen zahlten – bis 1947 – nach deutscher Rechnung insgesamt ca. 5 Mrd. Mark; ab 1948 griff für Westdeutschland der Marshallplan; Anm. M. L.)

Mein Mann beteiligte sich an vielen Qualifizierungsmaßnahmen, er wurde Abteilungsleiter und begann ein vierjähriges Fernstudium. Das war belastend für die ganze Familie, denn zum Durcharbeiten der Lehrbriefe brauchte er seine Ruhe, und so bin ich dann oft am Sonntag mit meinen Kindern per Rad in unsere schöne Umgebung gefahren.
Wir machten schöne Reisen, wenn wir durch den Gewerkschaftsbund einen Platz bekamen. Aber im Frühjahr 1961 freute ich mich auf eine ganz besondere Reise: Meine Schwester heiratete am Rhein. Zu der Zeit habe ich in keinem Betrieb gearbeitet und war deshalb überzeugt, ich würde eine Reisegenehmigung bekommen. Ich wollte meinen jüngsten Sohn mitnehmen, aber ich hatte mich wohl zu sehr gefreut. Mein Bruder durfte mit Frau und Kind zur Hochzeit fahren, ich mußte zu Hause bleiben – die Bestimmungen wurden in den einzelnen Kreisen und Bezirken ganz unterschiedlich ausgelegt. Ich war todtraurig. Am Hochzeitstag ging ich mit meinem kleinen Sohn spazieren, und mir liefen die Tränen übers Gesicht. Ich fühlte mich allein, ausgeschlossen von der Familienfeier. Auch in den folgenden Jahren durfte ich nicht ins »westliche Ausland« reisen, die Bestimmungen wurden immer schärfer.
Ein Schock war für uns der Mauerbau 1961. Es waren einfach zu viele Menschen fortgegangen, befähigte Menschen aus allen Berufszweigen und auch sehr viele Leute aus der Landwirtschaft; dort hing es mit der beginnenden Kollektivierung zusammen. Nach dem Mauerbau gab es wieder einen »neuen Kurs«, vieles wurde verbessert, aber den Lebensstandard der Menschen im Westen erreichten wir nicht mehr.
Im nächsten Jahr bekam mein Mann, der Mitglied der SED war, einen Parteiauftrag: Er sollte in einem Dorf unweit von Anger-

münde Bürgermeister werden. Das gefiel weder ihm noch mir, wir wollten nicht aufs Dorf ziehen; außerdem hatten wir gerade Aussicht auf die Neubauwohnung. Wir hatten schlaflose Nächte, und mir ging immer die Frage durch den Kopf: Hätten wir auch westwärts gehen müssen, solange die Grenze noch offen war? Aber wie hätten wir mit zwei kleinen Kindern in ein Auffanglager gehen sollen? Ich machte meinem Mann den Vorschlag, er solle aufhören zu arbeiten, ich wollte dann für uns das Geld verdienen. Mein Mann hat schließlich angegeben, die Familie ginge nicht mit, wenn man ihn zwinge, den angebotenen Posten zu übernehmen. Denn gerade das wollte man: Es sollte eine intakte vollständige Familie aufs Dorf ziehen. So konnte mein Mann in seinem Betrieb bleiben.

Wir waren oft im Zwiespalt: Wir wollten einerseits gerne in unserem Land mit aufbauen, aber andererseits machten wir uns unsere eigenen Gedanken und waren nicht mit allem einverstanden. Ein Ausbrechen war nun jedoch nicht mehr möglich, wir mußten Schwierigkeiten auf andere Weise lösen. Ich erinnerte mich an meine Eltern, die im Krieg auch oft im Zwiespalt waren; sie hörten den verbotenen Londoner Rundfunk, um sich selbst ein Bild vom Geschehen zu machen. Bei uns gab es zwar kein Verbot für die Westsender, aber man war trotzdem vorsichtig, wenn man sie hörte.

Bevor unser Ältester die zehnte Klasse abgeschlossen hatte, wurde stark dafür geworben, daß die Jungen sich für drei Jahre zur Armee verpflichten sollten. Auch die Chance, einen Studienplatz zu bekommen, war nach dreijähriger Militärzeit größer. Da wir weder Arbeiter waren, noch der sogenannten Intelligenz angehörten, hatte er keinen Platz für die Oberschule bekommen – Angestellte spielten in der DDR eine untergeordnete Rolle. So machte unser Sohn eine Lehre und 1973 nur seine eineinhalb Jahre Pflichtdienst. Aber er wurde Grenzsoldat, Soldat an der Grenze zwischen Ost- und Westdeutschland. Der Dienst hat ihn sehr belastet. Er war verpflichtet, über alle Vorgänge zu schweigen, und hat uns auch nie etwas darüber erzählt. Wir besaßen in der Zeit schon ein Telefon und telefonierten häufig mit meiner Schwester im Rheinland. Ich hatte dabei oft das Gefühl, daß wir belauscht wurden, auch Briefe gingen verloren.

Anfang der achtziger Jahre war unser Ältester als Reservist eingezogen. In dieser Zeit besuchten uns die Kinder eines Schulfreundes meines Mannes aus Leverkusen für einen Tag. (Über Westberlin bekamen westdeutsche Besucher einen Passierschein als Touristen.) Unser Ältester hatte an diesem Tag dienstfrei und hob bei uns im Garten einen Graben aus. Als wir nun mit unserm Besuch zum Garten kamen, schaute er gar nicht auf; er durfte die jungen Leute nicht begrüßen, weil sie aus dem Westen kamen. Während seines Dienstes und auch in seiner Freizeit durfte er keinen Westkontakt haben. Unser Besuch hat das akzeptiert, aber verstanden hat er es nicht.

Auch unser jüngster Sohn machte eine Lehre, qualifizierte sich und bekam eine gute Anstellung. Als unser Ältester heiratete, war der Jüngste bei der Armee, auch wieder nur für eineinhalb Jahre. Nun durfte also er keine Westkontakte haben, und deshalb konnte meine Schwester nicht zur Hochzeit kommen. Wir mußten uns entscheiden: Entweder der Bruder wurde eingeladen oder die Tante mit ihrem Mann. Das waren große Belastungen für die Familie, aber im folgenden Jahr besuchte uns meine Schwester zum achtzigsten Geburtstag unserer Mutter, und wir haben alle Feiern nachgeholt.

Bei solchen Besuchen unterhielten wir uns wenig über Politik, unsere Jungen waren dafür auch noch nicht reif genug. Sie waren hier aufgewachsen und fühlten sich hier wohl; sie kannten ja nichts anderes als unsere DDR. Für sie waren vor allem die westlichen Rockgruppen wichtig, sie freuten sich immer sehr, wenn meine Schwester Schallplatten mitbrachte.

1974 hatte mein Betrieb seinen Sitz verlegt, und ich fand eine Stelle als Planungsleiterin beim DLK (Dienstleistungskombinat). Damals war der Betrieb noch klein, innerhalb von zehn Jahren hat er sich verdoppelt; denn der Bedarf an Dienstleistungen und Reparaturen war groß. Mir wurde die Lehrausbildung in der Verwaltung übertragen, und ich mußte nun als Parteilose am Parteilehrgang teilnehmen, damit ich auch das »Rüstzeug« für die Ausbildung der Lehrlinge hätte. Sie sollten sich die politische Bildung über die Fachausbildung aneignen. In die Einleitung und in den Schlußteil ihrer Abschlußarbeit sollten sie die Perspektiven von Partei und Regierung einbeziehen. Um die richtige Linie zu vertreten, mußte ich mich auch mit den Direktiven der Parteitage vertraut machen. Wir erwarteten mit Spannung die Parteitagungsbeschlüsse, denn sie brachten viele Erleichterungen für die Menschen, besonders für die Frauen.

Als die »Einheit von Wirtschafts- und Sozialpolitik« beschlossen wurde, dachte ich: Jetzt hat die DDR es bald geschafft, nun geht es aufwärts! Der Beschluß besagte, daß Müttern nach Wunsch Kinderkrippen-, Kindergarten- und Hortplätze zur Verfügung stehen sollten, und alles recht billig, vollbeschäftigten Frauen stand monatlich ein Hausarbeitstag zu, alleinstehende Mütter bekamen frei bei Lohnfortzahlung, wenn die Kinder erkrankten. Diese soziale Absicherung war teuer, und solche Maßnahmen kann sich ein Staat ja eigentlich nur leisten, wenn er wirtschaftlich stabil ist, so dachte ich. Aber es waren nur Seifenblasen. Die DDR war hoch verschuldet; in den Geschäften sah es immer trauriger aus. Angeblich wurde alles produziert, aber dann kam es nicht in die Geschäfte, sondern wurde exportiert. Anfang der achtziger Jahre verschlechterte sich die Versorgung rapide. Ich kaufte schon im Sommer Spirituosen für den Polterabend unseres Ältesten im Oktober. Es gab auf normalem Wege weder Bettwäsche noch Tischwäsche, noch Handtücher, man mußte sich wieder anstellen. In Berlin dagegen, dem Aushängeschild der DDR, bekam man fast alles. Und so sind wir, wenn wir eine Feier hatten, zum Einkaufen von Lebensmitteln und Getränken dorthin gefahren, mit Auto und Hänger.

In dieser Zeit wurden in den Kollektiven die »Sozialistischen Brigaden« gebildet – unter der Losung »Sozialistisch arbeiten, leben und lernen«. Träger dieser Brigaden war der FDGB (Freier Deutscher Gewerkschaftsbund), und Mitglied der Gewerkschaft zu sein war selbstverständlich. Im Schnitt waren in einer Brigade 15 bis 20 Kollegen vereint. Einmal im Monat hatten wir eine Versammlung während der Arbeitszeit, in der tagespolitische und betriebliche Dinge besprochen wurden.

In den Brigaden verpflichteten wir uns zum Beispiel,

– die Demonstration am 1. Mai mitzumachen,
– unsere Stimmen anläßlich der Volkskammer- bzw. Kommunalwahlen bis zu einer bestimmten Uhrzeit abzugeben,
– an Veranstaltungen zu politischen Höhepunkten, zum Beispiel zum Gründungstag der DDR, teilzunehmen.

Manche Verpflichtungen konnten wir nicht im voraus in den Plan aufnehmen, etwa für Erdbebengeschädigte in der UdSSR zu spenden. Dies wurde aktuell in der Brigade beschlossen und brachte bei der Abrechnung einen zusätzlichen Punkt. Denn wenn wir unsere Verpflichtungen erfüllten, bekamen wir Punkte, ebenso für die Erfüllung des Kultur- und Bildungsplans, den jede Brigade hatte.

Sinn dieses Plans war, nach Feierabend gemeinsam etwas zu unternehmen. Wir besuchten sehr schöne Veranstaltungen – Theater, Konzert, Kabarett –, teils in Berlin, teils in anderen Orten oder in Angermünde. Wir machten auch mit der Brigade Wanderungen, besuchten Museen, und im Sommer waren Grillabende sehr beliebt. Im Anschluß an einen Theaterbesuch gingen wir häufig gut essen. Diese Art von Veranstaltungen fand Anklang. Wer Freude am Theaterbesuch hatte, bewarb sich um die Karten. Auch Jahresabschlußfeiern wurden in der Brigade veranstaltet; Betriebsfeste gab es bei uns nicht mehr, seit der Betrieb so groß geworden war.

Der Kultur- und Bildungsplan galt immer für ein Jahr. Er wurde mit den Mitgliedern der Brigade diskutiert, von der Gewerkschaftsleitung bestätigt und am Jahresende abgerechnet. Wir führten ein Brigadebuch, die Berichte wurden mit Zeichnungen und Fotos aufgelockert. Bei der jährlichen Abrechnung ging es nicht in allen Betrieben streng zu, letztlich wollte sich die Gewerkschaft nicht kritisieren lassen, daß etwa die Anleitung nicht funktioniert hätte. Wenn die Aufgaben erfüllt waren, gab es eine Bestätigung in der Urkunde. Da wir meistens die übernommenen Verpflichtungen erfüllt hatten, bekamen wir eine Auszeichnung in Form einer Geldprämie. Mit diesen Geldern konnten wir dann Veranstaltungen im Folgejahr finanzieren.

Die Brigaden hatten auch die Aufgabe, sich um erkrankte Kolleginnen und Kollegen zu kümmern. Ebenso war man für Kollegen da, die aus Altersgründen ausgeschieden waren. Aber so schön die Grillabende im Kollegenkreis, die Theaterbesuche und Dampferfahrten auch waren, das eigentliche Ziel der Gewerkschaft war es, alle Mitarbeiter für den Sozialismus zu gewinnen. Dieses Ziel wurde sicher nur bei einigen Kollegen erreicht.

Von Zeit zu Zeit liefen Werbeaktionen für die SED, es wurden aber in der Hauptsache Jugendliche aus den Gewerken, also Handwerker, angesprochen. Aus der Verwaltung nahm man gar nicht so gerne jemanden auf. Man warb die Jugendlichen mit der Aussicht, nach Abschluß einer Parteischule einen besseren Arbeitsplatz zu erhalten. Trotzdem war das Echo auf diese Aktionen nicht groß.

Weil sich unser Betrieb im Lauf der Zeit vergrößerte, sollte ein Ökonomischer Direktor eingestellt werden. Einige der entsprechenden Arbeiten waren bereits in meinem Sachgebiet enthalten, und so wollte man mir diese Planstelle geben. Aber ich war ja nicht Mitglied der Partei, fiel also durch das Netz. Ich wäre sicherlich auch nicht glücklich geworden auf dem Posten, denn es gab immer wieder Schwierigkeiten bei der Beschaffung von Material und Ersatzteilen.

In den achtziger Jahren wurde es leichter, die Genehmigung für eine Reise in den Westen zu bekommen, und so durfte ich für eine Woche zu meiner Schwester fahren, als sie Silberhochzeit feierte. Der Betrieb gab sein Einverständnis, mein Mann aber durfte nicht mit. Im Frühjahr 1989 wollten wir zum 85. Geburtstag der Tante meines Mannes fahren, aber nun durfte ich nicht mit. Man wußte sogar, daß diese Tante nur angeheiratet war; anscheinend gab es eine Kartei unserer Verwandten.

Aber mein Mann und ich haben auch sehr schöne Reisen ins Ausland gemacht, zum Beispiel nach Bulgarien, Ungarn und in die Sowjetunion. Dabei betonten wir nie besonders, woher wir kamen, im Gegensatz zu den Westdeutschen, die dies immer besonders hervorhoben. Wir waren zwar DDR-Bürger, doch das war uns gar nicht so bewußt; wir fühlten uns vor allem als Deutsche. In Moskau saßen die Reisegruppen aus Westdeutschland in besser ausgestatteten Räumen und bekamen andere Gerichte. Junge Leute aus Westdeutschland taten sich besonders wichtig und protzten mit ihrem Geld. Ich fragte mich, warum wir dort Menschen zweiter Klasse waren. – Wie wunderbar haben wir uns doch bei unserem Klassentreffen im Harz verstanden! Keiner war überheblich, und jeder versuchte jeden zu verstehen.

Im Sommer 1989 ging ich in Rente, und im Herbst fuhren mein Mann und ich in Urlaub nach Thüringen. Dort herrschte eine eigenartige Atmosphäre, die Lage war recht gespannt, zum Beispiel wollte man den Urlaubern, die mit dem Auto angereist waren, kein Benzin verkaufen. Um diese Zeit waren schon die ersten Ostdeutschen über die bundesdeutsche Botschaft in Ungarn nach Westdeutschland ausgereist. Bevor wir abfuhren, hatten wir zwar Westsender gehört und westliches Fernsehen gesehen, aber was wir da über die Montags-Demonstrationen hörten und sahen, hielten wir für Übertreibungen. Als dann die jungen Leute in Prag über den Botschaftszaun kletterten, war ich allerdings erschüttert, und wir fragten uns, ob das alles gutgehen würde.

Als es am 10. November plötzlich in unserem Ferienheim hieß: »Die Mauer ist offen!«, glaubten wir es zuerst nicht. Westliche Fernsehsendungen gab es nicht im Gewerkschaftsheim, ein Radio hatten wir nicht mitgenommen. Am 11. November sollte im Haus die Karnevalseröffnung gefeiert werden. Und es wurde gefeiert! Die Blaskapelle spielte einen Tusch und verkündete uns, sie habe um 11 Uhr 11 gemeinsam mit der Blaskapelle von Coburg (auf der westdeutschen Seite) auf dem Coburger Marktplatz die Karnevalssaison eröffnet. Darauf gab es im Saal wilden Beifall, und wir sagten: »Nun wird bestimmt alles leichter für uns!« Aber wie nun die Entwicklung weitergehen sollte, das konnten wir uns absolut nicht vorstellen. Am nächsten Tag gab es kein Mittagessen, der Koch war in Coburg. Viele Urlauber waren mit ihren Autos in den Westen gefahren, sie kamen abends voller Begeistung zurück, auf den Tischen lag bunte Reklame, Angebote von westlichen Warenhäusern usw. Am 13. November fuhren wir nach Hause. Wir hatten zwar Platzkarten, aber die nützten uns nichts. Die Züge waren übervoll, und in den Abteilen herrschte großer Lärm. Alle hatten Verspätung, wir schafften die Anschlüsse nicht. Wir fuhren über Berlin, aber in Schönefeld glaubte ich meinen Augen nicht zu trauen: Westberliner Busse standen am S-Bahnhof auf DDR-Territorium und wurden von den Menschen gestürmt. Wir mußten zum Umsteigen nach Lichtenberg, aber da herrschte noch mehr Trubel. Obgleich es schon dunkel war, gab es ein Rennen und Hasten. Mütter standen mit weinenden Kindern vor den Toiletten an, vollgepackt mit Westsachen: Rekordern, Bananen, Apfelsinen, Kaffee, Schokolade. Es gab ja 100 DM Begrüßungsgeld, und jeder wollte sofort fahren, vielleicht war es ja am nächsten Tag zu spät. Das Gewühle überall war gewaltig, und wir dachten wieder: Wohin führt das noch?

So viele Nachrichten und Fernsehsendungen wie in den folgenden Tagen haben wir wohl zuvor noch nie gesehen. Unsere Kinder holten sich auch einen Stempel in ihren Ausweis, fuhren nach Berlin, gingen über den Kurfürstendamm. Mein Mann war krank, und allein wollte ich nicht fahren, aber im Dezember fuhr unser jüngster Sohn mit mir nach Westberlin. Trotz aller Freude über diese neuen Reisemöglichkeiten machten wir uns Gedanken über die Zukunft. Vieles war uns so unverständlich, ja direkt beängstigend. Das Fest, das sich zu Silvester in Berlin am Brandenburger Tor abspielte, verfolgten wir am Bildschirm, wieder mit einer Mischung aus Freude und Angst, denn die Menschen waren teilweise ganz außer sich.

Nach der Wirtschafts- und Währungsunion waren unsere Schaufenster voll mit Westware, und vor allem die Kinder hatten viele Wünsche: Matchboxautos, Barbiepuppen; die Mütter wurden bedrängt, sie sollten nun gleich alles kaufen. Aber so ging es ja nicht, man mußte mit dem Geld auskommen. Ich hatte mich noch mit nichtverderblicher DDR-Ware bevorratet, mit Scheuertüchern, Kohlenanzündern, Zucker, Mehl und Gewürzen. Ich wollte nicht gleich das gute Geld für solche Dinge ausgeben.

Als wir dann erfuhren, daß die DDR-Wirtschaftsführung versagt hatte und der Staat total am Ende war, waren wir entsetzt und empört. Ich ärgere mich noch heute, daß ich meine ganze Arbeitskraft während meiner Berufsjahre eingesetzt habe für eine Mißwirtschaft. Mein Mann ist in den Vorruhestand gegangen. Wir sind froh, daß unsere Kinder bis jetzt ihre Arbeit behalten haben. Sie qualifizieren sich auf ihren Arbeitsgebieten, um den neuen Anforderungen gerecht zu werden. Aber das große Umdenken, das nun erforderlich ist, geht nicht von heute auf morgen.

Der westdeutsche Lebensstandard läßt sich für uns nicht mehr einholen, deshalb bin ich nicht neidisch. Gesundheit und Zufriedenheit sind mir wichtiger. Aber wenn jetzt plötzlich alte Bekannte vor der Tür stehen, von denen wir durch die Grenze jahrelang nichts gehört hatten, sind wir sehr glücklich. Die Zwischenzeit ist dann meist nicht wichtig, man spricht über die alten Zeiten, die man gemeinsam hatte, und der Kontakt ist dann sofort wieder da.

Aber was mir Sorgen macht, sind die Unsicherheit auf den Straßen, die Überfälle und Einbrüche. Das ist kein angenehmer »Westimport« für uns. Und für meine alte Mutter ist es schwer, mit nur 700 DM Rente monatlich auszukommen. Sie wurde mit sechzig Jahren Rentnerin, als Lehrerin bekam sie in der DDR eine Intelligenzrente, die höher war als der Durchschnitt der DDR-Renten, und sie kam gut aus. Jetzt wird sie als »staatsnah« abgestempelt – sie war Unterstufenlehrerin und brachte den Kindern Lesen und Schreiben bei. Solche krassen Ungerechtigkeiten sind für mich nicht zu verstehen.

Ich habe stets versucht, in meinem Leben einen geraden Weg zu gehen. Das war nicht immer ganz einfach, man konnte auch in der DDR schnell in einen Konflikt geraten.

In der kleinen Dorfkirche von Tantow stehen am Altar die Worte: »Kommet her zu mir alle, die ihr mühselig und beladen seid, ich will euch erquicken!« Sie haben sich mir tief eingeprägt. In dieser Kirche wurde ich konfirmiert und getraut. Ich wurde von meinen Eltern christlich erzogen, vor den Mahlzeiten und am Abend haben wir gebetet. Ich erinnere mich, daß meine Mutter am Karfreitag und am Totenfest schwarz gekleidet in die Kirche ging. Sie sang auch im Kirchenchor und nahm mich öfter mit. Ich habe auch sehr gern gesungen; nicht nur in der Kirche. Das Singen und der Glaube an Gott haben mir geholfen und mich froh gemacht. Unsere beiden Kinder sind getauft, sie besuchten den Konfirmandenunterricht und wurden konfirmiert. Ich wollte, daß sie Gottes Gebote lernen und danach handeln. Sie machten aber auch die Jugendweihe mit, sonst hätten sie sich von ihren Klassenkameraden ausgeschlossen gefühlt. Und die Vorbereitungsstunden zur Jugendweihe waren wohl interessant! Man besuchte mit den Schülern u. a. eine Gerichtsverhandlung, fuhr mit ihnen ins Theater, zeigte ihnen ein KZ; sie besuchten Museen, Betriebe etc. Die Feierstunden wurden festlich gestaltet. Zum Schluß gelobten die Jugendlichen, treu der DDR zu dienen. Ursprünglich wollte die Kirche die Kinder, die die Jugendweihe bekamen, nicht konfirmieren. Aber mit dieser Haltung hätte sie wohl noch mehr Anhänger verloren, und so gab es den Kompromiß, zwischen Jugendweihe und Konfirmation mußte ein Jahr Abstand liegen. Auch der Staat sprach von Zweigleisigkeit und sah das nicht gerne. Aber ich konnte damit leben. Mich hat keiner gefragt, ob ich zur Kirche gehe, und das ist auch meine ureigene Angelegenheit. Ohne die Kraft, die mir meine Gebete gaben, hätte ich nicht leben können, hätte vor allem das Jahr 1945 nicht überstanden. Und auch heute hole ich mir Kraft im Gebet.

Ich habe nun erzählt aus 57 Jahren meines Lebens. Nichts ist übertrieben. Viel Leid war dabei, aber auch viel Freude. 40 Jahre davon habe ich in der DDR gelebt. 40 Jahre sind eine lange Zeit, und so denke ich, nicht nur mein Elternhaus hat mich geformt, sondern auch die DDR. An der DDR gefiel mir die Betonung des Friedenswillens, denn meinetwegen könnten alle Waffen abgeschafft werden. Ich wünsche mir Frieden auf der Welt. Hier in unserer Gegend ist die Erde immer noch voll von Zeugnissen des letzten Krieges. In diesem Jahr mußte wieder eine Bombe entschärft werden, ein Bauer hatte sie beim Pflügen gestreift.
Nun hoffe ich, daß für meine Kinder und Enkel das Leben leichter wird, daß sie weniger Konflikte zu bewältigen haben und daß die furchtbare Umweltzerstörung gestoppt wird! Ich danke dir, daß du mir zugehörst hast! Ich fahre nun zurück in die Uckermark, wo ich jetzt hingehöre, wo mein Mann auf mich wartet und wo ich heimisch geworden bin.

Helga

Ich habe nie in Erwägung gezogen, in den Westen zu gehen. Wir waren sieben Geschwister, und seit wir aus unserem Heimatort bei Stettin ausgewiesen wurden, sind wir alle in der DDR geblieben, obgleich wir in politischer Hinsicht häufig unterschiedliche Meinungen hatten. Vor allem mein Vater konnte sich als Selbständiger mit vielem hier gar nicht arrangieren.

Mein Vater war von Beruf Steinsetzer und hatte sich als junger Mann in Podejuch ein Straßen- und Tiefbauunternehmen aufgebaut. Podejuch lag am Ostarm der Oder. Mein Vater hatte zu dem Ort und der ganzen Umgebung eine sehr enge Bindung, denn unsere Familie war schon seit mehreren Generationen dort ansässig, eine Urgroßmutter wurde 1839 und ein Urgroßvater 1840 in Podejuch geboren, als es noch ein Fischerdorf war. Mein Vater gehörte nun zur vierten Generation dieser Familie und war mit zehn Geschwistern in Podejuch aufgewachsen, sein Vater hatte selbständig als Steinsetzer dort gearbeitet. Als wir Podejuch verließen, war mein Vater schon 60. Für die Angehörigen dieser Generation war der Verlust von allem, was sie sich geschaffen hatten, sicher am schwersten, weil sie für einen Neuanfang zu alt waren.

In meiner Kindheit verlief das Leben bei uns wohl ein bißchen anders als in den meisten anderen Familien. Ich hatte sechs Geschwister, fünf von ihnen waren jünger als ich, nur eine Schwester war fünf Jahre älter. Für uns und die Kinder aus der ganzen Umgebung war unser großer Hof ein Spielparadies. Dort lagen Steine und Röhren und anderes Baumaterial, manchmal stand auch ein Bauwagen da oder ein Wasserwagen. Häufig waren wir an die zwanzig Kinder und machten auch viel Lärm. Wenn es meiner Mutter zuviel wurde, verscheuchte sie alle, aber es dauerte nicht lange, und der erste guckte wieder um die Ecke, und bald waren alle wieder da.

Zeitweise lebten meine Großeltern aus Finkenwalde, die Eltern meiner Mutter, bei uns. Mein Großvater hatte als Schiffsmaschinist bei der Oderschiffahrt gearbeitet und war nun Invalidenrentner. Meine Großmutter war Damenmaßschneiderin, schneiderte nun aber nur noch gelegentlich. Als wir kleiner waren, haben sie viel mit uns unternommen, zum Beispiel Dampferfahrten auf der Oder nach Jungfernberg, Stepenitz und Swinemünde. Sehr oft ging meine Großmutter mit uns auch in die Buchheide, unseren schönen Wald. Und jeden Zirkus, der im Sommer nach Stettin kam, besuchte sie mit uns: Krone, Busch, Sarrasani und Althoff. Ich habe dort die ersten Japaner und Clowns mit grünen Haaren gesehen!

Trotz ihrer sieben Kinder machte meine Mutter neben dem Haushalt alle Büroarbeiten und Behördengänge für die Firma, sie bearbeitete den großen Gemüsegarten, versorgte das Kleinvieh und schneiderte für sich und die ganze Familie. Das war natürlich nur möglich, weil meine Schwester und ich sehr früh zu Hause mithalfen; wir wurden sowohl für den Betrieb als auch für die Familie eingespannt. Ich wurde zum Beispiel schon mit zehn Jahren zur Bank geschickt, um Geld zu holen, oder ich mußte Botengänge zum Gemeindebüro machen. Und natürlich paßten wir auf die jüngeren Geschwister auf. – Bei den Nazis wurde Kinderreichtum ja begrüßt und gefördert, und Mütter mit vielen Kindern bekamen einen Orden, das »Mutterkreuz«. Das wurde meiner Mutter irgendwann auch verliehen. Ich weiß aber gar nicht, wie es aussah, es verschwand sofort in einer Schatulle, meine Mutter hat es nie getragen.

Immer wenn ein neuer Film in eines unserer beiden Kinos kam, mußte meine Großmutter ihn ansehen, und wenn ihr einer besonders gut gefiel, ging sie nach Finkenwalde und sah ihn dort noch einmal. Das machte sie aber ohne uns. Wir Kinder sind nicht viel ins Kino gekommen, wir haben uns verkleidet und auf unserem Hof Theater gespielt, wir Großen spielten, und die Kleinen wurden in eine Reihe gesetzt und mußten zugucken. So haben wir sie unter Aufsicht gehabt und hatten trotzdem unseren Spaß.

Mein Großvater war alter Gewerkschaftler, und auch mein Vater hatte mit dem Nationalsozialismus nichts im Sinn, er bezeichnete Hitler als Verbrecher, der die Deutschen ins Unglück stürze. So redete er natürlich nur in der Familie, er war sicher, daß er auch vor uns Kindern so sprechen konnte, daß das nicht gefährlich für ihn würde. Wir haben uns auch erst 1942, also nach dem Frankreich-feldzug, ein Radio gekauft, mein Vater wollte »diese Goebbels-schnauze« nicht im Haus haben, wie er sagte. Aber dann war ihm das Radio doch wichtig, dann hörte er abends spät, mit dem Ohr dicht davor, den Londoner Rundfunk; er wollte sich gern selbst ein Urteil bilden. Um nicht unnötig aufzufallen, haben wir aber auch etwas für die »Winterhilfe« in die Büchse gesteckt und für den »Ein-topf-Sonntag« gespendet. Ich denke heute, es war wohl eine Grat-wanderung, mein Vater durfte es mit den Behörden ja nicht verder-ben, von denen er seine Aufträge bekam; im Straßenbau lief wenig privat.

In die Schule in Podejuch kam ich schon, bevor ich sechs war. Meine Klassenlehrerin war ein älteres Fräulein, sehr klein, und sie hatte einen ganz langen Rohrstock, mit dem schlug sie immer auf die vor-dere Bank, um sich Respekt zu verschaffen. Ich freute mich darauf, dem Fräulein zu entkommen, als ich in die Elisabeth-Schule nach Stettin umgeschult werden sollte. Aber dann gab es eine große Ent-täuschung: Ich war in dem Jahr zuvor oft krank gewesen, und mein besorgter Vater beschloß, daß ich noch ein Jahr länger in Podejuch bleiben sollte. Später, vor Kriegsende, war ich froh, daß ich nun auch erst ein Jahr später aus der Schule entlassen wurde; das Jahr hatte mich vor dem Arbeitsdienst oder einem anderen Kriegsdienst bewahrt.

Manche der neuen Freundschaften, die ich nun in der Elisabeth-Schule schloß, haben ein Leben lang gehalten. Schon gleich im er-sten Schuljahr hatte ich mich mit Gitta angefreundet, die am anderen Ende von Stettin wohnte. Ich durfte sie öfter am Wochenende und einmal sogar für eine ganze Woche in den Sommerferien besuchen. Das war für mich etwas Außergewöhnliches, denn meine Eltern verreisten nie. Auch zu Juttas Geburtstag durfte ich mit Ines über Nacht bleiben.

Als am 1. September 1939 der Krieg ausbrach, merkten wir schon, daß sich etwas veränderte; aus unserem Geschäft wurden am ersten Mobilmachungstag die jungen Männer eingezogen, auch unser Lastwagenfahrer mußte sich mitsamt dem Wagen stellen. Ich kann mich erinnern, wie in Podejuch auf dem Bahnhof die Pioniere aus den Kasernen, die nun in den Polenfeldzug mußten, noch von der Kapelle verabschiedet wurden mit dem Lied »Muß i denn, muß i denn zum Städtele hinaus«, und als letztes wurde gespielt »In der Heimat, in der Heimat, da gibt's ein Wiedersehn«.

Wir blieben zunächst trotz der Veränderungen in den Familien fröhliche Kinder. Erst allmählich lernten wir den Krieg näher kennen. Ab 1940 hatten wir öfter Fliegeralarm, ein schauriges Sirenengeheul, das uns nachts aus dem Schlaf schreckte, und in den ersten Kriegsjahren gab es mehrere kleinere Angriffe auf Stettin. Im Winter 1942 war mein jüngster Bruder geboren worden, und zu Ostern 1943 wurde er getauft. Aber zu dieser Taufe konnten nur Frauen kommen; am Tag zuvor waren die Hydrierwerke in Pölitz bei Stettin angegriffen worden, und alle Männer unserer Familie mußten in den Ostertagen dort aufräumen.

Am 20. April 1943 fand der erste große Angriff auf Stettin statt. Von Podejuch aus sahen wir, wie es in der Stadt brannte. Und bald darauf wurde von den Behörden festgelegt, alle Stettiner Schulkinder und Mütter mit Kleinkindern sollten in ländliche Gebiete umgesiedelt werden; zu Hause wurden ihnen die Lebensmittelkarten verweigert. Jetzt entstand in unserer Familie eine schreckliche Situation: Meine Mutter, gebunden an Haus, Hof und Betrieb, konnte aus Podejuch nicht weg. Meine älteste Schwester war gerade vom Arbeitsdienst nach Hause gekommen, sie ging nun mit meinen jüngsten Geschwistern aufs Land zu einer bekannten Bauernfamilie, zehn Kilometer von Podejuch entfernt. Ein Bruder und eine Schwester wurden mit der Podejucher Schule nach Ostpommern gebracht, und ich mußte mit meiner Schule nach Grimmen. So war nun unsere Familie ganz verstreut. Für mich war das der erste große Abschied; ich war im Jahr davor nicht mit in Sellin gewesen.

In Grimmen wohnte ich mit Jutta bei dem stellvertretenden Direktor des Raiffeisen-Vereins. Am Sonntagvormittag ging ich oft mit meinem Wirt in die Kartoffelscheibenfabrik, die er dann inspizierte. Ich lernte da alle Arbeitsgänge kennen bis zum fertigen Kartoffelmehl. Aber damals waren dort überwiegend »Ostarbeiter« beschäftigt, auch viele Frauen im Alter meiner Mutter, und ich begriff, daß sie hier unter sehr schwierigen Bedingungen arbeiten mußten. Zum

Kartoffelschälen saßen sie in einem kalten, nassen Raum – viele Stunden lang. Täglich kam zu unseren Wirtsleuten auch eine hübsche junge Russin aus Odessa, die auf dem Kornspeicher arbeitete und abends die Bodenschlüssel brachte. Sie trug ein Kopftuch, und darunter hatte sie ihre Haare auf Papier zu kleinen Löckchen gewikkelt. Und wie sie uns erzählte, kämmte sie sich am Wochenende, wenn sie im Lager tanzten, eine schöne Frisur. Sie sprach gut deutsch, wir haben uns oft mit ihr unterhalten, obgleich das verboten war, und unsere Wirtin steckte ihr Kuchen oder Kekse zu, wenn wir gebacken hatten.

Zu Weihnachten 1944 war unsere ganze Familie noch einmal zu Hause zusammen, wenn auch teilweise unerlaubt. Bald nach den Weihnachtsferien fuhr ich mit einigen Mitschülerinnen nach Schneidemühl, um dort meine Aufnahmeprüfung für die Lehrerbildungsanstalt zu machen. Eigentlich hatte ich technische Zeichnerin werden wollen, aber das war durch den Krieg nicht mehr möglich. Schneidemühl lag am östlichsten Zipfel von Hinterpommern, die Front war nicht mehr weit entfernt, man konnte deutlich die Geschütze hören. Am Tag unserer Hinfahrt gab es unterwegs auch Alarm. So kam der Zug erst abends an, da er immer wieder stehenblieb und wohl auch umgeleitet wurde. In Schneidemühl wurden wir empfangen von strengen jungen Lehrerinnen in dunkelblauer Uniform. Wir schrieben vormittags die Prüfungsarbeiten, und am Nachmittag hatten wir BDM-Dienst. Mitte Januar war die Prüfung beendet, und wir fuhren zurück. Am 23. Januar standen die russischen Truppen 25 Kilometer vor Schneidemühl, am 26. begann der Beschuß der Stadt, und am Mittag dieses Tages fuhr der letzte Zug dort ab. Im nachhinein erscheint es mir schwer verständlich, daß unsere Eltern uns einer so gefährlichen Situation aussetzten. Ich kann mir das nur so erklären, daß die Front noch weiter im Osten vermutet wurde – die Wehrmachtsberichte hinkten immer etwas nach. Außerdem hofften und vertrauten wohl viele auf den »Pommernwall«, durch den der russische Vormarsch gestoppt werden sollte. An dieser Befestigung wurde seit dem Spätsommer 1944 gebaut; die in Pommern noch vorhandenen Männer wurden dorthin »zum Schippen« dienstverpflichtet. Auch mein Vater mußte dort noch arbeiten; er war bei Kriegsende schon 58 Jahre alt und nicht mehr zur Wehrmacht eingezogen worden. Zu Fuß kam er mit einem Handschlitten im Januar 1945 zurück.

Als ich aus der Lehrerbildungsanstalt wieder nach Hause kam, erklärte ich als erstes: »Lehrerin werde ich nicht!« Es wäre für mich unvorstellbar gewesen, unter solchem Zwang, wie er dort herrschte, mehrere Jahre zu leben und ausgebildet zu werden. Die kalte militärische Atmosphäre empfand ich als ganz schrecklich. Schon zu Hause mochte ich den wöchentlichen Jungmädeldienst nicht gerne, ich habe nur unangenehme Erinnerungen an das Marschieren auf dem Schulhof und Liedersingen; beides mochte ich nicht. Ich habe viel lieber gelesen. Märchen wurden uns noch von unseren Großeltern erzählt. Das erste Buch, an das ich mich ganz genau erinnern kann, ist ein Band mit Novellen von Storm. Meine Schwester hatte ihn geschenkt bekommen, und ich las ihn heimlich mit neun Jahren in der äußersten Ecke unserer Wohnung. Faszinierend war für mich vor allem »Der Schimmelreiter«. Sicher habe ich gar nicht alles verstanden, aber ich habe heftig dabei geweint, und so etwas kam noch öfter vor.

Wenn wir abends am Familientisch zusammensaßen, als wir noch alle zu Hause waren, machten wir Handarbeiten, erzählten miteinander, mein Vater las die Zeitung und ich mein Buch. Und wenn meine Mutter mahnte: »Helga, schlafen gehen!« sagte ich immer: »Nur noch die Seite zu Ende!« – Aber einmal war ich so vertieft, daß ich meine Umgebung ganz vergaß und an einer traurigen Stelle laut zu weinen anfing. Da hatte das Lesen vorläufig ein Ende.

Aus Schneidemühl zurück, fuhr ich wieder nach Grimmen. Ende Februar traf ich dort den Bauern, bei dem meine kleinen Geschwister zusammen mit meiner älteren Schwester untergebracht waren, er fuhr auf dem Fahrrad durch Grimmen. Ich ging zu dem Platz, wo der Wagen mit anderen Fuhrwerken Rast machte. Die etwa achtzigjährige Großmutter saß oben auf dem vollgepackten Pferdewagen. Das Dorf, wo diese Familie wohnte, war nur zehn Kilometer von Podejuch entfernt. Zu der Zeit waren meine Eltern noch in Podejuch, aber mir war klar, daß es nur noch eine Frage von Tagen sein konnte, bis auch sie Podejuch verlassen mußten. Zwei oder drei Tage später rief dann auch meine Schwester aus Wolgast in Vorpommern an: Meine Familie war mit einem Zug dorthin gefahren, und alle waren zusammen. Das war Anfang März, und am Tag nach der Zeugnisübergabe, am 17. März, packte auch ich meine Sachen und fuhr – noch mit der Bahn – von Grimmen nach Wolgast. Mein Vater hatte zwar die Familie nach Wolgast bringen können, mußte selbst aber immer noch nach Stettin zurück, weil er dort zu Brandwachen eingeteilt war. Podejuch wurde bis zum 15. März geräumt, dann wurde die Brücke, die nach Podejuch führte, gesprengt. Solange fuhr mein Vater auch immer noch hinüber und holte einzelne Sachen, zum Beispiel für meine Mutter einen Wintermantel. Etwa zwei Stunden vor der Sprengung der Brücken war er das letzte Mal drüben, hat sich von Podejuchern, die noch zum Volkssturm eingezogen worden waren und den Ort verteidigen sollten, verabschiedet. Es war auch mein Onkel dabei, und er ist dort noch gefallen.

Für die neunköpfige Familie hatten meine Eltern in Wolgast eine Eineinhalbzimmerwohnung mit Kochnische bezogen – unmittelbar am Wolgaster Hafen. Von hier konnte man auf die Brücke sehen, die zur Insel Usedom führte. In dem Zimmer standen einige alte Möbel, wir schliefen teilweise auf Strohsäcken, aber wir waren doch sehr froh, daß wir alle gesund und zusammen waren. In den wenigen Wochen bis zum Kriegsende war das Durcheinander in Wolgast groß. Die kleine Stadt war vollgestopft mit Menschen. Über die Brücke sah man von unserem Fenster aus Soldaten kommen, die in Richtung Heimat wollten. Es waren meistens Verwundete, auch Schwerverwundete, die von ihren Kameraden auf schweren Rollwagen mit Eisenrädern gezogen wurden; sie waren auf Stroh gebettet.

Ende April brach eine richtige Hysterie in der Stadt aus, und die Leute stürmten das Warenlager. In diesen Tagen wurden auch noch drei Schiffe bereitgestellt, die Menschen von Wolgast nach Dänemark bringen sollten. Wir wollten das Kriegsende in Wolgast abwarten, aber andere Flüchtlinge aus dem Haus, meist Frauen mit Kindern, bestiegen ein Schiff. Später hörten wir, die Schiffe seien auf Minen gelaufen.

Plötzlich hieß es, die Häuser auf der Fährinsel, wo auch wir wohnten, müßten in kürzester Frist geräumt werden, weil die Brücke gesprengt werde. Mein Vater kannte einen Müllermeister in Wolgast, der uns seine Veranda zur Verfügung stellte. Wir hatten von irgendwoher einen riesengroßen Handwagen, auf den packten wir nun unsere Sachen und fuhren zu »Brauns Mühle«. Nachts hatten wir gerade soviel Platz, daß wir ausgestreckt nebeneinander liegen konnten. Gekocht haben wir zwischen aufgeschichteten Mauersteinen im Garten. Die Veranda grenzte unmittelbar an die Greifswalder Chaussee, und in der zweiten Nacht hörten wir nun, wie die deutschen Soldaten zurückliefen. Die ganze Nacht hindurch hörten wir das Getrappel und haben nicht geschlafen. Wenn ich daran denke, höre ich noch heute dieses unheimliche Laufen – das ist nicht zu beschreiben.

Frühmorgens, als wir aufstanden und uns Wasser fürs Frühstück heiß machen wollten, gruben sich Soldaten Schutzlöcher im Garten, und ein alter Feldwebel sagte: »Seh'n Sie zu, daß Sie hier schnell verschwinden, es wird bald scharf geschossen!« Wir packten also unseren Wagen und zogen zusammen mit vielen anderen Leuten in den Wald, es gab keinen anderen Unterschlupf mehr. Etwa eineinhalb Kilometer von Wolgast entfernt stießen wir auf eine Försterei, die Försterfamilie hatte das Haus verlassen, aber es war voller Leute, Wolgaster und Flüchtlinge. Wir verbrachten dort zwei Tage, es wurde wirklich scharf geschossen, und auch Tieffliegerangriffe erlebten wir noch. Plötzlich tauchten die ersten Russen auf – für uns war der Krieg aus. Das war am 30. April 1945.

Wir gingen nun wieder zurück nach Wolgast in unsere Veranda. Usedom wurde immer noch verteidigt, und vom Festland wurde hinübergeschossen und auch übers Wasser gerufen, die Soldaten sollten sich ergeben, der Krieg sei zu Ende.

Die Mühle war von den russischen Truppen besetzt und alles Korn beschlagnahmt worden, und vor der Mühle stand ein russischer Posten. Er konnte ein paar Brocken deutsch, spielte gerne Mundharmonika, und wenn er seinen Rundgang machte, kam er öfter zu uns an die Veranda und sagte dann auch, er finde es nicht in Ordnung, daß wir mit den Kindern in der Veranda wohnten, obgleich der Müller bestimmt noch Platz im Haus hätte. Meine Eltern wollten aber wieder zurück nach Podejuch, und so empfanden wir das Leben in dieser Veranda als gar nicht so schrecklich und erklärten dem Russen: »Wir gehen zurück nach Stettin!« Aber er kam dann eines Tages und warnte, wir sollten nicht zurück, mit Stettin sei irgend etwas im Gange! Wir hatten überhaupt keine Ahnung von den Beschlüssen der Alliierten und nahmen das gar nicht ernst.

Als der Krieg am 8. Mai offiziell vorüber war, waren wir alle sehr erleichtert. Aber wir hatten uns vorgestellt, jetzt könnten wir glücklich sein. Das war nun nicht so, als wir die Wirklichkeit erlebten. Es gab keine Feiern und schon gar keine Freudentaumel: Der Krieg war eben zu Ende, und nun hatten wir den ehemaligen Feind im Lande; unser Land war besetzt von denen, deren Land wir zuvor besetzt hatten. Wir in der Mühle waren beschützt durch den Posten, der davorstand.

In Wolgast waren viele Podejucher, und Ende Mai hörten wir, daß wir keine Lebensmittelkarten mehr bekämen. Daraufhin wurden drei Schleppkähne organisiert, Trinkwasser wurde eingeladen, und mit diesen Kähnen fuhren wir nun zusammen mit vielen anderen über das Stettiner Haff zurück nach Podejuch. Das Wetter war trokken und warm, wir lagen auf den offenen Kähnen dicht nebeneinander. Am ersten Abend machten wir irgendwo fest, und am nächsten Abend kamen wir in unserem Nachbarort, Finkenwalde, an, blieben aber über Nacht noch auf dem Kahn. Wir wußten, daß unser Haus ausgebrannt war, deutsche Soldaten hatten dort mit dem Baumaterial von unserem Hof noch eine Panzersperre auf die Straße gebaut. Aber die Garagen standen noch, und mein Vater hatte auf dem Garagenboden Bauholz für ein zweistöckiges Haus liegen, und deshalb gingen wir mit der Vorstellung zurück: Mit dem Holz bauen wir das Haus wieder auf.

Am nächsten Morgen luden die Leute also alle ihre Sachen aus, und wir zogen mit dem Handwagen bis zu unserer Straße, der Bergstraße. Als wir die Straße hochkamen, sahen wir, viele Häuser waren noch heil. Von unserem Haus stand noch das Äußere mit den spitzen Giebeln. Auch die beiden Schornsteine ragten noch in den Himmel, und auf diesen Schornsteinen saßen zwei Tauben, auf jedem eine. Mein Vater hatte früher Brieftauben gezüchtet, und nun saßen diese Tauben noch auf dem zerstörten Haus; das war ein Anblick – man hätte heulen können...

Eine kleine Anbauwohnung zum Hof existierte noch, der Keller darunter war heil, und auch die Ställe waren alle noch in Ordnung. Deshalb richteten wir uns auf unserem Grundstück ein, hier war unser Eigenes. – In der Bergstraße waren mehrere Nachbarn schon zurück, am Nachbarhaus waren die Männer sogar schon dabei, das Dach wieder in Ordnung zu bringen. Es gab auch schon wieder eine deutsche Gemeindeverwaltung, da mußte man sich melden – es war ja nun viel aufzuräumen –, und ich ging mit der Nachbarstochter auch hin. Aber es gefiel uns nicht, daß uns da ein Lehrer zur Arbeit einteilen wollte, den wir in nicht guter Erinnerung hatten; er war früher einmal in Ostafrika gewesen und hatte uns in der Schule erzählt, wie man die Schwarzen »behandeln« müsse. Und uns Kindern gegenüber hatte er die gleiche Art, wir waren für ihn »Oberkälber«. Wir wollten also wieder nach Hause gehen, aber unterwegs forderte uns ein Russe auf, mit ihm zum Arbeiten zu kommen. Er brachte uns in ein Haus; in der Küche stand eine deutsche Frau, die dort kochte, und sie sagte zu uns: »Sehen Sie zu, daß Sie hier wieder wegkommen, hier müssen Sie vorsichtig sein!« Und nun waren wir regelrecht auf dem Sprung, wir sollten aufwischen, haben aber Eimer und Schrubber stehenlassen und rannten nach Hause. Danach sind wir nirgends mehr allein hingegangen.

Wenige Tage später zogen schon in einige Häuser in unserer Straße, die noch nicht bewohnt waren, polnische Soldaten ein. Die meisten stammten aus der Posener Gegend und sprachen sehr gut deutsch. Der älteste meiner Brüder war vierzehn Jahre und viel draußen unterwegs. Er erzählte, daß die polnischen Soldaten Leute zum Arbeiten suchten, und wir gingen mit meiner älteren Schwester sofort hin und waren auch willkommen zum Kartoffelschälen und anderen Küchenarbeiten. Wir waren sehr froh, denn wir konnten uns mit ihnen verständigen und bekamen auch etwas zu essen; wir mußten nur über die Straße und hatten nun auch ein bißchen Schutz vor den Russen. Es waren etwa 15 bis 20 Menschen, der Chef war ein älterer Herr, im Zivilberuf Mathematikprofessor, und er sorgte dafür, daß wir ordentlich behandelt wurden. Außer uns arbeiteten noch ein paar Frauen aus der Straße dort.

Nach einigen Wochen kam der Küchenchef ganz früh an unsere Tür, einen Karabiner umgehängt und das Bajonett aufgepflanzt, und sagte, es wäre etwas los, wir sollten früher zum Arbeiten kommen. Wir hatten ihn so noch nie gesehen, er ging sonst immer unbewaffnet. Wir drei sind gleich hingegangen. Auf der Hauptstraße marschierten Russen in Richtung Finkenwalde. Sie verließen in diesen Tagen die Podejucher Kasernen. Wir bemerkten auch, daß die Deutschen zum Denkmalsplatz gingen; sie waren dorthin bestellt worden. Mein Vater kam zurück zu uns und sagte: »Sofort hier alles hinlegen, wir müssen in zwei Stunden den Ort verlassen!« Aber nun wollten uns die Soldaten nicht gehen lassen, sie wollten ihre Küchenkräfte behalten. Es gab ein schlimmes Hin und Her, mein Vater sagte, ohne uns ginge er nicht. Ich habe schließlich furchtbar geheult, weil ich natürlich auch bei meiner Familie bleiben wollte. In der Küche arbeitete ein ganz junger Soldat als Küchenjunge, der brachte mir einen Teller Kascha (Grütze) und wollte mich damit trösten. Aber ich war so aufgeregt, daß ich nichts essen konnte.

An diesem Tag kamen noch mehr polnische Soldaten nach Podejuch, darunter auch ein Offizier, der eine russische Uniform trug. Soweit ich weiß, trugen die höheren polnischen Offiziere russische Uniformen, sie standen wohl noch unter russischem Kommando. Dieser Offizier wurde nun befragt, und es wurde dann gestattet, daß unsere ganze Familie blieb. Und auch die beiden anderen Frauen aus unserer Straße durften mit ihren Kindern bleiben. Es war an diesem Tag furchtbar heiß, bestimmt um 30 Grad, und wir sahen dann, wie die anderen Deutschen mit Handgepäck Podejuch verließen.

Die Polen waren sich wohl bewußt, daß sie ihren Befehl, alle Deutschen auszuweisen, nicht ausgeführt hatten. Und damit es nicht auffiel, daß wir blieben, sagte der Kommandant, es sei besser, wir zögen alle zusammen in ein Haus. Und so gingen wir mit drei Familien in ein Haus am Anfang der Straße. Wir sind nicht wieder auf unser Grundstück zurückgekommen. Wir drei Geschwister arbeiteten weiter in der Küche, mein Vater half dann auch mit; er trug Wasser von den Pumpen heran. Der ganze Ort war ja eine Trümmerwüste, die Gas- und Wasserleitungen waren kaputt, elektrisches Licht gab es auch nicht, die Stromleitungen lagen umher.

Einige Wochen später wurde ein Kommando aus polnischen Soldaten und Deutschen zusammengestellt, um in Hinterpommern die Ernte einzubringen, die Dörfer waren ja größtenteils von den Deutschen verlassen. Wir drei Geschwister wurden zusammen mit jungen Frauen und deren Kindern aus Hökendorf auf ein großes Gut bei Stargard gebracht, die Polen fuhren uns mit Pferdewagen nach Alt- und Neudamerow. Das Gutshaus stand noch. Unter den Soldaten war auch ein Bäcker, und wir haben in der Küche und in der Backstube gearbeitet. Auf dem Acker war das Korn reif, das wurde eingebracht. Wir haben auch Heu eingefahren, Kirschen und anderes Obst gepflückt; also, was zu ernten war, wurde gesichert. Auch das Gutshaus machten wir sauber, es sah wüst darin aus.

Wir hatten zu den Polen ein ganz normales Verhältnis. Uns war gesagt worden, daß wir nach der Ernte wieder nach Podejuch zurückgebracht würden, und daran hatten wir auch keinen Zweifel, auch mein Vater nicht, er hätte uns sonst gar nicht mitfahren lassen. Wir waren auch in Verbindung mit unseren Eltern, weil ab und zu einer der Soldaten nach Podejuch fuhr oder von dort einer kam, und sie transportierten auch unsere Nachrichten.

Meine Eltern waren inzwischen in ein kleineres Haus mit nur zwei Wohnungen umgezogen und hatten sich darin eingerichtet. Meine Mutter arbeitete nun ebenfalls bei den Polen, sie kochte statt des Küchenchefs. Die anderen Geschwister waren noch zu klein zum Arbeiten.

Eines Tages bekam mein Bruder Fieber. Meine Schwester ging gleich zu dem Verantwortlichen und sagte, der Junge müsse zurück nach Podejuch, und ich solle mitfahren. Wir wußten nicht, was er hatte, aber offenbar war den Polen bekannt, daß überall schon Typhus ausgebrochen war, und mein Bruder und ich wurden mit einem Pferdewagen nach Podejuch gebracht. Für meinen Bruder war es höchste Zeit, nach Hause zu kommen, und eine Woche später fiel auch ich um. In Podejuch waren kein Arzt und kein Apotheker, und es gab keine Medikamente. Meine Mutter kannte Typhus, weil sie ihn als junges Mädchen gehabt hatte. Sie richtete für uns Kranke die zweite Wohnung im Haus ein und pendelte nun zwischen den Kranken und den Gesunden. Meine Schwester wurde schließlich auch noch krank nach Hause gebracht, ich habe das in meinem Fieberwahn nur ganz dunkel wahrgenommen. Meine Mutter hat in der Küche gar nicht gesagt, daß wir Typhus in der Familie hatten – wegen der Verpflegung, sie brachte ja das Essen für die Familie mit. Zu dieser Zeit ging mein Vater auch noch immer durch die Keller und suchte etwas Eßbares, auch auf dem Acker und in Gärten fand er noch einiges. Und einmal brachte er »Hienfong-Tropfen«, die gab uns meine Mutter als Medizin. Und dann bat sie den Küchenchef um eine Flasche Schnaps. Die Polen hatten sich nämlich als erstes eine Schnapsbrennerei eingerichtet, aber was sie da brannten, war schreckliches Zeug, unten in der Flasche stand ein dunkelgelber Satz. Sie bekam den Schnaps und gab ihn uns tröpfchenweise ein. Ob das nun gut war, weiß ich nicht, wir wurden jedenfalls nach vier, fünf Wochen wieder gesund. Aber meine älteste Schwester bekam später einen schweren Rückfall und hatte erst zu Weihnachten kein Fieber mehr; sie war völlig abgemagert, statt des Bauchs hatte sie eine Kuhle.

Gleich nachdem die Deutschen Podejuch verlassen hatten, wurde ein polnischer Magistrat eingerichtet, und es kamen nun immer mehr Zivilpolen. Die ersten waren einzelne oder Grüppchen, die in den verlassenen Wohnungen nach Sachen suchten, die sie in Polen noch verkaufen konnten. Aber dann kamen auch Familien, zum Teil aus Zentralpolen, jedoch überwiegend aus Gebieten, die an die Russen abgetreten worden waren, also Lemberg, Wilna usw. Einige der Familien waren in Sibirien gewesen; eine Bauernfamilie war dabei, die bekam ein Pferd von der UNRA (eine internationale Hilfsorganisation für Flüchtlinge); es waren sehr fleißige Leute, die sofort anfingen zu arbeiten. Es gab natürlich noch keine richtigen Arbeitsbedingungen, die meisten Menschen machten hauptsächlich Gelegenheitsarbeiten und ernährten sich vom Schachern und Schieben. Es war ja noch einiges aus Podejuch wegzutransportieren, wofür sie in Warschau Geld bekamen. Uns besuchte immer eine Frau, die jede zweite Woche nach Warschau fuhr und irgendwelche Sachen dorthin brachte, zum Beispiel abgetrennte Bezüge von Polstermöbeln, und sie kam dann mit Lebensmitteln zurück. Mit der Zeit zogen auch in die leeren Wohnungen in unserer Straße polnische Familien ein.
Es streunten auch ab und zu einige Russen umher, und wenn sie erkannten, daß da Deutsche wohnten, wollten sie einbrechen. Wir hatten kein Schloß an dem Haus, aber mein Vater konnte mit einem komplizierten System die Tür so lange verschlossen halten, bis mein

Bruder aus einem Seitenfenster gesprungen war und die polnische Miliz zur Hilfe geholt hatte. Auf diese Weise sind wir über die Runden gekommen.

Ende des Jahres 1945 zog das polnische Militärkommando langsam ab und damit unser Arbeitgeber. Meine Mutter hatte schon angefangen, für die ersten Zivilpolen zu nähen und zu stricken. Wir unterstützten sie dann dabei und bekamen so von den Polen einige Lebensmittel oder ein paar Zlotys. Mein Vater mußte beim Magistrat arbeiten. Als mein Bruder wieder gesund war, wurde er ebenfalls herangezogen und später auch zeitweise meine Mutter. Wir haben vor allem die Straßen aufgeräumt. Die Polen hatten sich einfallen lassen, nun sollten die Deutschen mal gekennzeichnet herumlaufen wie vorher die polnischen Zwangsarbeiter in Deutschland, und wir mußten für etwa ein halbes Jahr eine weiße Armbinde mit einem schwarzen N tragen.

Jetzt wurde auch eine polnische Schule eingerichtet, aber meine Geschwister durften sie nicht besuchen. Es hatte sich herausgestellt, daß auch noch andere deutsche Familien in Podejuch geblieben waren. Aber einige setzten sich bis Mitte 1946 noch mit dem Kahn über die Reglitz, die Ostoder, ab. Das waren Menschen, die da genau Bescheid wußten, wie etwa eine Fischerfamilie.

Zu den polnischen Familien, die nun kamen, hatten wir ein normales Verhältnis, zu einigen weniger Kontakt, zu anderen mehr. Wir konnten inzwischen auch schon ein bißchen polnisch, und viele der Polen sprachen deutsch.

Unsere Versorgung war anfangs sehr schwierig. Zu Beginn des Jahres 1946 machten zwei Bäcker auf und eine Art Konsumladen, und die Polen bekamen auch Talons (Marken, auf die sie Waren aus internationalen Hilfslieferungen beziehen konnten), aber wir bekamen keine. Für die Arbeiten bei der Gemeinde gab es ein warmes Mittagessen und ab und zu ein Brot – dunkel und klitschig, und es knirschte beim Essen zwischen den Zähnen. Einmal bekam meine Mutter einen großen Sack mit Trockenkartoffelscheiben, davon haben wir wochenlang abends Kartoffelsuppe gekocht. Damals hat sie mir sehr gut geschmeckt.

Ab Mitte 1946 arbeitete mein Vater für die Glanzstoffabrik in Sydowsaue, unserem Nachbarort. Die Russen hatten dort außer einigen ganz alten Maschinen alle Spinnmaschinen und Turbinen abmontiert, so daß nur die Gebäude noch standen.

Mein Vater hatte früher für die Fabrik gearbeitet: Kabel verlegt und den großen Hof gepflastert. Die Polen begannen nun, diese Fabrik wieder aufzurüsten, Maschinen wurden gebracht, und Monteure kamen aus Oberschlesien. Aber Pläne waren nicht mehr vorhanden, um festzustellen, wo die Anschlüsse für die Maschinen lagen. Die Polen hatten erfahren, daß mein Vater sich da auskannte, und so wurde er geholt. Der Fabrikhof wurde aufgerissen; und mein Vater bekam polnische Arbeiter zur Hand. Nun bezog er einen festen Lohn, außerdem täglich ein warmes Mittagessen und etwas Brot, Speck oder Wurst. So hatten wir jetzt auch etwas Geld.

Auch ich hatte angefangen zu arbeiten; bei der Miliz mußte ich saubermachen und kochen. Ich arbeitete fürs Essen. Die Miliz war in einem großen Privathaus stationiert, unten befand sich ihr Büro, und oben wohnten der Milizkommandant mit seiner Frau und noch drei oder vier junge Leute. Die Frau des Kommandanten stammte aus Posen, konnte sehr gut deutsch und las Literatur in französischer Sprache. Wenn ich mit meiner Arbeit fertig war, ging ich zu ihr hoch, und sie spielte Klavier, oder wir haben uns unterhalten. Sie interessierte sich auch dafür, wie man früher hier gelebt hatte. Also, es war für mich eine ganz angenehme Arbeit, nur hatte ich eben kein Geld und bekam keine Ausbildung.

Solange wir so in Podejuch lebten, konnten wir nicht absehen, wie die Zukunft werden würde. Allmählich hatten wir begriffen, daß die Polen bleiben würden. 1946 hörten wir, daß in Stettin die Verwaltung den Polen übertragen wurde. Die Kommandantenfrau erzählte mir, daß es in Deutschland die Besatzungszonen gab und anderes, was wir sonst nicht erfuhren oder allenfalls vom Hörensagen – deutsche Zeitungen gab es ja nicht. Wir konnten von Podejuch aus nicht einmal nach Stettin. Nur mein Vater durfte einmal mitfahren, weil etwas für die Fabrik besorgt werden sollte; dafür brauchte er aber einen Passierschein.

Meine Eltern machten sich große Sorgen, weil meine Geschwister nicht zur Schule gehen konnten, und sie beschlossen, mit uns fortzugehen, wenn die Möglichkeit bestünde. Im April 1946 ging die erste Post nach Deutschland. Meine Großeltern waren nach Cottbus gegangen, und meine Mutter legte jedem Brief an sie einen Zwanzigmarkschein bei. Wir hatten noch etwa 400 Mark in solchen Scheinen, die in der damaligen Sowjetischen Zone umgetauscht werden mußten, weil sie ungültig wurden. Alle Scheine sind in Cottbus angekommen und waren später unser Startkapitel.

1946 ereignete sich Großes für die Polen, die bei uns lebten. Es gab einen Aufruf der Regierung: Steine für Warschau! Die Stadt war ja dem Erdboden gleich, und nun begannen die polnischen Familien, vom Ältesten bis zum kleinsten Kind, das schon einen Stein in der Hand halten konnte, in Podejuch die Ruinen abzutragen und die Steine zu putzen. Mein Vater hatte von unserem Haus die Giebel eingestoßen und die Schornsteine heruntergenommen, damit nichts passieren sollte. Und jetzt trugen die Polen, die in unserer Straße wohnten, unser Haus ab, bis auf die Kellerdecke. Wir wohnten auf der anderen Straßenseite und mußten nun täglich zusehen, wie sie Stein für Stein putzten, aufschichteten und dann abtransportierten. Auch das Nebenhaus, das schon wieder in Ordnung gebracht war, wurde mit abgerissen. Die Polen bekamen für einen Stein einen Zloty – ein Kilo Brot kostete zu der Zeit dreißig Zloty. Es war für mich ein ganz seltsames Gefühl, bei dieser Aktion zuzugucken, und ich denke, auch für meine Eltern muß das ganz, ganz schwer gewesen sein. Mein Vater litt sehr, er verschloß sich aber. Meine Mutter war stärker, sie hatte auch mehr den Blick nach vorne gerichtet. Sie hatte mir einen Spruch in mein Poesiealbum geschrieben, dessen Anfang lautet:

Im Glück nicht jubeln – im Leid nicht zagen –
das Unvermeidliche mit hoher Würde tragen!

Ich glaube, das war auch ihr Credo.

Ab und zu tauchte auch noch 1946 und 1947 ein einzelner Russe auf – in Stettin lagen sie noch im Hafen –, und es gab dann jedesmal Streit mit den Polen. In einem Fall ging das so weit, daß ein russischer Offizier von einem polnischen Milizionär erschossen wurde, vor der Podejucher Kirche. Und nun wurden sämtliche Milizionäre aus Podejuch von Russen mitgenommen. Die meisten kamen bald zurück, aber einer kam erst später, und der war dann nicht mehr arbeitsfähig.

Im Mai 1947 hieß es, alle Deutschen müßten endgültig Polen verlassen, es sei denn, man beantrage die polnische Staatsangehörigkeit. Das kam für uns nicht in Frage. Es war ja auch nicht mehr das Zuhause und die Heimat, wie wir sie kannten, wir lebten inzwischen fast in einem fremden Land: Die Menschen, die wir kannten, waren weg, hier waren Fremde mit einer fremden Sprache. Der Ort selbst war durch die Zerstörung sehr verändert, und er hieß nun nicht mehr Podejuch, sondern Podjuchye; aus Pommern war nun Pomorze geworden. In den zwei Jahren, die wir noch dort lebten, wurde Podejuch auch ein katholischer Ort. Das Militär ging geschlossen in die Kirche, der Pfarrer segnete die Oder, und die Polen veranstalteten durch den Ort Prozessionen. Dafür stellten sie Bilder mit Engeln auf die Straße, alles mit Blumen geschmückt, und dann gingen sie durch Podejuch – der Pfarrer mit der Klingel voran, es wurde geklingelt, sie knieten nieder, und dann ging es weiter. Das war für uns ein sehr fremdes Bild, und so war nun alles anders.

Wir Kinder freuten uns darauf, wegzukommen. Für uns stand im Vordergrund, daß wir uns eine Zukunft aufbauen mußten, die wir dort überhaupt nicht hatten. – Für meinen Vater war es wohl ein sehr schwerer Abschied.

Wir waren noch 27 Deutsche in Podejuch, von diesen gehörten neun zu unserer Familie. Im Mai war es soweit, wir packten und wurden mit dem Fuhrwerk nach Greifenhagen gefahren. Dort sammelten sich die Deutschen, und von hier brachte man sie zum Weitertransport zur Vulkanwerft in Stettin. Aber nun waren wir nicht mehr dabei; wir waren wieder umgekehrt. Die Arbeit meines Vaters war noch nicht abgeschlossen, der Fabrikhof vollkommen aufgerissen. Der Fabrikdirektor hatte sich deshalb mit einem Gesuch an den polnischen Woijwoden gewandt, daß mein Vater noch bleiben solle. Dem war nun stattgegeben worden, und wir zogen mit unserem Gepäck wieder zurück nach Podejuch. Dasselbe wiederholte sich noch einmal im August. Da waren wir zum zweiten Mal in Greifenhagen, und diesmal wurde schon eine Regierungsstelle in Warschau eingeschaltet. Mein Vater wollte wohl die Arbeit gern zu Ende bringen, aber er konnte sich auch sehr schlecht lösen. Im Oktober gingen dann noch einmal Transporte, aber der Fabrikhof war immer noch nicht ganz fertig, und meine Mutter sagte nun, mein Vater könne bleiben, wenn er wolle, dann gehe sie mit uns allein. Aber das wollte er natürlich auch nicht. Daraufhin haben wir uns wieder vorbereitet.

Wir hatten Verbindung aufgenommen zu einem Bruder meines Vaters, der nach der Ausweisung aus Podejuch in Tantow lebte. Mein Vater wollte nun auch nach Tantow gehen, weil er das Dorf von früher kannte und wußte, dort lebte der gleiche Menschenschlag wie in Podejuch, und die Leute sprachen das pommersche Platt wie zu Hause. Tantow lag direkt an der Odergrenze in der östlichsten Ecke von Vorpommern.

Wir kamen also diesmal mit dem Transport zur Vulkanwerft in Stettin. Von dort gingen täglich zwei bis drei Züge. Es sammelten sich noch viele Deutsche dort, aus Stettin und aus Hinterpommern. Die Transporte wurden vom Roten Kreuz organisiert. Man ging zuerst durch eine ärztliche Untersuchung, von Deutschen vorgenommen, wurde mit Pulver eingesprüht »zum Entlausen« und auf Krätze untersucht. Mitnehmen konnte jeder nur, was er persönlich tragen konnte. Der Zug aus Viehwagen stand hinter einem hohen Zaun, und bevor man einsteigen konnte, mußte man in die Zollstation. Da wurde das Gepäck geprüft, und neue Sachen wurden einem abgenommen. Mein Vater hatte aber eine Bescheinigung bekommen, daß er »am Aufbau Polens teilgenommen« hätte, damit er mit der Familie unbehelligt die Grenze passieren konnte. So wurden wir auch nicht weiter kontrolliert. Wir sind nachmittags abgefahren, aber in östliche Richtung, durch ganz Hinterpommern bis nach Posen, dann erst wieder nach Westen. Bei Forst in Brandenburg ging es am nächsten Tag über die Oder-Neiße-Grenze.

Ich bin frohen Herzens damals aus Podejuch weggegangen und kann mich erinnern, daß ich, als wir über die Grenze fuhren, sehr erleichtert war. Aber später zog es mich immer wieder zurück. Ich bin inzwischen einige Male wieder dort gewesen, denn ich spüre: Dort habe ich meine Wurzeln. Aber ich finde nicht mehr das Vertraute, nach dem ich suche. Wenn ich dort bin, bin ich meistens enttäuscht und möchte wieder weg. Nach einer Weile fahre ich wieder hin, und dann bin ich wieder aufs neue unglücklich. Die Familie, die sich jetzt auf unserem ehemaligen Grundstück eingerichtet hat, schrieb nach unserem letzten Besuch, das Tor stehe immer für uns offen. Aber das Anwesen hat mit unserem Grundstück nicht mehr viel zu tun: Ein anderes Haus steht nun dort, aus dem früheren großen Hof ist jetzt ein Stückchen Hof mit Garten geworden – unseren Garten gibt es gar nicht mehr –, und der Bach, aus dem wir das Gießwasser holten, ist zugeschüttet. Trotzdem werde ich wohl wieder hinfahren.

In Cottbus hatten wir mehrere Stunden Aufenthalt, und wir konnten uns dort mit unserem Großvater aus Finkenwalde treffen. Das war ein sehr bewegendes Wiedersehen; meine Großmutter war inzwischen, 1946, gestorben!
Gegen Morgen kamen wir in Sonneberg in Thüringen an. Dort befand sich das Quarantänelager; wir blieben drei Wochen und wurden noch einmal ganz gründlich durchgecheckt. Ich habe an diese Zeit sehr schlechte Erinnerungen, vor allem wegen einiger Krankenschwestern, die sich den Leuten gegenüber so böse benahmen, als komme aus dem Osten der schlimmste Abschaum.
Man wies uns eine Wohnung in Thüringen zu, aber wir fühlten uns nicht wohl und wollten dort nicht leben. So warteten wir ab, bis wir die Zuzugsgenehmigung nach Tantow bekamen, dann packten wir sofort und fuhren los. Mitte Dezember 1947 kamen wir in Tantow an. Wir haben dann dort fast zwei Jahre sehr schlecht gewohnt – mehr gehaust als gewohnt, hatten nur ein Zimmer neben dem Boden, und gekocht wurde auf dem Kohleherd am Schornstein. Wir haben auch Demütigungen erlitten. Später bekamen wir aber eine richtige, abgeschlossene Wohnung.
Inzwischen hatten wir ja mehrere Schul- oder Lehrjahre versäumt. Meine jüngeren Geschwister kamen sofort in die Schule, der nun siebzehnjährige Bruder fand schnell eine Lehrstelle als Zimmermann, nur für mich war es zuerst nicht möglich, eine Stelle zu finden. Die Neubauern hatten im Winter keine Arbeit, die Bürostellen waren alle besetzt: Post, Bahn und Raiffeisen-Verein, wo Jutta zu der Zeit lernte. Die Zugverbindung nach Angermünde war auf Berliner Hamsterzüge ausgerichtet, der Zug kam früh an und fuhr um

17 Uhr zurück, man konnte also auch nicht in der nächsten Stadt arbeiten. Erst im Frühjahr 1948 fand ich im Nachbardorf eine Stelle als Gemeindesekretärin. Die bisherige Sekretärin lernte mich an, es war ein schönes Verhältnis.

Inzwischen war die Zeit schwieriger geworden. Jetzt wurde den Bauern schon diktiert, was sie abzuliefern hatten, und sie mußten nach der Quadratmeterzahl ihres Bodens auch Fleisch, Milch und Eier abgeben. Das war für viele sehr hart, sie waren dadurch gezwungen, sich nun auch mehr Vieh zu halten. Aber die Städte mußten ja versorgt werden, es herrschte noch großer Mangel. Zu dieser Zeit war in Polen die Versorgung besser als hier in Deutschland.

Ich hatte von Tantow nach Damitzow zwei Kilometer zu laufen. Unser Büro war im ehemaligen Gutshaus untergebracht, in dem auch viele Flüchtlinge lebten. Aber bald wurde schon gebaut, die Neubauern bauten sich neue kleine Häuser; dafür gab es ein Programm, und durch dieses Programm lernte ich meinen Mann kennen, der zu der Zeit in Angermünde im Bauamt arbeitete. Er war erst im Herbst 1949 aus der sowjetischen Kriegsgefangenschaft gekommen.

1950 kam ich in Tantow ins Gemeindebüro, und weil Tantow eine größere Gemeinde war, wurde ich besser bezahlt. Ich mußte dort auch sehr häufig Überstunden machen. Wir besaßen keine Rechenmaschine, und durch die Abgaben war sehr viel zu rechnen. Durch eine Kommission wurde bestimmt, was der einzelne Bauer abzuliefern hatte, und wir bekamen riesige Tabellen. Das Abgabeergebnis mußte bis aufs Gramm stimmen, für jeden Bauern und jedes Erzeugnis extra berechnet werden, und das immer in kürzester Zeit. Einmal habe ich 36 Stunden hintereinander gearbeitet. Die Altbauern hatten die meisten Abgaben zu bringen, die Norm stieg proportional zur Größe des Hofes. Das haben viele nicht geschafft und sind in den fünfziger Jahren gegangen. Wenn jemand sein Soll nicht erfüllte, gab es auch Zwangsmaßnahmen; die Polizei durchsuchte Keller und Boden. Aber auch von den Neubauern wanderten noch welche ab, obgleich sie in Tantow relativ guten Boden hatten.

Mein Vater hatte sich in Tantow wieder selbständig gemacht, aber er arbeitete nur noch allein. Meine Mutter hat wieder geschneidert – zuerst auf einer geborgten Nähmaschine für 25 Mark Miete im Monat. Später bekamen wir einen Umsiedlerkredit, und davon wurden eine Nähmaschine gekauft, ein Fahrrad und noch ein paar Möbel. Mein Vater pflasterte bei Bauern Ställe, später brachte er in Tantow die Bürgersteige und Straßen in Ordnung, die durch die Kämpfe zerstört waren. Aber mit diesem Gewerbe hatte er es sehr schwer; die Steuern waren so hoch, daß er sie gar nicht verdienen konnte. Meine Mutter schneiderte ebenfalls für diese Steuern, und eines Tages sagte sie: »Da fließt nun nichts mehr hin, keine Mark«, und ihretwegen könnten sie unseren Vater einsperren. Er mußte also das Gewerbe wieder aufgeben. Mein Vater hätte im Westen bessere Chancen gehabt, aber um sich dort jetzt noch eine neue Existenz aufzubauen, war er zu alt. Er machte nun nur noch Gelegenheitsarbeit, außerdem baute er auf unserem kleinen Acker Korn und Kartoffeln an, zog Gemüse und fütterte ein Schwein, damit sich die Familie einigermaßen selbst versorgen konnte.

Im April 1952 bekam ich das Angebot, bei der VEAB (Volkseigene Erfassungs- und Aufkaufbetriebe) in Potsdam zu arbeiten. Ich ging also im Frühjahr von zu Hause weg, und Ende 1952 heiratete ich. Auch meine anderen Geschwister gingen bis 1955 nach und nach aus dem Haus, drei von ihnen nach Schwedt. In Schwedt begann der Aufbau verschiedener Betriebe und damit auch der Wohnungsbau, und meine Geschwister fanden eine Genossenschaftswohnung für meine Eltern, so daß sie in ihren letzten Lebensjahren noch eine schöne Neubauwohnung mit Zentralheizung und Warmwasser hatten. Das war für sie sehr viel wert.

Die Zeit nach 1947 war hier anfangs gekennzeichnet von einer großen Aufbruchstimmung. Sicher schwankte man zuerst hin und her, wußte nicht so recht, wie es nun weitergehen wird, aber wir glaubten zu der Zeit immer noch, Deutschland werde wieder vereint werden, obgleich die Bundesrepublik und die DDR gegründet wurden. Viele Menschen hier – auch mir ging es so – haben auch später noch geglaubt: Irgendwann werden die Deutschen sicher wieder zusammenkommen. Keiner konnte sich natürlich vorstellen, wie das aussehen sollte.

Als ich in Potsdam arbeitete – zuerst bei der VEAB, dann bei der Landesregierung –, hatte ich wieder mit Lebensmitteln und Lebensmittelbetrieben zu tun, kam viel in Schlachthöfen und Konservenfabriken herum, und das war für mich eine interessante Arbeit, weil ich die Praxis kennenlernte. Es gab natürlich auch politischen Zwang, aber nun kam kein abrupter Umbruch mehr, sondern alles veränderte sich mehr scheibchenweise, in kleinen Schritten. Und vielleicht lebte man sich auch allmählich ein und nahm viele Dinge als gegeben hin. In den fünfziger Jahren wurde der »kalte Krieg« auch spürbar und die Verhärtung der Fronten immer deutlicher. Das fing schon nach der Gründung der beiden Republiken an. Viele Menschen, die unzufrieden waren, gingen damals nach Westdeutschland, aber ich für meine Person habe den Druck nicht als so schlimm empfunden, vielleicht, weil ich schon zuviel Schlimmeres hinter mir hatte. Und ich war getragen durch meine große Familie, die Arbeit machte mir Spaß, und ich hatte meine große Liebe geheiratet. Auch mein Mann, der hier im Land Brandenburg zu Hause war und seinen Heimatort sehr liebte, der seine engen Jugendfreundschaften dort noch hatte, wollte nicht weg. Für uns stellte sich also diese Frage gar nicht.

Wir zogen 1953 nach Schöneiche, mein Mann war nach Berlin versetzt worden, und wir wollten gerne im Grünen wohnen. Ich konnte dort dann wieder in der Gemeindeverwaltung arbeiten – ich hatte ja keine abgeschlossene Lehre, und auf diesem Gebiet hatte ich mir Kenntnisse in der Praxis angeeignet. Daß ich arbeitete, war für mich selbstverständlich, es war anfangs auch eine Frage des Geldes, aber später nicht mehr. Ich war kein Hausmütterchen, obwohl in dieser großen Familie aufgewachsen. Meine Mutter hat uns Mädchen immer darin bestärkt, einem Beruf nachzugehen und uns auch unsere Unabhängigkeit zu erhalten. Sie selbst hatte ja einen Beruf erlernt, wie auch schon meine Großmutter. Ich habe dann nur drei Jahre mit der Arbeit ausgesetzt, als 1954 meine Tochter geboren wurde. Tageskrippen gab es zu der Zeit noch nicht, und in eine Wochenkrippe wollten wir sie nicht geben. Nach 1958 arbeitete ich wieder in der Gemeinde.

Meinem Mann wurde schließlich das tägliche Fahren nach Berlin zu lästig, wir fanden über Wohnungstausch eine Wohnung in Berlin, und durch den Tausch-Partner bekam ich auch gleich eine neue Stelle, und zwar in der Plankommission. Das war die Dienststelle, die den Volkswirtschaftsplan erstellte und verantwortlich für das gesamte Planungssystem der DDR war. Aber es konnten dort durchaus nicht nur Parteimitglieder arbeiten, sondern auch viele Parteilose. Natürlich hat man sich angepaßt, hat durch seine Anpassung auch ein Mosaiksteinchen zum Aufbau des Staates und schließlich zu seinem allmählichen Verfall beigetragen. Man mußte Kompromisse machen, aber wo muß man das nicht? Sicher, man konnte sich verweigern, das haben ja auch Leute getan, aber für uns war ausschlaggebend, daß wir wußten, wir blieben hier. Und es gab ja zwischendurch auch immer wieder Zeiten, in denen man Fortschritte sah, und man stand sich auch in materieller Beziehung allmählich ganz gut.

Ein ganz kritischer Moment kam, als die Grenze geschlossen und die Mauer gebaut wurde. Aber zu dieser Zeit waren so viele Menschen weggegangen, daß man erwartete: Irgend etwas wird passieren, denn so wäre die DDR damals schon ausgeblutet. Die Gründe für die Unzufriedenheit vieler Menschen sahen wir auch; wir lebten nicht im luftleeren Raum. Wir waren kritisch genug, um zu erkennen, was nicht in Ordnung war, und das gefiel auch uns nicht. Aber wir hatten doch immer wieder die Hoffnung: Es muß sich bessern, und es wird sich bessern! Jedoch hätten wir uns nicht vorstellen können, daß man durch Deutschland eine Mauer zieht! Eine solche Möglichkeit war auch in der staatlichen Dienststelle nie im Gespräch.

Nach Schließung der Grenze besserte sich zuerst tatsächlich vieles, in politischer Hinsicht wurde etwas eingelenkt, und vor allem die materielle Situation besserte sich sehr. Außerdem wußte man, man konnte nun sowieso nicht mehr hinaus, man mußte sich abfinden, ob man wollte oder nicht, auch wenn man mit vielem nicht einverstanden war. Aber die Menschen hatten ihren Arbeitsplatz, und es gab ein paar Jahre, da ließ es sich hier leben. Auch meine Eltern waren einigermaßen zufrieden.

Bei der Plankommission blieb ich sechs Jahre. Im Sommer 1967 mußte ich mich einer größeren Operation unterziehen; ich wurde sehr zeitig danach gesund geschrieben, fühlte mich aber eigentlich noch gar nicht gut und kündigte, um mir später in aller Ruhe eine neue Arbeit zu suchen.

Ich sah mich dann um und kam auf die Zentralverwaltung für Statistik, weil diese Dienststelle in der Nähe unserer Wohnung lag. Dort bot man mir eine Stelle im Bereich der internationalen Statistik an. In dieser Abteilung wurden die UNO-Statistiken und alles Material, das aus dem westlichen Ausland kam – Bücher, Fachzeitschriften usw. –, ausgewertet. Wir zogen alle Daten heraus: Bevölkerungs-, Wirtschafts-, Landwirtschaftsdaten. Außerdem bekamen wir die Statistiken von der Internationalen Landwirtschaftsorganisation, vom Internationalen Arbeitsamt und auch von einzelnen Ländern.

Anfangs fand ich die Tätigkeit nicht so interessant und hatte auch Bedenken, weil ich Englischkenntnisse brauchte, und mit Englisch hatte ich mich über 20 Jahre nicht mehr befaßt. Aber ich fing dann doch im Herbst 1967 mit der Arbeit an und blieb 21 Jahre, bis ich Rentnerin wurde. Meine Kenntnisse in Englisch und Französisch erneuerte ich durch die praktische Arbeit. In der Erwachsenenqualifikation ließ ich mich zum »Facharbeiter für Statistik« ausbilden. Der Lehrgang dauerte zwei Jahre; in dieser Zeit mußte ich jede Woche einen Tag zur Schule und habe auch jedes Wochenende dafür gearbeitet. Das war recht hart, ich war ja immerhin schon 40 Jahre alt, als ich damit anfing. Aber mir kamen auch sehr meine Mathematikkenntnisse aus der Schule zugute, und ich habe gestaunt, wie sie noch saßen.

Meine Weiterbildung machte sich auch finanziell bemerkbar. Und es war eine sehr interessante Arbeit, weil man viel über die Entwicklung in anderen Ländern erfuhr. Daran konnte man auch messen, wie sich die wirtschaftliche Entwicklung in der DDR vollzog, sowohl die positiven Perioden als auch die Rückschläge. Manchmal packte mich die Wut, wenn ich erkannte, daß man mit der Arbeit der Menschen hier bessere Erfolge hätte erzielen können.

Ich hatte sehr nette Kollegen, und es ging in unserer Abteilung bei Diskussionen auch sehr offen zu und sehr kritisch. Wir hatten jede Woche ein offizielles Wochengespräch von einer halben Stunde. Häufig war das Thema, daß in der Zeitung etwas anderes stand als in unseren Unterlagen. Wir hatten ja die Möglichkeit zu vergleichen – wir hatten Zahlen, und Zahlen sagen etwas aus; wenn man sie lesen kann, sind sie sehr lebendig. Ich konnte zum Beispiel alle Statistiken aus der Bundesrepublik einsehen, und es war nicht schwer zu erkennen, wie die Entwicklung dort verlief und wie unsere Statistik dazu benutzt wurde, die ökonomische Entwicklung in der DDR erfolgreicher darzustellen, als sie tatsächlich war. Im täglichen Leben spürten wir durchaus, wie die Wirtschaft immer weiter in den Keller ging. Aber die zuständigen Abteilungen des SED-Zentralkomitees waren immer wieder bemüht, unsere realen Zahlen zu manipulieren.

Schließlich wurde mir bewußt, daß mein Arbeitsleben nicht auf das Ziel hinlief, das ich mir vorgestellt hatte. Das war für mich eine schmerzhafte Erkenntnis. Jedoch sollte nun bald Gorbatschow die Führung in der Sowjetunion übernehmen. Über die ersten Artikel, die uns offiziell zugänglich waren – sie standen in der »Prawda« –, wurde in unserem Wochengespräch diskutiert, und wir waren alle begeistert – vom Abteilungsleiter bis zur Sekretärin. Wir erwarteten, daß sich nun auch bei uns etwas ändern würde.

Nach meiner Meinung hat Gorbatschow entscheidend dazu beigetragen, daß auch in der DDR die Dinge in einen anderen Blickwinkel gerückt wurden, die Bürgerbewegung allein hätte das nicht geschafft. Vor den Reformen Gorbatschows steckte den Menschen noch der 17. Juni in den Knochen, und auch der Einmarsch der Truppen in die Tschechoslowakei war noch in Erinnerung. Man wußte natürlich auch von der Tätigkeit der Staatssicherheit, diese Leute waren ja überall in den Arbeitsbereichen aktiv – von einigen wußte man es, von manchen auch nicht. Ich habe es erst jetzt wieder von jemandem erfahren. Auch in unserer Abteilung gab es einen Mitarbeiter, von dem ich es immer vermutete, nun wurde es bestätigt. Vielleicht waren noch andere dabei, ich weiß es nicht. Trotzdem sollte man sich nicht vorstellen, daß man hier immer nur vorsichtig sein mußte! Viele Dinge konnten wir sehr offen in unserem engen Kreis ansprechen – nur damit in die Öffentlichkeit zu gehen war nicht möglich.

In der letzten Zeit allerdings war alles fester unter Kontrolle. Diese Entwicklung begann etwa Anfang der achtziger Jahre, es war ein schleichender Prozeß, und man merkte es nicht immer, wie er sich vollzog. Christa Wolf hat es in »Kassandra« treffend beschrieben: Der Kreis schloß sich immer enger! Zuletzt unterlagen immer mehr

Informationen der Geheimhaltung, und man hat manchmal gelacht, weil sie allgemein bekannt waren.

Wir wußten also durch die Politik Gorbatschows, daß auch in der DDR Reformen notwendig sein würden, wenn wir auch nicht ahnten, welchen Verlauf die Entwicklung noch nehmen sollte. Dies war nun schon die Zeit, in der mein Rentenalter näherrückte, ich ging im Juni 1988 in Rente. Ich hätte die Möglichkeit gehabt, noch zwei Tage in der Woche weiterzuarbeiten. Aber das wollte ich nun auf keinen Fall – zumal immer offensichtlicher wurde, daß die Tätigkeit nutzlos war. In der letzten Zeit hatte ich in der Arbeit oft keinen Sinn mehr erkannt. Trotzdem war ich immer noch der Meinung, daß ich eine Sache, die ich angefangen hatte, auch zu Ende bringen müsse. Wir waren vom Elternhaus und von der Schule so zu Pflichtbewußtsein erzogen worden, daß die Erfüllung der Pflicht für mich immer das oberste Gebot war. Heute sehe ich, daß darin auch eine Gefahr liegt; in der Zeit, als der Niedergang immer deutlicher wurde, war dies nicht mehr angebracht.

Als sinnvoll sah ich aber bis zuletzt meine »gesellschaftliche Tätigkeit«: Ich war zehn Jahre lang Mitglied der Betriebsgewerkschaftsleitung und habe auf dem Gebiet der sozialen Belange gearbeitet. In dieser Funktion organisierte ich zum Beispiel erfolgreich eine Aktion »Nicht rauchen« im Haus. Und wenn jemand Hilfe brauchte, kümmerte ich mich durch die Verteilung von Zuschüssen aus einem Fonds für Härtefälle; dazu war es natürlich notwendig, mit den Betroffenen persönlich zu sprechen.

Für die Menschen in meiner Dienststelle konnte ich durch diese Tätigkeit etwas bewirken; das wird nicht umsonst gewesen sein. Aber ich habe ja mein Leben lang gearbeitet und dachte auch, daß ich etwas zum Aufbau unseres Landes beitrage. Als ich dann erkennen mußte, daß es immer weiter bergab ging, war das für mich sehr schmerzlich. Als 1989 so viele junge Leute weggingen, war es mir unbegreiflich, daß nichts geschah: Die alte Volkskammer trat zusammen, und es tat sich nichts! Ich geriet in ein Wechselbad zwischen Hoffen und Erwarten, Wut und auch Angst. Denn wir wußten ja auch, daß die DDR bis an die Zähne bewaffnet war, es hätte sehr schnell etwas passieren können.

Ich trauere nun der alten DDR nicht nach. Vieles, was ich dort erlebt habe, möchte ich aus meinem Leben nicht streichen, aber ein Gefühl von Trauer empfinde ich nicht. Ich bin mit der DDR alt geworden, und ich sage mir nun: Gut, es ist so gewesen, wir mußten vieles akzeptieren und haben das auch getan, und so war mein Leben, ein anderes könnte ich mir nicht vorstellen. Berlin war mein Zuhause geworden, und ich habe gerne hier gelebt; dazu gehört natürlich, daß ich hier gearbeitet habe, hier wurde meine Tochter geboren, hier haben wir in zehn verschiedenen Wohnungen gewohnt, und ich hatte immer Nachbarn, bei denen ich unseren Schlüssel lassen konnte.

Zu »meinem« Berlin gehören aber auch die vielen kulturellen Möglichkeiten, die wir nutzen konnten: In allen Theatern haben wir wunderbare Aufführungen erlebt, im Schauspielhaus am Gendarmenmarkt sehr schöne Konzerte gehört, und 15 Jahre lang erlebten wir fast immer zu Sylvester im »Palast der Republik« die Aufführung von Beethovens 9. Sinfonie. Dann die Museen! Das ist für mich das Berlin, das ich sehr gern habe – und natürlich auch die Menschen hier.

Jetzt reizt es mich auch, Westberlin zu erkunden. Wir müssen uns diese Stadt als Ganzes erst wieder erobern. Der erste Eindruck von Westberlin war für mich abstoßend. Unser Wohngebiet grenzt an Kreuzberg, und als ich dort die beschmierten Wände sah und auch die U-Bahn so beschmutzt war, hat mich das richtig schockiert. An vieles muß ich mich erst gewöhnen. Zum Beispiel wechseln jetzt viele, die den gesellschaftlichen Halt verloren haben, nach Ostberlin. Das sind arme Schlucker und kranke Menschen; wir kannten diese Probleme vorher hier nicht. So ist auch Ostberlin in mancher Hinsicht nicht mehr das, was es vorher war, und die Veränderungen sind nicht immer positiv, sieht man zum Beispiel die bettelnden Zigeuner. So ist manches bedrückend für mich, und ich fühle mich nicht mehr richtig heimisch. Ich habe nun das Gefühl, als würde mir mein vertrautes Ostberlin allmählich immer fremder! Hinzu kommt, gerade in Berlin herrscht durch den Wegfall der vielen staatlichen Stellen auch große Arbeitslosigkeit. Viele meiner ehemaligen jüngeren Kollegen haben in Westberlin Arbeit gefunden, aber manche geraten auch ins Abseits. Andererseits sieht man auch viel Positives in Westberlin, was alles wieder aufgebaut und neu angelegt wurde – die schönen grünen Höfe zum Beispiel.

Wir haben es jetzt vorgezogen, in eine kleinere Wohnung zu ziehen; die werden wir uns von unseren Renten leisten können. Für mich stand dabei auch die Hoffnung mit im Vordergrund, daß ich mir vielleicht einmal wieder eine schöne Opernaufführung ansehen kann; die Preise sind nun viel höher. Der teuerste Platz in der Oper kostete zu DDR-Zeiten 15 Mark; die kulturellen Einrichtungen wurden ja hoch subventioniert. Auch die Bücher waren sehr preiswert. Dadurch konnten wir viel Kulturelles wahrnehmen, und das war mit unser Lebensinhalt. Im Wegfall der kulturellen Möglichkeiten sehe ich für mich eigentlich den größeren Verlust, auf die große Wohnung habe ich leichter verzichtet.

Insgesamt sehe ich die Öffnung der Grenze aber als etwas Positives. Das Zusammenwachsen ist mit vielen Schwierigkeiten verbunden, aber ich glaube, das ist ein ganz normaler Zustand. Der Prozeß der Vereinigung ist ja noch nicht abgeschlossen, auch innerlich sind wir noch dabei, all das Neue zu verarbeiten.

Eine besondere Freude nach der Vereinigung war es für mich, nun zu Gitta reisen zu können. Auch die Nordsee kennenzulernen war immer mein großer Wunsch. Nun war ich bei Gitta in Westerland, und wir sind uns trotz all der Jahre, die wir uns nicht gesehen haben, so vertraut gewesen, als hätten wir uns vor ein paar Wochen erst getrennt, die alte Freundschaft war also geblieben.

Unser Zusammensein war in gewisser Weise ein Vorgeschmack auf das Klassentreffen in S. Natürlich war ich etwas unruhig: Wie wird die eine oder andere auf dich zukommen? Denn ich mußte ja in dieser bewegten Zeit nach der Wende auch damit rechnen, daß man mein Leben in der DDR voreingenommen betrachten und ungerecht beurteilen würde. Aber ich wollte diesen Schritt trotzdem tun, und das hat sich nun auch als richtig erwiesen, ich habe zu allen alten Mitschülerinnen wieder einen herzlichen Kontakt gefunden. Das Gemeinsame aus der Schulzeit war doch stärker als die Entwicklung nach 1945, die jede von uns anders erlebt hat. Nun ist in den Beziehungen wieder etwas in Gang gekommen, und das finde ich sehr schön – auch, daß Freundschaften eben doch ein ganzes Leben halten können.

Zu unseren Freunden, die wir später gewonnen haben, gehören auch Polen. Ich habe viele Polen als hilfsbereite, gastfreundliche Menschen kennengelernt, schon, als wir nach dem Krieg noch mit ihnen in Podejuch lebten. Unsere Tochter lernte dann in der Schule schon Polnisch, hat später in Krakau studiert und in diesen fünf Jahren Freundschaften geschlossen, die teilweise bis heute Bestand haben. Im Wohnheim wohnte sie in einem Zimmer mit polnischen Studentinnen, und ich hatte auch mal während der Semesterferien vier junge Polinnen für eine Woche mit hier. Zu den Eltern einer polnischen Freundin haben wir auch eine persönliche Beziehung gefunden. Besonders gut gefiel mir, daß wir offen über die Dinge gesprochen haben, die im Krieg passiert sind, als wir uns kennenlernten. Meine Tochter hatte nicht gewußt, daß der Vater ihrer Freundin als siebzehnjähriger junger Mann von den Deutschen weggeholt worden war und im Sudetenland im Bergbau Zwangsarbeit leisten mußte; er hat darüber nie gesprochen. Im Gegenteil: Zur Zeit ihres Studiums war in Polen die Verpflegungslage ziemlich schlecht, und sie wurde oft in die Familie eingeladen, man hat ihr dort ein Stückchen Zuhause geboten. 1988 besuchten wir das Ehepaar in Krakau, und im Mai 1990 waren sie bei uns in Berlin und erlebten den Umbruch aus erster Hand mit. Wir haben noch einmal über unsere persönlichen Erlebnisse gesprochen, und ich habe ihnen auch geschildert, unter welchen Bedingungen wir nach dem Krieg in Podejuch gelebt haben und wie die Deutschen aus Podejuch weggegangen sind.

Für mich ist es keine Frage: die Grenzziehung zwischen Deutschen und Polen kann man nicht rückgängig machen. Gerade in unser Gebiet sind ja auch Menschen gekommen aus Teilen Polens, die an Rußland abgetreten werden mußten, und es sind nun schon mehrere Generationen dort aufgewachsen. Ich fragte einmal meinen jüngeren Bruder, der erst fünf Jahre alt war, als wir aus Podejuch herauskamen: »Was empfindest du denn, wo bist du zu Hause?« Und er sagte: »Ich bin in Tantow zu Hause!« Dort ist er aufgewachsen, und das gibt ihm das Gefühl für Heimat, und so wird es auch den jungen Polen gehen, die in unserer früheren Heimat aufgewachsen sind. – Ich empfinde wohl Podejuch als meine Heimat, aber zu Hause bin ich seit langem in Berlin.

Christa

Ich wurde wie die meisten von uns 1929 geboren und bin in der Nazizeit aufgewachsen; der Nationalsozialismus gehörte für mich ganz selbstverständlich zu meiner Kindheit und Jugend. Wenn »der Führer« sprach, nahm mein Großvater auf der Ofenbank Platz – daneben stand der Volksempfänger –, und auch Mutter oder Vater saßen vor dem Radio und hörten der Rede aufmerksam zu. Ich durfte dann keinen Ton sagen, langweilte mich natürlich und wurde hinausgeschickt, wenn ich quengelte. Die Faszination, die dieser Mann auf meine Eltern wie auf viele, viele andere Menschen ausgeübt hat, ist mir heute unbegreiflich.

Meine Eltern liebten und verwöhnten mich sehr. Ich verdanke ihnen eine wunderschöne Kindheit. Sie waren bei meiner Geburt schon etwas älter – ich hatte bereits einen achtjährigen Bruder –, und ich erlebte sie als sehr liebevoll und fürsorglich und kann sie mir eigentlich gar nicht als Anhänger eines Unmenschen vorstellen. Ich nehme an, daß sie wie viele andere auch da so hineingerutscht sind, ohne richtig zu begreifen, was Nationalsozialismus wirklich bedeutete, und natürlich auch nicht, wohin er führen würde. Da mein Vater schon Ende 1944 starb, konnte ich ihm später auch keine Fragen mehr stellen.

Mein Vater war in der Partei, und bei uns wurde »Der Stürmer« gehalten, eine nationalsozialistische Zeitung, herausgegeben von Julius Streicher. Später gab es ein Bilderbuch dazu, das bekam ich zu Weihnachten geschenkt. Und ich kann mich erinnern, wie furchtbar mich eine Zeichnung geängstigt hat: In einer Karikatur war ein großes, dickes, gräßliches Ungeheuer dargestellt, das kaum noch menschliche Züge hatte, das sollte ein Jude sein; und dieser Unhold schleppte in seinen behaarten Pranken ein ganz zartes blondes Mädchen, wie ich eines war. Dazu hieß es in etwa: »Deutsche Frauen, deutsche Mädchen, nehmt Euch in acht vor dem Juden! Jedes blonde Mädchen, das er kriegen kann, das vergewaltigt er!« Wie diese Propaganda auf ein heranwachsendes Kind wirkte, konnte ich bei mir selbst feststellen, noch heute habe ich dieses Bild vor Augen! Wir blonden Kinder waren ja angeblich die Stütze der Nation. Wenn im Biologieunterricht nach der »nordischen Rasse« gefragt wurde, mußten Inge Sch. und ich aufstehen, wir beide sollten die nordische Rasse verkörpern, mehr nordische Rasse war nicht vertreten.

Als Kind habe ich geglaubt, was man mir über die Juden erzählte, heute sehe ich sie natürlich anders, aber meine Vorurteile saßen so tief, daß ich später lange gebraucht habe, um mich restlos davon zu befreien; die letzten verlor ich erst durch einen Besuch in Israel. Vor etwa sieben Jahren fuhr ich mit unserer evangelischen Kirchengemeinde für vierzehn Tage dorthin, konnte das Land und die Menschen kennenlernen, und da sah ich nun vieles, was mir sehr großen Eindruck machte: die Kibuzzim und die unterirdischen Bewässerungsanlagen, die Anpflanzung eines Waldes zwischen Tel Aviv und Jerusalem und manches andere, das mit großer Ausdauer, Anstrengung und Liebe zum Land dort geschaffen worden war. Ich habe mich dann näher mit dem ganzen Problem der Juden in Deutschland befaßt, über ihr Leben hier gelesen und auch erfahren, daß sie früher einmal bei uns nur Handel treiben konnten, andere Arbeit ihnen nicht zugänglich war. Heute, wo sie ihr eigenes Land gestalten können, tun sie das auf eine Weise, die mir Respekt eingeflößt hat. Aber wenn ich nicht selber dort gewesen wäre und das alles mit eigenen Augen gesehen hätte, würde ich vielleicht doch noch einige Ressentiments innerlich weiter mitschleppen. Nun bin ich froh, daß die schlimmen Vorurteile aus meiner Kindheit keine Realität mehr für mich haben.

Als ich 1943 mit der Schule nach Grimmen mußte, kam für mich der erste schwere Abschied. Nach Sellin war ich gerne mitgefahren, da wußten wir, daß wir wieder nach Hause kommen würden. Jetzt war unsere ganze Familie verstreut: Mein Bruder war zur Luftwaffe eingezogen worden, mein Vater nach außerhalb dienstverpflichtet, und nur meine Mutter lebte noch zu Hause.

Besonders schlimm an der Evakuierung war für mich, daß wir nun von unserer Klassenlehrerin abhängig waren, und zu ihr wäre ich nie mit einem Kummer gegangen; im Gegenteil. Zu Hause hatte ich mich oft bei meinen Eltern über sie beschwert, mein Verhältnis zu ihr blieb auch in Grimmen gespannt. In der ersten Zeit konnte meine Mutter mich einmal besuchen, aber später wurde mein Vater sehr krank, er kam nach Hause, und sie mußte bei ihm bleiben. Wenn ich in den Ferien von Grimmen heimfuhr, ahnte ich nicht, wie schlimm es um ihn stand.

Weihnachten 1944 durften wir nur noch aus ganz triftigen Gründen nach Hause fahren. Mein Vater hatte Krebs, und es ging ihm schon sehr schlecht; der Arzt schrieb deshalb ein Attest aus, damit ich kommen konnte. Das Attest war Anfang Dezember in Grimmen, aber Cläre ließ mich nicht fahren. Es kam dann noch einmal ein Schreiben, bis ich endlich am 16. Dezember nach Hause durfte. Als ich ankam, lag mein Vater schon fast im Koma. Er erkannte mich noch, konnte aber nicht mehr sprechen, weil der Krebs schon die Stimmbänder zerfressen hatte. Am nächsten Tag starb er. Ich bin überzeugt, er hatte sich so lange am Leben gehalten, bis ich kam. Er wollte mir noch vieles sagen, nur konnte ich es nicht mehr verstehen. Sein Tod war ein sehr einschneidendes Erlebnis für mich. Und daß ich zu spät kam, konnte ich der Cläre nicht vergessen.

Ich spreche nicht gern über das Thema Cläre, es soll für mich erledigt sein. Aber es hatte lange gedauert, bis ich die schlechte Behandlung durch sie überwunden und meine Natürlichkeit und Unbekümmertheit wiedergefunden hatte. Nach der Schulzeit habe ich noch viele Jahre Hemmungen und Minderwertigkeitskomplexe mitgeschleppt. Ich konnte auch nie verstehen, warum meine Eltern nicht veranlaßt haben, daß ich in eine andere Klasse oder Schule kam. Wahrscheinlich hatten sie die Vorstellung, ich müßte meine Rechte selbst durchsetzen, aber dazu war ich ja überhaupt nicht in der Lage. Auch in der Klasse gab es fast nie offene Stellungnahmen für mich, obgleich viele Klassenkameradinnen auf meiner Seite standen. Ich konnte das aber gut verstehen, jede mußte sehen, daß sie mit der Cläre keinen Ärger bekam. In unserer Schulzeit war es ja noch nicht möglich, einen Schüler gegen einen Lehrer zu unterstützen.

Nach der Beerdigung meines Vaters mußte ich im Januar 1945 wieder zurück nach Grimmen. In meinem Quartier schlief ich mit der Wirtin in Ehebetten, das hat mich am Anfang sehr gestört, aber wir freundeten uns dann an. Es war auch noch eine dreizehnjährige Tochter da, und ich bin bis zum Schluß dort geblieben. Am 6. März 1945 stand meine Mutter vor der Tür – mit einem kleinen Koffer. Ich wußte, daß die Mutter einer Klassenkameradin zehn große Säcke geschickt hatte, bevor sie selber kam. Aber meine Mutter sagte: »In vier Wochen sind wir wieder zu Hause!« Nun war unser Quartier sehr eng; aber es dauerte nicht lange, da war mein Großvater aus Stettin da, und auch er wurde aufgenommen. Ich schlief jetzt mit der Tochter im Wohnzimmer auf dem Fußboden.

Es vergingen noch etwa drei Wochen, bis die Russen einmarschierten, aber vorher kamen viele Flüchtlinge durch den Ort, und wir überlegten, ob wir nicht mitziehen sollten, denn wir hatten riesige Angst vor den Russen. Aber dann sind wir doch geblieben.

Als die ersten russischen Soldaten in der Straße standen, lehnte das Ehepaar aus der Nachbarwohnung auf dem Fensterbrett und schaute hinaus, und ein Russe rief von unten hinauf: »Uhri, Uhri!« Der Nachbar mußte ihnen die Armbanduhr geben, damit waren sie erst mal zufrieden. Am nächsten Morgen hatten diese Nachbarn sich umgebracht, erschossen. Die Wohnung war verschlossen, und als sie geöffnet wurde, lagen sie da und auch noch eine alte Mutter. In den nächsten Tagen hörten wir von mehreren Familien in Grimmen, daß sie sich das Leben genommen hätten, darunter eine Familie mit dreizehn Personen.

Auch zu uns kamen gleich russische Soldaten in die Wohnung, und dann noch einmal am Abend. Wir Mädchen lagen schon zum Schlafen auf dem Fußboden, ich war eben sechzehn geworden. Der Russe riß das Deckbett hoch, meine Mutter rief: »Kinder!« Da ließ er die Decke wieder fallen und ging eine Treppe höher; dort wohnte ein achtzehnjähriges Mädchen, und sie wurde nun vergewaltigt.

An diesem Abend war auch Günter bei uns, den ich schon während der Schulzeit in Grimmen kennengelernt hatte und Jahre später geheiratet habe. Cläre war es natürlich ein Dorn im Auge, wenn er mich von der Schule abholte. Kurz vor Kriegsende hatte sich Günter noch als Freiwilliger gemeldet und bei einem Fronteinsatz ein Auge verloren; deshalb war er vor dem Einmarsch der Russen auf Genesungsurlaub bei seinen Eltern in Grimmen. Vielleicht acht Tage vor Kriegsende aber hatte man ihn noch zum Volkssturm erfaßt, und er mußte nach Demmin marschieren, der nächsten kleinen Stadt, zusammen mit Alten und Kranken, ohne richtige Uniformen und ohne Waffen. In Demmin kam er schon in die Phase, in der keiner mehr etwas vom andern wußte und niemand mehr richtig kontrollieren konnte, und da hatte er sich einfach abgesetzt und war zurück nach Grimmen gegangen. Aber als die Russen nun in der Stadt waren, mußte er sich natürlich weiter bedeckt halten, denn die Russen waren sehr mißtrauisch, wenn sie einen jungen Mann sahen, der Soldat hätte sein können. Und deshalb kam Günter abends in der Dunkelheit zu uns, und da wurde er nun doch entdeckt. Der Russe wurde ganz wild, und Günter versuchte, ihm zu erklären, daß er das Auge bei einem Bombenangriff auf Stralsund verloren habe, aber der Russe verstand Stalingrad und wurde noch wütender. Schließlich ließ er von ihm ab, Günter hatte ihm wohl doch glaubhaft machen können, daß er das Auge als Zivilist verloren hatte.

Nach zwei, drei Tagen mußten wir das Haus räumen, die Russen beschlagnahmten es und zogen sofort ein. Am Ende der Straße lagen drei Behelfsheime, Baracken, wie man sie zu der Zeit gebaut hat, dort sollten wir mit einziehen. Sie waren natürlich voll belegt, wir fanden Platz auf dem dunklen Dachboden, wo wir nur liegen konnten. Aber wir blieben im Haus, damit die Russen uns nicht sahen. Günter versuchte nun, uns ein bißchen zu versorgen. Auf dem Bahnhof war ein Zug mit Lebensmitteln steckengeblieben, und der wurde geplündert. Günter kam mit einem riesigen Wagenrad von Käse, und wir aßen Käse statt Brot. – Wir haben vielleicht zehn Tage auf diesem Boden zugebracht, dann konnten wir die Wohnung wieder beziehen. Dort sah es allerdings sehr schlimm aus, unvorstellbar schmutzig, vieles war verdorben. Mitten in der Wohnstube hatten die Soldaten ihren Kot hinterlassen. Da hatten wir nun unsere Last, es wieder einigermaßen bewohnbar zu machen.

Wir waren nun wieder alle zusammen in der engen Wohnung, und nach vierzehn Tagen wollte mein Großvater nicht mehr; er sagte einfach, er wolle nach Hause fahren. Es gingen wohl manchmal Züge, aber nicht zu festen Zeiten, nichts war geordnet. Aber mein

Großvater ließ es sich nicht ausreden – er war damals 78 –, er ging zum Bahnhof, und wir haben nie wieder etwas von ihm gehört, obwohl ich später noch 20 Jahre lang beim Roten Kreuz Nachforschungen angestellt habe.

Etwa zwei Wochen nach dem Einmarsch der Russen hingen Anschläge aus: Alle Leute aus dem Osten müßten wieder zurück in ihre Heimat. Mein Vater war tot, von meinem Bruder wußten wir nichts, meine Mutter und ich haben beraten und uns schließlich einen Handwagen organisiert, ein paar Sachen draufgelegt und sind eines Morgens mit Friederike und deren Mutter losgezogen. Es waren viele, viele Menschen, die sich im Treck auf den Weg gemacht hatten. Wir kamen zuerst bis Loitz, dort ging meine Mutter zu einer Frau, die vor dem Haus stand; sie wollte wohl etwas für mich erbitten. Ich sah von weitem, wie ihr die Tränen über das Gesicht rollten, und sie kam ohne etwas zurück. Ich fand es schrecklich, daß meine Mutter weinte, aber später, als ich selbst Kinder hatte, konnte ich sie verstehen. Sie sagte nur: »Ach was, Klappern gehört zum Handwerk!«

Es ging dann weiter bis nach Ferdinandshof – etwa 40 Kilometer –, denn es hieß, hier am Bahnhof stehe ein Zug bereit, mit dem wir in die Heimat transportiert werden sollten. Es war aber nur ein Zug mit offenen Güterwagen zu sehen, die mit Schienen beladen waren. Wir kletterten nun alle hinauf und versuchten, uns zwischen den Schienen so festzuklemmen, daß jeder einen Halt hatte; es waren ja auch alte Leute und Kinder dabei. Irgendwann ging die Fahrt los, aber in der Nacht hielt der Zug an, und es dauerte nicht lange, dann hörte man die Schreie. Russen waren gekommen, suchten auf den Wagen nach Frauen, nahmen sie mit und vergewaltigten sie. Als der Morgen graute, fuhr der Zug weiter, und es war, als wäre in der Nacht nichts geschehen. Von uns war jeder froh, noch einmal davongekommen zu sein.

Mein Heimatort Finkenwalde war ein Vorort von Stettin am östlichen Oderarm. Die Eisenbahnbrücke über die Oder war gesprengt, und in Richtung Osten gab es nun eine Behelfsbrücke. Als der Zug hinüberfuhr, konnte man weder rechts noch links etwas von der Brücke sehen; sie war gerade so breit wie der Zug. Mir war diese Fahrt über die Oder sehr unheimlich. Wir kamen in Finkenwalde an, der Zug hielt auf freier Strecke, und wir sprangen die Böschung hinunter. Der Handwagen war unterwegs zu Bruch gegangen, und wir machten uns nun mit unseren Rucksäcken und Taschen durch den leeren Ort auf den Weg zu unserer Wohung. Die Straßen lagen voller Geröll, aber es standen noch verhältnismäßig viele Häuser; allerdings war in den Fenstern kein Glas mehr, und viele Möbel lagen kaputt draußen. Wir schienen allein im Ort zu sein, es war unheimlich still, nur die Vögel hörte man besonders laut. Später merkten wir, daß außer uns doch schon einige andere Deutsche zurückgekehrt waren.

Unsere Wohnung lag im ersten Stock eines dreigeschossigen Hauses, und obgleich das Dach abgedeckt und einiges zerstört war, zogen wir dort ein; es war eben unsere Wohnung. Die Tür konnten wir über dem Schutt gerade noch schließen, aber richtig verbarrikadieren konnten wir uns nicht. Es war Juni und sehr schön warm; wir suchten uns Pappe und nagelten sie vor die Fenster. Dann versuchten wir, die Wohnung einigermaßen zu säubern. Die Tage vergingen vor allem mit der Suche nach Lebensmitteln. Aber wir gingen immer nur zu zweit, denn durch die Häuser streiften auch Trupps von Polen mit Bündeln auf dem Rücken. Wenn sie uns in unserer Wohnung sahen, kamen sie nicht herein, aber sonst gingen sie überall durch die Häuser und suchten nach Sachen, die sie noch gebrauchen konnten. Die Wohnungen waren ja alle offen, die Türen schlugen im Wind, deshalb hörte man immer Geräusche und wußte nie, wer außer einem selbst noch in einer Wohnung war.

Wenn abends die Sonne unterging, lag über dem Ort immer ein ekelhafter süßlicher Geruch, und bald war uns klar, daß es der Geruch von Leichen war. Überall im Ort verstreut lagen tote deutsche Soldaten – auf Sofas in den Häusern und draußen in Gräben, die noch zur Verteidigung ausgehoben worden waren. Auch in unserem Garten fanden wir einen Toten, einen baumlangen Mann; meine Mutter suchte sich einen Spaten und bedeckte ihn mit Erde. Der Friedhofsgärtner war auch schon zurückgekommen. Ich kannte seine Tochter gut und hörte von ihnen, daß es achtzig Tote waren, die sie gefunden und beerdigt haben. Die Tochter, die in unserem Alter war, hatte sich die Haare abgeschnitten und sah nun wie ein Junge aus, so konnte sie sich frei bewegen.

Wir Mädchen, zwei Klassenkameradinnen und ich, mußten uns vor den Russen verstecken. Wir stiegen morgens über Geröll und Trümmer auf den freien Boden unseres Hauses; dort sollten wir in der Mitte dicht am Schornstein ruhig sitzen, damit wir von unten nicht gesehen würden. Unsere Mutter gab uns Hakenkreuzfahnen mit, das waren die einzigen Stoffe, die man noch fand; wir sollten das Emblem in der Mitte heraustrennen, damit wir uns später irgend etwas aus den Stoffen nähen konnten. Wir mußten aber doch gesehen worden sein, denn nach einigen Tagen kam in den ersten Stock zu meiner Mutter ein russischer Offizier, ein Mann in mittleren Jahren, und fragte nach uns. Meine Mutter sagte, wir seien nicht da, und da mußte meine Mutter mitgehen, und er hat sie vergewaltigt. An diesem Tag war ihr Silberhochzeitstag, und sie war sehr unglücklich. Doch wir Mädchen waren gerettet. Am nächsten Tag stiegen wir nicht mehr in unser Versteck, aber der Russe kam wieder und vergewaltigte meine Mutter ein zweites Mal. Und darüber kam sie nun nicht hinweg, sie wollte aus dem Leben gehen. Und ich – weil sie ja die einzige war, die ich noch hatte – sagte: »Wenn du nicht mehr lebst, will ich auch nicht mehr! Ich mache mit. Wir hängen uns auf!« Aber als es dann soweit war und wir die Vorbereitungen treffen wollten, hatte ich doch keinen Mut, und ich hatte auch nicht ganz die Hoffnung auf ein besseres Leben verloren und bat: »Ach Mutter, komm, laß es uns doch noch mal versuchen!« Sie ließ sich schließlich überreden, und wir zogen nun zu einer Klassenkameradin in ein Haus, wo schon mehr Leute wohnten.

Wir waren in dieser Wohnung sehr zusammengepfercht, aber man konnte sie wenigstens abschließen. Aus dieser Zeit sind mir vor allem die Nächte in Erinnerung, in denen wir drei Mädchen angezogen mit unseren Müttern auf dem Flur an der Wand kauerten, und an die Wohnungstür schlugen und hämmerten die Russen, die zu uns herein wollten. Wir haben furchtbar gezittert, es ging fast jede Nacht so und dauerte endlos. Aber sie haben es nie geschafft, hereinzukommen. Die Tür aufzubrechen haben sie in dieser Zeit wohl nicht mehr gewagt.

Eines Tages waren andere Soldaten mit viereckigen Mützen auf den Straßen; sie versuchten, sich mit uns Mädchen zu unterhalten und wollten sonst nichts von uns – das waren Polen. Und etwa drei, vier

Tage später kam ein Pole mit einem höheren Dienstgrad morgens durch die Wohnung, und es hieß: »In zehn Minuten am Markt antreten, alle Deutschen raus!« Von meinem Bruder hatten wir einen Fliegersack mit zwei Griffen, in den wir schnell alles hineinwarfen, was uns wichtig erschien; es durfte nicht zu schwer sein, weil wir nicht wußten, wie lange und wohin wir gehen mußten. Wir standen dann bis zum Mittag in der Sonne, ungewiß, was man mit uns vorhatte. Schließlich setzte sich der Zug in Bewegung, in schnellem Tempo ging es durch Finkenwalde, Podejuch und noch weiter an der Oder entlang nach Süden. Wir hatten großen Hunger und Durst, aber nun doch wenigstens nicht mehr die Angst, daß man uns nach Osten treiben würde; denn »Sibirien« war in dieser Zeit das Schreckenswort. Es war ein relativ langer Treck, alle, die schon wieder nach Finkenwalde zurückgekommen waren, zumeist Frauen mit Kindern und Alte. Während des weiten Marsches hörten wir mehrmals Schüsse, und wie uns später andere aus dem Zug sagten, waren alte Menschen und Kranke, die nicht mehr weiter konnten, erschossen worden.

Bei Retzowsfelde war die erste Oderbrücke, über die wir zu Fuß gehen konnten. Bis hierher waren wir eskortiert von den polnischen Soldaten, die genau aufpaßten, daß wir alle mitgingen. Aber als wir nun über der Brücke waren, ließen sie uns frei. Auf der anderen Seite lagerten schon viele Flüchtlinge, die auch über die Oder getrieben worden waren. Einige hatten einen großen Kuhkopf, den sie in einem Waschkessel über offenem Feuer abkochten, und sie boten meiner Mutter und mir davon an. Es schmeckte ungesalzen grausig, aber wir haben natürlich gegessen, weil wir furchtbaren Hunger hatten. In einer großen Scheune war etwas schmutziges Stroh, und wir legten uns dort hin, völlig kaputt von diesem sehr langen Marsch. Wir schliefen erschöpft ein und wachten am nächsten Morgen mit schlimmem Hunger auf. Viele Leute hatten schon Ruhr, und in der Scheune war viel Unruhe; wir haben uns dort die ersten Läuse eingefangen.

Meine Mutter und ich machten uns nun in Richtung Stettin auf den Weg, weil wir vermuteten, mein Großvater könnte in Stettin-Scheune bei seinem Stiefsohn Quartier bezogen haben. Wir hatten gar nichts zu essen, aber unterwegs trafen wir eine weitläufige Verwandte, die einen Beutel mit Zucker bei sich hatte, und sie gab uns jedem einen Eßlöffel davon. Ich weiß noch heute, was für Kräfte das in uns geweckt hat, wie wir im Moment völlig satt waren und weitergehen konnten! Wir kamen nach Scheune, aber mein Großvater war nicht dort. So zogen wir weiter nach Stettin und gingen da in eine leere Wohnung, weil wir hofften, ihn in Stettin noch finden zu können.

(Wieder werden Lebensmittel, Töpfe usw. in verlassenen Häusern gesucht; Christas Mutter tauscht Sachen auf dem schwarzen Markt gegen Lebensmittel ein. Um nicht zu verhungern, wollen Mutter und Tochter nach vierzehn Tagen zurück nach Grimmen. Sie bekommen das erforderliche Dokument und dürfen die Stadt verlassen; M. L.)

Mit Friederike und ihrer Mutter, die wir in Stettin wiedergetroffen hatten, machten wir uns auf den Weg nach Pasewalk, denn von dort fuhren Züge. Sie gingen noch ohne Fahrplan, und man war glücklich, wenn man da ankam, wo man hin wollte. Unser Zug fuhr in die falsche Richtung, und erst nach langem Hin- und Herfahren kamen wir in Grimmen an. Wir gingen nun gleich voller Gottvertrauen zu unserem alten Quartier; wir hatten uns vorgestellt, vorübergehend dableiben zu können, um uns dann eine Wohnung oder ein Zimmer zu suchen. Über diese Adresse hätte auch mein Bruder uns eventuell finden können. Als wir nun ankamen, tischte unsere ehemalige Wirtin uns eine Geschichte von plündernden Russen auf, die unsere Sachen zum Teil mitgenommen hätten. Meine Mutter erkundigte sich aber bei Leuten aus dem Haus und erfuhr, daß die Wirtin selbst angefangen hatte, unsere Sachen zu tauschen. Ein kleiner Rest war noch da, den nahmen wir mit; und nun standen wir wieder auf der Straße. Da kam wie ein rettender Engel Friederike, sie wußte, daß man in Klevenow unterkommen konnte, einem großen Gut, das unter russischer Verwaltung stand. Wir gingen also mit, und ich blieb dort die nächsten sieben Jahre.

Wir bekamen ein Zimmer in der Schule – mit zwei Strohsäcken drin – und waren nun sehr froh, daß wir ein Lager hatten, wo wir uns hinlegen und ausruhen konnten. Aber natürlich war das nicht umsonst, wir mußten arbeiten. Zuerst schickte man uns beide in die Molkerei. Dort standen wir nun an der Zentrifuge und drehten den ganzen Tag die Milch durch. Ab und zu setzten wir den Topf mit der Sahne an und tranken einen Schluck – mit dem Effekt, daß wir furchtbaren Durchfall bekamen. Und nun keine Toilette, sondern das Klo auf der grünen Wiese – das war nicht schön. Ich war relativ groß und ging zu der Zeit ganz krumm, weil ich ausgezehrt war, und wenn wir an den Dorfleuten vorbeigingen, sagten sie: »Jetzt kommt die Ulsch mit ihrer Hoppenstange!« – Das haben sie mir später erzählt.

Die Arbeit in der Molkerei dauerte vielleicht vier Wochen, und dann ging's aufs Feld. Ich hatte mein Lebtag noch keine Landarbeit gemacht. Es begann mit Garbenbinden. Auf dem Feld waren etwa fünfzehn Russinnen, die zur Ernte nach Deutschland gebracht worden waren, und drei Deutsche, die von der Arbeit ebensowenig Ahnung hatten wie ich. Das Getreide wurde geschnitten, und wir mußten ein Band drehen, es um einen Arm voll Halme knüpfen und dann die Garben in Hocken aufstellen. Niemand sagte: »Das müßt ihr so machen!« Die Russinnen waren am Horizont bald nicht mehr zu erkennen, und es war sehr trostlos! Aber mit der Zeit lernte ich es doch und konnte es schließlich sogar ganz gut. Danach machten wir alle anfallenden Landarbeiten: Wir haben Heu auf große Leiterwagen gestapelt, dann die Korngarben, haben Raps und Flachs verzogen und im Herbst Rüben ausgemacht und Kartoffeln gesammelt.

Wir waren natürlich froh, daß wir nun etwas zu essen bekamen. Auf dem Gut gab es eine Gemeinschaftsküche, wo wir jeden Tag eine warme Mahlzeit holen konnten, aber wir aßen immer dasselbe: rohe geriebene Kartoffeln in Magermilch gekocht. Wir nannten das »Zudelsuppe«, und sie war meistens angebrannt. Ich mag heute noch nicht daran denken, so schlimm hat sie geschmeckt. Dazu gab es gekochte Pellkartoffeln mit Salz. Außerdem bekamen wir zu zweit vier kleine Brote in der Woche, aber einen Aufstrich hatten wir nicht.

Abends kochten wir uns Kartoffeln. Wir hatten ja meistens Stromsperre, so machten wir im Kachelofen ein schönes Feuer, saßen vor dem Ofenloch und pellten in dem Feuerschein unsere Kartoffeln. Meine Mutter konnte auf dem Feld nicht mehr arbeiten und war in die Gärtnerei gekommen, von wo sie heimlich manchmal etwas Gemüse mitbringen konnte. Wir waren darauf angewiesen zu stehlen, denn was wir bekamen, reichte nicht zum Sattwerden. Als es keine

Kartoffeln mehr gab, aßen wir Piluschken, das waren schwarze Bohnen. Sie schmeckten sehr eigenartig, aber meine Mutter kochte damit eine Gemüsesuppe; die hat uns bei Kräften gehalten, und damals hat sie uns köstlich geschmeckt. Bald war aber auch die Arbeit in der Gärtnerei zu schwer für meine Mutter, und sie arbeitete später mit anderen Frauen zusammen in der Küche für die Russen.

Im Herbst fing man an, nachts auf der Tenne zu dreschen. Das Stroh kam über ein Laufband nach draußen auf eine Miete, wo ich es verteilen sollte. Neben mir war dort noch ein junger Soldat, ein Mongole oder Kirgise, es war halb schummrig, und plötzlich warf er sich auf mich. Ich schrie natürlich, so laut ich konnte, aber das hörte niemand bei dem Lärm der Dreschmaschine. Ich wehrte mich mit allen Kräften, und weil das Stroh nachgab, konnte ich mich bewegen und ihn schließlich wegstoßen; so bin ich dem Unheil noch einmal entronnen. Auf dem Gut waren etwa dreißig Russen stationiert, und es gab darunter nette und weniger nette. Ab 1946 brauchte man nicht mehr so große Angst zu haben, die Offiziere paßten nun auf.

Im zweiten Jahr sollte ich Kühe hüten. Morgens zog ich los mit etwa fünfzehn Kühen, die auf eine eingezäunte Koppel gebracht wurden. Sie konnten eigentlich gar nicht weglaufen, aber es mußte jemand dabei sein. Ich nahm ein Cape mit und schlief auf der Weide, schrieb Briefe oder las, und manchmal bekam ich auch Besuch oder besuchte andere. Vis-à-vis lagen Bauernhöfe, ich ging nun öfter dorthin, und da lernte ich melken; an Milch hatte ich nun keinen Mangel mehr. Im Winter blieben die Kühe im Stall, und ich mußte zum Arbeiten in den Schweinestall. Dort auszumisten gefiel mir nun nicht so gut.

Zu unserer Arbeit auf dem Land kamen aber bald auch Vergnügungen. Das waren zwar nur Tanzveranstaltungen, anderes gab es noch nicht, aber wir fanden es ganz wunderbar. Die Kleider wurden von einer Schneiderin im Dorf genäht – wahre Kunstwerke aus verschiedenen alten Sachen. Ich trug wunderschöne dunkelblaue Pumps von meiner Mutter, die merkwürdigerweise gerettet worden waren; allerdings waren sie mir eine Nummer zu klein. Klevenow und die umliegenden Ortschaften waren früher Güter gewesen, so daß in jedem Ort ein Gutshaus stand, und da fand der Tanz jeweils in einem größeren Raum statt. Wir gingen oft drei, vier Kilometer dahin und morgens auch wieder zu Fuß zurück. Meist spielte eine kleine Kapelle, manchmal kam auch nur ein einzelner Spieler, und wir haben herrlich »geschwoft«. »Wenn bei Capri die rote Sonne im Meer versinkt...«, den Schlager habe ich am meisten geliebt.

Auf Stühlen ringsum an der Wand thronten unsere Mütter. Sie waren damals ja noch lange nicht so alt, wie wir heute sind, und wenn einmal ein Walzer oder andere Musik von früher gespielt wurde, dann standen sie auf und tanzten miteinander. Männer gab es nicht mehr viele in ihrem Alter, sie waren meist gefallen oder noch in Gefangenschaft, und so war es ganz selbstverständlich, daß zwei Frauen zusammen tanzten. Am Schluß – meistens morgens um sechs – spielte die Kapelle, und alle sangen mit: »Nach Hause, nach Hause, nach Hause gehn wir nicht – im Schloß, da brennt noch Licht – nach Hause gehn wir nicht!« Wir hielten meistens bis zum Morgen durch, zogen uns dann schnell um, und es ging weiter mit der Arbeit. Aber wir haben das sehr genossen, es war ja das einzige, was wir in unserer Jugend erleben konnten. Tanzen hatten wir natürlich nicht gelernt; wir machten die Schritte mit, die der Partner machte – der eine konnte das gut, der andere weniger gut. In diesen Jahren kam so eine Art Rock 'n' Roll auf, wir kannten den Tanz ja nicht und haben gewaltige Verrenkungen gemacht und sehr viel Spaß dabei gehabt.

Meine Arbeit bei Kühen und Schweinen dauerte etwa zwei Jahre, dann wurde ich eines Tages gefragt, ob ich nicht Lust hätte, im Gemeindebüro zu arbeiten. Ja, ich hatte Lust! Ich war so glücklich, endlich von der Landarbeit erlöst zu sein! Aber ich mußte uns ja ernähren; zu unserer Familie gehörte nun auch mein Bruder. Er war am Ende des Krieges in der Nähe von Offenbach als Nachtflieger eingesetzt; mehr wußten wir nicht, bis er sich 1947 meldete. Nach dem Krieg hatte er in der Region als Holzfäller gearbeitet, als er uns fand. Dann schickte er uns bald eine Zuzugsgenehmigung für den Kreis Offenbach. Aber wir konnten uns nicht entschließen zu gehen. Dabei spielte für mich eine Rolle, daß Günter im Mai 1945 – mit siebzehn Jahren – von den Russen abgeholt und in das Lager Neubrandenburg gebracht worden war. Es gab kein Verfahren, es hieß, er habe »Werwölfe« ausgebildet, aber diese Anschuldigung entbehrte jeder Grundlage. Aus Neubrandenburg durfte nicht geschrieben werden, so kam kein Wort aus dem Lager. Aber ich hatte erfahren, daß er noch lebte. Denn ab und zu fuhren Frauen nach Neubrandenburg, sie warteten morgens in der Nähe des Lagers im Wald, bis Arbeitstrupps herauskamen; denen riefen sie dann die Namen ihrer Angehörigen zu, und manchmal bekamen sie auch Antwort. So war auch Günters Mutter zweimal dort und hatte gehört, daß er noch am Leben war.

Wir schrieben also 1947 an meinen Bruder: »Komm Du doch zu uns!« Und das tat er sofort. Er wäre gerne wieder als Pilot geflogen, aber da man nicht wußte, wann das möglich sein würde, wollte er fürs erste Lehrer werden. Er bewarb sich in Greifswald, der nächsten Universität, mußte einen Fragebogen ausfüllen und gab auch an, daß unser Vater Parteigenosse gewesen war; daraufhin wurde sein Antrag abgelehnt. Aber die Lehrerbildungsanstalt in Putbus nahm ihn auf. Dort war er wohl zwei Jahre, dann wurden die drei Besten ausgesucht und sollten in Greifswald studieren. Nun hat er wohlweislich die Angabe nicht mehr gemacht, konnte studieren und wurde nach sechs Semestern Lehrer. Als Jahre später in der DDR die Fluggesellschaft »Interflug« gegründet wurde, mußte er als Lehrer auf seinem Posten bleiben.

Auch ich kam nicht in meinen Traumberuf. Ich wollte Kriminalbeamtin werden, aber meine Mutter und ich hatten ja nur, was ich verdiente, und so war eine Ausbildung nicht möglich. Meine Mutter bekam keine Witwenpension, es gab in der sowjetischen Zone nur Renten, aber wenn man zwei Kinder hatte, waren die Kinder verpflichtet, die Mutter zu ernähren. Erst nach meinem Weggang in den Westen bekam meine Mutter eine Mindestrente.

Die Arbeit im Büro machte mir nun aber viel Freude und war sehr vielseitig. Ich konnte mich schnell einarbeiten, gab Lebensmittelkarten aus und führte auf den Sitzungen der Gemeindevertreter das Protokoll. In diese Zeit fiel auch die Landvergabe an die ehemaligen Gutsarbeiter und Flüchtlinge, die nun sieben bis zwölf Hektar Land bekamen.

Im August 1948 wurde das Lager Neubrandenburg aufgelöst, Günter kam nach Hause und meldete sich. Wir blieben zusammen bis auf den heutigen Tag, das sind jetzt 45 Jahre. Ab 1949 arbeitete ich in der landwirtschaftlichen Abteilung der Kreisstadt Grimmen. Aber als in Klevenow nach einem Jahr eine bäuerliche Handelsgesellschaft gegründet wurde, ging ich dahin zurück. Jetzt eignete ich mir auch die Kenntnisse in Buchhaltung an. Mir machte die Arbeit viel Spaß, und ich möchte diese Erfahrungen mit der Landbevölkerung nicht missen, ich habe viel über den Umgang mit Menschen dabei gelernt. Etwa 1951 wechselte ich wieder nach Grimmen in die Kreisstelle meiner Handelsgesellschaft. Jeden Morgen fuhr ich mit dem Fahrrad hin und abends wieder zurück. Weil es zu der Zeit keine Fahrradreifen gab, hatte Günter mir welche für ein Leichtmotorrad besorgt, und nun mußte ich mit den schweren Rädern die Tour machen, oft gegen den Wind, und war schon völlig außer Atem, wenn ich ankam. Aber ich war froh, daß ich überhaupt ein Fahrrad besaß; das war in dieser Zeit noch etwas Besonderes.

Nach Günters Heimkehr wurde das Leben in Klevenow für uns sehr viel leichter, er hatte die väterliche Tischlerei übernommen und brachte uns Möbel, Betten und Matratzen, und wir brauchten unsere Strohsäcke nicht mehr; langsam wurde es zivilisiert bei uns. Im Dezember 1952 haben wir geheiratet. Meine Mutter zog zu uns nach Grimmen, und ich arbeitete weiter bei meiner BHG, denn zwei Hausfrauen im Haus waren zuviel, und so ging es ganz gut.

Aber schon zu Ostern 1953 gingen wir in den Westen. In diesem Vierteljahr, das wir noch in Grimmen lebten, geschah viel Ungereimtes, das uns beunruhigte. So rief einmal mitten in der Nacht der Chef der GPU (alte Bezeichnung für die sowjetische Geheimpolizei) bei uns an, der bei Günter Möbel zum Aufarbeiten hatte, und fragte nun, ob die Möbel fertig seien. Nachts wurden in dieser Zeit häufig Leute von der GPU abgeholt – damals gab es noch keine deutsche Geheimpolizei, nur die GPU. Und nachts um 12 Uhr fuhr auch der Zug nach Berlin, den man meist nahm, wenn man sich absetzen wollte. Ein Freund von Günter machte Fahrten für die GPU, und während einer Fahrt entnahm er einem Gespräch, daß sie sich für Günter schon wieder interessierten, weil sie meinten, er wolle vielleicht auch flüchten. Günter sagte: »Ich bin einmal bei denen eingesperrt gewesen, ein zweites Mal kriegen sie mich nicht!« – Er hätte gerne den väterlichen Betrieb gehalten, aber der war sowieso vielen Kommunisten ein Dorn im Auge. Sie hatten Günter auch schon bekniet, in die SED einzutreten, aber das wollte er nun überhaupt nicht. Als der Freund ihm erzählte, was er gehört hatte, entschlossen wir uns sehr schnell zur Flucht; und weil wir den Eindruck hatten, daß das Haus beobachtet wurde, ließen wir alles liegen und stehen und gingen ohne Gepäck.

Ich fuhr über Umwege zu meinem Bruder nach Anklam, der dort inzwischen Lehrer war. Günter kam auf einem anderen Weg einen Tag später. Wir wollten dort noch das Osterfest verbringen, aber daraus wurde nichts mehr. Meine Mutter war gerade dort und sagte: »Ihr könnt doch nicht alles zurücklassen, nehmt wenigstens ein paar Betten mit!« Nun sollte mein Bruder mit einem großen Koffer nach Grimmen fahren und Sachen holen. Wir hatten ihm gesagt, wie er in die Wohnung kommt, aber er konnte die Tür nicht öffnen. In Grimmen traf er einen Vetter von Günter und sprach mit ihm über unsere Fluchtpläne. Wir hatten niemandem davon erzählt, nicht einmal Günters Schwester, und als nun mein Bruder zurückkam und berichtete, setzten wir uns gleich am Morgen darauf in die Bahn; die Fahrkarten lösten wir über Berlin hinaus.

Für mich war es überhaupt keine Frage, mit meinem Mann zu gehen, außerdem hatte ich mit dem System der DDR auch meine eigenen Schwierigkeiten; ich wollte mich nicht mehr gängeln lassen. Vieles hatte ich in ähnlicher Form schon einmal erlebt, die Ähnlichkeiten zwischen den Systemen waren nicht zu übersehen. Jetzt war ich erwachsen und wollte selbst entscheiden, ob und wofür ich mich politisch engagierte oder nicht.

In Berlin angekommen, fuhren wir sofort in die Kuno Fischer-Straße – das war die bekannte Auffangstelle; wir bekamen beide zusammen Quartier im Lager Hermsdorf bei Berlin. Das Lager war in einer ehemaligen Fabrik untergebracht, in den riesigen Fabrikhallen hatte man durch Holzwände kleinere Räume abgeteilt und Doppelstockbetten hineingestellt. Wir waren etwa 40 Menschen in einem solchen Raum. Aber wir waren sehr glücklich, in der Freiheit zu sein. Wir konnten nun jeden Morgen aufwachen, ohne die GPU fürchten zu müssen. Meine Mutter wollten wir später nachholen, wenn wir Fuß gefaßt hätten.

Wir haben die Zeit genossen, obwohl es eigentlich auch eine schwere Zeit war. Im Jahr 1953 kamen die meisten Flüchtlinge nach

Berlin, infolgedessen waren Lager und Meldestellen überfüllt, und man mußte überall lange warten. Man bekam einen sogenannten Laufzettel, damit mußte man – nach meiner Erinnerung – zu etwa zwölf Behörden, bis man die letzte Kommission erreicht hatte, die entschied, ob einem der Flüchtlingsstatus zuerkannt wurde. In dieser Kommission war Günter schon namentlich bekannt – durch Flüchtlinge, die sich vorher dort gemeldet und über andere Häftlinge aus Neubrandenburg berichtet hatten.

Dieser Weg durch die Instanzen dauerte vier Wochen; ich mußte nicht immer mitgehen und blieb dann im Lager. Eines Morgens, es war noch relativ früh, wurde über das Lagermikrofon gerufen: »Familie F., bitte zur Aufnahme!« Ich ging hin, und vor mir standen meine Mutter und meine Schwägerin mit einem Kinderwagen; darin lag meine kleine Nichte, ein Kind von zwei Jahren. Meine Mutter trug einen Anzug von Günter, darüber mehrere Kleider und einen Mantel – wie eine Vogelscheuche sah sie aus! Und die Schwägerin ebenso, und die Kleine lag ganz hoch im Wagen, denn es waren zwei Stand Betten hineingestopft. Meine Mutter und die Schwägerin schälten sich nun aus den Sachen und wurden wieder ganz normale Gestalten, und wir hatten jetzt eine Menge Kleidung: zwei Anzüge, mehrere Kleider und sogar Betten. Das war schon sehr schön! Eigenartig fanden wir, daß die beiden in ihren Verkleidungen offenbar nicht aufgefallen waren. Und wir waren nur mit einer Aktentasche gekommen, ich besaß nicht einmal ein Messer.

Wenn man als Flüchtling anerkannt war, wurde man kostenlos in das Bundesland seiner Wahl geflogen. Wir wollten in eine waldreiche Gegend, denn Günter wollte sich in der Holzbranche wieder einen eigenen Betrieb aufbauen.

Zu dieser Zeit existierte die Tischlerei in Grimmen schon nicht mehr. Nach unserer Flucht wurde sie enteignet, meine Schwägerin behielt nur das Verkaufsgeschäft mit der Polsterei und dem Sargmagazin. Das Möbelhaus mit der Tischlerwerkstatt war seit dem Jahr 1840 im Besitz der Familie. In Grimmen war es das einzige Haus in der Branche, und das Einzugsgebiet umfaßte den ganzen Landkreis. Günter hatte es übernommen, nachdem er aus Neubrandenburg wieder nach Hause gekommen war; seine Eltern waren während seiner Lagerzeit gestorben. Nach unserem Weggang wurden nun alle Maschinen ausgebaut und nach Elmshorn geschafft, und in den leeren Räumen wurde eine Mayonnaisefabrik untergebracht.

In Berlin hieß es nun eines Tages: Familie F. wird ausgeflogen, und zwar nach Weinsberg bei Heilbronn. Wir flogen zuerst nach Frankfurt, dann ging es mit dem Zug weiter nach Weinsberg – wieder in ein Lager. Hier kamen wir in ein Zimmer, in dem nur noch 24 Menschen lebten, Familien mit Kindern und Großmüttern. Aber trotz der Enge war das Zusammenleben immer harmonisch, und wir hatten auch unseren Spaß miteinander; alle waren dankbar, der DDR entronnen zu sein.

Einmal kam jemand von der Caritas mit gespendeter Kleidung. Wir hatten nicht genug Wäsche und kein Nachtzeug, die Kleiderspende war deshalb sehr hilfreich für uns; Günter griff nach einem kurzen weißen Nachthemd, aber das muß wohl ein Hemd von einer alten Großmutter gewesen sein. An dem Abend wollten wir einmal nach Weinsberg gehen und ein Schöppchen trinken. Man hatte uns schon viel davon erzählt, und wir hatten nun auch etwas Geld, denn auf unsere Arbeitspapiere aus der DDR bekamen wir Arbeitslosenunterstützung. Nachts kamen wir leicht beschwipst nach Hause, und Günter probierte nun das neue Nachthemd an. Er war relativ groß, und das Nachthemd war ihm eigentlich viel zu kurz, und nun hüpfte er zum Vergnügen des ganzen Zimmers damit einen halben Striptease vor.

Damals glaubte man noch nicht, daß die Grenze einmal so dicht geschlossen sein würde. In Westberlin konnte man sich noch jederzeit mit Angehörigen treffen. Sonst dachten wir nicht an das, was wir zu Hause zurückgelassen hatten, das war eigentlich unwichtig. Denn zu Hause herrschte keine Freiheit, und die war uns am wichtigsten. Wir waren immer vergnügt und frohen Mutes im Westen, wir waren jung und konnten arbeiten und waren überzeugt, auch Arbeit zu finden. – Günter hatte schon eine Werkstatt in Heilbronn in Aussicht, wo er sich selbständig machen konnte, aber dann riet man uns davon ab, die Leute seien in der Gegend streng katholisch, und mit uns als »Evangelen« würde das nicht gutgehen. Das leuchtete uns ein, und wir gingen weiterhin zum Arbeitsamt. Günter nahm auch Kontakt auf zu Freunden. Einer, der in Frankfurt in einer Messebaufirma arbeitete, schrieb begeistert: »Du kannst kommen! Wir suchen hier einen Werkstattleiter!« Günter fuhr nach Frankfurt, und alles wurde gleich perfekt gemacht: Für 1,53 Mark Stundenlohn fing er an. Das war für damalige Zeiten ein recht ansehnlicher Betrag, wir haben gleich ausgerechnet, was er bekommen würde: 1,53 mal acht Stunden, mal Wochentage und Monat. Und wir stellten uns vor, wenn ich nun auch Arbeit bekäme, würden wir bald wieder ein normales Leben führen können.

Wir packten unsere Sachen zusammen und nahmen Abschied von unseren Mitbewohnern, die noch bleiben mußten; eine Familie mit mehreren Kindern hatte natürlich nicht so gute Chancen wie wir. Wir fuhren mit der Bahn nach Frankfurt, standen da vor dem Hauptbahnhof, der Verkehr ging mit Hupen und Bimmeln an uns vorüber, und mein Günter sagte: »Hier bleibe ich nicht lange!« Ach, und ich war so glücklich, wieder in einer Großstadt zu sein! Wir sind schließlich doch ein ganzes Leben geblieben, und ich denke nicht, daß wir uns jetzt noch verändern werden.

Zuerst fanden wir Unterkunft beim Chef der Firma, einem Grafiker aus Stettin. Der Messebau fing damals so richtig an, die Nachfrage war sehr groß, und in der Firma wurde Tag und Nacht gearbeitet. So kam es sogar vor, daß Günter nach einer langen Schicht in der Straßenbahn einschlief und der Schaffner ihn an der Endstation wecken mußte.

Ich war nun dafür zuständig, eine Wohnung zu besorgen. Wir hatten weitläufige Verwandte in Frankfurt, die stellten mir ein Fahrrad mit Hilfsmotor zur Verfügung. Den Hilfsmotor benutzte ich aus Unkenntnis nicht, ich hatte Angst, ich könnte das Rad nicht wieder zum Stehen bringen. Aber man konnte auch normal treten. Zuerst wurden die Zeitungsannoncen studiert, und dann ging es los, durch die ganze Stadt, immer mit dem Fahrrad. Nun hörte ich von den Vermietern oft: »Ja, Sie würde ich schon nehmen! Aber ein Ehepaar – also nein, da kommen Kinder, und das wollen wir nicht!« So habe ich sehr viele Quartiere besichtigt, bis ich endlich ein möbliertes Zimmer fand. Wir hatten nun ein Dach über dem Kopf und ein Bett, in dem wir schlafen konnten. Es war ein Anfang.

Jetzt mußte ich mir Arbeit suchen, also zuerst aufs Arbeitsamt. Ich hatte mir die Büroarbeit und die Buchhaltung ja nur angeeignet, hatte also keine Ausbildung darin. Viele Chefs wollten Unterlagen sehen. Ich hatte gute Zeugnisse über meine Tätigkeiten, und schließ-lich wollte eine Lebensmittelgroßhandlung es mit mir versuchen. Ich war glücklich. In dem Büro gab es eine Buchungsmaschine, ich hatte die Buchhaltung aber mit der Hand gelernt und mußte nun umlernen. Doch das war kein Problem, ich konnte ja maschine-schreiben. Vier Wochen wurde ich eingearbeitet und habe mich sehr schnell hineingefunden. Nebenbei konnte ich die Korrespondenz für den Chef erledigen, und es wurden vier gute Jahre.

Unser möbliertes Zimmer war vollgestellt mit sehr alten Sachen, in denen wir uns nach einiger Zeit nicht mehr wohl fühlten. Es ging ganz gut für ein Jahr, aber nun wollten wir doch gerne ein Zimmer haben, das wir uns selbst möblieren konnten. Eben in dieser Situa-tion meldete sich ein Vetter von uns aus dem Lager in Uelzen, der auch geflüchtet war. Wir schrieben sofort: Komm nach Frankfurt, Du bekommst hier Arbeit! Und er kam mit Frau und Kind – der kleine Junge war etwa vier Jahre alt –, und nun mußten wir sie ja auch unterbringen. Das versuchten wir zuerst in unserem Zimmer, aber bald legte die Wirtin Protest ein. Günter ging nun mit dem Vetter zum Schlafen in die Werkstatt, und nur wir Frauen blieben mit dem Kind in dem Zimmer. Das ging wohl acht Tage, dann fing die Wirtin erneut an zu schimpfen. Wir konnten nicht aus dem Stand eine Unterkunft für die andere Familie finden, immerhin war ja ein Kind dabei. Unser Vetter Uli hatte inzwischen Arbeit gefun-den, und zwar im Möbellager eines großen Kaufhauses in Frankfurt. Als sich nun die Lage bei uns zuspitzte, schlug er vor: »Kommt doch einfach ins Möbellager, wir haben da so viele Couchen, und auf Wohnungssuche können wir ja auch von da aus gehen!« Gesagt, getan, wir zogen um ins Möbellager.

Viele Sachen hatten wir ja noch nicht mitzunehmen. Unsere erste Anschaffung war ein Motorrad gewesen, damit wir beweglicher waren.

In der riesigen Lagerhalle probierten wir aus, auf welcher Couch wir schlafen wollten. Es war auch eine kleine Küche da, wo wir abends, wenn die Lagerarbeiter weg waren, kochten. Das alles fanden wir sehr lustig, nur eine Sache war schwierig: Morgens um acht erschie-nen die Lagerarbeiter wieder, und wir mußten alle draußen sein. Wir, Günter und ich, hatten ja unsere Arbeit, wir waren um acht schon weg; Vetter Uli arbeitete dort, seine Anwesenheit war klar. Aber für unsere Cousine Edith mit dem Kind war es nicht leicht. Sie machte Besorgungen und ging spazieren, und irgendwann im Laufe des Vormittags kam sie wie zufällig vorbei, besuchte ihren Mann und blieb dann ein paar Stunden dort. Wir kamen abends um sechs wieder »nach Hause«, dann waren die Lagerarbeiter schon weg, und wir konnten es uns gemütlich machen. Ich kann mich an ein Gericht erinnern, das wir in der kleinen Küche besonders gerne kochten: Pellkartoffeln mit Bratwurst und eine schöne Menge Gurkensalat dazu. Das Essen hatte die Cousine schon fast fertig, wenn wir kamen.

Es war Juni und schönes Sommerwetter; am hinteren Ausgang des Möbellagers lag ein Gleisanschluß, dort war nun unsere Terrasse, wo wir an den warmen Abenden saßen. So ließen wir es uns gutgehen, ohne daß uns die Tragweite unseres Tuns bewußt war; wir waren noch jung und nach all den schweren Jahren einfach nur froh, wieder ein Dach über dem Kopf zu haben. Günter und Edith fuhren mit dem Motorrad auf Wohnungssuche, nur klappte es nicht so schnell, wie wir es uns vorgestellt hatten. Aber es ging uns ja ganz gut im Möbellager, und wir glaubten auch, daß unser Aufenthalt dort von niemandem bemerkt würde.

Nach etwa fünf oder sechs Wochen an einem Sonntagmorgen – wir waren gerade aufgestanden und wollten frühstücken – hielt plötzlich auf dem Hof ein Mercedes; Uli erkannte sofort, daß es sein Chef war. Und nun hieß es, schnell alle Betten zusammenraffen und in einer Kammer verschwinden! Aber – Günter war drin und Edith auch –, da stand der Chef schon in der Küche, und ich war mit dem Kind und Uli noch draußen, mein Bett im Arm – wie begossene Pudel standen wir da. Der Chef benahm sich aber sehr human, er sagte zu uns nichts, fragte nur, ob alles in Ordnung sei, und fuhr dann wieder ab. Aber am nächsten Tag bat er Uli zu sich, und der mußte nun beichten, und ihm wurde gesagt, er müsse dafür sorgen, daß die Familie das Möbellager verlasse. Ich weiß nicht, ob der Chef von Günter und mir etwas gewußt hat, denn wie wir da so zu dritt standen, hat er mich wohl als Ulis Frau angesehen. Wir mußten nun verstärkt auf Wohnungssuche gehen, aber es dauerte doch noch eine Woche, bis wir für beide Familien Leerzimmer gefunden hatten.

Damit ging eine Episode zu Ende, in der wir viel Spaß hatten, aber vielleicht auch nur deshalb, weil wir am Tag unsere Arbeit machten und nur die Nächte im Möbellager gewohnt haben.

Nun hatten wir endlich einen leeren Raum und konnten ihn nach unserem Geschmack einrichten und uns schon etwas wohl fühlen. Aber das Zimmer war nur klein, wir schliefen auf Ziehharmonika-Liegen, die wir am Tag wegräumten. Es war die »Nierentisch-Zeit«, wir hatten eine Couch und zwei Sessel in Rot, Schwarz und Gelb mit Kringeln in verschiedenen Farben. Das war nun schon viel Luxus, aber unser Ziel hatten wir noch nicht erreicht: Wir wollten gerne eine kleine Wohnung haben. So ging Günter jeden Freitagabend zur »Frankfurter Rundschau«, nahm sie druckfrisch in Empfang, um die Annoncen durchzugehen. Und es dauerte gar nicht lange, nach eineinhalb Jahren hatten wir Glück und bekamen in Höchst eine kleine, schräge Dachwohnung, die sehr, sehr gemütlich war. Ich suchte mir bald eine Arbeit in der Nähe.

Im Januar 1958 bekam ich meinen ersten Sohn und blieb nun zu Hause; zwei Jahre später trudelte der zweite ein. Wir bekamen noch ein drittes Zimmer dazu, so daß wir genug Platz hatten, und für die Kinder war ein großer Garten da. Es ging uns gut, wir haben uns sehr wohl gefühlt und waren glücklich und vergnügt.

Dann zog der Betrieb, in dem Günter arbeitete, in einen Ort östlich von Frankfurt. Nun mußte er sehr weit fahren, deshalb suchten wir eine Wohnung in der Nähe seiner Arbeitsstelle. Von der heimeligen Wohnung mit den Dachschrägen haben wir uns sehr schwer getrennt, aber wir fanden nun eine Doppelhaushälfte, in der wir auch gerne gewohnt haben. Leider starb der Vermieter, und wir mußten wieder umziehen und dann noch einmal, bis wir schließlich unser eigenes Haus bauen konnten. Es wurde ein schönes Atriumhaus, lag direkt am Waldrand, und 1967 zogen wir dort ein. Die Kinder konnten hier ganz frei aufwachsen, sie hatten die schönsten Spielmöglichkeiten, und wir haben in dem Haus gelebt, bis sie erwachsen waren. Jetzt wohnt unser ältester Sohn mit seiner Familie dort, denn wir sind noch einmal umgezogen. Mein Mann hat sich einen Jugendtraum erfüllt: Er hatte lange Zeit Ausschau gehalten nach einem alten Fachwerkhaus, und schließlich fand er auch eines in der Nähe von Frankfurt. Es stammte aus dem Anfang des 18. Jahrhunderts und war äußerlich noch gut erhalten. Die Außenhülle blieb stehen und wurde unter Denkmalschutz gestellt. Innen wurde es für uns ganz neu ausgebaut; unterm Dach bekam unser jüngster Sohn eine Wohnung. Hier wohnen wir nun auch schon fast zehn Jahre, und hier wollen wir bleiben.

Zu Beginn der sechziger Jahre hatte Günter eine eigene Firma gegründet, und ich machte für unseren Betrieb zuerst die Buchhaltung und die schriftlichen Arbeiten, so daß wir eine Arbeitskraft einsparen konnten, denn wir haben ganz klein angefangen. Günter setzte Inserate in die Zeitung, daß er Schrankeinbauten mache, und er ging zu einer Baugesellschaft, bei der er jemanden kannte, der ihm Adressen von neuen Mietern vermittelte. So bekam er mit »Klinkenputzen« bald genug Aufträge. Aber es gab auch noch einige alte Messekunden, die unbedingt weiter von ihm bedient werden wollten. Er wollte seinem ehemaligen Chef nicht die Kunden abspenstig machen, fing dann aber doch mit dreien an, und es wurden immer mehr. Schließlich entwickelte sich eine Messebaufirma.

In den Aufbaujahren hatte ich wenig Zeit, mit den alten Klassenkameradinnen Kontakt aufzunehmen, weil wir mit dem Geschäft, Haushalt und Kindererziehung so viel zu tun hatten, daß ich damit voll ausgelastet war. Aber später kam es dann doch dazu; ich freute mich immer sehr, wenn ich wieder von jemandem hörte. Den Mitschülerinnen aus dem Osten gegenüber war ich zurückhaltend, weil ich nicht wußte, ob die Verbindung in der DDR erwünscht war. Hier im Westen war ich mit einigen in Verbindung. Wir wußten immer voneinander, haben uns dann und wann angerufen oder besucht, und nach ein paar Jahren hatten wir auch einmal ein Mini-Treffen; wir waren etwa zu sechst, und es ist wohl bald dreißig Jahre her.
Als wir nun nach der Wende ohne Schwierigkeiten zusammenkommen konnten, entstand die Idee, uns mit allen zu treffen. Bei Annelise im Harz fand fast die ganze Klasse Platz, und das war natürlich eine ganz tolle Sache. Einige von uns Westdeutschen hatten sich vorher vorgenommen, keine politischen Themen anzusprechen, und das habe ich auch als gut empfunden. Denn jede hat ihren Weg

gemacht, eine Reihe von uns im Osten und wir im Westen, und man wußte nicht, wie wir »Westler« uns verhalten hätten, wenn wir im Osten geblieben wären.

Es ging alles gut und wurde sehr harmonisch. Am schönsten fand ich es immer, wenn wieder neue Gesichter auftauchten, und nun mußte geraten werden, wer das wohl war; wir waren ja schließlich 46 Jahre älter geworden. Einige Gesichter erkannte man sofort, bei anderen mußte man lange raten. Wir hatten dabei viel Spaß, aber dann auch lange Gespräche bis tief in die Nacht, meistens war ich so aufgedreht, daß ich gar nicht zur Ruhe kam. Unser Treffen war angefüllt mit alten Erinnerungen, und nach und nach, so wie wir angekommen waren, fuhren wir wieder ab, jede dahin, wo sie nun zu Hause ist.

Inzwischen habe ich auch Stettin einen kurzen Besuch abgestattet. Diese Begegnung mit der Vergangenheit ergab sich, als wir – mein Mann und ich – vor drei Jahren mit einer Reisegesellschaft eine Fahrt an die Masurischen Seen machten. Wir fuhren bei Stettin über die Grenze und hatten unsere erste Station in Stettin-Scheune. Und nun empfand ich plötzlich den Wunsch, mit Günter noch eine Fahrt durch Stettin und nach Finkenwalde zu machen, obwohl ich das nie mehr tun wollte, für mich sollte die Heimat eigentlich abgehakt sein, ich wollte nicht mehr zurückschauen. Ich erklärte also nun dem polnischen Reiseleiter, der gleich hinter der Grenze zustieg, ich brauchte in Stettin einen Taxifahrer, der deutsch spreche. Er telefonierte, und es klappte. Der Taxifahrer kannte in Stettin sogar die alten deutschen Straßennamen, die polnischen hätten mir ja nichts gesagt. Es war schon Spätnachmittag, als wir losfuhren, viel Zeit hatten wir nicht vor Einbruch der Dunkelheit. Es ging zunächst ein Stück durch Stettin und dann über die Oder nach Finkenwalde. Dort angekommen, dachte ich: Hier müßte eigentlich der Bahnhof sein! Aber der war nicht mehr da. Dann zum Denkmal, der Platz war der Mittelpunkt im Ort gewesen, ich konnte die Stelle noch erkennen, obgleich die Gaststätten und Geschäfte verschwunden waren, die ihn früher umsäumten, und Hochhäuser sich nun in den Platz hineinschoben. Aber von unserer Straße, meinem Schulweg, war überhaupt nichts mehr vorhanden. Die Straße hatte viele Lükken, teilweise eine andere Führung, und statt der Einzelhäuser mit Gärten standen jetzt ein paar große Kastenbauten da. Wir fuhren die Straße hoch, ich wollte zu unserer Wohnung, aber das Haus war weg.

Ich sah mir das alles an und empfand wohl, daß ich viele Jahre dort gelebt hatte und daß es für mich einmal Heimat gewesen war, aber heute habe ich doch Abstand dazu. Und dort sind inzwischen zwei Generationen Polen aufgewachsen, es ist nun deren Heimat. Für mich waren es nur noch einmal ein paar Rückerinnerungen. Dann habe ich auch den Friedhof aufgesucht, um meinem Vater einen Besuch abzustatten, aber auch da hatte sich alles verändert, die Leichenhalle, die im Sommer 1945 noch stand, gab es nicht mehr, eine Orientierung war nicht möglich, und da mein Vater ja auch schon seit 47 Jahren tot war, wußte ich ohnehin, daß ich kein Grab mehr finden würde. Ich spürte bei meinem Besuch, ich gehöre nicht mehr hierher. Wir wurden ja früh entwurzelt, und das hatte wohl seine Folgen. Heute fühle ich mich im Frankfurter Raum, in dem wir nun schon 39 Jahre leben, zu Hause.

Jetzt, nach der Wende, ist auch Grimmen wieder offen für uns, die Heimat meines Mannes. Wir hatten einen Antrag gestellt, um unser enteignetes Grundstück wieder zurückzubekommen. Im Februar 1992 waren wir dort wieder zu Besuch. Dabei hatten wir den Eindruck, daß in der Stadt alles stagniert. Die Straßen waren aufgerissen, Leitungen waren verrottet und müßten erneuert werden. Und über der Erde passierte gar nichts. Lethargie lag über der Stadt.

Mai 1993:
Inzwischen sind 14 Monate vergangen, und schon bietet Grimmen ein ganz anderes Bild: Die Straßen sind neu gepflastert, ordentliche Bürgersteige angelegt, viele Häuser hell verputzt und neue Häuser entstanden. Es gibt schöne Geschäfte, und langsam entwickelt sich aus dem Grau des Ostens eine hübsche kleine Stadt.

Der Rücküberführung des alten Werkstattgeländes an Günter stand nichts im Wege, es gab keine Unklarheiten. Mein Mann und unsere beiden Söhne haben die ehemalige Werkstatt zu einem Geschäftshaus umbauen lassen, und am 1. Juni 1993 werden die ersten Mieter einziehen. Das wird für unsere Familie ein wichtiger Tag sein.

Aber wir gehören jetzt nach Frankfurt am Main. Hier haben wir uns gemeinsam etwas geschaffen. 1953, als wir in den Westen kamen, besaßen wir ja nur eine Aktentasche, und es hat uns sehr viel Freude gemacht, etwas aufzubauen.

Eigentlich hatte ich aber auch einen Glücksstern, der mich das ganze Leben begleitete, und vielleicht auch jemanden, der mich geführt hat. Wenn sich auch nach dem Krieg meine beruflichen Wünsche nicht verwirklichen ließen, bin ich in meinem Leben doch mit meiner Familie sehr glücklich geworden, und es ist uns in vierzig Jahren Ehe zusammen nie schlecht ergangen.

Anna

Ich bin in Finnland aufgewachsen, auf der Insel Drumsö bei Helsinki, und wenn nicht im Winter 1939 zwischen Rußland und Finnland Krieg ausgebrochen wäre, lebte ich wahrscheinlich auch heute noch dort.

Am 30. November 1939 hatten wir in unserer deutschen Schule in Helsinki gerade Turnunterricht, als plötzlich Unruhe entstand. Wir mußten uns aufstellen und wurden in den Keller geführt. Im ersten Moment konnten wir uns das gar nicht erklären, bis dann der Grund mitgeteilt wurde: Russische Flugzeuge griffen Helsinki an. Es war das erste Mal und der Anfang des russischen Überfalls auf Finnland. Vorher hatten die beiden Staaten noch verhandelt, und man hatte gehofft, daß sie sich einigen würden. Wir saßen sehr lange im Keller – stundenlang – und hörten auch, es seien Brandbomben auf die Schule gefallen. Als allmählich draußen Ruhe eintrat, kamen nach und nach die Eltern und holten ihre Kinder nach Hause. Aber ich wurde nicht abgeholt. Wir wohnten in einem Holzhaus, das geschützt auf einem Waldgrundstück stand. In der Nachbarschaft befand sich ein großes Steinhaus, und als die Luftangriffe begannen, waren dessen Bewohner in unseren Wald gelaufen, hatten sich auch in unserem Haus eingefunden, und neben anderen Deutschen waren auch die Eltern meiner Freundin Dorothea gekommen. Nun wurde Dorothea von ihrem Vater aus der Schule abgeholt, aber mich vergaß er in der Aufregung. Als er nach Hause zurückkehrte, war meine Mutter ganz entsetzt, und er kam noch einmal, um mich zu holen. Die Russen warfen nicht, wie wir es später bei Luftangriffen auf Stettin erlebten, große Sprengbomben, sondern machten mit kleineren Flugzeugen spontane Tiefangriffe, mal hier, mal da, und warfen Brandbomben. In einer Pause zwischen den Angriffen lief Dorotheas Vater mit mir über die Brücke auf unsere Insel.

Zu dieser Zeit bestand zwischen Deutschland und Rußland ein Nichtangriffspakt (seit August 1939), und als nun die Russen Finnland angriffen, wurde uns von Bekannten vorgeworfen, Hitler habe Finnland verkauft. Wir wußten jetzt nicht, was auf uns zukommen würde, es bestand die Gefahr, daß man uns internierte. Unter den Deutschen in unserer Nachbarschaft hatte jemand Verbindung zur deutschen Botschaft, und wir erfuhren, ein Schiff, das Möbel von Baltendeutschen aus Estland abholen sollte, würde vorher in Helsingfors anlegen und uns zunächst nach Estland mitnehmen, von wo wir dann mit einem anderen Schiff nach Deutschland gebracht werden sollten.

Wir hatten uns nicht vorgestellt, so schnell weggehen zu müssen. Mein Vater befand sich auf einer Geschäftsreise in Nordfinnland, und meine Mutter war ziemlich hilflos, als alles so plötzlich über uns hereinbrach. Nun standen Kisten und Kästen umher, für uns Kinder war das alles noch recht interessant. Es hieß: Nur Handgepäck solle mitgenommen werden, aber wir konnten doch einige große Reisekoffer packen und zum Hafen bringen lassen. Inzwischen gingen die Luftangriffe immer weiter. Die Flugzeuge tauchten plötzlich irgendwo auf, flogen ganz niedrig, und die Besatzungen schossen mit Maschinengewehren in die Menschen. Wir wußten nicht, wie wir uns verhalten sollten, und liefen dann immer in den Wald.

Bald kam mein Vater zurück, und nach ein paar Tagen lag das Schiff im Hafen. Aber bevor wir es überhaupt besteigen durften, verging ein Tag, und dann verzögerten die Finnen die Ausfahrt, da sie eigene Leute evakuieren wollten. Wir waren nun für sie eine Art Pfand, denn auf unserem Schiff befanden sich auch die sowjetische Botschaft und viele italienische Staatsangehörige. Man lotste uns also nur ein Stück innerhalb der Hoheitsgewässer hinaus und ließ uns da in verminter See liegen. Man fährt sonst von Helsingfors bis Tallinn (Reval) nur vier Stunden; wir wurden nun vier Tage lang aufgehalten. In Estland hatten viele Leute Verwandte, die sie benachrichtigt hatten; bei denen waren wir schon totgesagt.

Auf dem Schiff war es fürchterlich eng, und die Menschen hatten sich nicht für eine so lange Zeit mit Proviant eingedeckt. Die Mannschaft kochte uns Tee, aber sie war nicht in der Lage, uns zu verpflegen. Zum Glück hatte meine Mutter mehrere große Papiertüten mit

Butterbroten gepackt, sie hatte wohl geahnt, daß wir doch länger unterwegs sein würden, und so konnten wir auch anderen aushelfen. Die Mannschaft versuchte, die ungewisse Wartezeit vor allem den Frauen und den Kindern erträglich zu machen, und stellte uns einen Teil ihrer Kabinen zur Verfügung. Die übrigen Erwachsenen, vor allem die Männer, saßen in den Gängen, auch nachts. Aber man kann ja nicht vier Tage ohne Schlaf auskommen. Ich erinnere mich, daß mein Vater und ein Bekannter von uns sich Schals um die Hälse gebunden und diese dann am Geländer festgemacht hatten, damit sie nicht vom Stuhl fielen, wenn sie einschliefen. Ich blieb immer dicht bei meinen Eltern, sie waren über den Ausgang der Reise natürlich sehr in Sorge.

An Bord waren auch einige Deutsche, die ärztliche Hilfe brauchten; auch der Rektor unserer Schule hatte noch einen schwereren Angriff erlebt und war verletzt worden. Als wir schließlich aus den finnischen Hoheitsgewässern herausgelassen wurden, empfingen uns russische Kriegsschiffe, die uns bis Tallinn begleiteten. Nun wurden wir mit unserem Gepäck auf einen Bananendampfer verfrachtet; jede Familie bekam einen Holzverschlag im Innenraum, und darin lagen Strohsäcke. Und das war jetzt für uns der Himmel auf Erden! Auf diesem Schiff konnten wir Kinder uns die Zeit mit Spielen vertreiben.

Der Dampfer brachte uns nach Swinemünde. Als dort die Feuerwehr am Hafen stand, sagte man uns, das Schiff müsse gleich gereinigt werden, aber später erfuhren wir, daß die Kohlen Feuer gefangen hatten. Nun begann wieder die Zeremonie mit dem Entladen, und wir waren natürlich unruhig, denn wir wußten nicht, wo wir unterkommen würden. Auf dem Schiff hatte ich mich noch ganz geborgen gefühlt, weil so viele Erwachsene um mich herum waren, die ich sehr gut kannte. Aber die Fahrt war nicht ungefährlich, wir sind durch Minenfelder geschleust worden, und es hätte auch etwas passieren können. In Swinemünde stand nun ein Zug, mit dem wir nach Stettin gebracht wurden. Meine Eltern hatten beschlossen, zunächst bei der großen Menge zu bleiben, sie wollten abwarten, ob wir eine Unterkunft bekommen würden, damit wir möglichst unabhängig sein könnten. In Stettin wurden wir in die »Königsberger Festsäle« gebracht, das war ein Gartenlokal in der Pölitzer Straße.

Dort lebten wir nun die ersten Tage in Deutschland. In einem riesigen Saal wurden uns Strohsäcke zugewiesen, ich schlief Kopf an Kopf mit einem meiner Lehrer. Es fiel mir schwer, mich an alles Neue zu gewöhnen.

Wir mußten zu verschiedenen Behörden, hatten viel Lauferei und bekamen Ausweise. Allmählich wurde es leerer im Saal, weil viele der Flüchtlinge in ihre Heimatbezirke fuhren; sie hofften, dort eher unterzukommen als in einer fremden Stadt. Wir hatten ebenfalls Verwandte in Deutschland, meine Mutter stammte aus Wismar in Hinterpommern. Wir hatten ihnen geschrieben, wir seien in Stettin, und kurz vor Weihnachten kam mein Onkel und holte uns auf den Bauernhof.

Mein Vater fuhr nach 14 Tagen wieder nach Stettin, er wollte sich beruflich ein Standbein schaffen. In Finnland hatte er einen Betrieb für Markisen und Schiebetüren, aber von Beruf war er eigentlich Schlossermeister. Nun war es ihm sehr wichtig, eine Arbeit zu finden, wir hatten ja keine finanziellen Mittel. Mein Vater wurde von den Oderwerken eingestellt, und es wurde ihm auch eine Wohnung versprochen. Sie war aber noch nicht fertig, und so wohnten wir zunächst in einem möblierten Zimmer. Im Frühjahr bekamen wir dann die Wohnung – in einem Neubau in Zabelsdorf, der noch nicht ausgetrocknet und sehr kalt war; als wir einzogen, waren die Wände mit Eisblumen bedeckt. Es war auch nur ein Zimmer für uns drei, eine Junggesellenwohnung. Später, nach einem Jahr, bekamen wir in der Nähe eine größere Wohnung.

Nun mußte ich auch wieder in die Schule. Unsere deutsche Schule in Finnland war zwar anerkannt gut, aber die Fächereinteilung war etwas anders, ich hatte gleich von der ersten Klasse an Finnisch und Schwedisch gelernt, aber Englisch noch nicht. Deshalb besuchte ich zunächst zweimal in der Woche eine Privatlehrerin, um vor allem Englisch nachzuholen; sonst hätte ich gar nicht in die Mittelschule aufgenommen werden können.

In Stettin waren die Verhältnisse überhaupt ganz anders für mich. Wir hatten in Finnland sehr frei im Wald und am Wasser gewohnt. Ich konnte schwimmen gehen, mein Vater hatte ein Boot, und wir fuhren sehr gerne hinaus zum Angeln oder zum Picknick auf eine Schäre. Manchmal legten wir morgens eine Leinenangel aus, und wenn wir sie nachmittags wieder einholten, hingen die Fische daran. Ich habe sehr schöne Erinnerungen an Finnland, und vor allem fühlte ich mich dort hingehörig. Wir kannten viele deutsche oder gemischte Familien mit Kindern und bekamen häufig Besuch, auch weil wir so schön wohnten. Ich war immer sehr enttäuscht, wenn einmal sonnabends oder sonntags kein Besuch kam. Dort hatte ich auch Freundinnen und Freunde, meine beste Freundin war eine Schwedin, durch sie lernte ich sehr schnell Schwedisch. Das Finnische fiel mir etwas schwerer, meine Mutter sprach es nicht, sie hatte zuerst Schwedisch gelernt, man konnte sich damit gut verständigen. Mein Vater stammte aus Estland, und das Finnische ist dem Estnischen ähnlich.

In Deutschland fühlte ich mich nun ziemlich allein und isoliert in dieser kleinen Wohnung mitten in der Stadt. Die Familie meiner Schulfreundin Dorothea stammte aus Ostpreußen und war dorthin gegangen, und wir schrieben uns nun jede Woche drei bis vier Briefe. Auch meinen Eltern ging es nicht gut, meine Mutter schneiderte ein bißchen, um die Finanzen aufzubessern. Wir hatten kein Geld mitnehmen können, aber es mußte ja alles neu angeschafft werden. Wir bekamen Bezugscheine für das Nötigste: einen Wassereimer, eine Schüssel, Bettdecken usw. Meinem Vater wurde einmal das Angebot gemacht, nach Polen zu gehen, aber er sagte, er setze sich nicht in die Häuser anderer Menschen, das brächte keinen Segen.

Ich bin nie wieder nach Finnland gekommen. 1945, nach dem Ende des Krieges, hieß es einmal, ich könne nach Finnland zurück, weil ich dort geboren sei. Aber was sollte ich dort ohne meine Eltern! In der DDR-Zeit konnten wir nicht nach Finnland reisen. Wir waren öfter in Polen; in der Landschaft an der pommerschen Küste fand ich noch herrliche Fleckchen, die mich an die Kindheit erinnerten, an den Norden, da war es für mich sehr heimatlich. Ich habe kein Heimweh, inzwischen lebe ich ja schon so viele Jahre in Deutschland, die Kinder sind hier geboren, meine Eltern liegen hier auf dem Friedhof begraben. Aber wenn ich manchmal ein Album anschaue mit Bildern aus Finnland, dann vergesse ich Zeit und Stunde, die alten Erinnerungen kommen wieder – ich erlebe alles noch einmal. Jetzt möchte ich gerne wieder einmal hinfahren, es gibt ja nun die

Möglichkeit dazu, und wir überlegen deshalb, wann und wie. Aber ich fürchte auch, nichts mehr vorzufinden, was ich kenne.

Ich hatte noch lange Zeit briefliche Kontakte zu einem Freund aus meiner Kindheit; seine Mutter war Finnländerin, und die Familie war nach dem Krieg gleich zurückgekehrt. Von diesem Kinderfreund hatte ich Bilder bekommen – unser Haus gibt es nicht mehr, ein Neubau steht jetzt auf dem Grundstück, auch der Wald ist verbaut, und so wird eben vieles kaum noch zu erkennen sein. Andererseits möchte ich meinem Mann gerne einmal meine finnische Heimat zeigen.

In der Elisabeth-Schule kam ich 1940 in die Klasse der Fahrschüler, und Fräulein D. (Cläre) war sehr verständnisvoll, denn ich habe ja in der ersten Zeit auch manches verhauen. Ich war nun fürchterlich beschäftigt, jeden Tag hatte ich irgendeine andere Stunde, die nachzuholen war, und überhaupt keine Zeit mehr für mich. Das Spielen war vollkommen vorbei, und ich hatte auch keine Zeit, mich einmal mit jemandem aus der Klasse zu treffen. Aber ich machte alles ohne Murren, denn ich war sehr unglücklich, wenn mir etwas mißlang. Zweimal in der Woche ging ich auch in den JM-Dienst, weil es von mir verlangt wurde. Als dann 1941 noch der Konfirmandenunterricht hinzukam, mußte ich immer irgend etwas schwänzen, das hat mich sehr belastet.

Als die Klasse das erste Mal nach Sellin fuhr, blieb ich in Stettin. Ich konnte mich schlecht unterordnen und fürchtete neue Abhängigkeiten, und ich wollte auch nicht von meinen Eltern weg und mich wieder auf etwas Fremdes einstellen müssen. Nach Grimmen ging ich dann später freiwillig mit. Mein Vater sagte damals: »Du kannst auch abgehen, wenn du das willst, du mußt es selbst entscheiden!« Jetzt wollte ich aber auf jeden Fall die Schule bis zum Ende besuchen. Daß wir niemals wieder richtig nach Stettin kommen würden, habe ich damals allerdings nicht geahnt.

Als wir in Stettin die größere Wohnung bekommen hatten, waren wir sehr glücklich; wir zogen in ein sehr schönes neues Haus mit rotem Ziegeldach. Die Häuser lagen zwischen den Oderwerken und der Bahnstrecke nach Pölitz, und das wurde uns später bei den

Bombenangriffen zum Verhängnis: Auf diese Bahnstrecke hatte man es zuerst abgesehen. Aber als wir die Wohnung bekamen, wußten wir davon noch nichts, und da inzwischen die Deutschen in Finnland waren, war unser Eigentum zugänglich, und eines Tages stand ein riesiger Möbelwagen aus Helsinki vor unserer Tür. Unsere Möbel waren gekommen, jedenfalls alles, was davon noch übrig war, und als sie ausgeladen wurden, feierten wir mit jedem Stück unser Wiedersehen.

Aber diese Freude währte nicht lange. Im Sommer 1944 kam in Sellin Annelise K. zu mir und sagte: »Du, ich muß dir mal was ganz Trauriges sagen!« Mein Herz rutschte abwärts, aber dann sprach sie weiter: »Ihr seid ausgebombt!« Gott sei Dank! Wir waren nur ausgebombt! – Von meinen Eltern war ein Telegramm gekommen, darin stand: »Haus kaputt – wir sind bei Freunden.« So wußte ich doch, daß sie lebten. Meine Mutter erzählte mir später davon. Der Angriff geschah am Nachmittag, mein Vater kam von der Arbeit gelaufen und sagte, furchtbar viele Flugzeuge seien über Stettin. Die Männer konnten gerade noch die Tür des Luftschutzkellers zuziehen, da krachte es fürchterlich, und sie konnten sich alle nicht mehr sehen; es war nur Staub im Keller. Sie versuchten, sich mit nassen Tüchern den Atem freizuhalten. Als es dann etwas ruhiger wurde, bekamen sie die Tür nicht mehr auf, aber mein Vater konnte zum Nachbarkeller einen Durchbruch schlagen. In unser Haus war eine Luftmine gefallen, aber schräg durch das Haus in die Wirtschaftskeller; das war ein großes Glück.

Meine Eltern wurden noch zweimal ausgebombt. Zuerst zogen sie in die Altstadt; ein Arbeitskollege meines Vaters hatte ihnen seine Wohnung angeboten, da seine Frau mit den Kindern aus Stettin fort wollte. Meine Eltern besaßen keine Möbel mehr, sie nahmen also das Angebot gerne an und haben in dieser Wohnung eine Weile gewohnt. Aber dann gab es einen Angriff mit Brandbomben, und der war schlimmer als der Angriff mit den Luftminen, weil man nicht wußte, wohin man treten konnte, überall lag der brennende Phosphor auf der Straße. Als meine Eltern nach draußen kamen, sahen sie, daß die ganze Gegend brannte. Sie liefen auf den Boden und versuchten, die Brandsätze hinauszuwerfen, aber schließlich merkten sie, daß sie es nicht schafften, und so versuchten sie, die Möbel der Freunde hinauszutragen. Aber das Feuer kam von allen Seiten, und es wurde alles zerstört. Das Haus, in dem sie zuletzt gewohnt haben, steht noch; da bin ich nun schon mehrmals gewesen und habe davorgestanden. In dieser Wohnung haben meine Eltern noch eine ganze Zeit mit einer befreundeten Familie zusammen gewohnt.

Nachdem wir in Grimmen am 17. März unsere Zeugnisse bekommen hatten, fuhr ich gleich nach Kühlungsborn zu einer Schwester meines Vaters; sie war aus Riga geflüchtet, und sie hatte sich bereit erklärt – auch wenn meinen Eltern etwas zustoße –, mich aufzunehmen. Meine Tante wohnte in einem Hotel zusammen mit anderen Umsiedlern aus Lettland und Estland, die nach dem deutschen Einmarsch ins Baltikum nach Deutschland gekommen waren. Sie hatte den ersten Einfall der Russen in Lettland erlebt, und das war so grausam, daß meine Verwandten beschlossen hatten, bei der nächsten Gelegenheit nach Deutschland zu gehen. Ein Bruder meines Vaters war aus Posen nach Kühlungsborn gekommen, und dort traf dann auch meine Mutter aus Stettin ein. Mein Vater war noch von den Oderwerken nach Lübeck zu den Flender-Werken versetzt worden.
Eines Tages – man hörte aus der Ferne schon Geschützdonner – sollte ich mich auf dem Arbeitsamt melden und »nach Osten« gehen, um Panzergräben zu schippen. Meine Mutter war vollkommen außer sich, jedoch unser Hauswirt »besorgte« mir eine Arbeit bei einer jungen Mutter, die mit drei kleinen Kindern von einem Gut in Hinterpommern geflüchtet war. Ich weiß nicht, ob ich ihr die richtige Hilfe war, aber ich habe es jedenfalls versucht, es waren ja nur noch wenige Wochen. Sie lud mich ein, nach den Kriegswirren meinen Urlaub auf ihrem Gut zu verbringen.
Mein Vater kam mit dem letzten Zug aus Lübeck. Wir wollten nicht auf die Landstraße gehen, sondern abwarten. Und er erzählte nun auch Schlimmes von den Flüchtlingen, die ihm entgegengekommen waren, die weiter nach Westen wollten. Auch aus Kühlungsborn hatten sich noch viele aufgemacht, darunter Verwundete aus dem Lazarett, die kaum laufen konnten, und viele kamen wieder zurück.

Als die Russen in die Stadt kamen, begann der große Schrecken. Da habe ich mir doch gewünscht, wir wären auch fortgegangen. Im Erdgeschoß unseres Ferienhauses standen in einem Saal viele Kisten und Koffer, und wenn nun die Russen vorne in das Vestibül kamen, sahen sie hinter der großen Glastür diese Behältnisse und vermuteten wohl, hier gebe es etwas zum Plündern. Jedenfalls stürzten sie sich auf die Gepäckstücke. Mein Onkel hielt unten Wache, und wenn er den Lärm hörte, gab er mir ein Zeichen. Ich sprang dann hinten aus dem Fenster und lief in den Wald, wo meist schon viele andere Frauen Schutz gesucht hatten.

Es muß etwa Anfang Juni gewesen sein, als ein Anruf kam, alle Flüchtlinge müßten wieder zurück. Meine Mutter wollte nun möglichst schnell nach Stettin. Mein Onkel aus Posen war mit zwei Fuhrwerken und vier Pferden gekommen und gab meinem Vater ein Pferd ab. Er hatte seine Pferde behalten können, weil meine Tante für die Russen kochte, so waren sie beschützt. Wir fuhren Mitte Juni los; in Ferdinandshof in Vorpommern, wo ein Bruder meiner Mutter lebte, wollten wir Zwischenstation machen. Wir hatten nun einen Holperwagen mit einem schönen Apfelschimmel davor. In den Wagen legten wir zuerst Stroh und darauf unser Gepäck. Dann zuckelten wir los und kamen unbehelligt bis Gnoien, einer kleinen Stadt in Mecklenburg. Hier wurden wir mit lautem Geschrei auf einen Hof geholt: Kommandantura! Ich weiß das noch, als wenn es heute wäre. Mein Vater mußte das Pferd am Halfter führen, sonst wären wir mit dem Wagen gar nicht durch den schmalen Gang auf den Hof gekommen. Und da standen wir nun, und aus allen Fenstern guckten Soldaten – Mongolen – und Frauen. Meine Eltern mußten mit dem Gepäck in das Haus, ich sollte beim Wagen bleiben. Im letzten Moment griff meine Mutter in ihre Bluse und ließ etwas ins Stroh fallen – ein bißchen Schmuck, den sie noch hatte.

Meine Tante in Kühlungsborn hatte mir eine Flasche Brennessel-Haarwasser mitgegeben. Diese Flasche stand in der Ecke des Wagens im Stroh. Als meine Eltern nun weg waren, schlich ein Mongole um den Wagen. Schließlich griff er die Flasche und roch daran: »Schnaps?« fragte er. »Nein!!« sagte ich und versuchte ihm deutlich zu machen: »Das ist etwas für die Haare!« Endlich zog er ab.

Weil es sehr lange dauerte, bis meine Eltern wiederkamen, und ich auch nicht wußte, was mit mir noch passieren würde, kamen mir die Tränen, und eine Frau rief auf deutsch aus dem Fenster, ich solle mal ruhig sein! Wenn ich noch lange heulte, könne ich erleben, was 'ne Harke ist! Endlich kamen meine Eltern wieder, meine Mutter sagte nur: »Die Koffer sind leer!« Meinem Vater standen die Haare zu Berge, als wir rückwärts mit dem Wagen wieder vom Hof mußten. Er war unglücklich und wütend zugleich, er hatte auch seine Taschenuhr hergeben müssen. Daß er Russisch konnte, hatte ihm nicht geholfen. Der Wagen war nicht dicht; aber als wir wieder losrumpelten, trauten wir uns zuerst gar nicht, nach dem Schmuck zu suchen. Später haben wir ihn tatsächlich wiedergefunden.

Wir waren gar nicht weit gekommen, fuhren auf einer einsamen Straße, in der Ferne lag ein Wald und davor ein großes Feld – plötzlich kamen aus diesem Wald Heerscharen von Soldaten, die riefen: »Stoi! Stoi!« und winkten, wir sollten anhalten. Aber mein Vater gab dem Pferd die Peitsche, und dieses Pferd ist gerannt – als hätte es gemerkt, daß es nun darauf ankäme. Das war noch unser schönes Pferd. Es dauerte aber gar nicht lange, und wir begegneten einer Kuhherde – Tiere, die von Polen oder Russen nach Osten getrieben wurden. Ich sagte noch: »Ach, guck mal, das ist aber ein hübsches kleines Panjepferd!« – Und es dauerte wiederum keine fünf Minuten, da war unser Pferd ausgespannt, und statt dessen stand dieser kleine Panje da! Es war auf einem Auge blind, und ihm paßte nun nichts, das Zaumzeug war zu groß, und so schnitten wir aus einer Wäscheleine Stücke und Stricke. Irgendwie schafften wir es, daß das Pferdchen dann vor unserem Wagen lief. – Wir haben es behalten und später sehr gern gehabt, dieses kleine Pferd, es war unheimlich zäh.

Als wir in Ferdinandshof ankamen, fielen uns die Tante und der Onkel um den Hals. Sie waren noch allein in dem Haus, nachdem sie nur ein paar Dörfer weiter geflüchtet waren. Dort hatten sie gemerkt, daß sie doch nicht weiterkamen, und waren zurückgekehrt. In der Zwischenzeit hatten durchziehende Polen Stroh in die Zimmer gebracht, um dort zu übernachten. Mit dem Stroh waren Massen von Flöhen ins Haus gekommen, und mit denen hatten wir nun zu kämpfen. Wir dachten, wir ruhen uns nur ein paar Tage aus. Als wir acht Tage da waren und uns nun so langsam zum Aufbruch nach

Stettin rüsteten, kam mein Onkel aus Wismar in Pommern wieder. Er war schon dorthin zurückgegangen, hatte unbedingt noch die Felder bestellen wollen. Das Haus war abgebrannt, und sie wohnten in der Scheune, hatten sich bei Nachbarn ein paar Möbel geholt und Betten. Zaumzeug und Werkzeuge hatte der Franzose, der als letzter noch auf dem Hof geblieben war, versteckt, wie es mit dem Onkel besprochen war. Und dieser hat auch alles vorgefunden. Er brachte dann auch noch ein bißchen Getreide und Kartoffeln in die Erde. Und nun kamen sie zurück mit einem Handwagen, die Großmutter obendrauf, die sich das Bein gebrochen hatte. Es muß alles ganz schlimm gewesen sein, und der Onkel sagte: »Um Gottes willen, bloß nicht zurück!« An der Oder war ihnen abgenommen worden, was sie noch besaßen, bevor sie mit einem Floß übergesetzt wurden. Vieh durfte keiner mitnehmen, auch keine Eßwaren.

Bald waren wir ein ganzes Haus voller Verwandter, neun Flüchtlinge, und keiner besaß etwas. Alles, was wir brauchten, mußten wir bei meiner Tante borgen, vom Kochtopf bis zur Waschwanne. Meine Mutter hat darunter sehr gelitten. Aber zu dieser Zeit – und auch viel später noch – hatten meine Eltern die Hoffnung nicht aufgegeben, wieder nach Stettin zu können. Und es kamen auch immer wieder Gerüchte auf, die diese Hoffnung nährten und die zu gern geglaubt wurden.

Als dann die Zeit fortschritt, sagte man uns, wir könnten in Ferdinandshof bleiben, aber mein Vater solle mit dem Pferdchen und dem Wagen für die Kommandantur fahren. Im Dorf hatten alte Kommunisten und andere die Führung übernommen, und sie hatten sich auch alle eine Kuh organisiert – es waren ja Notzeiten, im Laden gab es nichts zu kaufen. Mein Vater bekam nun Aufträge, er mußte Grünzeug mähen, dann in der Kommandantur eine Fuhre abladen und auch eine beim Bürgermeister und beim neuen Polizisten. Dafür bekam er mal ein Brot, ein paar Kilo Getreide oder sogar ein Stück Fleisch. Er half auch vielen anderen Flüchtlingen, indem er Hamsterfahrten mit ihnen machte. Da fuhren dann etwa zehn Frauen mit ihm auf die Dörfer, und jede nahm etwas mit, was sie tauschen wollte.

In der ersten Zeit hat mein Vater auch viele gefallene deutsche Soldaten, die noch in der Umgebung von Ferdinandshof lagen, mit sei-

nem Kastenwagen zum Friedhof gefahren. Und dann begannen die Ruhr- und Typhusepidemien. Mein Vater bekam die Ruhr, und das schwächte ihn sehr. Als er die Ruhr überstanden hatte, erkrankte er an Typhus. Er hatte die ersten Typhuskranken nach Ückermünde, der nächsten größeren Stadt, bringen müssen und sich dabei wahrscheinlich angesteckt. Ich sollte bei ihm Wache halten, aber er phantasierte, und damit konnte ich gar nicht umgehen und war furchtbar unglücklich. Meine Mutter stand in der Waschküche und kochte Sirup aus Zuckerrüben. »Ach«, sagte sie, »er hat hohes Fieber, du mußt ihm eben die Stirn noch mal kühlen und die Waden!«
(Auch Anna und ihre Mutter erkranken und werden von einer der Tanten betreut. Viele Kranke in der Gemeinde werden in Baracken geschafft, aber es gibt keine Medikamente und keine Pflege; M. L.)
Ich denke, viele hätten gar nicht sterben müssen, wenn die Umstände besser gewesen wären. Man hat sie zusammengepfercht, Halbkranke mit Todkranken, auch Flüchtlingskinder lebten dort bei ihren erkrankten Müttern. Manche sind durch das viele Sterben um sie herum überhaupt erst so krank geworden. Als mein Vater wieder laufen konnte, setzte er sich bald auch auf seinen Wagen, und wir bekamen wieder etwas mehr zu essen. Aber an das Brot mußte sich der Magen erst gewöhnen. Meine Mutter war so schwach, daß sie nicht laufen konnte, und sie hatte auch den Willen nicht mehr. Wir haben sie untergehakt und sie einfach auf die Beine gestellt, jeden Tag ein bißchen länger.
Ich ging in Ferdinandshof zu allen Veranstaltungen, auch zu Versammlungen. Sie waren sehr wichtig, weil man dort erfuhr, was im Dorf stattfand oder was in Angriff genommen werden sollte. 1945 lag zuerst alles darnieder, ob das nun Geschäfte waren, das Handwerk oder das Gesundheitswesen. Die Versammlungen wurden rege besucht, und die Menschen sagten da auch noch ihre Meinung. Alles betraf ja unmittelbar das Dorf, und das interessierte alle. Später aber lief alles in festen Bahnen, man hatte nicht mehr den Eindruck, Einfluß nehmen zu können.
Im Jahr 1946 waren wir schon eine Menge Flüchtlinge in Ferdinandshof, aber es kamen immer noch mehr, und jetzt sehr viele Sudetendeutsche. Nun wurde es zwar noch enger im Ort, aber es

waren viele junge Leute dabei, und sie brachten ein bißchen Aufschwung. Auch verschiedene Handwerker kamen, zum Beispiel Schneiderinnen und sogar ein Tanzlehrer, die sich in Ferdinandshof niederließen. Jetzt wurde jede Woche im Saal ein Film vorgeführt, und manchmal gastierte das Theater aus Greifswald, vor allem mit Operetten.

Der Tanzlehrer kam aus Aussig, und er eröffnete gleich eine Tanzschule, so konnte ich sogar die Tanzstunde nachholen. Mädchen waren allerdings in der Überzahl. Als der Abschlußball heranrückte, hatte ich kein Kleid. »Wenn ich kein Kleid habe«, sagte ich, »dann gehe ich auch nicht dahin!« Es war nämlich damals ganz wichtig, ein langes Kleid zu haben; es sollte eben ein richtiger Abschlußball werden. Man hat sich das Kleid irgendwo geborgt, oder es wurde aus Altem genäht. Schließlich konnte ich ohnehin nicht zu diesem Abschlußball gehen, weil ich in dieser Zeit zum Arbeiten nach Peenemünde geschickt wurde. Seit Anfang 1946 hatte man in der Gemeinde die arbeitsfähigen Leute zusammengeholt und eingesetzt. Eine Zeitlang hatte ich schon im Wald gearbeitet, oder wir mußten Feuergräben an der Bahn reinigen. Merkwürdigerweise waren wir immer nur Flüchtlinge, die Einheimischen waren doch durch Bekanntheit geschützt.

Im Sommer 1946 mußten nun meine Freundin und ich mit anderen zusammen in Peenemünde Wasserrohre für die Sowjetunion ausgraben. Sie lagen wohl einen Meter tief unter der Erde. Das scheint zwar nicht besonders tief, aber es ging quer durch Peenemünde, ob da nun Bäume standen oder eine Straße verlief. Unser russischer Aufseher hatte einen großen Zirkel, mit dem er jeden Tag ein Stück vorgab, das wir ausgraben mußten. Zuerst dachte ich, das überstehe ich nicht. Es war sehr warm, zeitweise haben wir in glühender Sonne gearbeitet. Wenn der Russe abends kam, wollte er das Rohr sehen, aber der lose Sandboden rutschte immer wieder nach, und so hatten wir die letzte Stunde nur damit zu tun, das Rohr frei zu halten. Wir waren in einer Baracke untergebracht und schliefen auf umgekippten Blechschränken, aber die Härte haben wir gar nicht gespürt. Es war eine so ungewohnte und schwere Arbeit, daß wir abends sofort einschliefen. Man schwitzte sehr, konnte sich in den einfachen Baracken aber nicht duschen. – Eines Tages bekam ich geschwollene

Drüsen unter dem Arm, sie hatten sich durch die Anstrengung entzündet. Ich weiß nicht mehr, ob es einen Arzt gab, ich wollte auf jeden Fall nach Hause. Wir, meine Freundin und ich, waren schon mehrere Wochen da, und nun fürchteten wir, nie wegzukommen, wenn wir der Sache nicht irgendwie ein Ende bereiteten! Aber wir mußten von der Insel Usedom fort, und man konnte nicht einfach über die Brücke gehen oder mit dem Zug fahren, keiner von uns Arbeitern durfte Peenemünde verlassen, die Kontrollen waren sehr streng. Darum kam uns die Idee, ein Ruderboot zu mieten, und wir fanden auch jemanden, der uns zum Festland gerudert hat. Von der nächsten Bahnstation, Züssow, fuhren wir mit dem Zug nach Hause. Dort ging ich gleich zum Arzt; ich hatte sehr schlimme Abszesse, die lange behandelt werden mußten. Aber ich war nun dieser Sache entronnen.

Als nächstes habe ich Wäsche gewaschen. Ich mußte aufs Gut, wo die Russen stationiert waren. In der Waschküche arbeiteten schon ein paar Frauen, die wußten, wie es gemacht wurde. Und sie haben mir alles erklärt: Die Wäsche wurde im großen Kessel gekocht, dann wurde sie verteilt auf die Zuber. Da bekam ich auch einen Berg ab, den mußte ich auf dem Waschbrett rubbeln. Diese Wäsche wurde am Tag zuvor eingeweicht; es war die Unterwäsche der Soldaten. Inzwischen war es 1947, und es gelang mir nicht, in Ferdinandshof eine andere Arbeit zu finden. Meinen Wunsch, Dentistin zu werden, hatte ich längst begraben müssen, in Ferdinandshof oder der Umgebung war kein Ausbildungsplatz zu bekommen. Vielleicht hätte ich es in einer größeren Stadt versuchen sollen, aber dort zu leben konnte man sich bei der schlechten Ernährungslage nicht vorstellen.

Aber dann hatte ich doch Glück: Über einen ehemaligen Kollegen meines Vaters aus Stettin fand ich Arbeit im Büro des Sägewerks im Ort. Die Firma baute Fertigteile für Holzhäuser als Reparationen für die Sowjetunion. Meine Aufgabe war es, das von den Bauern gelieferte Holz auszumessen und die Begleitpapiere für die Holzhäuser auszufüllen. Ich konnte also sehr viel draußen arbeiten und fühlte mich in dem Betrieb auch wohl. Aber als ich acht Tage dabei war, brannte das ganze Sägewerk bis auf die Bürogebäude ab. Aus einem alten Traktor waren Funken in eine Scheune gefallen, und in kurzer Zeit war das Werk nur noch ein Haufen Asche. Ich fürchtete nun natürlich, daß man mich gleich wieder entlassen würde. Aber im Nu wurde alles wieder aufgebaut, denn die Russen und die Landesregierung hatten großes Interesse daran, daß die Reparationslieferungen weitergingen. Die Sägemesser wurden in Westberlin gekauft – das war ja damals noch ohne weiteres möglich. Auch wenn später etwas kaputt war, fuhr jemand nach Westberlin und holte Ersatzteile.

Die Ernährungslage war noch immer sehr schlecht. Die Betriebsleitung und die Gewerktschaft des Sägewerks entschlossen sich deshalb zur Selbsthilfe: Wenn die Bauern der Umgebung Bretter brauchten oder Lohnschnitt machen ließen, mußten sie Naturalien liefern, und eine Köchin zauberte daraus Eintöpfe für die Belegschaft. In dieser Zeit bekam man aber schon ab und zu etwas auf Kleiderkarten zu kaufen, und für meinen Betrieb gab es wegen der Reparationshäuser Sonderzuteilungen von Schuhen und Stoffen. Auch andere Sachen wurden verteilt: Einmal erhielten wir einen Karton mit Weihnachtsbaumschmuck.

Wir arbeiteten gerne. Am Anfang war es die Hoffnung, die uns weitermachen ließ; es gab keinen Rückschritt, sondern es ging immer wieder ein bißchen aufwärts, und wir waren bescheiden. Wir hatten ja die größten Entbehrungen und die schlimmste Not kennengelernt; nun erschien mir eine Schachtel Weihnachtsbaumkugeln als Luxus.

Ich habe die Entwicklung damals wohl auch noch gar nicht so politisch gesehen. Es war notwendig, etwas zu tun, damit wir aus der schlimmen Lage herauskamen. Zu dieser Zeit war auch das Problem West-Ost noch nicht so groß, da es noch keine Mauer gab, und die spätere politische Entwicklung war für uns nicht vorauszusehen. In den ersten Jahren nach 1945 schien noch alles offen.

Im Sägewerk blieb ich fünf Jahre; was ich nicht konnte, Schreibmaschine schreiben zum Beispiel, lernte ich nebenbei.

Etwa ab 1952 wurde im Wald in der Torgelower Gegend sehr viel für die Armee gebaut. Viele meiner Kollegen gingen nun nach Torgelow, weil sie sich einen höheren Verdienst versprachen. Ich habe stolze 180 Mark im Monat verdient, und als mein Chef erfuhr, daß ich weggehen wollte, bekam ich 250 Mark. Aber das hat an meinem Entschluß nichts mehr geändert: Ein Kollege besorgte mir eine Stellung in Torgelow. Meinen alten Betrieb zu verlassen fiel mir allerdings schwer, ich hatte dort sehr nette Kollegen.

In Torgelow bekam ich ein möbliertes Zimmer und fuhr nur am Wochenende mit dem Bus zu meinen Eltern. Ich hatte auch das Gefühl, ich müsse mich verändern, man lebte in Ferdinandshof eigentlich wie im Käfig. Es war immer mit ganz großen Umständen verbunden, wenn man einmal irgendwo anders hin wollte. In Ferdinandshof hielt zwar der Personenzug, man konnte also nach Berlin fahren oder nach Anklam, aber man kam nicht an einem Tag hin und zurück. Und in Ferdinandshof änderte sich absolut nichts mehr. Ich war nun Mitte Zwanzig und erwartete, daß es vorwärtsging, ich wollte neue Eindrücke sammeln. Es war ja auch nicht mein Traum gewesen, auf einem Bürostuhl zu sitzen, aber wenn ich einen Anlauf nahm – einmal hatte ich die Ingenieurschule in Cottbus im Auge –, dann sagte mein Vater: »Um Gottes willen, du wirst doch nicht, du verhungerst da!« Wahrscheinlich hatte ich damals noch nicht die Kraft zu sagen: »Das ist mein Leben, und ich möchte es nun einfach mal anders machen!« Ich war immer geneigt, es auch den Eltern recht zu machen, und vielleicht waren sie in manchen Dingen zu vorsichtig. Sie waren nun schon recht alt und wollten mich schützen vor etwas, das eigentlich gar nicht da war.

Ich ging also nach Torgelow, und es wurde eine sehr turbulente Zeit, ich kam mit den unterschiedlichsten Menschen zusammen. Die Bau-Union hatte ihre Baustellen in der ganzen Republik, und die Mitarbeiter wurden nach Bedarf eingesetzt. In Torgelow waren für die riesige Baustelle enorm viele Leute zusammengezogen worden. Sie wohnten in Baracken, und es wurde viel Alkohol getrunken. Wenn in der Verwaltung etwas nicht klappte, gab es schnell Randale. Jetzt waren wohl auch politische Motive im Spiel – im Jahr 1953 gab es schon Gruppen, die auf Gegenkurs gingen, die gegen dieses Bauen für die Armee waren. Es kam vor, daß etwas gebaut wurde, und am nächsten Tag hatten Trupps es total demoliert.

Trotzdem wurde alles sehr schnell fertig, und andere Betriebe bemühten sich um uns. Viele Kollegen gingen schon weg, und ich bekam ein Angebot von der Gewerkschaft Bau-Holz in Torgelow. Aber Torgelow fand ich überhaupt nicht schön, außerdem befürchtete ich auch, bei der Gewerkschaft könnte es vielleicht sehr politisch werden. Die Leute dort hingegen warnten mich wieder davor, als Zivilangestellte zur Armee zu gehen: »Es wird gar nicht lange dauern, und du hast die Uniform an!« Ich habe mich dann aber doch von der Quartier-Nutzungs-Verwaltung, die die neuen Gebäude betreute, übernehmen lassen. Sie hatte ihren Sitz in Gumnitz bei Torgelow, ich fuhr morgens mit einer Bimmelbahn hin und nachmittags zurück. Dort fühlte ich mich sehr wohl, und eine Uniform mußte ich auch nicht tragen. Mein Chef war Offizier und Bau-Ingenieur, er war sehr menschlich. Von Zeit zu Zeit wurden Leute von uns abgezogen, um in Berlin in Ministerien bei irgendwelchen Sonderaktionen zu helfen, mein Chef schickte meistens mich. Ich habe dann in Berlin möbliert gewohnt.

Inzwischen hatte ich in Gumnitz meinen späteren Mann kennengelernt, er war mit einer Planungsgruppe für den Straßenbau nach Gumnitz geschickt worden. Später wurde er nach Strausberg bei Berlin versetzt. Ich war nun ein paar Wochen in Gumnitz und ein paar Wochen in Berlin, und mein Chef fragte: »Sie werden doch nicht etwa in Berlin bleiben?« Und die Berliner sagten: »Also nun müssen Sie sich mal entscheiden, ob Sie nicht lieber ganz zu uns kommen!« 1954 beschloß ich, nach Berlin zu gehen. In Berlin konnten mein Freund und ich uns oft sehen, wir wollten nun zusammenbleiben und haben 1955 geheiratet.

Im Lauf der Zeit belastete mich mein Arbeitsverhältnis im Ministerium immer mehr. Wir wurden zum Beispiel den ganzen Montag politisch geschult. Solange ich dort nur Gast war, erschien mir das noch nicht so schlimm, ich mußte auch nicht unbedingt daran teilnehmen. Aber als ich nun nur noch dort arbeitete, wurde von mir außerdem die Teilnahme an einem Russisch-Lehrgang verlangt, der schon lange lief, und ich saß da vollkommen nutzlos. Dann wurde eine Zeitlang die Freundschaft zur Volksrepublik China ganz groß gepflegt, und so kam es zum Beispiel vor, daß wir uns zwei Stunden lang einen Film ansehen mußten, der nur Kriegsbilder zeigte. Und man hörte nur die chinesische Sprache. Da dachte ich, das hältst du auf die Dauer nicht aus, du mußt dir etwas anderes suchen. Als ich nun zu meinem Mann nach P. zog, gab ich zunächst das Arbeitsverhältnis auf.

Die Zeit im Ministerium war für mich aber dennoch sehr interessant gewesen – nach meinem langweiligen Wald. Ich begegnete nun sehr vielen verschiedenen Menschen, und vor allem Berlin als Stadt war aufregend für mich. Die Grenze war noch offen; als Ministeriumsangehörige durfte ich zwar eigentlich nicht nach Westberlin, aber ich fuhr trotzdem dorthin, wie meine Kolleginnen auch. Ich besuchte dann öfter meine Verwandten, habe etwas eingekauft oder bin ins Kino gegangen. Und natürlich habe ich gesehen, daß die Menschen dort schon besser lebten als wir. Aber manchmal konnte ich mir auch eine Kleinigkeit kaufen, und ich hatte noch die Hoffnung, daß es bei uns ebenfalls aufwärts gehen werde. Jedenfalls hatten sich die wirtschaftlichen Verhältnisse nicht rückwärts entwickelt.

Von unseren Ausflügen nach Westberlin hat man auf der Arbeitsstelle wohl gewußt, sicher wurden wir beobachtet, aber man hat wahrscheinlich auch erkannt, daß wir harmlos sind. Eine Zeitlang wurde uns im Ministerium sogar geraten, Westkontakte aufzunehmen. Zum Beispiel sollten wir an unsere Verwandten schreiben, und die Westberliner wurden aufgefordert: Kommt nach Ostberlin und kauft ein! Aber danach sollten wieder alle Kontakte abgebrochen werden. Diese Anordnung kam praktisch über Nacht, und sie traf einige hart. So kannte ich einen jungen Kollegen, der nun sagte: »Ich muß hier weg! Meine Frau hat ihre Eltern drüben, sie wird nie die Verbindung aufgeben, und mir ist meine Familie mehr wert als meine Tätigkeit hier!« Die Leute wurden für damalige Verhältnisse sehr gut bezahlt – für ihren militärischen Rang und ihre Tätigkeit, in der Kantine gab es gutes Essen, man hatte einige Vergünstigungen, aber auf der anderen Seite wurde durch solche Anordnungen sehr in das Leben der Menschen eingegriffen.

Mein Mann hatte ein möbliertes Zimmer in P., darin wohnten wir nun zuerst beide, und die Wirtin hatte schon große Angst, daß wir uns vermehren würden. Wir haben sie aber beruhigt, wir seien auf Wohnungssuche. Damals gingen noch sehr viele Menschen in den Westen, und deshalb war es nicht so schwierig wie heute, eine Wohnung zu finden. Im selben Jahr bekamen wir in der oberen Etage eines Hauses in einem grünen Vorort Berlins zwei kleine Zimmer und konnten uns da einrichten. Als ich das erste Mal dorthin kam, da dachte ich, ich komme ans Ende der Welt. Zur damaligen Zeit hatte ich für solche Idylle überhaupt noch keinen Sinn. Ich liebte mehr das Leben unter vielen Menschen.

1957 wurde unser Sohn geboren. Um diese Zeit gingen viele Menschen in den Westen, Kollegen meines Mannes und Freunde. Diese Zeit und die folgenden Jahre wurden für uns sehr unruhig, wir waren auch hin- und hergerissen von der Frage: Gehen wir, wird es für uns besser sein? Zum andern dachten wir, wir können ja gar nicht gehen, wir haben die Eltern hier – auch die Mutter meines Mannes lebte noch, und er hatte einen zahnjährigen Bruder. Es gab also verschiedene Umstände, die uns zurückgehalten haben. Aber mein Mann hatte trotzdem schon Kontakte aufgenommen und ein Angebot von der Stadt Hamburg bekommen. Bis 1957 hätte man noch offiziell umziehen können, aber kurz darauf war es nicht mehr möglich, und ins Ungewisse wollten wir mit dem kleinen Kind nicht gehen. Wir hatten uns inzwischen auch etwas angeschafft, und irgendwann haben wir dann nicht mehr darüber gesprochen. Aber eigentlich hat sich das ganze Problem erst erledigt, als die Mauer da war. Und darum war die Mauer zwar einerseits etwas Entsetzliches für uns, aber andererseits brauchten wir nun keine Entscheidung mehr zu fällen. Ich möchte sagen, es war für viele Menschen eine gewisse Erleichterung; ein Fortgehen gab es nicht mehr, man mußte sich nun voll hier einbringen. Die Unsicherheit: Gehen wir – gehen wir nicht, war ganz fürchterlich gewesen, man konnte nichts planen, nichts entscheiden, nichts Endgültiges beschließen. Nun gab es keine Ausflüge in den Westen mehr, aber von irgendeinem Zeitpunkt an haben wir nicht mehr so oft gedacht: Wie hätte es sein können, wenn wir gegangen wären?

Das Leben schien sich allmählich zu normalisieren. 1958 hatten wir schon eine größere Wohnung bekommen. Als der Junge vier Jahre alt war, nahm ich auch wieder eine Tätigkeit auf, und er kam in den evangelischen Kindergarten, da war er wunderbar aufgehoben. Ich hatte zuerst eine Teilzeit- und später wieder eine Vollbeschäftigung. In diesem Betrieb holte ich auch eine kaufmännische Ausbildung nach, ich wollte doch einen Abschluß haben, und arbeitete nun auf verschiedenen kaufmännischen Gebieten. Wichtig war mir bei der Arbeit, daß ich in meinem Zimmer ein gutes Verhältnis zu den Kollegen hatte, jeder seine Sorgen und Nöte erzählen und man auch in politischer Beziehung offen zueinander sein konnte. Mit manchen Kollegen war ich auch privat befreundet, wir haben uns zu Geburtstagen eingeladen, und teilweise geschieht das heute noch. Vor Leuten, von denen man dachte, die würden auch ihre Großmutter verraten, haben wir uns gegenseitig gewarnt. Die Betriebsleitung hat immer versucht, alle Probleme friedlich zu lösen, ohne dem einzelnen weh zu tun. Wie stark ich eingebunden war in diese Gemeinschaft und wie uns die Schwierigkeiten auch zusammengeschweißt haben, merkte ich erst im nachhinein.

Als 1964 unsere Tochter geboren wurde, machte ich wieder eine Pause. Das war auch für unseren Sohn günstig, er hatte das Schulalter erreicht und mußte nun nach der Schule nicht noch in den Kindergarten. Vier Jahre war ich zu Hause, und das waren sehr schöne Jahre, die ich genossen habe. Daß wir wenig Geld hatten und es nicht viel zu kaufen gab, war eigentlich nicht besonders wichtig. Wir wurden auch sehr von meiner Tante, der Schwester meines Vaters, die nun im Westen wohnte, mit Paketen unterstützt.

Zu dieser Zeit lebten auch meine Eltern noch. Sie waren in Ferdinandshof geblieben, und es war nicht ratsam, sie umzuquartieren; wir hätten auch den Platz nicht gehabt, und sie waren gemeinsam dort zufrieden. Anfangs hatten sie noch lange gehofft, nach Stettin zurück zu können, mein Vater war 1945 schon Ende 50, aber er glaubte, daß er sich dort noch einmal etwas Neues aufbauen könnte; auch meine Mutter wollte sehr gerne zurück. Irgendwann verkaufte mein Vater das Panjepferd und betrieb mit anderen Pferden weiter ein Fuhrgeschäft, weit über sein Rentenalter hinaus. Nach dem Tod meiner Mutter lebte er noch ein paar Monate bei uns. Meine Eltern hatten sich sehr gewünscht, noch einmal in einer richtigen Wohnung zu leben. »Einmal möchte ich noch eine schöne Küche haben!« sagte meine Mutter immer. Aber das war ihnen leider nicht mehr vergönnt. Sie haben weiter sehr beengt in zwei Räumen in dem Haus meiner Tante gewohnt. Dort waren mehrere ältere Mitglieder unserer Familie geblieben, und allmählich war es ein richtiges Altersheim geworden.

Der Tod meiner Eltern war für mich ein sehr schwerer Einschnitt, ich konnte es zuerst gar nicht begreifen und bin die Trauer auch lange Zeit nicht losgeworden. Später habe ich sehr an meiner Tante gehangen und auch an den anderen älteren Verwandten, die noch lebten. Um jeden, der starb, habe ich lange getrauert. Sicher war es auch ein Stück Kindheit, das ich mit ihnen verlor.

Ich frage mich manchmal, wie es kommt, daß man sich so hingezogen fühlt zu Menschen, die man in seiner Kindheit und Jugend gekannt hat. Wir aus unserer Klasse waren nach dem Krieg sehr mit uns selbst beschäftigt, aber jetzt, wo wir befreit sind von den Sorgen um den Aufbau einer Existenz, jetzt finden wir wieder mehr zusammen. Wenn ich auch nicht mit jedem Kontakt habe, freue ich mich doch immer, wenn ich die Gesichter von damals sehe. Obwohl sie reifer geworden sind, finde ich irgend etwas in jedem Gesicht, das mich an die gemeinsame Zeit erinnert. Ich nehme an, das ist besonders in unserer Generation so, durch den Krieg, den wir miterlebt haben, und die gemeinsam verbrachten Jahre.

Nachdem ich 60 Jahre alt geworden war, durfte ich nach Westberlin fahren. Ich fuhr nun gerne zum Einkaufen, denn man bekam bei uns immer weniger.

Das Sonderbare an unserem System war, daß es oft Zeiten gab, in denen wir gut gelebt haben; man konnte vieles kaufen. Aber allmählich verschwand das wieder vollkommen von der Bildfläche. Zuerst merkte man es meist gar nicht, wenn etwas knapp wurde. Außerdem wurden viele Sachen hergestellt, die niemand kaufte; wir hatten fürchterlich viele Ladenhüter in der DDR. Die Menschen hatten inzwischen durch das Fernsehen modische Ansprüche und wollten sich hübsch kleiden. Aber es wurden so häßliche Sachen hergestellt, daß niemand sie haben mochte. Da es teilweise schöne Stoffe gab, mußte man eine Schneiderin haben und sich Sachen nähen lassen. Als später die Exquisit-Läden aufkamen, ging ich manchmal dorthin, wenn ich einen schönen Pullover haben wollte oder ein Weihnachtsgeschenk für meinen Mann, ein besonderes Oberhemd zum Beispiel. Aber die Preise waren horrend! Was im normalen Handel angeboten wurde, war meist von sehr geringer Qualität, und irgendwann ging es nur noch abwärts. Wir hier im Berliner Raum lebten noch relativ gut. Man fuhr nach Berlin und hat gleich auf Vorrat eingekauft. Das hat dann jeder so gemacht, und wahrscheinlich wurden die Engpässe damit noch verschlimmert.

Bis zu ihrem Tod Mitte der achtziger Jahre hatte meine Tante uns mit Mangelware versorgt. Wenn so ein Paket zu Festzeiten oder Geburtstagen kam, war das ein Höhepunkt. Man freute sich darüber unheimlich – einmal wegen des Inhalts und zum anderen: Man fühlte sich nicht alleingelassen. Als meine Tante starb, vererbte sie mir etwas Geld, das dann in Westberlin auf einem Konto lag.

Durch meine Fahrten nach Westberlin konnte ich uns damit nun das Leben ein bißchen angenehmer machen – z. B. für die Enkelkinder etwas Obst kaufen. Es war aber immer auch ein anstrengender Tag. Morgens um 7 Uhr fuhr ich mit dem Bus los. In Westberlin mußte ich zuerst zur Bank, und von dort ging es dann in die Geschäfte. Ich war die einzige aus der Familie, die schon fahren durfte, und hatte nun immer viele Aufträge zu besorgen. Wenn ich abends wieder zu Hause war, dachte ich immer: Gott sei Dank bin ich diesem Trubel nicht jeden Tag ausgesetzt! Es war dann zu Hause wie in einer Oase, so ruhig, und nun konnte ich das auch wieder genießen.

Aber die Fahrten waren auch durch die Zollkontrollen belastend, jedenfalls sehr unerfreulich, selbst wenn man gar nichts Unerlaubtes bei sich hatte. Auf dem Hinweg fuhr ich über unseren Nachbarort. Jedem wurde ins Gesicht geguckt und dann in den Ausweis, und man bekam da auch allerlei zu hören. Es hieß zum Beispiel: »Bitte, treten Sie raus!« Da fing dann mein Herz schon an zu klopfen, auch wenn ich nichts zu verbergen hatte. »So, nun nehm Se ma 'n Bleistift, und denn jehn se ma zur Seite, und denn schreim Se mal hier rein, wie lange Sie bleim! Sie haben da bloß hingeschrieben 8. August, heute ist der 8. August, und bei ›bis‹ ham Se nichts hingeschrieben, Sie müssen schreiben: Vom 8. August bis 8. August!« – »Aber wissen Sie, ich fahre ja schon ein halbes Jahr«, habe ich dann einzuwenden gewagt, »und es hat immer gereicht, wenn ich das Datum nur einmal geschrieben habe.« – »Nein, da gehört auch das Datum rein, daß Sie heute wiederkommen!«

Durch die Fragerei und die grobe Behandlung wurde man verunsichert, es sollte einem wohl ein schlechtes Gewissen gemacht werden, weil man überhaupt in den Westen fuhr. Zurückgefahren bin ich meist über Friedrichstraße. Und fast immer hatte ich dann rechts und links eine Tasche in der Hand, jedoch bin ich nie kontrolliert worden.

Man konnte in der ersten Zeit bei der Bank 15 Mark im Jahr in Westgeld eintauschen, und die konnte man hin- und hertragen, aber man mußte immer die Bescheinigung dabei haben. Das waren so richtig unsinnige Bestimmungen, denn es war offensichtlich, daß jemand, der mit zwei vollen Taschen kam, eigentlich die 15 Mark ausgegeben haben mußte. Aber wenn man die Bescheinigung und die 15 Mark hatte, war es gut. Irgendwann durfte man 30 Mark haben, dann sah es schon ein bißchen besser aus. In der ersten Zeit hatte man manchmal noch 10 Mark im Schuh, die da drückten, und hatte unheimliche Angst, daß man die Schuhe ausziehen mußte und die 10 Mark dann gefunden würden. Sicher gab es auch Schmuggler im großen Stil. Aber wir waren ja ganz harmlose Leute, trotzdem bin ich die Angst nie losgeworden. Es hat höfliche und nette Beamte gegeben, aber auch regelrechte Ekel, die ihre Freude daran hatten, Menschen zu verängstigen. Ich sehe heute noch einen vor mir; er hatte ein feistes Gesicht und die Mütze nach hinten geschoben. Breitbeinig stand er hinter einem Zollbeamten und fuhr mich an: »Was, wo wollen Sie angerufen haben, daß Sie 30 Mark...? Ha, ist ja wohl lächerlich, daß Sie das haben dürfen!« Er sagte also nicht: »Sie dürfen dieses Geld nicht haben.« Aber er war darauf aus, zu schikanieren und Macht zu demonstrieren, und man war diesen Leuten ja ausgeliefert, das meinte man jedenfalls. Ich wußte genau, daß es nun zulässig war, 30 Mark mitzunehmen, und trotzdem hatte ich Angst.

Es gab auch viele Gerüchte darüber, was Leuten am Zollübergang passiert sei, und es gehörte Mut dazu, sich zur Wehr zu setzen, aber einzelne haben das doch getan. So sagte ein Kollege meines Mannes zu einem Zöllner: »Also, nun hör mal zu, Genosse, was treibst du hier eigentlich jetzt mit mir! Ich bin Bürger dieses Staates und habe mich voll für diesen Staat eingesetzt. Jezt bin ich Rentner, und mein Staat hat es mir ermöglicht, daß ich ausreisen kann, und das möchte ich auch mit Würde tun und auch mit Würde wieder reinkommen! Und du bist ja erst durch diesen Staat groß geworden und bist durch diesen Staat gefördert worden! Ich erwarte von dir, daß du mich anständig behandelst! Und wenn du dich nicht änderst, werde ich mich über dich beschweren!« So etwas gab es auch, da wurden diese Leute manchmal auch in ihre Schranken verwiesen.

Auf einen solchen Posten ging aber auch nicht jeder! Vielfach waren das Leute, die durch eine schnelle Aufstiegsmöglichkeit in diesen Beruf gelockt wurden und die wahrscheinlich in einem anderen nie die Gelegenheit gehabt hätten, andere Menschen zu bevormunden. Es kam auch vor, daß sie freundlich waren, wahrscheinlich immer so, wie es befohlen wurde. Es gab sogar Zeiten – zum Beispiel, wenn hohe westliche Politiker zu Staatsbesuchen kamen –, in denen niemand kontrolliert wurde. Dann hieß wohl die Losung: Heute keine Leute verärgern!

Am schlimmsten fand ich auf dem Rückweg am Bahnhof Friedrichstraße die letzte Tür. Wenn man in die Schleuse hineinkam, stand man zuerst in dichtem Gedränge, dann mußte man durch Boxen zur Ausweiskontrolle. Der Ausweis wurde gestempelt: Einreise – Ausreise, und danach kam man zum Zoll. Da standen die Zöllner rechts und links, und wenn man hinausgerufen wurde, mußte man dort auf einem Tisch sein Zeug auspacken. Dann ging man noch einmal durch einen kleinen Raum, fast nur eine Nische, da standen wieder zwei Uniformierte. Sie sollten wahrscheinlich die schwere eiserne Tür bewachen, durch die es schließlich nach draußen ging. Und egal, wie bepackt man ankam, die Uniformierten standen nur da, nicht einer hat mal die Tür aufgemacht, obwohl ja sehr viele alte Menschen hier ankamen. Der Vordermann mußte irgendwie mit dem Ellbogen angeln, damit der folgende auch durchkam. Und wenn man dann draußen war, und diese Tür flog zu, gab es ein fürchterlich lautes Geschepper. Auch derjenige, der einen abholen wollte, durfte nicht helfen; er mußte hinter einer Barriere stehen und mit ansehen, wie die Ankommenden sich durch die eiserne Tür quälten. Das war wirklich entwürdigend!

Vor 17 Jahren sind wir in dieses Haus gezogen. Wir hatten zwar vorher eine wunderschöne Wohnung, aber sie war für unsere beiden im Alter unterschiedlichen Kinder nicht praktisch, und wir wollten auch gerne einen Garten haben. Ein Häuschen zu finden war damals gar nicht einfach, etliche Vorhaben sind geplatzt. Das jetzige war unser Nachbarhaus und gehörte einer älteren alleinstehenden

Dame, der Haus und Garten zuviel Arbeit machten. Ich war am Anfang gar nicht begeistert, weil der Garten ziemlich kahl war und das Haus aussah wie eine Kaffeemühle. Als wir es dann gekauft hatten, habe ich mich noch mehr über das Innere aufgeregt. Unsere Wohnung hatten wir uns sehr schön gemacht, und nun zogen wir in ein Haus mit alten, rauchenden Öfen, einer riesigen Kochmaschine in der Küche, und nichts war in Ordnung; die Badewanne hatte keine Glasur mehr, und in der Toilette funktionierte die Spülung nicht; also, alles war kaputt. Es begann nun eine sehr harte Zeit. Wir wollten keine Schulden machen und verkauften unseren Skoda; ein Auto war ja fast so teuer wie ein Haus. Ein wenig Geld hatten wir von meinen Eltern geerbt, und so, wie wir das Geld verdienten, steckten wir es gleich in das Haus. Man mußte immer sofort zugreifen, wenn man irgend etwas bekommen konnte, einmal waren es tausend Steine und dann wieder ein paar Bretter. Es gab zu der Zeit keine Heizkörper, aber wir fanden eine Firma, die uns eine Luftheizung baute. Wir haben zuerst versucht, das eigentliche Haus bewohnbar zu machen, dann baute mein Mann einen weiteren Raum an – mit einem großen Fenster zum Garten. Jeden Tag nach Dienstschluß ging er in den Anbau und hat da mit unheimlichem Fleiß gearbeitet. Mauern hatte er vor seinem Studium gelernt, und beim Dachverband half ihm ein Zimmermann. Aber dann wurde es sehr schwierig, Fenster und Türen zu bekommen. Als der Fensterrahmen fertig war, war das Glas zu dünn für die große Scheibe, obgleich wir uns vorher erkundigt hatten, und wir mußten wieder eine Weile warten, bis es Schaufensterglas gab. Trotz der vielen Hindernisse war es aber eigentlich auch eine schöne Zeit, weil wir nun Pläne verwirklichen konnten, und irgendwie ging es immer weiter. Doch mit jedem Brett und jeder Fuhre Sand ist eine Besorgungsgeschichte verbunden. Aber wenn schließlich zum Beispiel das Badewasser warm aus dem Hahn kam, waren die Schwierigkeiten schnell vergessen. Heute sind wir froh, das Grundstück von der alten Dame direkt gekauft zu haben. Es hätte uns ja durchaus auch passieren können, daß wir an ein Westgrundstück geraten wären; solche konnte man zu der Zeit billiger erstehen als eins von einem privaten Verkäufer.

Wir lebten niemals im Überfluß, aber deshalb waren wir keineswegs unglücklich. Vielleicht wäre mein Leben im Westen gar nicht so glücklich verlaufen, denn manchmal sind ja die Menschen auch umgänglicher, wenn sie nicht so großen Wohlstand haben. Zwischen den Leuten, mit denen man zusammenkam, gab es wenig Unterschiede. Man konnte sich austauschen, alle hatten die gleichen Sorgen und auch die gleichen Freuden. Dadurch war das Leben zwar nicht aufregend, aber es bestand eine gewisse Harmonie.

Gewiß gab es auch Schlimmeres als Engpässe in der Versorgung. Manches Üble hat man gar nicht gewußt, das hat man erst nach der Wende erfahren. Zum Beispiel konnte eine unvorsichtige Äußerung schnell den Berufsweg blockieren; man tat gut daran, sich an seinem Platz still zu verhalten und seine Kritik nicht zu äußern. Und um die ständige Berieselung mit politischen Phrasen zu ertragen, mußte man sich eine dicke Schutzhaut zulegen. So habe ich es jedenfalls getan, und privat kroch ich in meine »Nische« und machte, was mir gefiel. Ich habe sehr viel gelesen, Bücher waren mir gute Freunde. Aber wenn heute manche ehemalige DDR-Bürger von »verlorener Zeit« sprechen und ihr Leben vor der Wende damit meinen, finde ich das nicht richtig. Wir haben Zeiten erlebt, in denen wir wenig Hoffnung hatten, und auch welche, die einfach schlecht waren. Aber jede Zeit, die man gelebt hat, hat einem auch etwas gebracht, irgendeine Erkenntnis zumindest. Und man hatte sein persönliches Glück, seine Kinder, seine Familie und Menschen, mit denen man sich verstand. Außerdem habe ich immer in der Hoffnung gelebt, daß es irgendwann einmal besser wird. Wenn wir in unserer vierzigjährigen DDR-Zeit nur in die östlichen Länder fahren konnten – in die Tschechoslowakei, nach Ungarn oder Bulgarien –, haben wir dort auch schöne Eindrücke gesammelt und davon gezehrt, und wir stellten immer fest, daß es uns hier viel besser ging als Menschen in diesen Ländern. Besonders gerne bin ich nach Polen gefahren. In Stettin ist mir alles fremder geworden, aber die Landschaft an der Ostseeküste konnte man ja nicht verändern, und dort habe ich mich immer sehr wohl gefühlt, hier fand ich überall herrliche Fleckchen, die mich an die Kindheit erinnerten, an den Norden.

Jetzt ist es ja auch uns möglich, in die ganze Welt zu reisen, aber für uns war es in der ersten Zeit sehr schön, uns in Deutschland umsehen zu können, wir waren in Gegenden, die wir noch gar nicht kannten. Vielleicht, wenn man einen Käfig aufmacht, tappt derjenige, der drinsitzt, erst mal ganz vorsichtig hinaus und wagt sich nicht gleich so weit.

Kinder sind manchmal unzufrieden, und ich erinnere mich, wie ich zu meinem heranwachsenden Sohn einmal gesagt habe: »Sei doch froh, du bist gesund und hast deinen Verstand, und das ist doch eine wunderbare Sache!« – »Na ja, das haben andere auch«, hat er geantwortet, »und trotzdem sind die sehr reich, sind reich und außerdem gesund! Und warum soll ich nichts haben? Lieber wäre ich gesund und auch reich!«
Für mich ist es schon ein Glück, daß es uns überhaupt noch gibt. Wir – unsere Klasse – sind fast alle aus fürchterlichen Wirren und Gefahren irgendwie herausgekommen und haben überlebt. Und wenn ich zurücksehe, dann glaube ich auch, ich war beschützt. Es ging immer haarscharf am ganz großen Elend vorbei. Wie oft habe ich Glück gehabt: Schon in Finnland hätte ich von den russischen Fliegern getroffen werden können, unser Schiff hätte dann in der Ostsee auf eine Mine laufen können, in Stettin hätte ich bei einem Bombenangriff umkommen können oder nach dem Krieg am Typhus sterben. Um mich herum sind viele Menschen gestorben, aber ich habe alle Gefahren heil überstanden. Die Flucht und das Zurück, das war schlimm, aber es war am Ende immer noch zu ertragen. Und das war nicht selbstverständlich! Diese Kriegswirren haben doch auch in Deutschland sehr viele Menschen betroffen, Millionen sind durch den Krieg umgekommen, man hätte ja dazugehören können! Ich verdränge dabei nicht die Tatsache, daß wir Deutsche das alles ausgelöst haben, und insofern ist man auch irgendwie mitschuldig geworden.
Ich habe immer daran geglaubt, daß unsere Einengung in der DDR nicht für die Ewigkeit bestehen würde. Ich wußte, daß alles sich bewegt, daß nichts bleibt, daß es keinen Stillstand gibt. Ich betrachte das Leben aus dieser Perspektive und war überzeugt, auch unser Zustand hier würde sich verändern, ob ich das nun noch erleben würde oder nicht. Ohne diese Hoffnung hätten wir hier gar nicht leben können. Zwar mußten wir im Lauf der Zeit die Ansprüche

immer weiter zurückschrauben, aber wir hatten immer die Vorstellung, es ist nicht umsonst, daß wir hier ausharren. Dieser Gedanke hat mir geholfen, meine innere Freiheit zu bewahren. Jetzt freue ich mich unsagbar über die Vereinigung Deutschlands – und darüber, daß ich sie erleben durfte.

Nachtrag im Herbst 1992:
Im Sommer habe ich mir meinen Traum erfüllt und bin mit meinem Mann nach Finnland gefahren. Es war ein so überwältigendes Erlebnis, daß ich es eigentlich gar nicht beschreiben kann. Noch Wochen nach unserer Rückkehr ging ich hier umher wie benommen, mit meinen Gedanken war ich immer noch dort. Durch diesen Besuch war plötzlich der dichte Vorhang zerrissen, der sich zwischen mich und meine Kindheit geschoben hatte. Auf Drumsö und in Helsinki fiel mir immer wieder unerwartet etwas Altvertrautes ins Auge, an das ich schon Jahrzehnte nicht mehr gedacht hatte. So standen, eingezwängt zwischen den modernen Hochhäusern, auf unserer Insel noch das Gutshaus und ein altes rotes Holzhaus, das ich als Kind sehr gut kannte. Es hatte immer noch wie damals die typischen weißen Verzierungen an den Ecken, und mit ihm wurde die Stimmung meiner Kindheit wieder ganz lebendig. Im Gutshaus war damals die rumänische Botschaft untergebracht, und da meine Mutter mit der Hausdame befreundet war, lud sie mich oft dahin ein und nahm mich in dem großen Diplomatenauto mit nach Helsinki zum Einkaufen oder Bummeln.
Es gab noch viele glückliche Momente, und mit der vertrauten Umgebung war sogar die Sprache wieder da; viele finnische Wörter, die ich vergessen hatte, kamen mir wieder ins Bewußtsein. Viel Spaß hatten wir in einer Bank wegen eines alten Sparbuchs, meine Patentante hatte es um 1930 für mich angelegt; alle Angestellten liefen jetzt zusammen und bewunderten es. Inzwischen war das finnische Geld entwertet worden, aber ich bekam ohne Schwierigkeiten, was sich durch die Zinsen doch angesammelt hatte.
Ganz besonders glücklich machte es mich, daß es die deutsche Schule noch gab. Und dort hörte ich auch etwas über den Verbleib von ehemaligen Mitschülern und erfuhr sogar die Adresse meiner alten Freundin Dorothea. Inzwischen haben wir uns natürlich be-

sucht, und es gibt endlos viel zu erzählen. Wir werden im nächsten Sommer wieder nach Helsinki reisen und dann auch zu einem Gottesdienst in die Kirche gehen, in der ich getauft worden bin, und im deutschen Altersheim wollen wir nach Bekannten suchen.

Das Leben hat für mich unendlich hinzugewonnen, es ist um eine ganz wichtige Dimension reicher geworden.

Brigitta

Im Frühjahr 1939, als meine Mutter mich in der Elisabeth-Schule anmeldete, wurde meine Schwester dort gerade entlassen. Sie war eine besonders gute Schülerin gewesen, und beim Abgang bekam sie vom Schulrat eine Belobigung und ein Buch. Meine Schwester wäre gerne weiter auf ein Lyzeum gegangen, um dann zu studieren, aber meine Eltern hatten nicht die Mittel. Sie sollte bald Geld verdienen und wurde Laborantin. Bei meiner Anmeldung saß Fräulein D. (Cläre) mit im Rektorzimmer und sagte, sie wolle gerne, daß ich in ihre Klasse komme. Ich war aber nur eine durchschnittliche Schülerin, und am Anfang belastete es mich etwas, immer mit meiner Schwester verglichen zu werden; aber später machte es mir nichts mehr aus.

In unserer Klasse waren ja nur wenige Stettiner, und von denen kam ich als einzige aus Zabelsdorf – am nördlichen Rand von Stettin – und mußte den weiten Weg zur Schule durch die ganze Stadt immer alleine gehen. Ich brauchte eine dreiviertel Stunde. Im Winter fuhr ich oft mit der Straßenbahn, aber leider war die Haltestelle auch noch zwanzig Minuten von unserem Haus entfernt. Später, in den ersten Jahren nach dem Krieg, mußte ich oft weite Strecken zu Fuß gehen, dafür war dieser Schulweg sicher eine gute Vorübung. Wegen des langen Weges konnte ich mich aber am Nachmittag nie mit Klassenkameradinnen treffen, erst in Grimmen wohnten wir näher beieinander, so daß ich mit den anderen gemeinsam etwas unternehmen konnte. Aber das war für mich auch der einzige Vorteil der Evakuierung.

Ich hatte Sehnsucht nach unserem schönen Häuschen mit seinen sonnigen Zimmern und der hellblau gestrichenen Küche, aus der man in den großen Garten sah. Mein Vater hatte ihn wunderschön mit vielen Blumen angelegt, und in unserem Hof stolzierte zwischen weißen Hühnern ein Goldfasan. Weil die Siedlung auf einer Anhöhe lag, hatte man aus dem Mansardenfenster einen herrlichen Blick auf Stettin. Aber als dann die Luftangriffe anfingen, sahen wir auch, wie die Flak (Flugzeug-Abwehr-Kanonen) mit Leuchtspur schoß, und dann, wie es in der Stadt brannte, und das war ein furchtbarer Anblick.

Eigentlich sollten wir durch unsere Evakuierung vor den Angriffen geschützt werden, aber ich war häufig gerade dann zu Hause, wenn sie stattfanden. Meistens kamen die Bombergeschwader in der Nacht. Oft gab es zuerst einen Voralarm, aber trotzdem mußte man schnell aus dem Bett und in die Kleider. Im Radio kam meist die Ansage, wohin die Bomberverbände flogen, und die betroffene Bevölkerung wurde aufgefordert, die Luftschutzkeller aufzusuchen. Man hatte dafür immer ein Notköfferchen mit ein paar Sachen – Papieren, etwas Kleidung, auch Wertsachen – bereitstehen. Häufig folgte auf den Voralarm sehr schnell Alarm, die Sirenen heulten durchdringend, und wir mußten uns beeilen, überhaupt noch in den Keller zu kommen. Manchmal brummten die Bomber schon über uns, und wir konnten nicht unterscheiden, ob der Lärm durch die Eisenbahn-Flak vom Bahnhof Zabelsdorf verursacht wurde oder ob schon die ersten Bomben fielen.

Im Krieg war aus unserer Waschküche ein Luftschutzkeller gemacht worden, aber der genügte bald nicht mehr den Anforderungen, und wir mußten bei Alarm in einen Bunker gehen, den man 20 Meter von unserem Haus entfernt gebaut hatte. Nicht immer, wenn es Fliegeralarm gab, folgte auch ein Angriff, häufig hatten die Flugzeuge ein anderes Ziel, und wir konnten nach der Entwarnung wieder ins Bett gehen, sofern nicht das Sirenengeheul gleich wieder ertönte, weil ein neues Geschwader Stettin anflog.

Ich erlebte auch den schweren Angriff am 30. August 1944 mit. Weil meine Mutter ins Krankenhaus mußte, hatte ich nach Hause fahren dürfen. Als die Sirenen heulten, liefen wir schnell in den Bunker, und dort merkten wir gleich, daß Stettin das Ziel der Bomber war: Die Wände zitterten, durch den Luftschacht fiel Sand in den Bunker, die Lampe ging aus, und der Lärm der fallenden Bomben war ohrenbetäubend, man glaubte, das Trommelfell hält das gar nicht aus. Der Angriff konzentrierte sich auch auf unsere Gegend; die

Entwarnung war noch nicht gegeben, da hieß es: Jugendliche raus zum Löschen! In unsere Siedlung waren Brandbomben oder Phosphorkanister gefallen, überall sah man Brandstellen. Ich lief zu unserem Haus, in dem kleinen Vorflur waren schon Bücherkartons meiner Schwester in Brand geraten, und ich konnte sie nun löschen, bevor das Feuer sich ausbreitete. Aber ich verletzte mich dabei am Fuß, und die Wunde heilte wochenlang nicht, es mußte Phosphor hineingeraten sein.

Wie ich zwei Tage nach dem Angriff durch die kaputte Stadt zum Bahnhof gelangte, weiß ich nicht mehr. Aber vor meiner Abfahrt war die Mutter einer Freundin aus der Volksschule bei uns, ich sollte ihrer Tochter die Nachricht mit nach Sellin nehmen, daß ihr Elternhaus zerstört war, aber ihre Mutter lebte. Als ich in unser Lager kam, sagten die anderen: »Mein Gott, riechst du nach Rauch!« Und ich mußte natürlich erzählen, wie es gewesen war. Immer nach einem schweren Luftangriff hatte man die Hoffnung: Nun ist genug zerstört, nun wird es reichen!

Unser Haus hatte alles heil überstanden. Im Sommer 1945 habe ich es zum letzten Mal gesehen; seitdem war ich nie mehr in Stettin. Wir hörten später, daß es nicht mehr stehe, aber ganz genau weiß ich es nicht und würde jetzt doch gerne einmal hinfahren, um nachzusehen. Aber ich habe auch Angst, daß sich vor meine schönen Erinnerungen dann neue, fremde Eindrücke schieben und ich alles nicht mehr so in mir sehen kann, wie ich es gerne hatte. Dort, wo das Stadttheater stand, soll zum Beispiel jetzt nur Rasen sein. Als kleineres Kind war ich hier in den Weihnachtsmärchen, später las ich immer die Programme draußen im Schaukasten, weil meine Straßenbahnhaltestelle gegenüber lag. Wenn ich die Bilder von den Vorstellungen ansah, träumte ich zuerst davon, Balletttänzerin zu werden; später wollte ich lieber als Schauspielerin mit auf der Bühne stehen.

In den letzten Schuljahren änderten sich meine Berufswünsche aber radikal. Ich hatte gemerkt, daß ich kleine Kinder sehr mochte, und wollte nun Säuglingsschwester werden. Gleich nach der Schulentlassung, noch im März 1945, fuhr ich deshalb von Grimmen aus nach Greifswald, um mich zu bewerben. Aber leider war eine Ausbildung noch nicht möglich, ich war mit sechzehn Jahren zu jung, man konnte erst mit achtzehn als Lehrschwester anfangen. Als ich dann alt genug gewesen wäre, gab es für mich nie mehr die Möglichkeit dazu.

Im letzten Kriegsjahr unterrichtete meine Schwester an der Schule von Cammin in Hinterpommern, sie hatte keinerlei Ausbildung dafür; ein Schulrat hatte sie empfohlen. Meine Mutter zog wegen der Luftangriffe mit vielen Sachen aus Stettin noch zu ihr. Bevor nun die Russen nach Cammin kamen, flohen sie beide zu mir nach Grimmen, und alle Sachen waren verloren. Ich trauerte vor allem um meine wunderhübsche große Puppe, die meine Mutter auch mit nach Cammin genommen hatte. Sie hatte dicke Locken aus den Zöpfen meiner Schwester, und ich hatte sie nicht mit nach Grimmen nehmen dürfen, weil sie zu schade war. Als meine Mutter nun in Grimmen ankam, besaß sie nur noch, was sie tragen konnte. Wir holten sie vom Bahnhof ab, sie kam ganz aufgeregt aus dem Zug gestiegen und klagte: »Ach, Gitta, mein Muff ist weg, mein Muff ist weg! Darin waren meine ganzen Taschentücher!« Später haben wir oft darüber gelacht, daß sie sich über den Muff so aufregte und an die anderen verlorenen Sachen gar nicht dachte.

Meine Schwester versuchte, weiter nach Westen zu kommen; wir hörten erst im folgenden Jahr etwas von ihr. Als wir bald nach dem Einmarsch der Russen in Grimmen aufgefordert wurden, den Ort zu verlassen, konnten wir einen Handwagen ergattern. Wir luden allerlei Sachen auf, auch Betten, aber wir kamen damit gar nicht aus Grimmen heraus, weil der Wagen zu schwer war. So mußten wir uns von den Betten trennen. Dann zogen wir zwei Kilometer weiter bis Appelshof; da löste sich ein Rad vom Wagen, und wir konnten gar nicht mehr weiter. Wir kehrten wieder zurück nach Grimmen, dadurch ist uns viel erspart geblieben.

Aber jetzt mußten wir auf dem Land arbeiten, es fing an mit Rübenverziehen. Jeden Morgen sammelten wir uns auf dem Markt und gingen dann die erste Zeit zu Fuß nach Appelshof, später vier Kilometer nach Stoltenhagen. Einmal am Tag bekamen wir dort warmes Essen.

Im Sommer wollte meine Mutter doch einmal nach Stettin, um nachzusehen, ob unser Haus noch stand. Mir ging es gar nicht gut, wahrscheinlich auch, weil ich nicht genug zu essen hatte. Als meine Mutter nun nicht wiederkam, machte ich mich auch auf den Weg – mit einem halben Brot als Proviant. Bis Pasewalk fuhr ein Zug, dann mußte man noch ungefähr 40 Kilometer zu Fuß gehen. Aber man war nicht allein auf der Chaussee, viele Menschen wollten nach Stettin. Als ich in unser Haus kam, lag meine Mutter in der Mansarde; sie war krank geworden und deshalb nicht zurückgekommen. In den anderen Zimmern unseres Hauses wohnten Fremde. Damals nahm sich jeder, was er brauchte; wenn er selbst keine Wohnung hatte, ging er in eine andere.

Wir hatten in Stettin nun überhaupt nichts zu essen, besaßen aber noch ein paar Sachen. Davon konnte meine Mutter auf dem schwarzen Markt etwas an Polen verkaufen oder gegen Lebensmittel tauschen. Allerdings war das gefährlich, denn es war verboten. Deutsche durften in Stettin auch keine Zloty haben. Die Not war sehr groß. Einmal sah ich, wie auf einem Hof Menschen in den Abfällen nach Eßbarem suchten, als die Russen geschlachtet hatten; sie versuchten, von den Gedärmen noch Fett abzukratzen.

Wir waren ungefähr 14 Tage in Stettin, dann wollten wir nach Grimmen zurück. Ein paar Sachen, die wir noch vorgefunden hatten, packten wir zum Mitnehmen zusammen. Zuerst steckten wir einen Schuhkarton mit Negativen in meinen Rucksack, aber der drückte im Rücken, so daß ich ihn wieder herausnahm. Meine Mutter wollte unbedingt eine Nachttischlampe mitnehmen, und die packten wir dann statt dessen ein. Die alten Fotos schienen uns in dieser Situation nicht so wichtig. Später hätten wir sie natürlich gerne gehabt.

Als wir nun mit unserem Gepäck durch die Grünhofer Straße gingen, war vor uns auf dem Bürgersteig eine Frau mit einem Kind, und ich sah, wie ein polnischer Soldat der Frau mit dem Gewehrkolben über den Kopf schlug. Als wir weiterliefen, kam ein betrunkener Pole auf uns zu und wollte mich mitnehmen. Wir hatten beide wahnsinnige Angst, und meine Mutter sagte immer wieder: »Laß das Kind! Laß sie doch!« Und ich schrie: »Nein!!« Da zog er seine Pistole und hielt sie mir an die Brust – das vergeß ich mein Lebtag nicht mehr. Mir zitterten die Knie! Doch wir hatten großes Glück, denn es kam ein Offizier, nahm dem Soldaten die Pistole weg und sagte zu uns: »Lauft!« – Und wir gingen, so schnell wir konnten.

Wir wollten wieder nach Pasewalk, weil von dort Züge fuhren. Unterwegs auf der Straße hielt ein Russe mit seinem Lastwagen und nahm uns mit. Wir dachten, im Wagen kann uns nichts passieren, aber er holte eine Flasche Schnaps hervor, aus der er unterwegs trank, und war bald ziemlich angetrunken. Und als er sah, daß wir uns ängstigten, fuhr er wie im Walzertakt von einer Straßenseite zur anderen, immer schneller, und hat über unsere Angst gelacht. Aber wir sind doch heil nach Pasewalk gekommen, kurz vor der Stadt ließ er uns aussteigen.

Auf der Straße trafen wir mehrmals Bekannte. Sehr viele Menschen waren in diesem Sommer unterwegs, es war eine Völkerwanderung, lauter Flüchtlinge. Wir gingen in Pasewalk gleich zum Bahnhof, aber es fuhr am Abend kein Zug mehr. So saßen wir die Nacht über auf dem Bahnhof, viele Flüchtlinge eng aneinandergerückt, die alle auf einen Zug warteten. Wir duckten uns und zogen die Kopftücher tief ins Gesicht, denn bald kamen die Russen auf den Bahnhof und riefen: »Frau, Frau, komm!« Ich hatte Glück, und am Morgen konnten wir mit einem Zug bis Stralsund fahren. Es war ein Personenzug mit kaputten Scheiben, und er war sehr voll. Ich war glücklich, als wir in Stralsund ankamen. Wir mußten dort auf dem Bahnhof noch warten und bekamen eine Kartoffelsuppe. Sie war ohne Salz gekocht, aber uns schmeckte sie wunderbar. Als wir dann endlich in Grimmen waren, dachte ich: Mein Gott, wie bin ich froh, nun wieder hier zu sein! Grimmen mußte jetzt unser Zuhause werden, wir hatten ja kein anderes mehr.

Als erstes hörte ich in Grimmen vom Tod einer Klassenkameradin – Ilse B. Sie war an Typhus gestorben, und gleich nach unserer Rückkehr war ich nun auf ihrer Beerdigung.

Dann ging für uns die Arbeit auf dem Feld weiter. Wir mußten Kartoffeln sammeln, rote Bete ernten, Runkelrüben ziehen und davon das Kraut abdrehen. Es wurde kalt, ich habe sehr gefroren. Wir zogen Trainingshosen an und einen Rock darüber, wie es alle in der Zeit machten. Ich hatte nur noch dünne Turnschuhe aus Stoff, die waren natürlich sofort naß, und in meinen Händen hatte ich überhaupt kein Gefühl mehr.

Als die Arbeit auf dem Feld beendet war, bekam ich eine Stelle als Kindermädchen. Ich hatte auf dem Arbeitsamt angegeben, ich wolle gerne Säuglingsschwester werden, und nun wurde ich zu einer Familie mit vielen Kindern geschickt. Ich sollte die Kinder beaufsichtigen, ein bißchen bei den Schularbeiten helfen und auch in der Küche arbeiten. Der Winter 1946 war furchtbar kalt, es gab nichts zum Heizen, und nur in der Küche konnte Feuer im Herd gemacht werden. Ich mußte für neun Personen Kartoffeln schälen; dafür legte ich mir immer ein paar Kartoffeln auf den Herd und nahm sie dann einzeln herunter, sonst hätte ich sie gar nicht halten können. Die Frau kochte, und ich mußte mittags abwaschen. Aber die großen Töpfe konnte ich nicht heben, das machte die Frau dann selbst. Mit den Kindern hatte ich nicht viel zu tun. Wenn ich morgens kam, war ihr Nachttopf am Überlaufen, den mußte ich als erstes draußen auskippen. Das Klo war auf dem Hof, und die Frau benutzte einen Toiletteneimer, den mußte ich ebenfalls nach draußen bringen. Ich blieb dort den ganzen Winter.

Man konnte ja nur wenig zu essen kaufen und mußte manchmal lange anstehen. Vor meiner Zeit als »Kindermädchen« wechselte ich mich mit meiner Mutter ab, wenn wir von morgens bis abends nach Brot oder Fleisch anstanden, zwei bis drei Stunden meine Mutter und dann ich. Wenn man nicht ganz früh da war, bekam man nichts mehr. Manchmal kamen Züge mit irgendwelchen Lebensmitteln auf dem Bahnhof an. Das sprach sich schnell herum, und manchmal liefen wir dann auch hin. Häufig stiegen Männer auf die Züge und warfen Sachen ab, die man dann aufsammelte. Die Russen drückten dabei ein Auge zu. Einmal erwischten wir sogar einen kleinen Sack Zucker für mehrere Personen. Sonst gab es bei uns trockenes Brot mit etwas Öl und Salz.

Meine Mutter und ich bewohnten in der Zeit ein Zimmer im ersten Stock eines Hauses. Die Eigentümer hatte man ausquartiert, und nun wohnten in der unteren Wohnung zwei russische Offiziere mit ihrem Burschen, oben die Schwiegereltern der Besitzer und wir. Nachts schlossen wir die Tür ab und schoben einen Tisch davor. Im Keller stand ein Herd, auf dem meine Mutter kochen konnte. Wir sammelten dafür und für unseren eisernen Ofen Holz. Einmal konnten wir uns einen Handwagen leihen und fuhren damit in den

Wald. Es war ein schwerer Eisenwagen, und als wir ihn beladen hatten, waren die Räder in den aufgeweichten Boden gesunken. Wir bemühten uns lange mit allen Kräften, aber wir bekamen den Wagen nicht von der Stelle. Zum Glück kam ein junger Mann, mit dem ich auf dem Land gearbeitet hatte, der half uns. Aber wir bekamen beide nach der Anstrengung starke Rückenschmerzen, und ich wurde sie nie wieder ganz los.

Einmal fuhr der russische Hauptmann aus unserem Haus mit dem Burschen in den Wald, und sie holten uns Holz, damit meine Mutter kochen konnte. Im Oktober 1945, zu ihren Revolutionsfeiern, luden sie uns sogar ein und boten uns alles zu essen an, was es gab. Da konnten wir uns einmal richtig satt essen. Im nächsten Jahr räumten die Russen das Haus, und die Eigentümer kehrten zurück.

Als junges Mädchen habe ich sehr viel gezeichnet, auch ein Porträt des Kindes unserer Wirtsleute. In der Familie verkehrte ein Architekt, der in einem Architekturbüro beschäftigt war. Durch ihn erfuhr ich, daß man dort einen Lehrling suchte. Ich ging hin, um mich vorzustellen, und bekam eine Stellung als Volontärin, nicht als Lehrling. So brauchte ich nur zwei Jahre zu lernen und hatte auch etwas mehr Geld. Meine Zeit als »Kindermädchen« war damit im Frühjahr 1946 beendet.

Im Sommer kam mein Vater aus der Gefangenschaft, und von da an ging es uns besser. Mein Vater fand Arbeit beim Ein- und Verkaufsverein; er war Dreher von Beruf. Sie fertigten dort aus alten Sachen noch etwas Brauchbares, zum Beispiel aus Stahlhelmen Kochtöpfe. Er war sehr geschickt und stellte selbst aus Abfällen noch etwas her, Scheuerschwämme für Töpfe und kleine spitze Messer. Damit ging er zu Bauern und bekam dafür Gersten- oder Roggenmehl, oft auch ein Ei oder Korn, und bei uns gab es dann Roggen- oder Gerstensuppe. Das Korn mahlten wir in einer Kaffeemühle. Oder er brachte Brot mit, dann gab es Brotsuppe; die wurde nie alle, sie wurde immer dicker, und irgendwann hat meine Mutter sie wieder verdünnt. Mein Vater konnte auch Kartoffeln besorgen, und als meine Eltern einmal weggegangen waren, lag ein Kartoffelsack im Keller im Weg und störte, und ich sollte ihn wegräumen. Wir hatten ein selbstgebautes kleines, flaches Wägelchen, da hinauf wollte ich den Sack rollen. Aber es machte große Mühe, und mein Rücken wurde davon so schlimm, daß ich tagelang nicht laufen konnte. Danach konnte ich nur noch Leichtes heben; das ist dann so geblieben.

Wir hatten immer noch das kleine Zimmer mit dem eisernen Ofen, es war etwa zehn Quadratmeter groß. Meine Eltern schliefen jeder in einem Bett und ich auf der Erde. Später bekamen wir ein zweites Zimmer. Es war wohl im Winter 1946/47, da entdeckte mein Vater auf einem Hof große Berge Kohlen. Wir hatten wieder nichts zum Heizen, und so sind wir einmal abends mit einer Aktentasche losgegangen; ich mußte aufpassen, und mein Vater sammelte Kohlen in die Aktentasche. Ich hatte dabei ein sehr unbehagliches Gefühl, und es war mir auch furchtbar peinlich, aber wir waren glücklich, als wir mit den Kohlen dann zu Hause waren, und der Ofen wurde warm!

Wir hatten die ganze Zeit nichts von meiner Schwester gehört. Aber 1946 bekamen wir die erste Post. Sie war in Schleswig-Holstein, und ich sollte sie besuchen. Ich wollte gerne einmal in den Westen, aber man mußte schwarz über die Grenze. Im Juni 1947 taten sich mehrere Leute aus Grimmen zusammen, und wir machten uns auf den Weg. Einige hatten Schnaps mit; falls man an der Grenze erwischt würde, wollte man ihn den Russen geben, damit sie einen laufen ließen. Es gab noch keine befestigte Grenze, aber in regelmäßigen Abständen patrouillierten russische Posten. Wir kamen – wohl mit dem Zug – in Wittenberge an und verbrachten die Nacht auf dem Bahnhof. Dann liefen wir über Felder und begegneten auch Russen. Sie bekamen den Schnaps, ließen uns gehen, und wir rannten immer weiter, bis uns ein Bauer begegnete. Ob wir im Westen seien, fragten wir ihn. »Ja«, sagte er.

Mit dem Zug fuhr ich nun über Lübeck nach Kiel. Als ich aus dem Fenster sah, war ich begeistert von der Landschaft in Schleswig-Holstein, den Knicks, den Feldern und Wiesen und all dem Vieh auf den Weiden. In Kiel mußte ich umsteigen nach Gettorf, wo meine Schwester wohnte. Ich kam ganz überraschend, und sie freute sich sehr. Ich wäre gerne für immer geblieben, es gefiel mir in Gettorf. Meine Schwester war noch allein, mein Schwager noch nicht aus der Gefangenschaft zurück. Sie hatte in Gettorf ein kleines Zimmer, und wir kamen beide sehr gut miteinander aus. Und nun versuchte ich, Arbeit zu bekommen. Ich nahm eine Stelle bei einer kranken Frau an und betreute ihr Baby – fuhr es spazieren und wusch die Windeln. Ich brauchte aber eine Zuzugsgenehmigung. Zunächst machte man mir Hoffnung, aber dann sagte der Beamte, ich müsse nach Helmstedt, da sei ein Lager, und vielleicht bekäme ich dort die Genehmigung.

In dieser Zeit kehrte mein Schwager zurück. Das war eine große Freude für meine Schwester, und ich freute mich für sie. Seit 1944 war er in Gefangenschaft gewesen. Sie brachten mich nun beide mit dem Zug nach Kiel, und ich fuhr von dort nach Helmstedt. Aber dort erfuhr ich, daß es überhaupt kein Lager mehr gab, es war aufgelöst worden. Der Lagerkommandant war noch da, und weil ich so gerne bleiben wollte, ging ich zu ihm und fragte ihn, ob er mir nicht noch die Zuzugsgenehmigung beschaffen könnte. Leider hatte ich keinen Erfolg.

Da mußte ich wieder zurückfahren zu meiner Schwester. Ich kam abends in Kiel an, aber nun fuhr kein Zug mehr nach Gettorf. Ich wollte aber die Nacht nicht auf dem Bahnhof bleiben und ging deshalb von Kiel zu Fuß abends im Dunkeln los. Aber das war gefährlich. Ein junger Mann hatte sich angeboten, mich ein Stück zu begleiten. Er war ehemaliger Soldat, es waren ja damals noch immer viele Menschen zu Fuß unterwegs. Auf dieser Landstraße fuhr noch kein einziges Auto, und auf der ganzen Strecke von 16 Kilometern bin ich nur einem Radfahrer begegnet. Der Soldat begleitete mich also ein Stück, dann wurde er zudringlich. Er ließ sich zwar abweisen, war nun aber ziemlich ärgerlich, weil er sich wohl mehr versprochen hatte, und ließ mich stehen. Also ging ich allein weiter, immer schneller und schneller. Ich mußte eine lange Strecke durch Wald gehen, und von überall her kamen unbekannte, merkwürdige Geräusche, und Tiere huschten über die Straße. Ich hatte große Angst. Die letzte Strecke bin ich nur noch gelaufen. Völlig erschöpft kam ich in der Nacht bei meiner Schwester an und warf Steine an das Fenster.

Aber ich konnte ja nun nicht dort bleiben. Und so blieb mir nichts anderes übrig, ich mußte wieder zurück nach Grimmen. Weil ich Angst hatte, allein über die Grenze zu gehen, brachte mich ein Bekannter meiner Schwester bei Lübeck-Travemünde schwarz hinüber. Hinter der Grenze wanderte ich nach Bad Kleinen, denn von dort konnte man mit dem Zug fahren. Ich wollte in Richtung Neubrandenburg, da dieser Zug über Grimmen fuhr. Aber es gab nur einen Zug nach Greifswald. Ich dachte: Hauptsache, du kommst erst mal hier weg und bist dann schon näher an Grimmen! Als ich dann in Greifswald war, fuhr aber nichts mehr nach Grimmen, kein Zug, kein Bus. Glücklicherweise konnte ich bei unseren Nachbarn anrufen, die meiner Mutter ausrichteten, daß ich käme. Dann machte ich mich wieder auf den Weg, noch mal über 20 Kilometer. Ungefähr bei Appelshof, etwa zwei Kilometer vor Grimmen, kam mir meine Mutter entgegen – mit einem kleinen Wägelchen. Da konnte ich nun mein Gepäck ablegen, den Rucksack und die Sachen, die meine Schwester mir mitgegeben hatte.

In Grimmen arbeitete ich weiter im Architekturbüro, und im Herbst 1948 machte ich in Rostock auf der Neptunwerft meine Prüfung – als technische Zeichnerin im Hochbau. Ich mußte schon einen Tag vorher nach Rostock fahren und übernachtete in einem Hotel am Markt. Dort hatte ich ein sehr großes Zimmer und fror darin entsetzlich, weil es nicht geheizt war. Im Zug waren immer noch die Scheiben kaputt, und ich erkältete mich so, daß ich während der Prüfung Fieber hatte. Sie dauerte den ganzen Tag. Dann erhielt ich ein Prüfungszeugnis und einen Facharbeiterbrief. Danach arbeitete ich noch kurze Zeit in dem Architekturbüro, dann wurde es geschlossen.

Während dieser Zeit hatte ich bei einem unserer alten Lehrer, der auch in Grimmen geblieben war, einen Kurs in fortgeschrittener Stenographie gemacht. Maschineschreiben hatte ich auf einer geliehenen Maschine zu Hause ein bißchen geübt, und damit bekam ich Anfang 1950 eine Stelle im Büro der Grimmener Feuerwehr.

Inzwischen hatte ich auch meinen Mann kennengelernt. Er war 1947 aus amerikanischer Kriegsgefangenschaft entlassen worden. Sein Vater hatte nach dem Krieg in Grimmen einen kleinen Fuhrbetrieb aufgemacht, und die Söhne halfen darin mit. Mein Mann war eigentlich Verwaltungsangestellter, bekam aber in seinem Beruf keine Arbeit und fuhr nun mit dem Laster feste Milchtouren – auch an Sonn- und Feiertagen, morgens um 5 Uhr die erste und abends um 10 Uhr die letzte.

Ich hatte kaum bei der Feuerwehr mit der Arbeit angefangen, da wurde sie von der Volkspolizei übernommen und war nun eine Unterabteilung der Polizei. Plötzlich war ich also bei der Volkspolizei, und dort konnte ich auch in eine andere Abteilung versetzt werden. So kam ich in die Registratur, wo man Pässe und Ausweise bearbeitete. Bei der Feuerwehr hatte ich rote Spiegel am Kragen gehabt, jetzt war es eine andere Farbe, blau oder grün – ich weiß es nicht mehr genau. Die Uniformen blieben jedenfalls die gleichen.

Bisher war ich lediglich in der »Deutsch-Polnischen Freundschaft« (Gesellschaft für Deutsch-Polnische-Freundschaft), deshalb verpflichtete sich eine Kollegin – sie legte eine »freiwillige Selbstverpflichtung« ab –, mich für die FDJ zu werben. Obgleich ich bei der Polizei im Büro arbeitete, mußte ich nun nachts auch Streife gehen, es wurde gesagt, daß »Feinde der Demokratie«, »kapitalistische Spitzel«, »subversive Elemente« den friedlichen Aufbau der DDR stören wollten. Unsere Streifen wurden deshalb »Friedenswacht« genannt. Wir gingen zwar immer zu zweit, aber in der Nähe des Friedhofs war mir in der Nacht sehr unheimlich zumute. Bei der Feuerwehr hatte ich mich für fünf Jahre verpflichten müssen, aber von der Polizei wollte ich nun so schnell wie möglich wieder weg. Inzwischen war auch mein erster Sohn geboren, und meine Mutter versorgte ihn. Ich hätte es so gerne selber getan, denn meine Mutter konnte sich auch nicht viel um ihn kümmern; er lag meist in seinem Kinderwagen draußen im Garten. Im Juni, als er knapp sieben Monate alt war, gab es den »Tag des Kindes«, und deshalb bekam ich einen Tag frei und konnte ihn einmal spazierenfahren.

Als meine Mutter bald darauf ziemlich krank wurde, erhielt sie ein Attest, daß sie das Kind nicht mehr versorgen könne, und daraufhin kam ich frei. Ich hatte 1950 bei der Feuerwehr angefangen, und 1951 hörte ich bei der Polizei schon wieder auf, und in die FDJ war ich auch nicht eingetreten.

Nun blieb ich zu Hause. Ich hatte die erste Zeit mit dem Kind noch bei meinen Eltern gewohnt, später bekamen wir ein zwölf Quadratmeter großes Zimmer mit einer Abseite (kleiner Nebenraum), wo wir wenigstens einen eigenen Kochherd hatten. In diesem Zimmer wurde 1952 unser zweites Kind geboren. Es war ein Mädchen, und ich nannte es »Berit« nach einer Norwegerin, die ich früher kannte.

Nun wohnten wir zu viert in dem Zimmer. Wenn Gäste uns besuchten, fragten sie: »Wo schlaft ihr denn?« Wir hatten zur Hochzeit ein Schrankbett bekommen, das man ausklappte und am Tag wieder einklappte. Es sah dann aus wie ein Sideboard. So etwas war zu der Zeit noch unbekannt. Das Holz dafür hatten meine Schwiegereltern organisiert, denn Holz war sehr knapp, und ohne Holzabgabe konnte man keine Möbel bekommen.

Anfang Dezember 1952 kam mein Mann eines Tages nach Hause und sagte, nun sei es auch für uns soweit, wir müßten in den Westen gehen. Man hatte ihn zur Polizei bestellt und ihm den Ausweis abgenommen, und das war ein bedrohliches Zeichen. In dieser Zeit war man eigentlich täglich darauf gefaßt, in politischer Beziehung anzuecken. Manchmal reichte eine kritische Äußerung oder ein Witz, und man wanderte für Jahre ins Gefängnis.

Mein Ältester, Jörn, war zwei Jahre alt und Berit ein halbes Jahr. Damit unsere Flucht nicht auffiel, ging mein Mann nun heimlich zunächst allein. Wir packten seinen Koffer in den Kinderwagen, fuhren damit zur Chaussee, von dort brachte ihn ein Freund mit dem Auto nach Greifswald, und da stieg er in den Zug nach Berlin. Meine Eltern zogen zu dieser Zeit gerade um nach Stralsund, und ich ging zuerst mit ihnen, fuhr aber von dort aus zwischen Weihnachten und Neujahr ebenfalls nach Westberlin. Meine Mutter begleitete mich, ich hatte nur den Kinderwagen und einen Koffer. Im Kinderwagen waren allerdings all unsere wichtigen Papiere in einem Windelpaket versteckt.

Als wir in der Nacht fuhren, hatte mein Sohn Fieber; ich hätte ihn so nicht mitnehmen dürfen, er war krank. Aber ich wollte ihn unbedingt bei mir behalten. In Berlin kamen wir in ein Lager des Roten Kreuzes, mein Mann war in einem anderen Lager untergebracht. In dem ziemlich kleinen Zimmer, in dem ich mit den beiden Kindern wohnte, lebte noch ein Ehepaar mit Kindern und zwei Schwestern. Wir wurden im Lager verpflegt, aber wir hatten überhaupt kein Geld, und mein Mann schippte deshalb öfter Schnee, damit wir etwas bekamen.

Im Rote-Kreuz-Heim gingen die Masern um. Berit hatte genügend Abwehrstoffe, weil sie noch so klein war, und bekam sie nicht. Aber sie hatte Brechdurchfall, weil sie die andere Nahrung nicht vertrug.

Jörn war durch die Umstellung ganz verstört, und nun wurde er immer kränker und weinte nur noch. Ich konnte ihn deshalb nicht im Lager lassen und mußte ihn auf alle Gänge mitnehmen. Wegen der Aufnahme im Westen mußte man auf viele verschiedene Stellen und überall anstehen, und immer hatte ich meinen Kleinen auf dem Arm. Berit konnte ich im Zimmer lassen, die Mitbewohner paßten auf. Aber der Junge rief: »Angst! Angst!« Schließlich kam meine Mutter und holte ihn zurück. Er bekam nicht Masern, aber Keuchhusten.

Wir blieben in Berlin nur vier Monate, im April wurden wir ausgeflogen nach Hamburg – Berit, mein Mann und ich. Jetzt kamen wir zusammen in ein Lager, nach Wentorf bei Bergedorf. Es befand sich in einer Kaserne, und wir bekamen sogar ein Einzelzimmer. Da konnte uns meine Schwester besuchen, und ich fuhr zusammen mit Berit auch einmal zu ihr nach Gettorf.

Als ich Schuhe brauchte, wollte ich sie in einem Schuhgeschäft in Bergedorf kaufen. Mein Mann war mit Berit draußen geblieben, und so ging ich zu ihm raus, um ihm die Schuhe zu zeigen. Schnell kam die Verkäuferin hinter mir her; sie dachte wohl, ich wollte mit den Schuhen verschwinden, ohne zu bezahlen. Wir waren Fremde, vielleicht erkannte sie uns als Flüchtlinge, und die waren nicht sehr beliebt. Sie hatten ja nichts, und manche Leute fürchteten wohl, etwas abgeben zu sollen oder die Fremden würden sich einfach etwas nehmen.

Ich glaube aber nicht, daß wir heruntergekommen aussahen. Meine Mutter hatte immer für mich genäht und tat das nun auch für meine Kinder. In Grimmen gab es nach dem Krieg lange noch keine Stoffe, so nähte sie aus alten Sachen und aus Vorhängen. Aus einem schwarzweiß karierten Wollmantel, den ich als Kind getragen hatte, nähte sie mir, als ich etwa 20 war, eine Jacke, mit schwarzem Stoff besetzt und sehr hübsch. Und aus dieser Jacke bekam jetzt Berit noch ein Mäntelchen. Meine Schwiegermutter strickte für uns. Wir hatten in Grimmen aus einer Fabrik Zuckersäcke geholt, ein Faden war aus Papier und einer aus einem weißen Kunststoff. Diese Fäden zogen wir heraus, verknoteten sie, und meine Schwiegermutter strickte daraus Kniestrümpfe und Jacken – zuerst für mich und dann auch für die Kinder.

In Wentorf waren wir nur vier Wochen, im Mai wurden wir nach Wandsbek in ein anderes Lager umquartiert, auch in einer ehemaligen Kaserne. Berit war da schon ein dreiviertel Jahr alt. Hier lebten wir mit vier Familien in einem Raum, und wir blieben dort bis zum nächsten Jahr im Januar. Mein Mann arbeitete nun im Hamburger Hafen, öfter zwei Schichten hintereinander, damit wir Geld bekamen. Von seinem ersten Lohn kauften wir eine Sportkarre für Berit und eine Lederhose für unseren Jungen, die wir nach Stralsund schickten. Manchmal brachte mein Mann aus dem Hafen Heringe mit, und das ganze Zimmer briet dann abends Heringe. In der Kaserne war eine große Küche eingerichtet, und es gab auch einen Duschraum. Aber trotzdem bekamen wir alle in diesem Lager Läuse. Bei Berit entdeckten wir sie zuerst, sie hatte kaum Haare, und zwei dicke Läuse marschierten über ihren Kopf. Die beiden größeren Mädchen in unserem Zimmer hatten dicke lange Zöpfe, und damit haben sie die Läuse wohl irgendwo aufgefangen. Wenn nun abends das Licht ausgeschaltet war, setzten alle im Zimmer heimlich ihre Läusekappen auf. Später haben wir uns darüber amüsiert, aber damals fanden es alle peinlich.

Das Zusammenleben mit den anderen Flüchtlingen war sehr nett und freundlich. Es gab nur manchmal Probleme mit den Kindern, denn es war schwer, das Kleinkind ruhigzuhalten, und Berit war oft krank und hatte häufig Mittelohrentzündung. In unserem Zimmer wohnte eine Frau mit drei größeren Kindern, und sie hat Berit auch betreut und geschaukelt. Morgens stand ich ganz früh auf und ging mit dem Fläschchen hinter dem Rücken nach draußen, um es zu wärmen; Berit durfte das Fläschchen noch nicht sehen, sonst fing sie an zu schreien, und alle wurden wach.

Auch das Windelwaschen war schwierig. Man konnte die Windeln nicht auskochen, und Berit war immer wund. Fertige Windeln gab es zu dieser Zeit noch nicht, nur Mullwindeln. Ich habe deshalb versucht, sie früh aufs Töpfchen zu setzen. Sie war in dieser Zeit sehr bockig, weil sie von allen verwöhnt wurde. Man glaubte, dem Kind jeden Wunsch erfüllen zu müssen, damit es nicht weinte und die anderen störte. Die Leute im Zimmer schenkten ihr häufig etwas, und immer hieß es: Ach, die süße Kleine! Und wenn nun nicht alles nach ihrem Willen ging, wurde sie blaurot und schrie.

In der Kaserne lernte Berit auch laufen. Zuerst kroch sie unter alle Betten und sah schlimm aus. Wir haben zwar reihum saubergemacht, aber bei so vielen Menschen, die aus und ein gehen, kann es ja nicht immer sauber sein. Ich nahm sie dann auf dem langen Kasernenflur an die Hand, und wir wanderten immer auf und ab. – Mit verschiedenen Mitbewohnern aus diesem Zimmer hatten wir später noch Kontakt, und eine Familie hat uns auch noch hier in Westerland besucht.

Aber dies war noch nicht das letzte Lager. Unsere nächste Station war ein Lager in Siegen. In Hamburg und Schleswig-Holstein fand mein Mann keine Arbeit in seinem Beruf, und deshalb bekamen wir auch keine Zuzugsgenehmigung. In Siegen wohnte ein Bruder meines Mannes, und der holte uns dorthin. Auch hier bekam mein Mann keine Arbeit in der Verwaltung, wir lebten anfangs von 35 Mark Arbeitslosenunterstützung in der Woche. In Siegen waren wir in einer alten Villa mit sehr großen Zimmern untergebracht, die man mit Hilfe dünner Platten unterteilt hatte. So hatten wir nun zwar einen abgetrennten Raum, aber natürlich konnte man durch die dünnen Trennwände von den Nachbarn alles hören. Man gab uns dort Doppelstockbetten und ein Kinderbett, einen Küchentisch und Stühle. Aus Apfelsinenkisten bauten wir uns Borde. Meine Mutter nähte weiter für meine Kinder und mich und auch den Vorhang für die Kisten. Und meine Schwiegermutter hat weiter für uns gestrickt, Strümpfe, Pullover und Jacken. Diese Hilfen waren sehr wichtig für uns, sonst wären wir mit dem Geld nicht ausgekommen.

In dieses Lager brachte meine Mutter nun meinen Sohn. Ich hatte ihn immer wiederhaben wollen, und hier war nun zum ersten Mal etwas mehr Platz. Sie kam mit ihm mit einem Interzonenpaß.

Mein Mann machte Gelegenheitsarbeit, bis er Arbeit in einer Eisenfabrik fand, am Hochofen und an der »Kratzbank«. Jetzt ging er jede Woche zum Wohnungsamt, und wir bekamen endlich eine Wohnung. In Siegen-Fludersbach hatte man für Flüchtlinge gebaut – die Leute nannten uns damals »Rucksackdeutsche«. Wir waren glücklich! Unsere Wohnung hatte zwei Zimmer und eine große Wohnküche, wir richteten ein Wohn- und ein Kinderzimmer ein und kauften auf Raten einen Wohnkleiderschrank und zwei Öfen.

Die Möbel aus dem Lager durften wir mitnehmen. Von einem der großen Betten sägten wir Ober- und Fußteil ab; da haben wir beide geschlafen. Das andere Bett bekam Jörn.

Zwei Jahre hatten wir in Lagern gelebt. Berit war inzwischen über zwei Jahre alt. Und als wir nun am ersten Tag in der Wohnung auspackten und es schon dunkel wurde, sagte sie: »Nun wollen wir aber wieder nach Hause gehen!« Für die Kinder war es anfangs schwer, sich umzugewöhnen.

Wir waren aber so froh, endlich allein zu wohnen! Hier hatten wir jetzt sogar in der Abseite ein Badezimmer – mit Badewanne und Toilette. Aber am schönsten war doch, eine eigene Tür zu haben, die man abschließen konnte! In der großen Wohnküche stand ein Herd für Feuerung und Gas, den ich im Winter heizte, und die Kinder konnten dort bei mir spielen.

Aber nun mußte allerlei angeschafft werden. Wir hatten für jeden nur einmal Bettwäsche zum Wechseln, und wenn jemand zu Besuch kam, mußte er sich seine Bettwäsche mitbringen. Anfangs mußten unsere Besucher auch Messer und Gabeln mitbringen, meine Bestecke reichten nur für uns. Aber das alles war nicht schlimm, und allmählich konnten wir das Fehlende kaufen. Zuerst mußten wir allerdings unsere Raten abbezahlen. Mein Mann hat sehr viel gearbeitet, auch sonn- und feiertags, und alles Geld steckten wir in die Wohnung. Manchmal kamen Kollegen vorbei und wollten meinen Mann auf ein Bier mitnehmen, aber er lehnte das immer ab. Als es dann allmählich immer schöner bei uns wurde, kam es auch vor, daß jemand sagte: »Die Flüchtlinge haben schon wieder mehr als wir!«

In Siegen wohnten wir drei Jahre, und nach der Zeit in den Lagern gefiel es mir hier auch gut. Aber wir waren erst zwei Monate in der Wohnung, da wurde ich wieder schwanger. Nun haben wir überlegt, meiner Schwester, die selbst keine Kinder bekam, das Baby zu geben. Sie hätte das Kind gerne gehabt, und anfangs hatten wir es ihr auch versprochen. Aber dann brachte ich es doch nicht übers Herz, und ich habe das Kind behalten.

Mitte der fünfziger Jahre, als die Bundeswehr aufgebaut wurde, meldete sich mein Mann freiwillig und wurde im August 1956 auch eingestellt. Zuerst arbeitete er im Büro der Annahmestelle in Düsseldorf, später in Münster und kam nur sonntags nach Hause. Während der Woche war ich mit den Kindern allein. Aber von nun an ging es bei uns etwas schneller bergauf. Die Bundeswehr war ja zuerst nicht sehr beliebt, man hat hinter meinem Mann hergepfiffen und -gerufen, und manche schrien sogar »Pfui!«.

Mein Mann ist gebürtiger Westerländer, er war erst als Kind nach Grimmen gekommen. Und nun gab es nach einem Jahr die Möglichkeit für ihn, sich nach List auf der Insel Sylt versetzen zu lassen. Er schrieb uns von dort jeden Tag und bemühte sich um eine Wohnung in Westerland. Schließlich hatte er wirklich das Glück, ein Eck-Reihenhaus zu bekommen. Die Häuser waren für Engländer gebaut worden, und die meisten waren auch von ihnen bewohnt, denn der Fliegerhorst war noch in englischer Hand. Aber drei Häuser wurden nicht mehr gebraucht, und davon bekamen eines wir als Wohnung! Wie groß meine Freude war, kann sich keiner vorstellen.

Ich wollte nun mit den Kindern umziehen – mein Mann war ja schon da –, da bekam erst mein Ältester und dann der Jüngste die Masern. Es war sehr heiß, wegen der Masern mußte ich die Fenster verdunkeln, und wir litten alle sehr unter der Hitze. Wir wohnten etwas außerhalb von Siegen und hatten vorher nie einen Arzt gebraucht, hatten auch kein Telefon. Und als die Kinder nun so krank wurden – der Kleine hatte über 40 Grad Fieber und weinte nur –, da bat ich ein Kind aus der Nachbarschaft, auf dem Schulweg einen Kinderarzt aufzusuchen und zu bestellen, er möchte zu uns kommen. Und er kam auch wirklich im Laufe des Vormittags. Aber nun fürchtete ich, daß zum Umzug Berit auch noch die Masern bekommen könnte. Der Termin war ja festgelegt und mußte auch eingehalten werden. Eine entfernte Cousine meines Mannes auf Sylt holte deshalb Berit ab, damit sie schon da wäre, falls sie krank würde. Aber sie ist nicht krank geworden, sie hat bis heute keine Masern bekommen.

Unsere neue Wohnung war wunderschön – mit Garten –, die Küchentür ging auf die Terrasse nach draußen. Wir hatten nun drei Zimmer, das Eßzimmer richteten wir als Spielzimmer für die Kinder ein. Und als die Kinder größer wurden und wir zwei Kinderzimmer brauchten, schliefen mein Mann und ich wieder im Wohnzimmer auf unserem abgesägten Bett. Die Kinder hatten es dort draußen wunderbar: Nicht weit hinter dem Haus lag der Deich, dahinter waren Wiesen mit Schafen. Heute ist dort alles bebaut, aber damals war es freie Natur. Zu den Nachbarn hatten wir ein gutes Verhältnis, und die Kinder fanden schnell Spielkameraden, deutsche und englische. Unser Ältester konnte hier weiter in die erste Klasse gehen, Berit war fünf und der Jüngste anderthalb. Es gab natürlich auch viel Arbeit für mich, überall in dem Haus waren weiße Einbauschränke, und die drei kleinen Kinder brachten viel Schmutz von draußen herein.

Aber ich hatte das Gefühl: Für mich ist hier nun mein Zuhause. Auch weil mein Mann hier geboren war, fühlte ich mich nicht mehr als Flüchtling. Sondern hier gehörten wir nun hin.

Mein Mann fuhr anfangs noch täglich nach List, doch dann wurde er versetzt nach Wunstorf bei Hannover, und ich war wieder mit den kleinen Kindern allein. Schließlich nahm ich meinen ganzen Mut zusammen, ging zu den Engländern, die vis-à-vis von uns wohnten, und fragte sie, wie lange wohl der Flugplatz noch englisch sei, wann es wohl sein könnte, daß mein Mann hierher käme. – Wir freundeten uns dann mit der Familie an, der Mann war Feldwebel, und wir verstanden uns sehr gut. Aber leider konnte mein Mann erst hierherkommen, als die Engländer wieder in ihre Heimat zurückkehrten. Mein Mann war dann einer der ersten hier auf dem Flugplatz; sie waren nur vier Deutsche.

Wie erlebten nun zusammen eine sehr schöne Zeit am Seedeich und wohnten dort zehn Jahre. Wir wußten, daß wir auf der Insel bleiben wollten, und fingen an, darüber nachzudenken, ob wir nicht ein Haus für uns bauen könnten; ein eigenes Haus zu haben war immer unser Traum. Aber er war gar nicht so einfach zu verwirklichen, wir hatten überhaupt kein Geld. Immer mußten wir alles verbrauchen. Ich hatte mit den drei Kindern gar nichts anderes kennengelernt, als sparsam zu wirtschaften, und nichts zurücklegen können. Aber allmählich machten wir nun doch Pläne für das Haus. Zuerst schlossen wir einen Bausparvertrag ab und bemühten uns dann um ein Grundstück.

Meine Eltern waren drei Tage vor dem Mauerbau noch in den

Westen gekommen und hatten hier auch wieder ganz von vorn anfangen müssen. Mein Vater war schon über 60, doch die ersten Jahre hat er noch gearbeitet. Aber sie bekamen einen Lastenausgleich für ihr Haus in Stettin, und davon gaben sie uns nun etwas für das Grundstück ab.

Das Planen des Hauses hat uns sehr viel Spaß gemacht. Wir bauten ein Fertighaus, weil wir dann schneller einziehen konnten und die Doppelbelastung nicht so lange dauerte. Es standen schon mehrere Häuser wie unseres auf der Insel, und wir haben sie uns vorher angesehen. Wir hätten gerne ein Reetdach gehabt, aber der Abstand zum Nachbarhaus war zu gering, wir hätten deshalb sehr viel für die Feuerversicherung zahlen müssen, und das konnten wir uns nicht leisten. Als wir die Zeichnungen bekamen, fing ich an, die Möbel aus Millimeterpapier auszuschneiden, alles maßstabgerecht. Aufbewahrt wurden sie in einer Streichholzschachtel, und da habe ich sie so oft wieder herausgeholt, hin und her geschoben und neue ausgeschnitten, bis ich mit der Einrichtung zufrieden war.

Das Bauen ging meist gut voran – bis auf einige Pannen, die uns in Schrecken versetzten. So kam, als wir ausgeschachtet hatten, ein Wolkenbruch, und wir hatten einen Swimmingpool in der Baugrube. Die Feuerwehr vom Fliegerhorst konnte das Wasser aber wieder absaugen. Als die Bauarbeiter den Schacht für eine Drainage am Haus aushoben, stießen sie auf eine Wasserader. Zuerst lief das Wasser ununterbrochen auf die Straße, und es mußte sogar eine Nachtwache dabeibleiben. Wir hatten schon die Befürchtung, daß wir gar nicht bauen könnten! Aber dann ging es doch weiter. Das Wasser hörte allerdings nie auf zu laufen, wie haben dafür eine Pumpe in Betrieb, und unser Keller ist nicht ganz trocken.

Bei allen Außenarbeiten halfen uns Soldaten vom Fliegerhorst, und zum Terrassenlegen kam mein Schwager. Wir machten soviel wie möglich selber. Als das Haus fast fertig war, gingen wir jedes Wochenende hin und haben dort gearbeitet. Und als wir schließlich einziehen konnten, gab es ein großes Fest.

Inzwischen wohnen wir 25 Jahre in unserem Haus. Das Leben hier hat sehr viel Freude und sehr viel Arbeit gebracht. Ich habe die Kinder versorgt und gar nicht vermißt, daß ich nicht reisen konnte. Wir hatten immer auch mehrere Tiere, um die ich mich gekümmert habe, und jetzt ist es schon der dritte Hund, der mit mir im Wäldchen und am Strand spazierengeht. Für mich ist das Zuhause immer das Schönste gewesen, vielleicht, weil ich so lange unterwegs war, bis ich wieder eins für mich gefunden hatte.

Während all der Jahre habe ich auch an Gäste vermietet, bis heute. Einige Stammgäste kommen schon seit 24 Jahren. Auch alte Schulfreundinnen kommen zusammen mit ihren Männern und jetzt auch einige aus der ehemaligen DDR. Wir sprechen dann natürlich auch über die alten Zeiten in Stettin und Grimmen, aber obgleich ich mich gerne zurückerinnere – mein Zuhause ist die Insel.

Scholga

Ich hatte niemals vor, Lehrerin zu werden, denn ich glaubte, daß ich dafür nicht geeignet sei. Aber Kindergärtnerin oder Säuglingsschwester wäre ich gerne geworden, ich wollte immer etwas mit Kindern zu tun haben – vielleicht, weil ich selbst keine Geschwister hatte und mir immer welche gewünscht habe. Durch meinen Mann kam ich später doch in den Lehrberuf und bin sehr gerne Lehrerin gewesen, habe erfolgreich mit Kindern gearbeitet und denke auch nicht, daß die Arbeit umsonst war.

Während meiner Tätigkeit ist mir aber oft aufgefallen, daß meine Schüler nicht so selbständig waren wie wir früher. Bei Aufträgen wollten sie immer wieder Anweisungen haben, ganz konkret wissen, wie sie es nun machen sollten. Wir waren als Kinder wesentlich selbständiger und auch schöpferischer.

Als wir in die Elisabeth-Schule umgeschult wurden, sollten sechs Stettinerinnen mit in die Klasse für Fahrschülerinnen. Die meisten meiner Freundinnen wurden dafür ausgewählt, aber ich war nicht dabei. Also ging ich zum Rektor und erreichte, daß ich auch mit in die Klasse kam. Wir wohnten alle im Gebiet der Altstadt, hielten eng zusammen und verbrachten auch unsere Freizeit gemeinsam. Im Sommer fuhren wir sehr häufig am Nachmittag mit dem Dampfer nach Waldowshof in unseren Schwimmverein, den SV-WASPO – Stettin. Wir nahmen die Büchermappe mit und machten dort draußen an der Oder auch unsere Schularbeiten. Oft haben wir den ganzen Tag dort verbracht, oder wir unternahmen gemeinsam etwas anderes. Alle hatten zu Hause Telefon, und so konnten wir uns sehr schnell verständigen.

Wenn Höhepunkte in unserer Klasse bevorstanden – das Weihnachtsfest oder Klassenfeste –, setzten wir uns in Gruppen zusammen und überlegten, was wir dafür machen könnten; Cläre nahm darauf keinen Einfluß. Einmal zum Beispiel – das wird wohl der erste Winter in der neuen Schule gewesen sein – übten wir Stettinerinnen auf dem Schloßhof in einer Nische ein Krippenspiel ein; wir haben uns regelmäßig getroffen, ganz ohne Anleitung von Erwachsenen geprobt und es nachher auch in der Klasse vorgeführt.

In unseren Schwimmverein kam auch meine Freundin Ilse, mit der mich noch immer eine enge Freundschaft verbindet. Heute grenzt ihr kleines Gärtchen an unser Grundstück, wir können uns schnell einmal austauschen, und wenn einer Hilfe braucht, ist der andere für ihn da. Wir waren schon im selben Kindergarten und später in derselben Grund- und Mittelschule, aber immer in Parallelklassen. In Grimmen hatte mich ihre Pflegemutter mit verköstigt. Als wir im Sommer 1944 alle in Sellin waren, wurde fast die ganze Altstadt von Stettin durch einen großen Bombenangriff vernichtet. Bei diesem Angriff kam auch die Mutter meiner Freundin ums Leben. Wir Stettiner Mädchen übernahmen die Aufgabe, ihr die schlimme Nachricht zu überbringen. Das war auch für uns sehr traurig und schwer. Wir hatten ja alle Angst um die Eltern in Stettin, aber sie war nun die einzige, die es so schwer getroffen hatte. Seit dieser Zeit fühlten wir beide uns noch enger verbunden. Wieder in Grimmen, verbrachten wir immer die Freizeit zusammen.

Als die Russen in Grimmen einmarschierten, waren wir vorgewarnt und versteckten uns im Keller des Raiffeisen-Vereins. Aber russische Offiziere holten uns heraus, und wir mußten uns nun draußen aufstellen. Sie hatten Flieder – weißen Flieder, den sie uns Mädchen überreichten. Ich hielt beide Hände auf den Rücken und wollte den Zweig nicht nehmen. Da stieß mich meine Freundin von hinten an, so daß ich automatisch doch zugriff. Hinterher sagte sie: »Bist du verrückt? Wenn du den Zweig nicht genommen hättest – wer weiß, was der mit dir gemacht hätte!«

1941 war meine Mutter sehr schwer erkrankt, sie lag tagelang mit hohem Fieber. Ich war damals in Stettin allein mit ihr, mein Vater war zum Sicherheits- und Hilfsdienst eingezogen worden. Der Arzt stellte eine falsche Diagnose; es war eine feuchte Rippenfellentzündung, die eine TBC zur Folge hatte. Von dieser Krankheit hat sich meine Mutter nie mehr richtig erholt, trotz Operation und Aufenthalten in Sanatorien. Ich bemühte mich nun, sie soweit wie möglich zu entlasten, kaufte ein und übernahm viele ihrer Aufgaben für das Geschäft. Als mein Vater wieder zu Hause war und sein Beerdigungsunternehmen weiterführen konnte, brachte ich zum Beispiel morgens vor der Schule die Papiere vom Friedhof zur Polizei und wieder zurück. Dadurch kam ich oft erst in letzter Minute in die Schule oder sogar zu spät, aber Cläre wußte Bescheid, und ich war entschuldigt.

Im Winter 1944 kam meine Mutter mit dem Zug nach Grimmen, mein Vater war in Stettin bei der Feuerwehr und mußte dort bleiben. Als Ende Mai 1945 alle Flüchtlinge aus Grimmen in ihre Heimatorte zurückgehen sollten, hätte meine Mutter einen so langen Fußmarsch nie überstanden. Aber wir erfuhren, die Kranken würden mit einem Zug transportiert. So ging ich nun täglich zu einer Stelle, die dafür zuständig war, und fragte, wann der Zug fahre, aber niemand konnte mir Auskunft geben. Unser Termin rückte immer näher, und so packten wir – meine Freundin Ilse, ihr fünfzehnjähriger Bruder, einige Klassenkameradinnen mit ihren Müttern und ich – ein paar Sachen und luden sie auf einen Landauer (offener Kutschwagen), den uns der Leiter des Raiffeisen-Vereins zur Verfügung gestellt hatte. Wir Mädchen spannten uns davor, die Frauen schoben, und so gingen wir an einem herrlichen Sonnentag los – ohne meine Mutter – und wollten nach Stettin. Aber unterwegs trafen wir Flüchtlinge, die schon von dort zurückkamen. »Geht nicht nach Stettin!« sagten sie. »Das wenige, was ihr noch habt, werdet ihr los! Man will euch da nicht!«

Wir gingen am ersten Tag 50 Kilometer, bis Gützkow, dort hatte unsere Pflegemutter aus Grimmen Verwandte. Sie nahmen uns auf, und wir wollten uns ausruhen. Wir müssen zwei Nächte dort gewesen sein. In der zweiten Nacht sagte meine Freundin Ilse: »Weißt du, ich geh nicht weiter, ich will wieder zurück!« Und ich war einverstanden, in Grimmen wartete ja meine Mutter noch auf den Krankentransport. Aber Ilses Bruder schimpfte: »Ihr Weiber, ihr habt keinen Mumm! Ich will weitergehen! Ich will nach Hause!« Es blieb ihm nun aber nichts anderes übrig, er war der Jüngere und mußte sich fügen. Wir besorgten uns einen Kinderwagen, legten unsere Sachen hinein und machten uns auf den Rückweg über Greifswald nach Grimmen. Unterwegs hielten mehrmals russische Autos, die uns mitnehmen wollten, und Ilses Bruder war empört, weil wir nicht einstiegen. Er wäre gerne mitgefahren.

Als wir in Grimmen ankamen, freute ich mich darauf, meine Mutter wiederzusehen. Aber nun erfuhr ich, daß sie schon mit einem Krankentransport nach Stettin unterwegs sei! Da war ich fassungslos, und für mich brach eine Welt zusammen. Auf meine Freundin wartete in Grimmen dagegen eine schöne Überraschung: Ihr Vater war schon aus der Gefangenschaft gekommen, und jetzt hatten die beiden wenigstens ihn. Ich versuchte mich nun zu beruhigen und herauszufinden, wie weit der Zug gefahren war. Es wurde mir gesagt: bis Greifswald. Von Grimmen nach Greifswald war noch die Kleinbahn in Betrieb, und ich konnte mitfahren. Aber wo in Greifswald sollte ich meine Mutter suchen! Ich ging langsam durch die Bahnhofstraße und überlegte, wie ich es anstellen könnte, sie zu finden. Plötzlich rief aus einem Haus ein Mann meinen Namen. Es war ein Nachbar, der in Stettin in unserem Haus gewohnt hatte. »Wo willst du denn hin?« fragte er. »Ich suche meine Mutti!« – »Ja, deine Mutti ist bei uns!« Das war nun wie ein Wunder. Wir waren beide sehr glücklich, wieder zusammenzusein. Wir konnten sogar in diesem Haus bleiben, dort war ein Zimmer frei geworden.

Aber wir meinten ja, wir müßten nach Stettin! Wir gingen also zum Bahnhof, von dort sollten die Transporte gehen. Aber die Züge kamen schon voll besetzt an, viele Menschen klammerten sich draußen fest, und immer wieder stießen uns Polen zurück, wenn wir versuchten, hineinzukommen. Ich allein hätte es vielleicht geschafft, aber meine Mutter nicht. Es waren Personenzüge, die irgendwo eingesetzt wurden und die Polen, die in Deutschland gearbeitet hatten, und Deutsche zurückbringen sollten. Drei Tage und drei Nächte saßen wir auf diesem Bahnhof, meine Mutter hatte einen Stuhl und ich einen Koffer. Aber irgendwann war ich so erschöpft, daß ich mich auf die Erde legte. Das war furchtbar! Schließlich sagte ich zu meiner Mutter: »Jetzt ist Schluß! Wir gehen zurück in die Bahnhofstraße und bleiben hier!« Das taten wir dann auch. Dort hatten wir ja ein bißchen Anschluß, aber zu essen hatten wir nichts.

Ich bin dann arbeiten gegangen. Zuerst putzte ich in einer Kaserne, aber da gab es auch nichts zu essen. Es sprach sich immer herum, wo

Arbeitskräfte gesucht wurden, und ich ging nach Wackerow, einem von Russen bewirtschafteten Gut, und machte Landarbeit. Hier bekam ich etwas zu essen und am Abend eine Kanne Milch; das Fleisch, mit dem die Suppe gekocht war, habe ich herausgesammelt und in meinem Taschentuch für meine Mutter mit nach Hause genommen.

Das ging eine Weile so, dann brach in dieser Arbeitsgruppe Typhus aus, und einer nach dem anderen blieb weg. Auch ich wurde krank, sehr schlimm, ich lag im Delirium und erkannte niemanden mehr. Meine Mutter lief in ihrer Angst umher, um einen Arzt zu finden. Aber der sagte ihr dann, er könne nichts weiter machen, und gab ihr nur ein Abführmittel, Rizinus. Und es hat wohl geholfen; ganz allmählich erholte ich mich wieder.

Als es mir ein bißchen besser ging, konnte ich in Greifswald keine Arbeit mehr finden. Wir fragten über irgendwelche Wege bei unserer Wirtin in Grimmen an, ob sie uns wieder aufnehmen würde. Sie schrieb sofort zurück: Ja, wir könnten kommen! – So kehrten wir im Spätsommer 1945 nach Grimmen zurück. Wir hofften, mein Vater würde uns dort finden; meine Mutter hatte immer das Gefühl, er komme dorthin, und sie wollte dann dasein.

In Grimmen hatte man eingesehen, daß wir nicht nach Stettin konnten, und wir wurden nun registriert. Meine Freundin war auch dageblieben und noch einige aus unserer Klasse.

(Scholga arbeitet für den Rest des Sommers und im Herbst mit Brigitta in der Landwirtschaft und bekommt auch Lebensmittelkarten. Dann findet ihre Mutter für sie eine Lehrstelle im Lebensmittelgroßhandel. Nach der Lehre bleibt sie weiter bei der Firma als Kontoristin. 1948 wird der Betrieb volkseigen, und Scholga arbeitet dort als Lohnbuchhalterin; M. L.)

Ich hatte nicht viel freie Zeit, aber ein großes Bedürfnis nach Kulturellem. Ich las viel – damals gab es Romane, die wie Zeitschriften gedruckt waren, man konnte sie für wenig Geld kaufen. Ich trat auch in den »Kulturbund« ein, durch den viele Veranstaltungen angeboten wurden, beispielsweise Theaterfahrten nach Stralsund.

Inzwischen war mein Vater zu uns nach Grimmen gekommen. Er hatte in Heide in Holstein schon mit einem Pferdewagen ein kleines Fuhrgeschäft angefangen und wollte uns nach Westdeutschland holen. Aber es war unmöglich, mit meiner kranken Mutter schwarz über die Grenze zu gehen, und so kam er zu uns. Er pendelte einige Male unter abenteuerlichen Umständen über die Grenze hin und her, baute sich in Grimmen einen alten Lastwagen vom Schrottplatz zusammen und machte damit hier ein Fuhrgeschäft auf.

Meiner Mutter ging es immer schlechter. 1948 und 1949 konnte sie nur noch liegen, und ich habe sie gepflegt. Fast jede Nacht mußte sie mehrmals frisch versorgt werden, weil sie immer sehr schwitzte. Dann kamen Hustenanfälle, und ich richtete sie auf. Ich konnte es kaum noch mit ansehen, wie sie so dahinsiechte und litt, aber ins Krankenhaus wollten wir sie nicht bringen, da hätte sie mit zwanzig anderen in einem Raum liegen müssen und wäre dann doch nach Hause abgeschoben worden. Wenigstens hat sie nicht hungern müssen. Mein Vater konnte gut organisieren. Weil er nun das Fuhrgeschäft hatte, fuhr er für die Molkerei Milch vom Land in die Stadt. Und da man wußte, er hatte eine lungenkranke Frau, unterstützten ihn viele Menschen, und er brachte für meine Mutter Butter und Milch mit. Im April 1949 wurde sie von ihren Qualen erlöst.

Ich bin nicht religiös. In meiner Kindheit hat meine Mutter zwar mit mir gebetet, wie das früher üblich war, es gehörte einfach zum Tagesablauf. Aber ich bin von meinen Eltern nicht christlich erzogen worden; meine Eltern waren sogar aus der Kirche ausgetreten. In der Schule mochte ich den Religionsunterricht, aber ich war wohl nicht gläubig. Ich wurde auch eingesegnet, in der Jacobi-Kirche. Die Konfirmation bezahlte mein Vater privat. Wir kannten den Pastor und hatten überhaupt ein gutes Verhältnis zu vielen Pastoren in Stettin. Mein Vater war als Leichenbestatter auch Geschäftsführer bei der »Großdeutschen Feuerbestattung«. Diese zahlte für eine Grabrede 7,50 RM, und daran waren die Pastoren sehr interessiert. Meine Mutter sorgte immer dafür, daß alle an die Reihe kamen.

Später war ich vielleicht zu realistisch, um an ein höheres Wesen zu glauben. Vielleicht hing es auch mit dem Tod meiner Mutter zusammen, daß die Religion mich nicht interessierte. Als sie so schwer krank war, machte ich mir Gedanken darüber, warum Gott es zuläßt, daß ein Mensch, der so gut war, so schwer gestraft wird. Ich habe auch mit jemandem darüber gesprochen, und er sagte mir: »Wen Gott liebt, den ruft er zu sich!« Das ist eine andere Sache.

Aber warum muß der Mensch so leiden? Mit dieser Frage bin ich nicht fertig geworden, ich sagte mir: Wenn es einen Gott im Himmel gäbe, könnte er nicht so grausam sein!

Mein Vater war auch kein Nationalsozialist. Jedoch hat er sich öffentlich nie gegen den Nationalsozialismus geäußert und auch nicht verboten, daß ich zum JM-Dienst ging. Er sagte: »Du mußt schon selbst deine Erfahrungen machen.« Ich bin sicher, daß die nationalsozialistische Erziehung auch auf unsere Entwicklung Einfluß hatte – der ganze militärische Drill, das Antreten, Marschieren und Kommandieren, aber auch zu Pflichterfüllung und Pünktlichkeit wurden wir erzogen. Jedenfalls sind diese Eigenschaften unserer Generation wichtig, das stellte ich immer wieder fest. Als Kind war ich auch davon überzeugt, daß man den »Führer« achten und ehren müsse. Als im Sommer 1944 der Anschlag auf Adolf Hitler verübt wurde, waren wir in Sellin, und ich kann mich noch gut erinnern, daß wir sehr beeindruckt und verstört waren. Und noch im März 1945 schrieb mir eine Mitschülerin in mein Poesiealbum:

> Was morgen wird, das wollen wir nicht fragen.
> Was unser Führer von uns fordert, gilt.
> Er ist der Weg, der Sturm, der große Wagen,
> In seinen Augen glänzt uns Deutschlands Bild.
> (Herybert Menzel)

Der Zusammenbruch von 1945 wurde meine erste große Enttäuschung, danach wollte ich zunächst von politischen Fragen nichts mehr wissen, war nur froh, daß der schreckliche Krieg zu Ende war. Als dann ganz allmählich die Verhältnisse normaler wurden, fanden sich einige junge Leute in Grimmen zusammen und gründeten einen Chor. Wir hatten einen sehr guten Chorleiter und sangen bei verschiedenen Anlässen, zum Beispiel am 1. Mai. Es machte allen sehr viel Spaß. Später wurde der »Antifaschistisch-demokratische Jugendverband« gegründet, aus diesem entwickelte sich die »Freie Deutsche Jugend« (FDJ), und ich wurde Mitglied, als ich mich entschloß, Lehrerin zu werden.

Während der Krankheit meiner Mutter und nach ihrem Tod war mein späterer Mann für mich eine große Stütze. Als ich ihn kennenlernte, war er achtzehn und ich siebzehn. Wir haben erst 1952 geheiratet, aber in den Jahren davor kümmerte er sich sehr um mich, und seine Eltern nahmen mich bei sich auf wie ihr eigenes Kind, obwohl noch gar nicht feststand, daß wir zusammenbleiben würden. Mir gefiel an meinem Mann besonders, wie exakt er war und wie er seinen Beruf meisterte, wie er mit Kindern umging. Wir haben uns vor der Ehe sehr gut kennengelernt und es später nie bereut, daß wir geheiratet haben.

Doch zunächst lebte ich nun mit meinem Vater allein in Grimmen, und das war ein Problem: Es gab damals viele Frauen, die im Krieg ihre Männer verloren hatten und die nun gerne wieder einen Mann finden wollten, der sie auch versorgen konnte. Das Interesse an meinem Vater nahm schon beinahe überhand und war für mich sehr unangenehm.

Aber bald ging mein Vater nach Westberlin. Er wollte sich dort Reifen für seinen Lastwagen besorgen, besuchte bei dieser Gelegenheit einen Freund, und dieser machte ihn mit einer alleinstehenden Frau bekannt, die mein Vater bald heiratete. Er fragte mich damals, ob ich mitkommen wolle, aber zu dieser Zeit aus Grimmen wegzugehen wäre mir sehr schwergefallen. Mein jetziger Mann sagte: »Das mußt du selbst entscheiden, ich kann nicht sagen, du sollst bleiben – ich kann dir ja noch gar nichts bieten!« So richtete ich mich nach meinem Gefühl und entschied: Ich bleibe hier.

Wir wollten in der DDR eine sinnvolle, produktive Aufbauarbeit leisten. Das war jedoch gar nicht immer so einfach. Es gab auch manches, das uns störte. Im Sommer 1949 hatte mich meine Tante in Bad Freienwalde bei Berlin eingeladen, mich in den Ferien dort ein bißchen zu erholen, und ich fuhr mit meinem Freund hin. Von dort aus machten wir eine Busfahrt nach Berlin. Dabei fiel uns auf, daß die Orte mit knalligen roten Transparenten und Spruchbändern »geschmückt« waren, und das stieß mich sehr ab. Einmal fand ich es unschön, und zum anderen sah sowieso niemand hin und las die Parolen. Später sah man solche Spruchbänder überall in der Republik. Allerdings waren sie auch sehr schnell wieder verschwunden; man hatte wohl gemerkt, daß das nicht die richtige Art war, die

Menschen für den neuen Staat zu begeistern und auf die neue Ideologie einzustimmen.

Nach dem Weggang meines Vaters blieb ich zunächst in Grimmen. Mein Mann arbeitete als Lehrer in Zarrendorf, einem kleineren Ort in der Nähe, und samstags besuchte ich ihn dort. Ich hörte dann auch manchmal im Unterricht zu, das war für mich recht interessant. In Zarrendorf hatte er eine junge Kollegin, die manchmal schon früher nach Hause nach Stralsund fuhr. In diesen Fällen war noch eine Stunde zu geben, und so kam ich auch zum Unterrichten. Sie sagte mir vorher genau, was ich zu tun hatte. Es machte mir Freude, und ich fing an, mich zu interessieren. Eigentlich war die Situation gar nicht neu für mich; Cläre hatte mich in Grimmen schon öfter in eine untere Klasse geschickt, wenn der Lehrer dort ausfiel. Und als nun Lehrer gesucht wurden, entschied ich mich, umzusatteln.

Ich mußte beim Schulamt eine Aufnahmeprüfung machen, und im Oktober 1950 ging ich nach Güstrow zur Ausbildung. Aber das Semester lief schon seit Juni, ich mußte viel versäumten Stoff nachholen, und die Studienkollegen übten abends mit mir. In Chemie und Physik hatte ich Schwierigkeiten, weil wir in diesen Fächern in unseren letzten Schuljahren in Grimmen kaum Unterricht hatten, und mit Russisch mußte ich ganz von vorn anfangen. Am schwierigsten war für mich »Marxismus-Leninismus«. Es war ein Hauptfach, und wir hatten alle keine Ahnung davon. Aber als ich damit vertraut wurde, hatte ich etwas gefunden, das mir inneren Halt gab, woran ich mich aufrichten konnte, und ich denke, auch vielen anderen jungen Menschen ist es so ergangen. Es dauerte nicht lange, da bekam ich schon ein Leistungsstipendium, und darüber war ich sehr glücklich, weil ich ja kein Elternhaus mehr hatte, das mich unterstützen konnte. Mein Vater lebte nun in Westberlin, und mein Klassenlehrer sagte: »Das sag mal gar nicht. Du weißt eben nicht, wo dein Vater ist!«

Im Sommer 1951 konnte ich in Zarrendorf als »Lehramtsanwärter« anfangen – wir hatten weniger Stunden zu geben und wurden weiter betreut, fuhren regelmäßig zu Seminaren. Das dritte Jahr sollte wieder ein Direktstudienjahr in Potsdam sein, aber ich konnte es nicht wahrnehmen: Wir waren inzwischen verheiratet, ich war schwanger, und man gab mir die Möglichkeit, das dritte Jahr im Fernstudium zu absolvieren. Nach den Prüfungen wurde ich fest angestellt als Unterstufenlehrerin. Zweieinhalb Jahre habe ich nun in der Unterstufe unterrichtet, aber auch in oberen Klassen, zum Beispiel in einer 6. Klasse mit 57 Kindern. In dieser Klasse waren die Altersunterschiede noch sehr groß, Sechzehnjährige saßen neben Zwölfjährigen. Durch Flucht und Vertreibung hatten manche längere Zeit keinen Unterricht gehabt. Die Schüler besaßen auch keine Bücher; den Stoff schrieben wir an die Tafel. Zum Teil waren noch alte Bücher in den Schulen vorhanden, die sahen wir durch und wählten uns einige Texte aus. Auch Hefte gab es noch nicht, es wurde auf anderes Papier, sogar auf Zeitungsränder, geschrieben. Die Schulanfänger schrieben wieder mit Griffeln auf Schiefertafeln. Erst ganz allmählich konnte man Hefte und Bücher kaufen.

Sehr wichtig in Zarrendorf war mir der Kontakt, den wir zu den Eltern und überhaupt zu den Menschen im Dorf hatten. Ich leitete außerhalb der Schule einen kleinen Chor, zog eine Volkstanzgruppe auf, und wir führten auch Laienspiele auf. Bei den Eltern zählte es, wenn man sich viel mit den Kindern beschäftigte, und da wir ja weiter nichts hatten, machten wir das gerne und zeigten später auf Elternabenden, was wir eingeübt hatten. Zu Weihnachten führten wir mit den Schülern ein Krippenspiel auf – das war damals noch möglich.

Es war für mich eine schöne Zeit in Zarrendorf, wir feierten im Kollektiv an der Schule Feste und hatten ein sehr freundschaftliches Verhältnis zu den Kollegen in den benachbarten Dörfern. Damals – zwischen 1951 und 1955 – gingen wir zu Fuß nach Stralsund ins Theater und kamen erst spät in der Nacht zurück.

In diesen ersten Jahren wurde sehr viel diskutiert – über Politik, über private Dinge, über Kultur. Im Nachbarort Elmenhorst hatten wir regelmäßige Dienstbesprechungen, und mit dem Schulleiter dort verstanden wir uns auch privat sehr gut. Wir trafen uns ohne Verabredung, machten Spaziergänge durch die Felder von Zarrendorf nach Elmenhorst. Wir konnten mit diesen Kollegen offen über alles sprechen, was uns beschäftigte, das waren ehrliche, aufrechte Menschen, die am Anfang viel durchgemacht hatten und die Entwicklung jetzt realistisch sahen; sie fanden nicht alles Neue wunderbar, aber sie machten auch nicht alles schlecht. Grundsätzlich waren sie wie wir überzeugt, daß der Sozialismus eine gute Sache sei. Wären wir nicht dieser Überzeugung gewesen, hätte es nicht viel Sinn gehabt, hier zu leben und zu arbeiten.

Damals, in der Zeit um 1955, gingen viele Lehrer aus dem Kreis Grimmen in den Westen, auch mehrere, die wir gut kannten, und das machte uns sehr zu schaffen. In einem Fall war es besonders schwer für uns, weil wir ein sehr inniges Verhältnis zu der Familie hatten. Aber als wir die Gründe für ihren Weggang erfuhren, haben wir das natürlich eingesehen: Der Kollege war Sohn eines Pastors und selber sehr religiös. Er konnte seine religiöse Einstellung nicht mit der Ideologie unseres Staates in Einklang bringen, und das mußten wir akzeptieren. Sie hatten vorher nichts von ihrem Weggang erwähnt, besuchten uns noch einmal, wohl um uns ein letztes Mal zu sehen – und ein paar Tage später hörten wir, sie hätten die DDR verlassen.

Ich bin später in die SED eingetreten, weil ich ihre Ziele voll akzeptieren konnte. Ich fühlte mich dem Staat gegenüber auch verpflichtet, denn wir hatten als Lehrer einige Vorteile, wie andere Staatsangestellte auch: Wir hatten weniger Steuern zu zahlen, und später sollten wir die »Intelligenz-Rente« bekommen, eine zusätzliche Altersversorgung, für die nicht wir zahlten, sondern der Staat.

In diesen Jahren in Zarrendorf wohnten wir mit meinen Schwiegereltern zusammen und haben auch gemeinsam gewirtschaftet. Damals waren noch sehr viele Flüchtlinge auf dem Land. In der Schule wohnten vier Familien, und für alle gab es nur eine Küche und einen Herd! Es wurde genau eingeteilt, wer wann in der Küche arbeiten und dort kochen konnte. Die Küche mit dem Kohleherd und der Flur hatten Backsteinböden, und alles mußte gescheuert werden. Es gab keine Wasserleitung, die Pumpe war auf dem Hof, ebenso das Klo. Jede Familie hatte ein Zimmer, darin wurde gearbeitet, geschlafen, gegessen und das Kind betreut, und es ging. Aber kalt, sehr kalt war die Wohnung! Als unsere Tochter 1953 geboren wurde, hatten wir im Zimmer manchmal nur acht Grad. Es wurde nur mit Torf geheizt oder mit nassem Holz, das vorher hinter dem Ofen getrocknet wurde; Kohlen gab es nicht. Das war sehr ungesund, aber wir mußten es hinnehmen. Jedenfalls haben wir nicht gehungert, meine Schwiegereltern fütterten ein Schwein und hielten Schafe, Hühner, Puten und Enten. Und wir hatten auch einen Garten, in dem Obstbäume standen, Erdbeeren wuchsen und wir Gemüse ziehen konnten.

In diesen ersten Jahren ging der Aufbau noch sehr langsam voran. Die Betriebe waren zerstört, und es wurde nur hinausgeschafft. Als alle noch wenig besaßen und wir nur aus eigener Kraft wieder aufbauen konnten, bildeten sich in den Betrieben Kollektive, und das kollektive Denken wurde auch sehr gefördert. Überall wurde gefragt: »Wie steht das Kollektiv? Wie haltet ihr zusammen?« Auch bei uns im Lehrerkollektiv war das Zusammengehörigkeitsgefühl in den ersten Jahren besonders stark ausgeprägt. Dieses Denken für das Ganze hatte etwas für sich, aber der einzelne kam dabei zu kurz.

Unsere nächste Schule lag in Grellenberg; damit waren wir Grimmen wieder ein Stück näher gerückt. Mein Mann war nun beim Schulamt in Grimmen als Schulinspektor tätig, und ich leitete die kleine Schule in Grellenberg. Hier hatten wir eine schöne Wohnung mit drei großen Zimmern und sogar Telefon, und später konnten wir auch eine Wasserleitung und Zentralheizung legen lassen und ein Bad einrichten. Aber zuerst mußte eine normale Lichtleitung installiert werden; es gab nur eine provisorische. Und wenn mein Mann um 6 Uhr nach Hause kommen und Abendbrot essen wollte, mußte ich um 4 Uhr den Kocher anstellen, damit die Bratkartoffeln auch fertig wurden, so schwach war der Strom.

Ich hatte nun mehrere Jahrgangsstufen gleichzeitig zu unterrichten. Einige der Kinder hatten noch nie eine Eisenbahn gesehen. Obgleich es nur vier Kilometer bis Grimmen waren, waren sie dort nie hingekommen. Mit diesen Kindern fuhr ich nach Grimmen zu öffentlichen Einrichtungen wie Post, Bahn usw.

Frauen im DFD-Zirkel (Demokratischer Frauenbund Deutschlands) gab ich Deutschunterricht, damit sie sich etwas weiterbilden konnten. Wir hatten jetzt schon recht gutes didaktisches Material und die ersten Lese- und Rechengeräte. Wir bekamen eine merkliche Gehaltserhöhung, so daß es möglich wurde, Möbel anzuschaffen, und wir konnten sogar sparen, um uns ein Auto zu kaufen. Auf allen Gebieten besserte sich die Lage. Es waren meine schönsten Jahre.

In diese Zeit fielen aber auch einschneidende politische Ereignisse wie 1961 der Bau der Mauer. – Wir hatten während der Sommerferien in jenem Jahr eine Fahrt organisiert: Acht Kollegen machten mit ihren Autos eine Rundfahrt durch die DDR. Einer hatte die

Quartiere vorher festgemacht, und wir fuhren nun über Lehnin nach Potsdam, dann nach Dresden. Wir waren im Elbsandsteingebirge und in Eisenhütten-Stadt, in Meißen und in Sonneberg, und wir hatten unvergeßliche Eindrücke – viele Teile der DDR kannten wir ja noch gar nicht. Allerdings haben wir sehr karg gelebt, in den Gaststätten mußte man noch Lebensmittelmarken abgeben. Vor Antritt dieser Reise hatte ich zusammen mit meiner Tocher noch meinen Vater in Westberlin besucht. Er brachte uns in Lichtenberg zum Bahnhof, und als wir uns von ihm verabschiedeten, war er sehr traurig und sagte zu mir: »Ich glaube, es ist das letzte Mal, daß wir uns sehen!«

Damals verstand ich die Worte nicht. Aber während unserer Reise erfuhren wir durch Rundfunk und Presse vom Bau der Mauer und daß damit die Grenzen völlig geschlossen waren. Keiner konnte mehr hin oder her. Jetzt war auch ich ziemlich sicher, daß ich meinen Vater nicht wiedersehen würde, und das war für mich natürlich sehr traurig. Wir waren an allen Festtagen und in den Ferien zu ihm nach Berlin gefahren. Wir ließen dann den Wagen in Ostberlin stehen, fuhren mit der S-Bahn weiter und hatten dort immer eine schöne Zeit miteinander. Anfangs hatte in der DDR auch niemand etwas dagegen. Später sollte mein Mann nicht mehr fahren, und jetzt waren wir durch eine Mauer getrennt.

Begründet wurde die Aktion damit – dazu gab es auch Lesestücke in den Büchern der Kinder –, die DDR würde durch den Westen praktisch aufgekauft. Das war zum Teil auch der Fall: Wenn die Westbürger ihr Geld umtauschten, konnten sie bei uns billig technische Geräte wie Fotoapparate, Fernsehgeräte und anderes kaufen. Vor allem die Westberliner hatten davon profitiert. Manche hatten auch im Osten für billiges Geld gewohnt und gelebt, aber im Westen gearbeitet und dafür Westgeld bekommen. Mit solchen Ungereimtheiten wurde der Bau der Mauer gerechtfertigt, so erklärten wir es auch den Kindern, und ich habe es zunächst auch so verstanden. Daß es ein Ding der Unmöglichkeit war, die Menschen so einzusperren, habe ich erst später begriffen, es hat mich ja sehr persönlich betroffen. Aber wir konnten meinen Vater später doch wiedersehen. Zuerst durften allerdings nur Menschen aus Westdeutschland ihre Verwandten hier besuchen, die Westberliner noch nicht. Mein

Vater verschaffte sich einen zweiten Wohnsitz in Westdeutschland, und so bekam auch er Anfang der siebziger Jahre die Einreisegenehmigung.

Nach dem ersten Schreck über den Mauerbau normalisierte sich das Leben bei uns wieder, und wir kamen auch beruflich voran. In Grimmen wurde eine neue Schule gebaut, die mein Mann später übernehmen sollte, und dazu bekam er fünf Neubauwohnungen für junge Kollegen.

In Grellenberg hatten meine Schwiegereltern mit im Schulhaus in einer Mansardenwohnung gewohnt. In Grimmen hätten wir wieder zwei Wohnungen gebraucht, und in dieser Situation war es sehr günstig, daß wir Bauland kaufen konnten. Wir bekamen auch die Genehmigung, ein Einfamilienhaus zu bauen, und hatten gute Bedingungen durch einen zinsfreien Kredit. Eine Baufirma sollte das Haus schlüsselfertig erstellen, aber dann wäre alles sehr schlicht gewesen – kein Bad mit Kacheln und solche Dinge.

1965 fingen wir mit dem Bau an, und 1966 zu Weihnachten war das Haus fertig. Das war der schönste Augenblick in meinem Leben! Jetzt hatte ich endlich meinen eigenen Haushalt, und wir hatten nun auch bewiesen, daß wir uns aus eigener Kraft etwas schaffen konnten. Für damalige Verhältnisse war das Haus schön. Wir waren sehr glücklich, aber wir waren auch am Ende unserer Kräfte. Im zweiten Baujahr hatten die Schwierigkeiten eingesetzt: Einmal fehlten Dekkenplatten, dann gab es keine Kacheln, oder es wurde schwierig, Armaturen zu bekommen. Irgendwie bekamen wir alles immer wieder in den Griff. Natürlich mußte man auch ein bißchen mehr zahlen, wenn man etwas anders haben wollte. So hatten wir zum Weihnachtsfest fast keinen Pfennig Geld mehr, nur noch ein wenig zum Leben. Das letzte Geld hatte ich für einen Teppich ausgegeben, den es eben gerade gab.

Die neue Schule in Grimmen war schon vorher fertig. Ich mußte mich nun umstellen. Im Dorf kannte mich jeder, und wenn die Kinder zur Schule kamen, wußten sie schon, ich würde ihre Lehrerin sein. In Grimmen dagegen war ich eine von vielen; ich übernahm eine sehr lebhafte zweite Klasse mit 36 Schülern, die mich zuerst ablehnten. Ich suchte nun jedes Elternhaus auf, und von da an ging es allmählich besser. Die Kinder wußten, Vater und Mutter sagen das gleiche wie der Lehrer. Es war übrigens bei uns Pflicht, einmal im Schuljahr alle Eltern zu besuchen.

Im Jahr darauf wurde ich Fachberaterin. Die erste Zeit war hart, zweimal in der Woche mußte ich mit dem Bus über Land fahren, später bekam ich manchmal auch einen Dienstwagen. Über 20 Jahre war ich als Fachberater tätig und kannte nicht nur die Unterrichtsweise der Kollegen, sondern auch ihre privaten Probleme.

Wir konnten uns in unserem Arbeitsleben viel erarbeiten: Wir haben ein Auto gekauft, das Haus gebaut und eingerichtet. Aber natürlich hatten nicht nur wir Lehrer mehr Wohlstand, er wurde überall sichtbar. Nur haben viele die sozialen Maßnahmen als etwas Selbstverständliches hingenommen, etwa die Subventionen für Energie und Wasser, den Haushaltstag und die Medikamentenfreiheit, die geringen Gebühren für Post, Kindergarten, Kinderkrippe und Hort, Gemeinschaftsverpflegung in Schulen und Betrieben usw.

Manches war allerdings auch teuer für uns, wir mußten für ein Viertelpfund Kaffee 8 Mark 75 bezahlen, und eine Strumpfhose kostete etwa 9 Mark. Das waren ja Dinge, die wir auch brauchten.

Vielfach waren wir auch am Nachmittag und in den Ferien mit den Kindern beschäftigt. Bei uns in der DDR haben die meisten Mütter gearbeitet, und daraus ergab sich, daß die Schulkinder bis zu zehn Jahren nachmittags den Hort besuchen mußten, um unter Aufsicht zu sein. Dort bekamen sie ihr Mittagessen, sie erledigten ihre Hausaufgaben, und anschließend war »Freizeitgestaltung«. Häufig wurden die Kinder dann gefragt, was sie machen wollten. Soweit das räumlich möglich war, konnten sie im Hort auch individuell spielen. Für die Hortbetreuung stand nachmittags der Klassenraum zur Verfügung. Natürlich versuchten wir, eine andere Atmosphäre in diesem Raum zu schaffen, zum Beispiel wurden die Tische umgestellt; es hing sehr von den Erziehern ab, wie sie ihn gestalteten.

Einmal in der Woche gab es einen »Clubnachmittag«, dann wurden in den verschiedenen Räumen Interessengemeinschaften angeboten, zum Beispiel für Malen und Zeichnen, Musik oder auch Handarbeit oder Sport, und die Kinder konnten gehen, wohin sie wollten. Durch die Clubs gab es auch Höhepunkte: Wettbewerbe wurden ausgetragen, und die Kinder bekamen kleine Auszeichnungen. Dafür waren wir hier immer sehr aufgeschlossen.

Manche Kinder gingen gerne in den Hort; sie kamen auch, wenn die Mutter Haushaltstag hatte und sie hätten zu Hause bleiben können. Aber sie konnten allein mit ihrer freien Zeit nichts anfangen, sie fühlten sich wohler in der Gemeinschaft, wenn ihnen vorgeschlagen wurde, was sie machen könnten. Natürlich gab es auch Kinder, die sich nicht so einordnen konnten, viele haben sich riesig gefreut, wenn sie mal zu Hause bleiben durften. Das hing aber davon ab, ob sich die Mutter dann auch mit dem Kind beschäftigte, und das war nicht immer der Fall. In manchen Familien waren die Eltern froh, wenn die Kinder morgens aus dem Haus gingen, und einige hätten sie am liebsten am Wochenende auch noch zur Schule geschickt.

Die Erziehung im Hort hatte durchaus Vorteile, besonders für Kinder, die kein so positives Elternhaus hatten. Sie wurden hier an die Erfüllung einzelner Aufgaben gewöhnt, dazu angeleitet, ihren Körper sauber und gesund zu halten, und sie lernten, daß man sich in der Gemeinschaft eben auch unterordnen muß.

In den Ferien gab es mit Hortbetreuern und Lehrern »Örtliche Ferienspiele«. Die Kinder kamen morgens und blieben bis zum späten Nachmittag, sie wurden voll verpflegt und mußten für die ganze Zeit nur 1 Mark Teilnahmegebühr zahlen. Es wurden auch Fahrten organisiert, beispielsweise an die See, oder Ausflüge in den Wald unternommen. Wir haben hier in der Nähe ein schönes Ferienheim mit sehr gutem Lehrpfad, da fühlten die Kinder sich wohl. Sie konnten in Bungalows und Planwagen schlafen und sich ein bißchen freier entfalten und austoben. Aber auch bei den Abenteuerspielen waren sie immer unter Aufsicht, die Eltern konnten sich darauf verlassen: Mein Kind ist untergebracht und versorgt.

Manche Eltern schickten ihre Kinder für die ganzen Ferien in den Hort. Diese Kinder taten uns immer leid; sie haben nie etwas anderes gehabt! Was auch die Schule mit ihnen machen konnte, es ersetzte ja nicht die Liebe im Elternhaus; das Zugehörigkeitsgefühl zu den Eltern können kein Erzieher und keine Kindergemeinschaft vermitteln.

Die größeren Schüler konnten ihre Freizeit in Arbeitsgemeinschaften verbringen. Ich leitete eine AG für Rezitatoren, das machte ich sehr gerne. An unserer Schule gab es viele Arbeitsgemeinschaften für Sport, aber auch für Mathematik, Physik, Chemie wurden welche angeboten oder für Werken, Handarbeit, künstlerisches Gestalten. Da die Kinder freiwillig kamen, hat es ihnen auch Spaß gemacht. Ich merkte in meiner Gruppe, daß sie mit Leib und Seele dabei waren. Wenn wir eine Festveranstaltung hatten, wurde ein Thema vorgegeben, und sie durften sich aus der Literatur, die wir dafür bekamen, selbst Gedichte auswählen. Wir arbeiteten dann daran und bestimmten die Schüler, die das Erarbeitete vortragen sollten. Aber eins hat mir immer gefehlt: Laienspiele gab es nun gar nicht mehr.

Durch die Betreuung der Kinder im Hort und der größeren in den Arbeitsgemeinschaften hatten die Kinder wohl gar nicht das Bedürfnis, Eigeninitiative zu entwickeln. Ich vermißte bei meinen Schulkindern oft, daß sie auch von sich aus einmal den Wunsch äußerten: Ich möchte gerne dies oder jenes machen. Oder: Ich habe mir das so und so vorgestellt! Für sehr viele Kinder war das Leben in der Gemeinschaft eine Selbstverständlichkeit, es fing mit der Krippe an – sie lebten schon als Baby im Kollektiv. Dann kamen sie in den Kindergarten, und von der »Vorschule« wurden sie zu uns in die Schule übernommen. Es gab selten Kinder, die zu Hause erzogen wurden. Das führte natürlich auch dazu, daß die Eltern häufig kein so enges Verhältnis zu ihren Kindern hatten, wie wir es in unserer Kindheit noch gewohnt waren.

Neben unserer Arbeit hatten wir als Lehrer auch ein umfangreiches politisches Programm zu bewältigen. Es gab einmal im Monat die Gewerkschaftsversammlung und die Parteiversammlung. Und alle Kollegen, auch die parteilosen, mußten regelmäßig am »Parteilehrjahr« teilnehmen. Jedes Jahr wurden fast die gleichen Themen behandelt. Sie ergaben sich aus der Entwicklung der Partei. Zum Beispiel wurde in einem Jahr alles beleuchtet, was mit Ernst Thälmann zusammenhing. Wenn dann im nächsten Jahr ein Genosse aus derselben Zeit behandelt werden sollte, tauchte viel Bekanntes wieder auf. Unsere Gruppe führte schließlich Beschwerde dagegen und machte auch Vorschläge für andere Themen, denn es mochte sich wegen der Wiederholungen auch niemand mehr vorbereiten. Aber die Themen waren für die ganze Republik dieselben. Geleitet wur-

den die Veranstaltungen meist von den Geschichts- und Staatsbür-
gerkundelehrern oder Absolventen der Bezirksparteischule. (Das
waren ausgewählte Kader, die dafür vorgesehen waren, später
höhere Posten zu übernehmen, beispielsweise Direktor zu werden.) Das Parteilehrjahr sollte auch der Vorbereitung zum Unterricht dienen, aber wir waren alle nicht begeistert davon. Nach
meiner Meinung ist nicht viel dabei herausgekommen.

Es hat sich später ja vieles anders entwickelt, als wir es ursprünglich
gehofft hatten, und das war natürlich enttäuschend. Damit waren
wir auch nicht immer einverstanden. Nur, wir waren ohnmächtig
und konnten dagegen nichts tun; bei uns wäre es ja nicht möglich
gewesen, auf die Straße zu gehen. Aber kritisch waren wir schon.
Auf unseren Parteiversammlungen wurde hart diskutiert, da konnte
jeder sagen, was ihm nicht gefiel. In den Diskussionen ging es meistens um die wirtschaftlichen Verhältnisse in unserer Stadt oder
auch im ganzen Land, soweit wir das überblicken konnten. Besonders die Lehrer der oberen Klassen, die die politische und ökonomische Entwicklung in ihren Unterricht einbeziehen mußten, sagten
oft: Wir können unseren Schülern nichts vormachen; sie spüren ja
täglich die Realitäten! Es waren meist Versorgungsprobleme, die
auch in der Bevölkerung zu Unzufriedenheit führten. Beispielsweise kam die Textilindustrie nicht nach oder es gab etwas anderes
nicht – Tassen, Tapeten, Toilettenpapier. Wir haben in unserer Par-
teigruppe oft danach geforscht, woran es liegen könnte, denn die
Knappheit mußte ja Ursachen haben! Weil wir diese nicht kannten,
luden wir uns Leute aus den Betrieben ein. Aber sie ließen auch
nicht so richtig die Katze aus dem Sack.

Auch Genossen von der SED-Kreisleitung holten wir zu uns. Leider
konnten sie uns auf unsere Fragen oft ebenfalls keine Antwort geben
und versprachen, die Angelegenheit zum Bezirk weiterzuleiten.
Aber wir haben nie eine Antwort bekommen. Das Diskutieren
allein nützte ja nichts, wenn man die Ursachen für die Probleme
nicht erfuhr. Wie schlecht es wirklich in unserer Wirtschaft aussah,
wußten wir nicht, darüber hat man uns ständig etwas vorgemacht.
Und wenn Bekannte aus der Produktion uns sagten: »In unserem
Betrieb ist vielleicht was los – wir bekommen keine Ersatzteile, wir
können viele Arbeiten nicht machen, die notwendig sind!«, dann

sagten wir: »Na ja, wird schon wieder werden!« Und so habe ich es auch immer gesehen.

Wir waren in der glücklichen Lage, ein Auto zu besitzen, und wenn wir beispielsweise hörten, da und da gibt es Tapeten, dann sind wir dahin gefahren. Oder wir waren unterwegs und sahen irgend etwas, das wir eventuell später gebrauchen konnten, dann haben wir es gekauft. Zu der Knappheit kam aber noch, daß der Schwarzhandel blühte. Vieles wurde unter dem Ladentisch verschoben. Wer keine Beziehungen hatte, war schlimm dran.

Wir waren also nicht überrascht, wenn es einmal irgend etwas nicht gab. Trotzdem waren wir immer sehr optimistisch und haben uns gefreut über das, was wir uns schaffen konnten. Auch im Kreis unserer Freunde waren wir sehr vergnügt und ausgelassen. Wir gingen nicht mit gesenktem Kopf umher und sahen nur nach links und rechts, ob da vielleicht einer hörte, was wir sagten. Und wir haben keine Schwierigkeiten bekommen. Allerdings wußten wir, wir waren Angestellte des Staates und erfüllten natürlich auch unsere Pflichten. Wenn mir der Lehrplan vorgelegt wurde, hatte ich mich danach zu richten! Wie ich das machte, das war meine Sache. Ich sah es realistisch und sagte: »Ja, wir haben Schwierigkeiten, dies und das fehlt bei uns!« Begründet haben wir die Mängel oft damit, daß unser Land so klein war, daß wir keine Bodenschätze hatten, daß wir eben mit teuren Devisen das einkaufen mußten, was bei uns fehlte. Das war wohl auch zum Teil richtig. Daß unsere Obrigkeit unsere Devisen verpraßt hat, das wissen wir ja erst jetzt.

Ein anderer Grund für ständige Unzufriedenheit waren die Reisebeschränkungen. Nach 1961, also nach dem Mauerbau, war es ja für normale DDR-Bürger fast unmöglich, ins »kapitalistische Ausland« zu reisen. Mich hat es nicht beschäftigt, daß ich nicht nach Spanien oder Italien fahren konnte. Ich war unglücklich, weil ich meinen Vater nicht besuchen konnte.

Mein Vater durfte schließlich ohne eine Genehmigung von hier aus Westberlin kommen, es war dann möglich, die Einreise in Berlin zu regeln. Ganz unerwartet, Ostern frühmorgens, stand sein Wagen auf unserem Hof; als er die Genehmigung hatte, war er noch in der folgenden Nacht losgefahren. Und wir haben uns unheimlich gefreut. Nachdem das nun einmal geklappt hatte, kam er auch Pfingsten wieder – und im Sommer wieder. Dann blieb er auch vier Wochen. Das gefiel dann aber einigen Leuten doch nicht; es muß welche gegeben haben, die uns nicht wohlgesonnen waren und uns anschwärzten.

Wir hatten in jedem Jahr eine große Kreis-Lehrerkonferenz. Dort sprachen Vertreter der staatlichen Organe und der Partei. Anschließend war Diskussion – eine vorbereitete Diskussion; die Beiträge mußten vorher eingereicht werden. Auf einer dieser Veranstaltungen Mitte der siebziger Jahre wurde nun in einem Referat gefragt, wie es mein Mann mit seinem Gewissen vereinbaren könne, daß ständig Westwagen vor seiner Tür stünden. Als ich das hörte, hatte ich ein Gefühl, als schlüge mir jemand ins Gesicht. Wir waren uns überhaupt nicht bewußt, daß es etwas Verbotenes sein könnte oder daß wir etwas Schlechtes taten, wenn wir unseren 75 Jahre alten Vater bei uns hatten. Ich verließ den Saal, und nun kamen viele Kollegen hinterher und sagten: »Wir wissen doch, daß das nur dein Vater war!« Mein Mann ging sofort, als das Referat beendet war, nach vorn und erklärte, wie es sich mit den Westwagen verhielt. Man hat sich bei ihm entschuldigt, und er wollte nun in der Diskussion vor dem Publikum zu den Vorwürfen sprechen. Aber diese Gelegenheit wurde ihm nicht gegeben.

In der nächsten Zeit folgten an der Schule noch große Aussprachen durch die Partei; ich habe mich da herausgehalten und nur gesagt: »Ich habe das Vertrauen zur Partei verloren, nachdem die eigenen Genossen uns in die Pfanne hauen wollten! Ihr hättet doch vorher zu uns kommen und fragen können: Wir sind informiert worden – wie verhält sich das? – Dann hätten wir dazu Stellung genommen.« Meinem Mann wurde vorgeworfen, daß er als Direktor weiter die Kontakte zu meinem Vater aufrechterhielt, und man schlug ihm sogar vor, sich von seiner Frau scheiden zu lassen oder den Direktorposten zur Verfügung zu stellen. Mein Mann entschied sich dafür, auf den Posten zu verzichten, aber dazu ist es dann doch nicht gekommen. Für uns war es selbstverständlich, daß mein Vater uns weiter regelmäßig besuchte, und es hat dann auch nie mehr jemand etwas dagegen gesagt. Aber mein Mann und ich haben jahrelang an der schmutzigen Angelegenheit gelitten.

Als ich älter wurde, bekam ich nachts öfter Herzanfälle. Mit Beruf, Familie und Haus hatte ich mir wohl oft zuviel zugemutet, und mein Hausarzt hielt es für richtig, mich krank zu schreiben. Das kam so überraschend für mich, daß ich zuerst gar nicht damit fertig werden konnte. Es ging mir auch überhaupt nicht besser, denn meine Gedanken drehten sich immer noch um die Schule. Und Kinder kamen, vor allem aus meiner Rezitationsgruppe, und fragten, wann ich denn nun endlich wiederkäme. Aber es wurde nichts mehr daraus. Nach einem halben Jahr Krankheit wurde ich mit 58 Jahren invalidisiert. Heute weiß ich, daß diese Entscheidung richtig war.

Mein Vater war inzwischen nach Flensburg gezogen, und als er 1984 gestorben war, durfte ich zehn Tage dorthin fahren, um an der Beerdigung teilzunehmen und den Haushalt aufzulösen. 1981 konnte ich ihn schon einmal besuchen, als er schwer krank war. Ich hatte nun das Glück, daß ich auch einige Sachen im Container zu uns schicken konnte, und wickelte alles gut in Zeitungspapier. Aber als ich fast fertig war, fiel mir ein, daß es Probleme geben könnte, wenn der Container an der Grenze kontrolliert würde und man West-Zeitungen fände. Also habe ich alles wieder ausgepackt und das Geschirr in Handtücher gewickelt.

Die Grenzkontrollen waren immer etwas sehr Unangenehmes – für Reisende von beiden Seiten –, alle hatten Angst davor. Wenn alte Menschen von hier in den Westen fuhren und ein kleines Geschenk mitnehmen wollten, mußten sie ja oft überlegen, was dort überhaupt Freude machen würde. Aber es war genau vorgeschrieben, was nicht mitgenommen werden durfte, zum Beispiel Kinderwäsche, Bettwäsche und Porzellan. Auf einem Formular gab man an, was hinausging und was wieder hereinkam. Bei den Stichproben an der Grenze mußte man das Blatt vorzeigen, und häufig wurde das Gepäck überprüft. Die Menschen von der Zollpolizei waren recht unterschiedlich, es gab sehr unangenehme darunter, die es wirklich darauf anlegten, Angst zu erzeugen. Viele Besucher, die aus Westdeutschland zu uns kamen, brachten technische Geräte mit, zum Beispiel Kassettenrecorder, Taschenrechner und ähnliches. Dafür mußten sie Zoll zahlen, und sie waren heilfroh, wenn sie ohne Kontrolle durchkamen. Die Sachen zu verstecken hatte keinen Zweck, denn es war sehr unangenehm, wenn sie dann doch gefunden wurden. Man mußte Strafe zahlen und vielleicht sogar aussteigen und konnte erst mit einem späteren Zug weiterfahren.

Durch den »kleinen Reiseverkehr« nach Polen konnten wir ohne Reisepaß auch nach Stettin, und wir waren öfter dort. Aber es ist eine andere Stadt geworden mit anderen Menschen, und ich wollte nicht mehr dorthin zurück. Damals, als wir Stettin verlassen mußten, war die Sehnsucht nach der Heimat unheimlich groß, und wir sagten oft: »Wenn wir nur erst wieder zu Hause sind!« Zu dieser Heimat gehören für mich die Kindheit in unserer Wohnung und dem Haus, die Nachbarn, die Spielgefährten und die Straße, auch die Zeit in der Grundschule und in der Elisabeth-Schule, vor allem aber die vielen schönen Stunden im Schwimmverein WASPO. Auch das Landesmuseum in unserer Straße gehört dazu, der Manzelbrunnen, die Hakenterrasse, der Schloßhof, der »Alte Fritz« am Königsplatz und viel andere Orte und Plätze.
In der Zeit nach dem Krieg mußten wir erkennen, daß unsere Heimat für uns verloren war. Jedoch das Leben ging weiter, und neue liebe Menschen waren um mich: mein Mann, meine Schwiegereltern, Arbeitskollegen; neue Freunde kamen zu den alten, und bald entstand für mich eine neue Heimat mit meiner Familie, meiner Arbeit und mit dem, was wir uns allmählich aufbauten. Jetzt lebe ich hier schon die längste Zeit meines Lebens, und meine Heimat ist nun hier. Die Erinnerung an Stettin ist nicht vergangen, und durch unser Klassentreffen im Oktober 1991 wurde all das, was mir früher lieb war, wieder lebendig. Aber es ist jetzt nicht mehr unsere Heimat, wie wir sie kannten und liebten, es ist nun nur noch schöne Erinnerung.

Als sich die DDR immer weiter entwickelte und auch anerkannt wurde, glaubten wir nicht mehr daran, daß es zu unseren Lebzeiten noch ein einheitliches Deutschland geben könnte. Wir sind davon ausgegangen, daß es zwei deutsche Staaten gibt, und damit hatten wir uns abgefunden. Wir richteten unser Leben in unserer Republik so ein, wie es für uns am günstigsten war. Ich habe zwar Nachteile gehabt und Tiefpunkte erlebt, weil wir Verwandtschaft im Westen hatten und meine eigene Familie getrennt war, aber sonst ist es mir recht gut gegangen. Ich bin beruflich vorangekommen, habe einen guten Mann gefunden und konnte meine Tochter erziehen, und sie konnte eine Ausbildung nach ihrer Wahl beginnen.

In den letzten Jahren der DDR lockerte sich vieles, die Schulkinder gingen mit westlichen Plastikbeuteln umher und trugen westliche Jeans. Als wir im Sommer 1989 in Schierke Urlaub machten, merkten wir erst, wie weit die Entwicklung schon vorangeschritten war. Als die Botschaften besetzt wurden, hatten wir Angst, es könnte geschossen werden. Wir verfolgten die Ereignisse mit etwas bangem Herzen und waren glücklich, als alles friedlich verlaufen war. Ich denke nicht, daß wir als Genossen in Schwierigkeiten gekommen wären, wenn es hier zu Kämpfen gekommen wäre. Man wäre wohl immer davon ausgegangen, wie sich der Mensch verhalten hat; und die Genossen waren ja nicht alle schlechte Menschen.

Als nun die Wende kam, freuten wir uns zunächst einmal riesig, vor allem, weil diese ungewisse Zeit zu Ende war: Die Menschen waren von hier weggegangen, immer mehr, und man sah ja, daß es so nicht weitergehen konnte. Gefreut haben wir uns auch darüber, nun auch den zweiten Teil unserer Heimat bereisen zu können, zu Menschen wieder Kontakt aufnehmen zu können, die wir aus früheren Jahren kannten – wie nun zu unseren Klassenkameradinnen. Allerdings meine ich, daß es nun auch keine Unterschiede mehr geben sollte, daß wir wirklich sagen können: Wir sind eine Nation oder ein Land! Aber es wird wohl noch lange dauern, bis es soweit ist. Es sind ja 40 Jahre gewesen, die wir in zwei verschiedenen Systemen gelebt haben, und es ist ganz logisch, daß sich in Ost und West unterschiedliche Menschenbilder entwickelt haben. Natürlich fühle ich mich als Deutsche, ich bin ja in Deutschland geboren und aufgewachsen und habe mein ganzes Leben hier verbracht.

Ich sehe mich auch als Marxist. Und als Bürger der DDR war ich vom Sozialismus überzeugt, und ich war auch sicher, daß das, was ich als Lehrer vertrat, gut und richtig war. Aber es ist wohl immer so in der Politik: Man ist von einer Sache angetan, weil die Ziele einen begeistern, und irgendwann merkt man, alles war Lug und Trug. Denn die Ziele, die der Staat und die Partei in der DDR verkündeten, konnte ich nur befürworten, zum Beispiel den Frieden zu erhalten. Das stand immer im Mittelpunkt. Aber ich denke nun, für mich ist Politik nicht das richtige, das ist nicht meine Welt. Ich verstehe zu wenig davon und habe auch kein Interesse daran. Ich bin zufrieden, wenn ich mich in meiner Umgebung wohl fühle und wenn ich ein gutes Verhältnis habe zu den Menschen, die mir sympathisch sind und die ich gern habe.

Vor der Wende hatten wir immer noch Parteiversammlungen, nun als Rentner. Es war eine kleine Gruppe, die Mitglieder waren alle alt, und wir haben uns nur unterhalten. Dann traten 1989 die ersten aus der SED aus, zuerst unser Handwerker. Da sprachen noch viele dagegen, er solle das begründen, aber er hat einfach seine Papiere in den Briefkasten gesteckt. Beim nächsten Mal habe ich meinen Austritt erklärt und gesagt, ich sei zum zweiten Mal dermaßen enttäuscht worden von der Parteiführung, daß ich meine Mitgliedschaft nicht mehr damit vereinbaren könne. Mein Mann trat dann ebenfalls aus. Als wir gehört hatten, was alles vorgefallen war und wie die führenden Parteigenossen sich verhalten hatten, entrüstete mich am meisten ihre Unehrlichkeit und Scheinheiligkeit. Uns sah man schief an, wenn wir Westpakete bekamen, und es wurde registriert. Einmal hatte ich mir von meinem Vater Gardinen schicken lassen, aber dann mochte ich sie nicht anbringen, weil man ihnen ihre Herkunft aus dem Westen ansah. Aber diese Leute in Wandlitz haben Installationen und vieles andere nur aus dem Westen bezogen! Sie haben die Devisen verschleudert für ihre Bequemlichkeit, und uns wollten sie anprangern! Als ich das sah, war ich maßlos enttäuscht.

Ich sehe jedoch mein Leben nicht als erfolglos oder sogar als sinnlos an, weil ich in der DDR gelebt und gearbeitet habe und der Staat zusammengebrochen ist. Ich war und bin mit meiner Familie sehr glücklich und hätte allein dadurch ein erfülltes Leben. Aber ich habe auch meinen Beruf sehr geliebt. Als Opfer sehe ich mich schon gar nicht, ich hatte mich bewußt entschieden, hierzubleiben. Solange die Grenzen noch offen waren, hätte ich die Möglichkeit gehabt zu gehen, denn mein Vater hatte mehrmals gesagt: »Wenn ihr wollt, könnt ihr gerne kommen!« Nein, es wäre ungerecht, wenn ich mich als Opfer betrachten würde.

Ines

Als Kind durfte ich oft meine Großmutter in Hinterpommern besuchen; ich schlief dann in der »guten Stube«, die sonst nur an Feiertagen benutzt wurde. Hier duftete es wunderbar nach den Kräutern, die auf den Fensterbrettern, den Schränken, sogar auf dem Fußboden zum Trocknen ausgelegt waren: Pfefferminze, Salbei, Lindenblüten, Johanniskraut, Schafgarbe, Lavendel, Waldmeister, auch Bohnenkraut, Wermut, Thymian und viele andere. Meine Großmutter war noch eine »weise Frau«, die um Rat gefragt wurde, wenn das Vieh oder auch die Menschen krank waren. Sie wußte über Heilkräuter Bescheid und kannte alle Pilze, alle Pflanzen und Teezubereitungen. Wenn eine Bäuerin kam: »Mudder Drägersch, uns Pierd hat die Kolik! Watt schall ick dun?«, dann kramte sie eine Handvoll Kräuter zusammen und gab genaue Anweisungen, wie der Trank angesetzt werden sollte. Der Tierarzt war teuer, Mudder Dräger kostete nur ein paar Eier oder ein Stück Speck. Sie nahm mich schon als ganz kleines Kind mit, wenn sie Beeren pflückte oder Pilze suchte. Meine Liebe zur Natur und zu meinem Garten mit seinen Pflanzen habe ich vielleicht von ihr übernommen.

Großmutter lebte in Schönhagen, einem kleinen Dorf in der Nähe von Gollnow. Zum Hof gehörten eine Gastwirtschaft und ein Laden; dort gab es Zucker und Salz, Bier und Salzheringe, Bohnerwachs, Petroleum und Seife – alles, was man auf dem Land nicht selber herstellte, sogar Briefmarken, und mein Großvater trug die Post aus. Außerdem hatten sie einen Tanzsaal und ein paar Zimmer zu vermieten.

Meine Mutter war die jüngste Tochter und hatte für ein Jahr bei den »evangelischen Schwestern« in Stettin die Hauswirtschaft lernen dürfen. Dann war sie bei verschiedenen Familien »in Stellung« und konnte nur selten die 35 Kilometer nach Hause fahren, denn ein

Hausmädchen verdiente nicht viel. Auf einer Hochzeit in Schönhagen lernte sie meinen Vater kennen, sie heirateten 1926 – beide waren 24 Jahre alt – und zogen nach Stettin.

Auch mein Vater stammte von einem Bauernhof in Hinterpommern. Die Höfe waren schon im Besitz meiner Groß- und Urgroßeltern. Mein Vater war das jüngste von sieben Kindern und wurde zu Verwandten gegeben, die keine Kinder hatten. Mit 14 Jahren kam er zuerst in eine Schuhmacherlehre, damit er für die weitere Familie die Schuhe besohlen konnte. Aber das genügte ihm wohl nicht, und er ging mit etwa 16 Jahren nach Stettin in die Lehre zu einem Gelbgießermeister. Diesen Beruf gab es nur in Hafenstädten; man brauchte den Gelbguß für handgestochene Schilder auf den Schiffen. Nach der Lehre blieb mein Vater als Geselle bei seinem Meister, und zwei Jahre später bekam er zusammen mit dem Altgesellen das Angebot, die Werkstatt zu übernehmen, weil die allgemeine Lage das Geschäftsleben schwierig machte und der Meister sich deshalb zur Ruhe setzen wollte. Mein Vater machte die Meisterprüfung und zog wenig später um in eine andere Werkstatt im »Rosengarten«, direkt an der alten Stadtmauer von Stettin; sie bildete die Rückwand der Werkstatt, ich fand das sehr romantisch.

Nachdem meine Eltern geheiratet hatten, nahmen sie für 20 Mark im Monat ein winziges »Zimmer mit Küchenbenutzung«. Meine Mutter ärgerte sich oft über die Mitbewohner, die nicht aus der Küche gehen wollten, wenn sie kochen mußte, nicht ordentlich putzten, außerdem neugierig waren und ihr Zimmer durchsuchten. Um diesen Schwierigkeiten zu entkommen, nahmen meine Eltern eine Hauswartstelle in einem Vorort von Stettin an. Nun mußten sie die Gartenarbeit machen, die Straße kehren und die Heizung versorgen, wohnten aber dafür mietfrei.

In dieser Wohnung wurde ich geboren – hinein in den Beginn der Weltwirtschaftskrise. Meine Mutter erzählte später, sie seien so arm gewesen, daß ich außer mit der Muttermilch nur mit Karotten und Haferflocken ernährt wurde. Aber schon ein Jahr später konnte mein Vater in eine Wohnung der Handwerker-Baugenossenschaft ziehen; hier wurde 1933 mein Bruder geboren.

Mein Vater hatte wohl recht viel in der Werkstatt zu tun, denn es kamen verschiedene Gesellen und Lehrlinge dazu. 1936 ging es ihm schon so gut, daß er in Podejuch bei Stettin ein Vierfamilienhaus kaufen konnte, und wir siedelten dorthin um. Wir hatten nun einen großen Garten und nette Nachbarn, vor allem gab es damals noch viel mehr Kinder. Mit einigen von ihnen stehe ich noch heute in Verbindung; nach dem Krieg haben wir die Fäden wieder geknüpft – über Verwandte und Bekannte, die Pommersche Heimatkartei und Heimatzeitungen. Allein in unserer kleinen Straße waren wir mindestens 25 Kinder aller Altersstufen, und wir spielten auch alle miteinander. Dazu hatten wir die schönsten Möglichkeiten: Der herrliche Buchenwald, die Buchheide, begann am Ende unserer Straße, und den Berg hinunter waren wir in fünfzehn Minuten an der Oder zum Baden. Wir konnten auf Bäume klettern, Höhlen und Baumhäuser bauen und alle Abenteuer erleben, die man sich als Kind wünscht. Die nächste größere Straße war schon asphaltiert, aber wenig befahren; dort jagten wir unsere Trunnelreifen, ließen die Brummkreisel tanzen und liefen Rollschuh. Im Winter rodelten wir mit unseren Schlitten von den Hängen der Buchheide oder liefen Ski, und auf den überschwemmten Reglitzwiesen konnten wir Schlittschuh laufen.

Auch am JM-Dienst gefiel mir vor allem, daß ich mit vielen Gleichaltrigen zusammensein konnte; wir kannten uns gut und waren zum Teil eng befreundet. Die politischen Heimabende fand ich allerdings langweilig. Ich lernte schnell, und so machte es mir nichts aus, den »Lebenslauf des Führers« auswendig zu lernen; ich könnte ihn wohl heute noch aufsagen. Es fiel mir auch nicht schwer, den Führerinnen zu gehorchen, wir waren ja in allen Bereichen zu Gehorsam erzogen. Den Eltern mußte ich unbedingt gehorchen, schon bei Widerrede gab es Strafen – meist Ohrfeigen. Und wenn ich mal etwas ausgefressen hatte, bekam ich von meinem Vater Prügel. Meine letzte Ohrfeige setzte es mit sechzehn Jahren.

Auch in der Volksschule wurde noch viel geschlagen. Man mußte es hinnehmen, aber ich erinnere mich, daß ich manchmal doch gedacht habe: Das war ungerecht! Und das hat mich dann sehr verletzt. An einen Vorfall kann ich mich noch genau erinnern: Ich war in der dritten Klasse, und wir gingen in der Pause die Treppe hoch; ein paar Jungen boxten sich, und der aufsichtführende Lehrer gab jedem, der vorbeiging, eine Ohrfeige. Ich bekam ebenfalls eine, völlig unverdient, und das habe ich nie vergessen.

Wenn wir uns weigerten, den JM-Führerinnen zu gehorchen, gab es übrigens auch ziemlich harte Strafen, zum Beispiel konnte man von Fahrten ausgeschlossen werden, oder man durfte bei Sportveranstaltungen nicht mitmachen.

Es gab allerdings auch Widerstand von Eltern, ihre Kinder in den Dienst gehen zu lassen. Wir wurden dann hingeschickt, manchmal sogar mit Polizeibegleitung, die Kinder abzuholen. Zuweilen wurden wir bei solchen Gelegenheiten böse beschimpft. Und weil wir Angst hatten, gingen wir immer zu mehreren. Ich erinnere mich vor allem an Arbeiterhäuser, in die wir auf diese Weise kamen. In Podejuch lebten viele Fabrikarbeiter aus zwei großen Fabriken, der Glanzstoff- und der Zementfabrik. Wenn ich heute zurückblicke, bewundere ich den Mut dieser Menschen, es war ja sehr gefährlich, sich gegen die Anordnungen der Partei zu stellen.

In meiner Volksschulklasse waren wir 66 Kinder, und für Ruhe sorgte notfalls der Stock. Unsere Klassenlehrerin unterrichtete alle Fächer, bis auf den Musikunterricht. Aus dieser großen Klasse gingen nach dem vierten Schuljahr nur sechs oder sieben Kinder nach Stettin aufs Gymnasium oder auf die Mittelschule. Zwischen meinen Eltern gab es harte Auseinandersetzungen um die Frage, ob ich auf die weiterführende Schule durfte. Für ein Mädchen war es damals in unserem Bekanntenkreis noch selbstverständlich, daß es heiratete und dann zu Hause blieb. Für den Übergang zwischen Schule und Ehe konnte man einen »Frauenberuf« lernen, aber höhere Schulbildung war nicht üblich. Meine Mutter setzte sich schließlich durch, und ich durfte ab Ostern 1939 auf die Mittelschule nach Stettin. Damals hatte ich das Glück, daß in unsere Nachbarschaft ein Mädchen zog, das in meine Klasse kam: Ruth. Wir machten nun den Schulweg immer zusammen und blieben ein Leben lang befreundet. Ich bin sehr gerne zur Schule gegangen. Vielleicht war ich in einer glücklichen Lage, weil ich keine besonderen Schwierigkeiten hatte und deshalb auch mit den Lehrern gut zurechtkam.

Nach meinem ersten Sommer in der Mittelschule brach der Krieg aus. Ich war morgens für den Schulweg angezogen, als meine Mutter das Radio einschaltete, und der Sprecher sagte: »Seit heute« – die Zeit weiß ich nicht mehr genau – »wird geschossen.« Die Erwachsenen waren so erschrocken, daß sich das auf uns Kinder übertrug, obwohl wir – mein Bruder mit fünf und ich mit zehn Jahren – die Tragweite dieser Nachricht ja noch nicht erfassen konnten. Am Anfang merkte ich vom Krieg auch noch verhältnismäßig wenig. Ich hörte zwar von »eingezogenen Vätern und Brüdern«, aber in unserer näheren Bekanntschaft waren zunächst noch alle Männer zu Hause. Bald kamen Sondermeldungen – Erfolgsmeldungen. Da wir im Vorort von Stettin wohnten, sind wir selbst von den späteren Luftangriffen auf Stettin verschont geblieben. Viele der Angriffe erlebte ich wegen unserer Evakuierung nicht mit. Wenn ich zu Hause war, hörten wir das Brummen der schweren Flugzeuge und den furchtbaren Lärm der detonierenden Bomben, sahen den Feuerschein und den Qualm über der Stadt und hatten Angst um unsere Freunde, Bekannten und Verwandten.

Mein Vater wurde während des Krieges nicht eingezogen, weil seine Werkstatt »kriegswichtiger Betrieb« war. Zuletzt arbeiteten dort 20 Leute; sie mußten bestimmte Einzelteile für die V-Waffen in Peenemünde herstellen. In den letzten Kriegsjahren wurde mein Vater aber von der »Organisation Todt« erfaßt und mußte nach Bombenangriffen auf Stettin Schutt wegräumen und die Verschütteten aus den Kellern bergen. Meist fand man nur noch Tote. Was mein Vater dabei sah und erlebte, konnte er seelisch nicht verkraften, und die Arbeit in Hitze, Dreck und Rauch hat ihn auch körperlich ruiniert. Häufig kam er tagelang nicht nach Hause, weil ja die Arbeit in der Werkstatt weitergehen mußte, und schließlich konnte er nicht mehr essen und nicht mehr schlafen. Als ich Weihnachten 1944 noch einmal von Grimmen nach Hause kam, war er völlig abgemagert.

Auf dieser Heimfahrt war es recht kalt, und ich saß allein in einem ungeheizten Zug. Ich durfte noch fahren, weil ich außerhalb von Stettin wohnte. Als ich zu Hause ankam, stellten wir am ersten Abend fest, daß ich den Kopf voller Läuse hatte. Die Erklärung war: Die Tochter meiner Wirtin war im Arbeitseinsatz auf einem Gut gewesen, zusammen mit ausländischen Zwangsarbeitern – Kriegsgefangenen aus Lagern, die morgens gebracht und abends wieder abgeholt wurden. Das Mädchen hatte mir die Läuse weitergegeben, ohne selbst zu wissen, daß es welche hatte. Nun hatte man keine Mittel dagegen, es war ja der letzte Kriegswinter. Wir trieben nach langem Suchen eine Flasche »Goldgeist« auf, aber es half nichts. Dann wurde mir der Kopf mit Petroleum eingerieben. Das half zwar, aber ich hatte den Kopf nun voller dicker Blasen.

Das war das erste Unheil. Zwei Tage später wurde mein Vater krank, er bekam hohes Fieber und mußte mit Scharlach ins Krankenhaus. Wir fürchteten das ganze Weihnachtsfest über, daß es mit ihm zu Ende gehen würde. Er wurde auch nicht wieder ganz gesund und ging später als schwerkranker Mann mit auf die Flucht.

Nach Weihnachten mußten wir wieder nach Grimmen. Mein Bruder war zu dieser Zeit bei Verwandten auf dem Land, kam aber Ende Januar zurück zu meinen Eltern. Am 17. März kam meine Mutter nach Grimmen und holte mich auf die Fischlandhalbinsel, wohin sie mit meinem Vater und meinem Bruder geflohen war. Damit waren die Schuljahre zu Ende, in denen unsere Klassenlehrerin Cläre für mich eine so wichtige Rolle gespielt hatte.

Meine Eltern und mein Bruder waren mit einem der letzten Züge aus Podejuch herausgekommen, mein Vater direkt aus dem Krankenhaus. Sie bekamen in Dändorf auf der Fischlandhalbinsel eine Dachkammer bei einem Bauern, und hierher holte meine Mutter mich. Wir wohnten zu viert in dem winzigen Kämmerchen und kochten auf einem eisernen Ofen, sofern wir etwas zu kochen hatten. Meine Eltern hatten nur sehr wenig Lebensmittel und Kleidung mitnehmen können, man konnte ja nur retten, was man tragen konnte, und mein Vater fiel aus, er war noch völlig hilflos. Mein Bruder und ich versuchten, etwas Eßbares heranzuschaffen. Es war zwar eine Volksküche eingerichtet worden, wo es Wassersuppen gab, aber davon allein konnte man nicht leben. Wir gingen auf die Felder und suchten nach vergessenen Steckrüben, Kartoffeln und Karotten, oder wir sammelten Holz. Anfang Mai strömten die deutschen Truppen dann über die Halbinsel zurück und wurden von Schiffen aufgenommen. Dabei ließen sie einige Verpflegungswagen stehen, die geplündert wurden. Auch die Vorräte aus Warenlagern wurden für die Bevölkerung freigegeben. Da wir aber weit draußen auf dem Lande wohnten, bekamen wir nicht mehr viel ab, jedenfalls war aber doch für die nächsten zwei Wochen gesichert, daß wir etwas zu essen hatten.

In dieser Zeit fanden wir auch unsere Großmutter aus Schönhagen wieder; es war fast ein Wunder! Mein Buder und ich fuhren wieder einmal nach Ribnitz, der nächsten Stadt, um etwas Eßbares zu organisieren. An mehreren Stellen der Stadt waren Zettel von durchziehenden Flüchtlingen angebracht, die ihre Angehörigen suchten. Meine Großmutter war mit Nachbarn zusammen auf einem Pferdewagen geflüchtet, lange vor meinen Eltern, aber sie war nie bei uns in Podejuch angekommen, und wir wußten nicht, ob sie noch lebte. Wir sahen diese Suchzettel immer hoffnungsvoll durch, und eines Tages fanden wir tatsächlich ihren Namen. Und das noch größere Wunder: Sie war hier – in Ribnitz! Wir liefen sofort zu ihr, sie lag krank in einem feuchten Keller. Sie hatte nicht weitergekonnt, und die Nachbarn hatten sie dort zurückgelassen. Wir haben alle vor Freude geweint und sie nun gleich zu uns geholt. Jetzt hausten wir zu fünft in unserm Dachkämmerchen, aber wir waren zusammen, und wir lebten!

Der Einzug der Russen war für uns ziemlich dramatisch. Ich war an dem Tag mit meinem Bruder auf Fahrrädern zu einem der liegengebliebenen Lastwagen gefahren, um noch etwas an Lebensmitteln zu ergattern. Ein Stück Eisen lag mir im Weg, ich warf es beiseite und drehte mich wieder um: Es war aber eine Tellermine, und sie explodierte. Mein Bruder bekam nichts ab, aber ich war am ganzen Rücken von Eisensplittern übersät. Als die Russen dann abends ins Dorf einmarschierten, saß ich mit blutverkrustetem Rücken im Bett. Vielleicht war das unser Glück, denn die einfachen russischen Soldaten erwiesen sich als mitleidige, gutmütige Menschen, jedenfalls, solange sie nichts getrunken hatten. Sie brachten uns etwas zu essen und tanzten mir sogar etwas vor – wobei uns natürlich die Angst ganz schrecklich im Nacken saß. Ich habe das Erlebnis später verdrängt, aber ich konnte die Geräusche von Detonationen und Feuerwerk nicht ertragen und mochte mir niemals Kriegsfilme oder Berichte über Kriegsereignisse ansehen. Später hatte ich häufig Kopfschmerzen, doch wurde nie die Ursache gefunden. Erst vor einem Jahr stellte man fest, daß unter meiner Schädeldecke drei Eisensplitter liegen. Wir hatten die Wunden damals nur für Fleischwunden gehalten und nicht bemerkt, daß die Splitter unter die Schädeldecke gedrungen waren.

Als es mir etwas besser ging, wollten die Russen in dem Haus ihre Kommandantur einrichten. Wir sollten hinaus und suchten unsere Sachen zusammen. Die Soldaten gingen durchs Haus, fanden dabei ein verschlossenes Zimmer und verlangten, daß es geöffnet würde. Das Zimmer gehörte einem Bruder des Bauern, der noch nicht wieder zu Hause war. Als die Russen das Zimmer betreten konnten, fanden sie dort deutsche Waffen und Uniformen. Nun wurden sofort alle Hausbewohner zusammengetrommelt. Wir mußten uns im Flur aufstellen und sollten erschossen werden. Daß wir dann doch gerettet wurden, hatten wir einem Flüchtling zu verdanken, der russisch sprach. Nach langem Hin und Her konnte er den Russen die Sachlage schließlich erklären, so daß sie uns laufenließen. Aber diese Todesangst empfinde ich noch heute, wenn ich daran denke, wie wir da an der Wand stehen mußten und dachten, jetzt ist es zu Ende. Jedenfalls sind wir davongekommen und wurden nun in das schon ohnehin überfüllte Nachbarhaus gestopft.

Dort schliefen wir zu fünf Frauen in einem Dachkämmerchen, so eng nebeneinander, daß wir uns nicht einmal umdrehen konnten. Die Russen kamen jeden Abend in die Häuser und suchten Frauen, aber durch diese Enge waren wir eingermaßen geschützt. Die Frauen mußten nun für die Russen arbeiten. Meine Mutter und die übrigen Frauen aus dem Haus gingen jeden Morgen zur Kommandantur, machten für die Russen sauber und kochten. Dadurch blieben sie unbehelligt.

Mein Vater konnte noch nicht arbeiten, mein Bruder war wesentlich jünger als ich, und die Kinder wurden von den Russen gut behandelt. Oft bekam mein Bruder etwas zu essen geschenkt und durfte auf den Panzern mitfahren; er fühlte sich ganz wohl in dem Getümmel und nahm den Ernst der Lage wohl gar nicht so recht wahr. Er brachte uns oft etwas zu essen mit, mal das nasse russische Brot, mal einen Teller Suppe. Wir versuchten, irgendwie zu überleben.

In dieser ersten Zeit nach dem Ende des Krieges hatte ich ein sehr schockierendes Erlebnis, das meine Einstellung politischen Parteien gegenüber bis heute geprägt hat: Ich war in der Stadt, um vielleicht irgend etwas Eßbares kaufen zu können. An einer Hauswand hing eine Zeitung – mit entsetzlichen Bildern aus Konzentrationslagern und Berichten über die Judenverfolgung. Ich war erschüttert und fassungslos, denn ich hatte, so unglaublich es auch klingen mag, nicht gewußt, daß es so etwas bei uns gab. Als die wenigen Juden, die in meiner näheren Umgebung wohnten, verschwanden, gaben die Eltern gar keine oder nichtssagende Erklärungen. Später wurden »die Juden« zwar öffentlich angeprangert, aber da meine Eltern nichts klarstellten und über Konzentrationslager nur hinter meinem Rücken getuschelt wurde, übernahm ich die offizielle Meinung; über die Wirklichkeit in den Lagern habe ich nichts gehört. – Als ich sie nun durch die Zeitung erfuhr, war ich wie erschlagen. Und ich fühlte mich auch so zutiefst verraten, daß ich mir fest vornahm, niemals in eine politische Partei einzutreten und keinem Politiker jemals wieder etwas zu glauben. Ich habe mich sehr geschämt, Deutsche zu sein, und war auch später nie stolz auf »mein Land«.

Das laste ich auch meinen Eltern bis heute an, daß sie nicht den Mut hatten, uns Kindern die Wahrheit zu sagen. Wo sie politisch wirklich gestanden haben, weiß ich nicht, sie haben mit mir nicht darüber gesprochen. In der Nazizeit wäre es ja auch gefährlich für sie gewesen; Kinder haben damals ihre Eltern angezeigt oder auch unwissentlich verraten, man konnte sich gegenseitig nicht trauen. Aber ich kann mich erinnern, daß mein Vater Anfang der dreißiger Jahre zweimal zu Großkundgebungen gegangen ist, auf denen Adolf Hitler zu »seinem Volk« sprach – also hat er ihm zumindest in dieser Zeit nicht ganz ablehnend gegenübergestanden. Es ging ihm ja auch nach der »Machtübernahme« 1933 geschäftlich recht gut, wesentlich besser als zuvor. Später fielen schon ab und zu verschlüsselte Bemerkungen, aber grundsätzlich hinter meinem Rücken, im vertrautesten Kreis, die ich nur zufällig manchmal mitbekam. Leider war ich an Politik auch völlig uninteressiert; das änderte sich erst viel später, als ich erkannte, daß man nur etwas verändern kann, wenn jeder bei sich, in seinem eigenen engen Kreis, damit anfängt.

Wenige Wochen nach dem Einmarsch der Russen mußten sämtliche Flüchtlinge zurück in ihre Heimat, laut Befehl der Kommandantur. Am nächsten Morgen sollten sie sich auf den Weg machen. Wir hatten insofern Glück, als einer der Flüchtlinge, die mit uns bei dem Bauern wohnten, einen kleinen Wagen mit einem Panjepferdchen besaß und uns mitnahm. Uns schlossen sich noch zwei Frauen an, und wir gingen nun im Trupp los in Richtung Stettin. Wir waren vielleicht gut zehn Kilometer unterwegs, als uns Russen überholten. Einer von ihnen stieg von seinem Pferd, packte mich am Nacken und sagte: »Frau komm!« – Ich hatte fürchterliche Angst, wußte aber auch nicht, was ich machen könnte, es blieb mir gar nichts weiter übrig, als mitzugehen. Da rief meine Mutter: »Fall doch in Ohnmacht! Tu, als wenn du in Ohnmacht fällst!« – Ich hab noch gedacht: Wie soll ich das denn machen?! – Und vor lauter Angst ließ ich mich fallen und hab dann dagelegen. Nun kam Herr Ehmann, der russisch sprechende Flüchtling, dazu und sagte: »Frau krank! Frau krank! Weiter, weiter!« Er sagte auch noch etwas auf russisch, und der Russe ließ tatsächlich von mir ab und ritt davon.

Wenig später begegneten wir russischen Offizieren, ebenfalls zu Pferd. Herr Ehmann berichtete ihnen den Vorfall – es war ja zu dieser Zeit den Russen nicht mehr erlaubt, Frauen zu überfallen. Und nun ritten diese Offiziere hinter dem Soldaten her, rissen ihn vom Pferd und verprügelten ihn fürchterlich. Ich aber wurde in einen Teppich eingerollt und erlebte den nächsten halben Tag in diesem Teppich auf dem Panjewagen liegend.

Am ersten Abend kamen wir bis Bad Sülze und versuchten, dort bei einem Bauern ein Nachtquartier zu bekommen. Dieser Bauer war recht froh, als er merkte, daß mehrere Männer dabei waren und daß Herr Ehmann russisch sprach. Wir durften also in der Scheune übernachten.

Aber dieser Hof lag mit einigen anderen etwas einsam, und in der Nähe im Wald befand sich ein großes Lager der Russen. Sie kamen jede Nacht, durchsuchten die Höfe, nahmen Frauen mit und klauten alles, was ihnen gefiel. Deshalb war der Bauer froh, daß nun jemand da war, der sie vielleicht etwas beruhigen konnte. Und das gelang dann meistens auch tatsächlich.

Wir Frauen verkrochen uns auf dem Heuboden, als wir die Verhältnisse erkannt hatten, und die Leiter wurde hochgezogen. Wir waren sieben jüngere und ältere Frauen und haben einige unruhige Wochen dort oben ganz gut überstanden. Die Russen wußten zwar, wo Frauen waren, aber sie ließen uns in Ruhe.

Wir hatten auf diesem Hof nur eine Nacht bleiben wollen, aber daraus wurden dann mehrere Jahre. Nach einigen Tagen strömten nämlich die ersten Flüchtlinge schon wieder zurück, weil die Polen die Deutschen an der Oder zurückjagten; wir wollten nun erst abwarten, und schließlich wurde es geduldet, daß wir blieben. Irgendwann im Lauf der Zeit bekamen wir sogar Lebensmittelkarten. Bad Sülze wurde für uns also das nächste Zuhause.

Mein Vater war ein geschickter Handwerker, und die Maschinen auf dem Hof gingen sehr oft kaputt – die Russen hatten ja sehr viele weggeschleppt, auch Pferde weggetrieben. Man war auf wenige übriggebliebene Maschinen und Pferde angewiesen, und mein Vater reparierte nun die Geräte, bald auch für andere Bauern, und bekam etwas zu essen dafür. Wir konnten schließlich in die Wohnung im »Ausgeding« ziehen – ein kleiner Anbau für die alten Bauern, das Altenteil.

Meine Großmutter strickte für die Bauern; aus Bindegarn (zum Binden von Korngarben) fertigte sie Pullover und Oberteile für Schuhe. Mein Vater schnitzte Holzsohlen dazu, und wir tauschten die Schuhe dann ein gegen Lebensmittel. Im Lauf der Zeit bekam mein Vater immer mehr Aufträge und schließlich ein Angebot von einem Schmied aus dem Nachbardorf, bei ihm zu arbeiten. Wir konnten uns nun in einem der Nachbarhäuser eine kleine Dachwohnung nehmen und waren endlich unser eigener Herr. Es war aber ein sehr armseliges Leben. Wir mußten erst einen Herd aus Backsteinen mauern, bevor wir kochen konnten; aus Brettern zimmerten wir einen Tisch, und geschlafen wurde weiter auf der Erde. Aber immerhin war es unsere eigene Wohnung. Da es Herbst war, als wir die Wohnung bekamen, sammelten wir zum Heizen Holz im Wald. Auf den Gutsfeldern stoppelten wir Kartoffeln und Karotten nach. Bald hatten wir auch ein paar Hühner und ein Kaninchen, das reichlich Nachkommen brachte. Wir hatten nun Eier und etwas Fleisch. Mein Vater erhielt für seine Arbeit kaum Geld, sondern ebenfalls Eßbares. Aber das war damals das Wichtigste.

Im Frühjahr 1947 starb meine Großmutter, und im Sommer bekam mein Vater Typhus. Er überstand den ersten Anfall, bekam dann aber einen Rückfall. Im Herbt 1947 starb er im Krankenhaus in Rostock. Das war ein harter Schlag. Nun war meine Mutter mit uns beiden Kindern allein.

Durch die Fürsprache unseres Bauern hatte ich in diesem Frühjahr eine Lehrstelle als Verkäuferin in einem Lebensmittelgeschäft gefunden. Immerhin hatten wir nun etwas Geld. Wir lebten von dem, was wir zusammenstoppelten, von diesem Lehrlingsgeld, und zeitweise arbeitete meine Mutter bei Bauern. Außerdem hatten wir inzwischen ein Stück Garten und konnten Gemüse anbauen.

Im Jahr darauf bekam mein Bruder eine Lehrstelle als Automechaniker; dadurch hatten wir nun zwei Lehrlingsgehälter und konnten uns eine kleine Wohnung in der Stadt nehmen. Vorher hatten wir einen recht weiten Weg zur Arbeit.

Wir konnten alte Möbel, die in der Wohnung waren, übernehmen, und nun ging es uns doch schon verhältnismäßig gut. Wir fühlten uns so richtig wie Krösusse.

Meine Mutter arbeitete für Lebensmittel weiter beim Bauern. Damals brauchte man nur wenig Geld. Etwa um 1948 wurde den Flüchtlingen auch ein einmaliger Kredit von 1000 Mark bewilligt, und unsere erste Anschaffung davon war ein Radio. Keine weitere Anschaffung hat uns soviel Freude gemacht wie dieses erste Stück. Man fühlte sich jetzt wieder ein bißchen mit der Welt verbunden.

In unserer Lehrzeit mußten wir sehr lange arbeiten, von morgens acht bis abends sieben Uhr, mit einer Stunde Mittagspause. Auch samstags ging es bis abends um sieben und wenn nötig auch länger. Wir akzeptierten das, ohne viel zu murren, es war eben selbstverständlich. Der Laden war eiskalt, weil es kaum Heizung gab, und zu verkaufen hatten wir auch nicht viel. Es gab zwar Lebensmittelmarken, aber was wir damals als Nährmittel verkaufen konnten, waren Bohnenmehl und Bohnengrieß; Haferflocken gab es nur für Kinder und Zucker sehr wenig. Ab und zu hatten wir Marmelade aus roten Beten und Zuckerrüben, später sogar Süßigkeiten, einen schrecklichen Zuckerfondant. Auf die Fettmarken gab es auch Öl, das wurde abgefüllt in mitgebrachte Flaschen. Butter hatten wir nicht und Margarine selten. Im Brot waren verschiedene Zusatzstoffe, Eichelmehl und Bohnenmehl waren wohl noch die harmloseren. Es war undefinierbar, und die Menschen hatten damals auch sehr häufig Hautausschläge. Ab und zu gab es Hülsenfrüchte und manchmal sogar Heringe und Petroleum, das wir auch in Flaschen abfüllten. Überhaupt mußte man zum Einkaufen Beutel und

Schüsseln mitbringen, weil es auch keine Tüten gab. Sehr begehrt waren natürliche Gewürze: Majoran und einheimische Gewürze wie Thymian. Pfeffer gab es nicht, aber Pfefferersatz! Und wir hatten Kuchenaromen: Bananenaroma, Butteraroma – das rieche ich heute noch.

In der Eisenabteilung wurden nur Reste verkauft, aber allmählich kamen auch kleine Geschenkartikel: Keramikteller, mal eine Vase, kleine Notizblocks mit Holzdeckeln.

Wir waren fünf junge Leute, die als Lehrlinge eingestellt waren, und hatten trotz allem eigentlich ein recht lustiges Leben. Mindestens einmal in der Woche mußten wir allerdings einen ganzen Tag Marken kleben, das war eine unserer Hauptarbeiten. Die Lebensmittelmarken wurden mit Mehlkleister – also Mehl mit Wasser zu einem Pamps gerührt – auf große Zeitungsbogen geklebt und so bei der Behörde abgeliefert.

Inzwischen gingen wir einmal wöchentlich auch zur Berufsschule, aber danach mußten wir im Geschäft antreten und arbeiten. Unser Lehrstoff war verhältnismäßig einfach; Warenkunde konnten wir in der Praxis ja nicht lernen, weil es das meiste nicht gab. Dadurch war dann auch die Prüfung nicht schwer. Nach zwei Jahren Lehrzeit war ich nun »kaufmännische Gehilfin«.

Ein Jahr blieb ich noch im Geschäft, dann bekam ich eine Einladung nach Bremen zur Konfirmation meiner Cousine und erhielt eine Aufenthaltsgenehmigung. So fuhr ich im März 1951 in den Westen, und dort bin ich geblieben. Mein Bruder hatte damals gerade seine Lehrzeit beendet und verdiente etwas mehr, so konnte ich ihn mit meiner Mutter allein lassen.

Ein Lebensabschnitt war zu Ende, der teilweise sehr schwierig war. Aber andererseits waren es meine schönsten und unbeschwertesten Jugendjahre, dadurch empfand ich die Belastungen nicht so sehr. Ich lebte vorwärts orientiert, sah immer hauptsächlich das Schöne. In der ersten Zeit im Ausbau waren in den 15 Bauernhöfen und Arbeiterhäusern viele Jugendliche in meinem Alter, und ich hatte bald Freundinnen und Freunde. Damals ließ man es uns nicht empfinden, daß wir Flüchtlinge waren, wir waren sofort integriert. Niemand fragte danach, woher wir kamen. Wir hatten viele Möglichkeiten, etwas zu unternehmen, es war ein offenes Gebiet mit alten Häusern und großen Scheunen. Wir konnten uns in einer alten Gastwirtschaft treffen, die wir praktisch für uns hatten. Wir haben viel dummes Zeug gemacht, noch Verstecken gespielt, aber es waren auch schon Liebeleien dabei. Es waren eben die ersten Jugendjahre, wo man Partner sucht und auch findet. Alle besaßen Fahrräder, so sind wir auch viel fortgefahren, haben in den kleinen Badeseen gebadet, sind im Winter Schlittschuh gelaufen, haben Heimatabende veranstaltet und sind sehr oft tanzen gegangen. So war es für mich auch eine wunderbare Zeit.

Alles wurde ein bißchen anders, als wir die Wohnung in Bad Sülze bekamen. Aber durch meine Kollegen fand ich dort wieder einen anderen Freundeskreis. Ich konnte nun mitsingen im Volkschor und im Kirchenchor, und ich engagierte mich in der Laienspielgruppe. In den kleinen Orten gab es ein reges und lebendiges Gemeinschaftsleben, und ich hatte keine Schwierigkeiten, neue Freunde zu finden, zumal ich auch durch das Geschäft bekannt war.

Es hat mir damals auch nichts ausgemacht, daß meine Lehre nicht meinen eigentlichen Neigungen entsprach. Das Arbeiten in dem Geschäft war ja an sich schon ein gewisses Privileg, und in dem kleinen Ort gab es sonst nichts weiter. Außerdem hatten wir durch meine Arbeit auch ein bißchen mehr zu essen. Unser Arbeitsverhältnis war sehr gut, manchmal bekamen wir auch etwas von unserm Chef zugesteckt.

Aber auf die Dauer empfand ich es doch als ein bißchen bedrückend, so gar keine Möglichkeiten zu beruflichen Verbesserungen zu haben. Hinzu kam die Verhärtung der politischen Verhältnisse. Zwang war mir unerträglich, und ich konnte auch den Mund nicht halten. Und nun nahm der Druck im Osten ständig zu, es wurde immer mehr versucht, uns auf die Linie der SED zu bringen. Wir mußten zu bestimmten Veranstaltungen gehen, die Teilnahme der ganzen Belegschaft am 1.-Mai-Umzug war Pflicht, und wir sollten möglichst auch im Verband sämtliche politischen Kundgebungen besuchen, darauf wurde geachtet. Wir wurden manchmal sogar auf Lastwagen geladen und nach Rostock gekarrt, wenn dort irgendeine besondere Veranstaltung stattfand. Wir mußten noch nicht unbedingt in der FDJ oder einer Partei sein, aber die politische Richtung mußte stimmen. Ich hatte immer gehofft, die Verhältnisse würden sich bessern, es war ja noch ziemlich früh, 1950/51. Aber nun wurde der Druck doch stärker. Als mir das klar war, fing ich an zu überlegen, wie wir in den Westen kommen konnten.

Und nun, im Frühjahr 1951, ging ich als Vorhut, um dann Mutter und Bruder nachzuholen. Ein Grenzgänger führte uns, eine ganze Gruppe, bei Nacht und Nebel bei Oschersleben durch die Wiesen über die Grenze. Dort waren stillgelegte Braunkohlegruben, und wir stolperten in der Dunkelheit über das hügelige Gelände aus überwachsenen Schlackenbergen und Schächten. Wir mußten uns mehrere Male verstecken, weil russische Soldaten patrouillierten, aber am nächsten Morgen war ich im Westen.

Ich fuhr zu meiner Cousine in Bremen, die die Aufenthaltsgenehmigung für mich besorgt hatte. Dort suchte ich mir eine Arbeit; man fand sie damals nur im Haushalt oder in der Landwirtschaft. Ich kam als Hausgehilfin in eine Gastwirtschaft und blieb dort sechs Wochen. Dann wurde es Sommer, und meine alte Schulfreundin Ruth konnte mir auf der Nordseeinsel Juist eine Saisonstelle als Verkäuferin in einem Modehaus besorgen. Ruth hatte es noch schwerer in bezug auf eine Berufausbildung, denn auf er Insel gab es fast nur Saisonarbeitskräfte, und so arbeitete sie im Haushalt. Es wurde für uns beide ein sehr schöner Sommer. Wenn unsere Arbeitszeit auch sehr lang war, so blieben uns doch die Abende. Die Insel ist sehr schön, der Sommer war warm, und wir erlebten unvergeßliche Stunden am Meer.

Am Ende der Saison mußte ich mich nach einem anderen Arbeitsplatz umsehen. Ich hatte zwar den Absprung aus der DDR geschafft, nun mußte ich Arbeit und Wohnung finden, damit ich meine kleine Familie nachholen konnte. Kurzfristig konnte ich bei einer Patentante in Hamburg unterkommen. Dort fand ich eine Stellung als Verkäuferin in einem Feinkostgeschäft, aber ich brauchte die Zuzugsgenehmigung für die Bundesrepublik und für die Stadt Hamburg. So mußte ich für vier Wochen in die Auffanglager in Uelzen und Hannover, wo ich auf Herz und Nieren geprüft wurde und schließlich wirklich den Zuzug für Hamburg bekam.

Da ich außerhalb von Hamburg wohnte, aber im Zentrum arbeitete, war mein Arbeitstag sehr lang, selten kam ich vor Mitternacht ins Bett. Nach kurzer Zeit wurde ich krank und versuchte deshalb, einen günstigeren Arbeitsplatz zu finden. Gerade in diese Zeit fiel ein Treffen mit unserer ehemaligen Klassenlehrerin Cläre, die inzwischen mit einem Pfarrer in Solingen verheiratet war. Bei einer kurzen Begegnung – zwischen zwei Zügen auf dem Hamburger Hauptbahnhof – erzählte ich ihr von meinen Lebensumständen, und Cläre verschaffte mir eine Stelle bei Solinger Bekannten, die einen Arzneigroßhandel betrieben.

So zog ich nach einem Jahr in Hamburg um nach Solingen, wohnte erst einige Wochen bei Cläre im Pfarrhaus, bis ich endlich ein möbliertes Zimmer fand. Die Arbeit als Fakturistin machte mir Spaß, wenn ich anfangs auch große Schwierigkeiten hatte, den bergischen Dialekt am Telefon zu verstehen. Schlimm allerdings war, daß das Betriebsklima von Mißtrauen beherrscht war. Die Besitzer vermuteten dauernd, bestohlen zu werden, und mir war es nun zugedacht, aufzupassen. Aber mir lag es gar nicht, Kollegen zu bespitzeln, und ich hätte gern gekündigt, fühlte mich aber Cläre gegenüber verpflichtet, zu bleiben. Außerdem verdiente ich recht gut und mußte mir einen Wechsel schon deshalb überlegen – wenn ich die Arbeit in der ungeliebten Stellung auch mit Magengeschwüren bezahlt habe. Dank Cläre war ich nun aber in einen anderen Beruf gekommen, in dem ich mich weiterbilden konnte und bessere Aufstiegsmöglichkeiten hatte.

Nun erwartete Cläre auch, daß ich mich intensiv am kirchlichen Leben beteiligte, regelmäßig zur Kirche ging, in die Jugendgruppe eintrat und die Bibelstunden besuchte. Ich hatte in Solingen keine Bekannten, und so tat ich das alles auch, solange ich allein war. Aber als ich nach langem Suchen ein größeres Leerzimmer fand, hatte ich die Möglichkeit, zuerst meinen Bruder und später meine Mutter zu mir zu holen. Beide waren inzwischen über ein Auffanglager in Berlin in den Westen gekommen. Im Frühjahr 1953 war unsere kleine Familie endlich wieder vereint, und mit geschenkten Möbeln richteten wir uns so gut wie möglich ein.

Meine Mutter fand Arbeit in einem Handwerksbetrieb, mein Bruder in einer großen Solinger Schleiferei, und wir hatten das Glück, schon wenige Monate später eine von den kleinen Wohnungen zu bekommen, die damals für Flüchtlinge gebaut wurden. Das war der Anfang eines Lebens in normalen Verhältnissen. Da wir alle drei arbeiteten, konnten wir uns nun ein Stück nach dem andern anschaffen und waren ganz zufrieden. Es ging aufwärts, wir hatten wieder Ziele, konnten zunächst die kleine Wohnung hübsch einrichten und bald auch einmal ins Theater oder ins Kino gehen.

Aber in Solingen hatte ich nicht so schnell Freunde gefunden wie bisher; die alten Solinger waren Fremden gegenüber zugeknöpft, und mir wurde dort zum ersten Mal gezeigt, daß ich als Flüchtling nicht dazugehörte. Als wir nun die Wohnung hatten, besuchte uns Ruth aus Juist, und sie blieb, um sich in Solingen eine Arbeit zu suchen. Sie bekam auch eine Anstellung als Verkäuferin, und nun konnten wir zusammen ausgehen, Ausflüge machen und fanden auch zusammen einen kleinen Freundeskreis. Ruth lernte ihren späteren Mann kennen und ging im folgenden Jahr ihm zuliebe nach Duisburg. Bald darauf heiratete auch ich und zog mit meinem Mann in seinen Arbeitsort Kaiserslautern, wo auch noch seine alte Mutter lebte, die er nicht allein lassen konnte. Meine Mutter und mein Bruder konnten nun ohne mich zurechtkommen. Beide heirateten später in Solingen, und ich behielt dort ein Stückchen Heimat.

Mit meiner Heirat im Mai 1955 begann mein dritter Lebensabschnitt, der mich nun in Deutschland noch weiter nach Süden brachte. Mein Mann war technischer Beamter bei der Bundespost, ich fand eine gute Stellung bei einem größeren Bauunternehmen. Wir wohnten allerdings in einer winzigen Wohnung – eineinhalb Zimmer ohne Bad, die mein Mann schon mit seiner Mutter bewohnt hatte. Als wir heirateten, hätten wir eine größere Wohnung bekommen können, aber wir wollten nun so schnell wie möglich bauen und brauchten deshalb jede Mark. Wir behielten also die billige Wohnung, nur dauerte dieser Zustand dann sechs Jahre, und das enge Zusammenleben wirkte sich nicht vorteilhaft auf mein Verhältnis zu meiner Schwiegermutter aus. Ein Bauboom hatte inzwischen eingesetzt, und die Bauplätze wurden teuer. Erst 1960 fanden wir einen Platz, der in der Nähe der Stadt lag und uns gefiel.

Im Jahr darauf konnten wir endlich bauen. Es ist ein bescheidenes Heim geworden; wir haben vieles selbst gemacht und viele Jahre an-

und umgebaut und verbessert. Das tun wir immer noch, und wir lieben unser Häuschen sehr.

Langsam ging es uns nun finanziell besser, wir konnten es uns leisten zu reisen und machten uns das Leben schön. Wir wären sehr zufrieden gewesen, wären wir nicht kinderlos geblieben. Aber ich hatte einen interessanten Beruf und im Haus und Garten viel Arbeit. Wir hatten einen großen Freundeskreis und unternahmen in der schönen Pfalz herrliche Ausflüge. Ich liebte die Natur hier, und allmählich fühlte ich mich völlig zu Hause.

Als ich mich mit der Kinderlosigkeit fast abgefunden hatte, meldete sich unsere Tochter an. Ich war inzwischen vierzig, und das Kind war ein so umwälzendes Ereignis für mich, daß in den ersten Jahren für nichts anderes mehr Platz war, es hat mich vollständig ausgefüllt. Darüber rissen nun viele Verbindungen zu Freunden und Bekannten ab, die auch kinderlos gewesen waren oder schon erwachsene Kinder hatten. Und allmählich fühlte ich mich ziemlich einsam und vermißte Beruf und Freunde. Ich bin sehr auf andere Menschen angewiesen, es ist mir wichtig, mit Freunden zusammen zu sein, mich mit ihnen austauschen zu können. Nun hing ich in der Luft, und die Einsamkeit machte mir sehr zu schaffen. Ich geriet in eine Krise und glaubte, da nur herauszukommen, wenn ich wieder arbeitete. Aber dafür gab es nun keine Möglichkeit; in meinen alten Beruf konnte ich nicht zurück, und irgend etwas Beliebiges wollte ich nicht machen. Auch mein Mann war dagegen, nach seiner Vorstellung gehörte die Frau ins Haus, wenn ein Kind da war. Um die Leere auszufüllen, stürzte ich mich in allerlei Unternehmungen mit meiner kleinen Tochter: Ich ging mit ihr zum Turnen, in die Musikschule, zu Spielkreisen und suchte Spielgefährten für sie. Darüber fand ich selbst dann wieder Freunde unter den Müttern, die in einer ähnlichen Lage waren, und sowohl einige der Kinder als auch einige von uns Müttern sind bis heute eng befreundet geblieben.

Meine Tochter war ein sehr schwieriges, eigenwilliges Kind, und ich brauchte viel Geduld für sie. Sie hat mich wohl ebenso erzogen, wie ich versucht habe, sie zu erziehen. Ich las in dieser Zeit viele Bücher über Erziehung und Psychologie und stellte meine eigene Erziehung und mein eigenes Verhalten in Frage. Meine Generation war zu Gehorsam und Verzicht erzogen worden, die Frau hatte nicht viel zu sagen, und ich hatte es nicht gelernt, eigene Bedürfnisse zu äußern. Ich brauchte nun viel Energie, um meine Tochter einerseits nicht so autoritär zu erziehen, wie ich erzogen worden war, andererseits meinem Kind aber auch Grenzen zu setzen. Ich wollte sie zu mehr Selbstbewußtsein erziehen und mußte dabei oft genug über meinen eigenen Schatten springen. In meiner Kindheit hieß es bei uns noch: Die Frau gehört ins Haus und ist dem Manne untertan! Ich war Fremden gegenüber eher schüchtern und nicht gewohnt, in der Öffentlichkeit viel zu sprechen. Jetzt mußte ich im Kindergarten, in der Schule, in Gruppen für meine Tochter eintreten und gewöhnte mich langsam daran, vor fremden Menschen zu sagen, was mir am Herzen lag.

Eine große Hilfe war mir damals ein Seminar für Erziehungsfragen, in dem Ideen entwickelt wurden, die mir bis dahin fremd und meiner eigenen Erziehung völlig entgegengesetzt waren. Hier wurde die Ansicht vertreten, man könne nur eine gute Mutter sein, wenn man selbst zufrieden sei, man müsse also auch an sich denken. Aus der Erziehung solle man das Wort »Konsequenz« streichen, und man solle dem Kind nie etwas verbieten, wenn man sich selbst schlecht dabei fühle. Für mich war das eine Offenbarung und ist mir eine Leitlinie geworden, die mir das Erziehen leichter gemacht hat.

Ein sehr einschneidendes Ereignis in dieser Zeit war für mich 1976 der Tod meiner Mutter: Mit ihr ging die letzte Verbindung zur Heimat und zur Kindheit verloren. Es war niemand mehr da, den man nach den Verhältnissen von damals und nach Verwandten fragen konnte, und ich fühlte mich im Leeren und plötzlich heimatlos. Vielleicht hat dieses Gefühl nach dem Tod meiner Mutter dazu beigetragen, daß ich unter allen Umständen noch einmal nach Stettin wollte.

Es hat lange gedauert, bis ich mir den Wunsch erfüllen konnte, erst 1983 war es soweit. Ich fuhr zusammen mit meiner Freundin Ruth nach Pommern, und es wurde eine richtige »Reise in die Vergangenheit«. Das hört sich vielleicht kitschig an, aber es war so, und es war einmalig schön – trotz mancher Schwierigkeiten. Wir waren beide restlos glücklich, obwohl wir gar nicht viel wiederfanden, aber wir haben jeden Stein und jedes Haus begrüßt, das es noch gab. Wir trafen viele nette Polen, die uns weiterhalfen, so daß wir nicht den Eindruck hatten, unwillkommen zu sein, obwohl nur noch Polen dort wohnen.

Wir sind in den letzten Jahren noch zweimal in Pommern gewesen, auch in dem Dorf meiner Großmutter, und das Gefühl von Vertrautheit ist geblieben. Das hängt sicher auch damit zusammen, daß dort vieles noch so ist, wie wir es vor über 45 Jahren verlassen hatten – die alten Gehwegplatten, die alten Straßenbahnschienen und sogar noch Ruinen aus dem Krieg. Vieles hat sich aber auch geändert, die Straßen verlaufen zum Teil anders, es gibt häßliche Wohnsilos. Anderes wiederum, Kirchen zum Beispiel, wurde sehr liebevoll renoviert.

Mein eigentlicher Heimatort Podejuch war mir allerdings fremder als Stettin. Er ist stark zerstört und häßlich teilweise wieder aufgebaut worden, nur wenige Häuser grüßen noch vertraut. Aber auch hier erfuhr ich unerwartet große Freundlichkeit durch Polen. Wir kamen zum Beispiel in das Haus, in dem Ruth gewohnt hatte – eine Nachbarin, die Deutsch konnte, hat gedolmetscht –, und die Polen sagten uns: »Wir haben so gehofft, daß einmal jemand von den Leuten kommt, die hier gewohnt haben!« Sie überschütteten uns mit Geschenken, haben uns eingeladen, dort zu wohnen. Man spürte, es war echte Herzlichkeit. Auch die Leute, die auf unserem Grundstück gebaut haben – das Haus war in den letzten Kriegstagen abgebrannt –, bewahrten 30 Jahre lang kleine Gerätschaften, Nippes und Geschirrteile auf, die sie im Brandschutt gefunden hatten. Und diese angesengten, beschädigten Stücke stellen für mich wirklich eine sehr wertvolle Erinnerung dar und haben einen Ehrenplatz bei mir zu Hause bekommen. Es ist ein Becher dabei, den mein Vater noch in seiner Werkstatt angefertigt hatte.

Wir bekamen auch andere Geschenke von dieser polnischen Familie, die eigentlich deren Verhältnisse weit überstiegen und uns sehr verlegen machten. Und die Frau dieser Familie versicherte mir, sie schämten sich, daß sie alles bekommen hätten, ohne zu bezahlen, und daß sie das eigentlich gar nicht wieder gutmachen könnten.

Weil die Polen uns so freundlich aufgenommen und uns das Gefühl gegeben haben, jederzeit willkommen zu sein; weil ich nun auch

weiß, was ich dort vorfinde, habe ich nicht mehr das Gefühl, abgeschnitten zu sein – die Heimat ist wieder zugänglich geworden, und
sicher werde ich noch öfter hinfahren. Von Mensch zu Mensch ver-
steht man sich eigentlich immer sehr gut, diese Erfahrung haben wir
auch in anderen Ländern gemacht, mit denen »wir« Krieg geführt
hatten. Wir haben Freunde in England, Frankreich, dem früheren
Jugoslawien und Kanada, und zum Teil seit über 20 Jahren. Da gibt
es keine Bitterkeit und keine Probleme, die meisten wünschen vor
allem eins: daß es nie wieder Krieg gibt; sie haben alle gleicherma-
ßen darunter gelitten!

Seit ich das erste Mal wieder nach Stettin gekommen bin, beschäftigt
mich die Frage: Habe ich hier in der Pfalz, wo ich jetzt schon so viele
Jahre lebe, eine neue Heimat gefunden? Bei meiner ersten Reise nach
Pommern war ich so glücklich und so überzeugt, daß das Heimweh
ein für allemal vorbei wäre. Aber nachdem ich ein zweites und drittes Mal da war, wird das Heimweh eigentlich stärker. Immer wenn
ich dort bin, empfinde ich, daß ich dorthin gehöre, obgleich ich hier
mein schönes Zuhause habe und hier sehr glücklich bin. Ich liebe die
Pfalz, hier habe ich einen guten Mann und eine liebe Tochter, wir
haben ein Haus gebaut, und ich bin rundum zufrieden. Daß ich
mich trotz alledem nach Pommern gehörig fühle, liegt vielleicht
daran, daß die Landschaft dort sich überhaupt nicht verändert hat.
Die Luft, die Wolken, die Pflanzen und vor allen Dingen die Ge-
rüche sind wie früher. Ich erinnere mich sehr stark an den Duft der
frisch gemähten Wiesen an der Reglitz (Ost-Oder), an bestimmte
Kräuter, an den Wind, der über die Kornfelder strich, und an den
Geruch des Oderwassers.

Es war für mich auch immer sehr bewegend, alte Klassenkameradin-
nen wiederzusehen. Mein Kontakt zu manchen von ihnen ist nie
ganz abgerissen. Viele waren untereinander in Verbindung, durch
sie hörte ich dann wieder von anderen. Durch Cläre, die die erste
Zeit nach dem Kriegsende noch in Grimmen war und an die sich
Mitschülerinnen nach der Flucht gewandt hatten, bekam ich viele
Adressen. Und als sie mich Anfang der sechziger Jahre bat, einen
Klassen-Rundbrief zu organisieren, hatte ich schon die meisten An-

schriften zusammen. Die fehlenden Adressen zu bekommen war allerdings eine Sisyphusarbeit. Ich schrieb unheimlich viele Briefe; aus der damaligen DDR bekam ich aber häufig keine Antwort, von Behörden überhaupt nicht. So dauerte es zwei Jahre, bis ich die meisten Berichte zusammen hatte. Der Rundbrief ging hier im Westen auf die Reise, aber dann traute ich mich nicht, ihn in die DDR zu schicken, weil ich fürchtete, er könnte verlorengehen. Deshalb schrieb ich alle Briefe noch einmal ab und ließ Stellen aus, die die DDR hätten »diffamieren« können, und so ging der Brief im Osten in etwas veränderter Form auf den Weg. Leider kamen beide Briefe im Verlaufe ihrer Reise im Westen wie im Osten abhanden und sind nie wieder aufgetaucht.

Im Westen hatte der Rundbrief zwei Klein-Treffen zur Folge, und ich habe es bedauert, daß nicht alle daran teilgenommen haben. Aber vorher, muß ich zugeben, hatte ich auch so eine unbestimmte Angst – vielleicht davor, daß die anderen sich verändert haben – oder daß jede eine bestimmte Vorstellung vom andern hat und man dem nun nicht mehr entspricht. Vielleicht war es von allem ein bißchen.

Es konnten sich ja leider nur jeweils die Westdeutschen und die Ostdeutschen untereinander treffen, die Möglichkeit zu einem gesamtdeutschen Klassentreffen kam erst nach der Wiedervereinigung. Jutta und Anna waren bei mir zu Besuch, wir fuhren zu Christa und setzten einen Termin fest.

Ich bin wieder mit gemischten Gefühlen hingefahren, auch deshalb, weil ich mich nun für das Gelingen mitverantwortlich fühlte. Vor allem hatten wir jetzt auch die Befürchtung, es könnte zu politischen Differenzen kommen. Aber diese Befürchtung war grundlos. Wir waren fröhlich und sehr herzlich mehrere Tage zusammen, und ich genoß die Gelegenheit, mich ausführlich mit jedem zu unterhalten. Am meisten hat es mich gefreut, daß ich mit Freundinnen aus der ehemaligen DDR zusammentraf, zu denen jede Verbindung abgerissen war.

Unser Treffen war auch so eine Art Wiederbegegnung mit der eigenen Vergangenheit; die verschiedenen Erinnerungen der einzelnen ließen ein Stück Jugend wiedererstehen. – Das Wichtigste am Klassentreffen aber war für mich, zu erfahren, was aus den anderen geworden ist, wohin sie sich entwickelt haben. Ich bin jetzt in einem Alter, in dem ich auf mein Leben zurückblicke und mich frage: Wodurch bin ich zu dem Menschen geworden, der ich jetzt bin, wieviel hat die Schule dazu beigetragen, wieviel die Lebensumstände, die Familie? Ich glaube, in Äußerlichkeiten werde ich mich verändert haben, aber im Wesen bin ich immer die geblieben, die ich war, und so habe ich auch die meisten anderen empfunden. Wir haben uns wohl in verschiedene Richtungen entwickelt, jede hat versucht, ihren Neigungen gemäß zu leben, aber das war den meisten nur in der Freizeit möglich. Den Beruf konnten wir uns selten aussuchen.

Auch mein Lebensweg ist ja nicht so verlaufen, wie ich es mir in der Jugend gewünscht hatte, aber ich bin vollkommen zufrieden. – Als wir einmal in den letzten Schulwochen Anfang 1945 bei unserer Klassenlehrerin im Zimmer Unterricht hatten, fragte sie uns, jede einzeln, was für Zukunftspläne wir hätten, was wir werden wollten. Wir erzählten, was wir uns vorstellten, und zum Schluß – daran kann ich mich noch wie heute erinnern – schaute Cläre uns ganz traurig an und sagte: »Ihr lieben Kinder! Ihr habt so viele Pläne! Ich wünsche euch, daß etwas daraus wird!«

Ich wollte eigentlich Ärztin werden, aber dazu hätte ich das Abitur gebraucht, und mein Vater hatte es ja kaum erlaubt, daß ich auf die Mittelschule kam. Mein nächster Wunsch war dann, Auslandskorrespondentin zu werden, und dafür sah ich auch eine Möglichkeit. Mein Vater ahnte nichts von meinen Plänen, er wünschte eine gründliche kaufmännische Ausbildung für mich, ich sollte dann in seinem Geschäft arbeiten. Deshalb wurde ich in den letzten Weihnachtsferien bei der »Bank der deutschen Arbeit« in Stettin vorgestellt und auch angenommen, am 1. April 1945 hätte ich die Lehre in dieser Bank antreten sollen. Insgeheim hatte ich aber den Plan, dieser Lehre eine Ausbildung für meinen Wunschberuf anzuschließen oder nach Möglichkeit schon nebenbei mit den Fremdsprachen anzufangen. Aus alldem ist nun nichts geworden, ich habe immer das machen müssen, was sich gerade bot. Im nachhinein fand ich das auch gar nicht so schlecht, man lernt in jedem Beruf etwas für sein Leben. Jedenfalls habe ich immer versucht, jede Arbeit, die ich gemacht habe, so gut wie möglich zu machen, und das hat mir auch Zufriedenheit gegeben.

Mein Lebensbericht liest sich jetzt, als sei mein Weg vollkommen glatt verlaufen, als habe es überhaupt keine größeren Höhen und Tiefen gegeben, das ist so aber nicht richtig. Natürlich hat es Lebensangst gegeben, Existenzkämpfe, Enttäuschungen, es gab zerbrochene Freundschaften und Liebesbeziehungen, die nicht hielten, auch finanzielle Sorgen und Krankheiten. Trotzdem habe ich auch in ganz schweren Zeiten meine optimistische Lebenseinstellung nie verloren. Ich war immer überzeugt, daß es einen Weg geben wird und daß ich ihn auch finde. Die Ursache für dieses Grundvertrauen liegt wohl in meiner glücklichen Kindheit, und es hat mich begleitet durch alle schweren und schönen Zeiten. Aber es war auch wirklich so, daß ich in entscheidenden Momenten Hilfe hatte. Es gab jemanden, der mich aufgefangen und mir den Weg gezeigt hat, so daß ich jetzt sagen kann: Gott hat seine Hand über mich gehalten. Ich fühlte, er hilft mir in schwierigen Situationen.

Es hat lange gedauert, bis ich das Wort Gott aussprechen und für mich annehmen konnte. Meine Erziehung war wohl religiös, es war bei uns noch üblich, zur Kirche zu gehen, ich wurde auch konfirmiert. Cläre hat versucht, uns zum Glauben hinzuführen, aber das alles habe ich als Halbwüchsige innerlich heftig abgelehnt. Vielleicht störten mich mehr die Formalitäten; kritische Gespräche, wie sie heute üblich sind, waren damals für uns undenkbar.

Heute gehe ich gerne zum Gottesdienst. Aber ich finde Gott nicht nur in der Kirche, ich finde ihn überall, in der Natur und auch in mir, und ich kann mit ihm sprechen. Ich weiß nun auch, daß ich Gott nie verloren habe, daß ich ihn immer bei mir hatte.

Wenn ich jetzt auf mein Leben zurückblicke, dann kann ich eigentlich nur sagen: So, wie es gekommen ist, war es gut.

Friederike

Ich bin gerne in unserer Klasse gewesen, bin auch freiwillig mit nach Sellin gefahren; denn die Gemeinschaft in der Klasse habe ich gebraucht, weil ich damit einen Ausgleich zu meinem Elternhaus hatte. Ich bin als Einzelkind aufgewachsen und hatte verhältnismäßig alte, sehr strenge, aber auch liebevolle Eltern, die ihre ganze Aufmerksamkeit und Fürsorge auf mich konzentrierten. In meinem Elternhaus wurden mir Disziplin und Pflichterfüllung eingeimpft – das habe ich im späteren Leben als gut empfunden, und es hat mir sicher auch geholfen, mich aus fatalen Lebenslagen immer wieder selbst herauszuziehen. Zu meinem Vater konnte ich aber auch mit allen Wehwehchen kommen; meine Mutter hatte keine Zeit für Zärtlichkeit, sie legte ihre Liebe in hübsche Kleidchen, die sie für mich nähte. Sie hatte das Talent, noch aus allem etwas zu machen und alles zu strecken, und damit machte sie es möglich, daß wir die bescheidenen Umstände, in denen wir lebten, nicht so stark empfanden.

Wir waren nahezu arm. Mein Vater war gelernter Schmied, konnte aber seinen Beruf wegen einer schweren Verwundung im Ersten Weltkrieg nicht ausüben und arbeitete deshalb als Pförtner in der Finkenwalder Zementfabrik. Während des Krieges wurde er ins Büro versetzt und bekam nun die Verantwortung für Unterkunft und Verpflegung der ausländischen Arbeitskräfte. Das waren Polen, Franzosen, soweit ich mich erinnere, und Litauer. Im Einverständnis mit seinem Chef sorgte er dafür, daß die Leute zusätzliche Verpflegung bekamen. Ich weiß auch noch, wie er einem jungen Polen, 16 Jahre alt, gestattete, zur Beerdigung seiner Mutter zu fahren. Da haben meine Eltern ungeheure Angst ausgestanden, dieser Junge könnte nicht zurückkommen, aber er kam wieder.

Als wir zehn Jahre alt waren, war es selbstverständlich, daß man

Mitglied im JM wurde, und mein Vater wollte mich als Kind wohl nicht zu sehr belasten und ließ mich ohne Diskussionen die Uniform anziehen. Aber seit dem Rußlandfeldzug versuchte er mir klarzumachen, daß der Krieg nicht zu gewinnen sei, da haben wir uns auch gestritten. Durch die HJ waren wir natürlich ganz anderer Meinung, und ich habe nicht geglaubt, daß »wir« den Krieg verlieren könnten. Im Winter 1944/45, um die Weihnachtszeit, stieß noch einmal die deutsche Wehrmacht in den Ardennen vor, und ich sagte, als ich zu Hause war: »Na siehste! Geht ja doch wieder vorwärts!« Und als es dann wieder rückwärts ging, da habe auch ich gewußt, der Krieg ist verloren.

In den letzten Wochen vor dem Einmarsch der Russen lag ich mit Rheuma in Grimmen in unserem kalten Zimmer im Bett; wir konnten nicht mehr heizen, und Frau A., die ich durch ihren Sohn Günther kennengelernt hatte, holte mich zu sich. Bald darauf kam meine Mutter dorthin und später auch mein Vater. Mein Vater war zwar vom Volkssturm als untauglich ausgemustert worden, er wurde aber am 17. April 1945, seinem 50. Geburtstag, in Grimmen noch zur Wehrmacht eingezogen. Er sollte sich in Bützow melden, dort wurde er aber wegen seiner Invalidität gar nicht mehr eingekleidet. Glücklicherweise hatte er seine Entlassungspapiere schon bekommen, als kurz darauf englische Truppen nach Bützow kamen, denn sie wollten ihn gleich erschießen, weil sie ihn in seiner Zivilkleidung für einen Deserteur hielten. Trotz seiner Papiere nahmen sie ihn aber mit der Truppe in Gefangenschaft.

In der Nacht, bevor die Russen nach Grimmen kamen, wollten drei deutsche Offiziere im Haus von Frau A. übernachten. Am nächsten Morgen waren sie nicht mehr da, aber unter der Couch entdeckte Frau A. ihre Uniformen! Die durfte nun niemand finden, und Frau A. machte sofort Feuer unter den Waschkessel und verbrannte alles. Als die Russen kamen, standen die beiden Mütter auf dem Hof und wuschen Wäsche. Die Russen waren scharf auf Frauen und auf uns junge Mädchen. Wir haben uns versteckt und viel Angst ausgestanden. Aber was die Russen tatsächlich von uns wollten, wußte ich nicht; ich war nicht aufgeklärt worden, hatte auch auf der Straße oder in der Schule nichts erfahren. Ich wußte einfach nichts.

In der Klasse waren natürlich viele weiter als ich, aber wenn in einer

Ecke einmal getuschelt wurde, habe ich nichts begriffen. Auch als meine erste Regel kam, sagte meine Mutter mir nur, das würde nun jeden Monat so sein. Es war ihr nun auch nicht möglich, mir zu sagen, was diese Russen mit uns Mädchen vorhatten. Diesen Mangel an Aufklärung habe ich meiner Mutter sehr lange übelgenommen. Zwar habe ich eine Vergewaltigung nicht selbst erlebt, aber sie mit angesehen, und so wurde ich nun auf so häßliche Weise über etwas aufgeklärt, das eigentlich etwas sehr Schönes sein sollte. Wenn mein Vater zu dieser Zeit bei uns gewesen wäre, hätte er mir sicher mehr gesagt. Er hat es später versucht, aber dann wurde die Sache so heilig und so einmalig, und niemand sagte, daß man vielleicht auch Spaß dabei haben könnte.

Die erste Liebe allerdings kam schon sehr viel früher, sie war wahnsinnig aufregend und ganz unschuldig; ich war dreizehn oder vierzehn, es war die Zeit zwischen unserem ersten Sellin-Aufenthalt und der Evakuierung nach Grimmen. Wir sahen uns an auf dem Finkenwalder Bahnhof, bevor der Zug kam, und sprachen das erste Mal miteinander beim Schlittschuhlaufen. Wir liefen am Ortsrand auf der »Tonkuhle«; dort stand auf der Terrasse eines Hauses ein Grammophon – es mußte immer aufgezogen werden, wie das damals war –, und wir Mädchen versuchten sogar zu tanzen. Im Frühjahr trafen wir uns heimlich – für meine Eltern war ich bei einer Freundin – und gingen miteinander durch die Wiesen an der Reglitz.

Nachdem wir aus Grimmen ausgewiesen wurden, machten wir uns auf den Weg nach Hause – zu Fuß und mit dem Güterzug –, und dieser Heimweg nach Finkenwalde war recht bitter. Aber wir fanden unterwegs auch Gelegenheiten, uns zu freuen, über Kleinigkeiten wie ein Glas Buttermilch am Straßenrand.

Unsere Wohnung war zerstört und nicht bewohnbar, aber man hätte ja wieder aufbauen können, davon sind wir ausgegangen. So dachten wohl alle, die zurückgekehrt waren. Um meinen Vater hatten wir allerdings Sorge, er war noch nicht bei uns. Das hatte aber auch sein Gutes, denn den Marsch von Grimmen nach Finkenwalde und einen Monat später den Weg zurück hätte er kaum durchgehalten. Daß er in englischer Gefangenschaft war, wußten wir nicht, und manchmal war meine Mutter so niedergeschlagen, daß ihr Selbstmordgedanken kamen. Ich sagte: »Mutti, laß das bleiben, der Papa wird uns suchen und findet uns dann nicht!«

Von den Russen wurde Vieh in großen Herden über die Hauptstraße nach Osten getrieben, dabei blieben müde Tiere zurück, und ein paar Jungen fingen diese Tiere ein. So standen in Finkenwalde bald zwei Kühe in einem Stall, und die Kleinkinder bekamen Milch. Es gab sogar schon einen Bürgermeister, der so etwas organisierte. Er war als Kommunist und ehemaliger KZ-Häftling von der russischen Kommandantur im Nachbarort Altdamm eingesetzt worden, konnte sehr gut organisieren, aber Verwaltungsdingen stand er hilflos gegenüber. Als wir ihn einmal auf der Straße trafen, fragte er meine Mutter, ob ich, die Tochter vom »roten Seemann«, mit in sein Gemeindebüro kommen und ein bißchen schreiben könnte.

Obgleich ich wußte, daß mein Vater kein Nationalsozialist war, konnte ich diesen Ausdruck nun doch nicht so recht auf ihn beziehen. Allerdings – in der Familie meines Vaters waren viele Söhne, und später prallten zwischen den Brüdern die politischen Gegensätze aufeinander: Mein Großvater war deutsch-national, einer der Söhne war bei der schwarzen SS, einer war Nationalsozialist, und drei – das waren die drei Finkenwalder – sympathisierten mit der SPD, ohne aktive Mitglieder zu sein; und so war es wohl zu dieser Bezeichnung gekommen.

Ich erinnere mich noch, immer wenn die Brüder zusammentrafen, gab es Streit. Der SS-Mann war der Jüngste. Es gab den Trend bei den Nazis, daß der jüngste Sohn den Hof erben sollte, und so war er wohl auch in die SS gekommen. Während eines Urlaubs saß dieser Onkel einmal bei uns und weinte wie ein kleines Kind; er war in einem gräßlichen Konflikt: Er konnte bei der SS nicht in der Weise mitmachen, wie es verlangt wurde. Ich hörte, wie er sagte: »Ich kann das nicht – ich kann das nicht! Und dann bin ich dran!« – In dieser Zeit war es ja nicht üblich, daß so ein stattlicher Mann weinte, und deshalb scheute ich mich damals, nach den Gründen zu fragen. Später hat mein Vater meine Vermutung bestätigt.

Ich saß nun also im Gemeindebüro und registrierte die Leute, die zurückkamen. Der Bürgermeister konnte sich mehr um das Praktische kümmern – darum, daß man auch Pferde für die Feldarbeit abtrieb, daß Leute eingeteilt wurden, noch Kartoffeln in die Erde zu bringen, obwohl es eigentlich viel zu spät dafür war. Aber wir wurden ja in diesem Niemandsland von nirgendwo beliefert und mußten versuchen, unsere Versorgung für den Winter zu sichern.

Bald kam noch eine Hilfe ins Gemeindebüro, eine junge Frau. Wir waren in dieser Zeit ständig vor Russen auf der Hut, und das hatte seine Berechtigung. Aber ich habe auch freundliche Erinnerungen. Einmal saßen wir beide im Büro, als draußen ein Panjewagen hielt. Herein kam ein russischer Offizier und wollte von uns wissen, wie er über die Oder nach Stettin kommen könne. Die Reglitzbrücke war zerstört, und wir beschrieben ihm den Weg zur Notbrücke. Dieser Offizier fragte uns nun, was wir da machten, wie es gehe, und unter anderem erkundigte er sich auch nach unserer Bezahlung. Und da guckten wir sehr erstaunt: Wer sollte uns womit bezahlen! Er meinte, wenn schon kein Geld, dann müßte es ja wenigstens Lebensmittel geben, und wir erzählten, wie unsere Ernährungslage war: Daß wir aus fremden Kellern Kartoffeln holten, in fremden Küchen nach Mehl, Grieß oder Erbsen suchten. – Es war ja gar nicht anders möglich zu überleben, als irgendwo zu stöbern, wo kein Besitzer da war. Genauso hat man sich Betten, Tisch und Stühle beschafft; es ging nicht anders, und wir hatten dabei nicht das Gefühl, zu stehlen.

Der Offizier machte sich wieder auf den Weg. Aber nach ein paar Tagen stand der Panjewagen aufs neue vor dem Gemeindehaus, und der Russe saß auf dem Treppengeländer, als wir morgens kamen. Wir waren sofort in Abwehrhaltung: Er war zwar bisher nett gewesen – aber was wollte er nun? Er holte für jeden ein Stück Brot und ein Stück Speck aus seinem Beutel und gab es uns! Wir konnten das gar nicht fassen, und nun hätten wir natürlich wahnsinnig gern auch etwas davon mit nach Hause genommen, um zu teilen. Aber das durften wir nicht, wir mußten Brot und Speck vor seinen Augen essen. – Diese Erfahrung habe ich dann öfter mit Russen gemacht: Wenn sie etwas gaben, dann nur einer bestimmten Person.

Nachdem nun in Finkenwalde alles ein bißchen ins Laufen gekommen war – wir hatten Pferdefleisch ausgeben können, und es war sogar das erste Brot gebacken worden –, da kam überraschend das Ende. Am 20. Juni morgens – wir waren noch nicht angezogen –

Gepolter und Getrampel in der Wohnung, Unruhe auf der Straße. Vor uns stand ein Pole in Uniform, und es hieß: Innerhalb von zehn Minuten raus und auf den Platz! Wir rafften zusammen, was möglich war, und verstauten alles schnell in Rucksäcke und Taschen. Ich ergriff den Kochtopf mit dem Pferdefleisch, und der Deckel fiel zur Erde; ich durfte den Deckel aber nicht mehr aufheben, sondern bekam von dem polnischen Soldaten die Peitsche um die Beine. Später auf dem Weg merkte ich, welchen Blödsinn wir eingepackt hatten, mich stach ständig eine Schuhbürste in den Rücken, auf die hätte man verzichten können.

Wir standen sehr lange auf dem Platz am Denkmal, polnische Soldaten mit Fahrrädern umkreisten uns. Die Sonne stieg höher, es war sehr warm, wir hatten Durst und furchtbare Angst, es könnte nach Sibirien gehen. Aber die Polen wollten uns nur los sein. Am frühen Nachmittag ging es in Richtung Podejuch, das war jedenfalls nicht nach Osten, und mir fiel ein großer Stein vom Herzen. Aber diesen Marsch durch Podejuch und dann weiter zur Oderbrücke habe ich als ein schlimmes Treiben in Erinnerung. Ich hatte auf dem Rücken den Rucksack, um den Hals einen Ledergurt, an jeder Seite einen kleinen Koffer. Plötzlich blieb meine sonst sehr zurückhaltende Mutter stehen und zerrte an Mänteln, die sie nicht hergeben wollte: Auf der anderen Seite zog ein polnischer Soldat. Er behauptete, er schieße, wenn sie nicht losließe, und sie schrie: »Na, dann schieß doch! Ist mir egal!« – Ich redete auf sie ein: »Mutti! Laß doch die Mäntel! Jetzt kommt es darauf auch nicht mehr an!« – Aber nein, mehr wollte sie nun nicht hergeben! Sie war vollkommen außer sich, und der Soldat legte dann wirklich auf sie an, und sie sagte weiter: »Schieß doch!« – Und als ich dann wieder versuchte, sie zu beruhigen, richtete er die Pistole auf mich. Das war ein furchtbares Gefühl, in einen Pistolenlauf zu blicken – aber mir war es dann auch egal. Die anderen zogen vorbei, keiner durfte stehenbleiben, und man hätte ja auch nicht wagen können, sich den bewaffneten Soldaten entgegenzustellen, jeder mußte sehen, daß er die eigene Haut rettete. Schließlich ließ der Soldat von uns ab, und wir behielten die Mäntel.

Nach diesem Erlebnis war meine Mutter am Ende. Sie konnte kaum noch weitergehen und nichts mehr tragen, und ich hatte dann einen

Rucksack vorn und einen hinten, zwei Riemen um den Hals, daran zwei Koffer, zwei Aktentaschen, und am Arm die Mutter. So zottelten wir weiter. Sowie man stehenblieb, war der Pole mit der Peitsche wieder da. Irgenwann wurde eine kurze Rast erlaubt, und wir wollten das erste Brot, das wir in Finkenwalde gebacken hatten, essen; aber da war die Hälfte aus unserer Tasche gestohlen! Das war ein kleiner Schock – man hielt es nicht für möglich, daß in so einer Situation Menschen anderen etwas wegnahmen!

Wir gingen den Weg, den ich ein paar Tage vorher dem Russen beschrieben hatte. Am Rande des Trecks spielte sich Furchtbares ab. Wer vor Erschöpfung stehenblieb oder auf die Straße fiel, wurde geschlagen. Menschen wurden erschossen – Alte und Kranke. Auf der Brücke konnte ich nicht mehr weiter. Nun war ich völlig am Ende und wollte hinunterspringen. Aber jetzt hielt meine Mutter mich zurück.

Bei diesem Auszug aus Finkenwalde ging mir mein Glaube endgültig verloren. Vom Elternhaus war ich nicht kirchlich, aber gläubig erzogen worden. Durch die starke Religiosität unserer Cläre setzte sich die Richtung in der Schule fort. Jedenfalls existierte für mich ein Wesen, das alles, auch unsere Geschicke, lenkt. Aber dann kam ich im Krieg schon in einen Zwiespalt: Junge Leute mußten ihr Leben lassen, die Bombennächte brachten soviel Elend. Und an diesem Tag auf der Brücke war es nun einfach zuviel. Ich war damals noch recht kindlich und sagte später zu meiner Mutter: »Einen lieben Gott kann es nicht geben, und wenn es ihn gibt, dann betrachte ich ihn als großen Schuft. Wie kann er soviel Elend zulassen? Ich habe ja nichts dagegen, daß er Erwachsene straft, die etwas angestellt haben, und will mich auch gar nicht aussparen. Aber was hat das Kind da getan« – es fuhr jemand ein totes Kind im Kinderwagen –, »wofür wird das Baby bestraft? Und warum müssen Tiere leiden? Das kann ich nicht verstehen!« – Mein Kinderglaube war weg, und man hätte später wohl Antworten auf meine Fragen gefunden, aber ich habe mich nie mehr darum bemüht, ich brauchte den Glauben nicht mehr. Für mich war wichtig, daß ich mir selbst ins Gesicht sehen konnte, daß ich nichts tat, was ich als Unrecht empfunden hätte, daß ich niemandem wissentlich Schaden zufügte. Natürlich konnte ich auch nie sagen: »Lieber Gott, hilf mir!«, wenn es mir schlimm ging;

ich bin nie auf die Idee gekommen, das zu tun. Aber ich habe auch nie gesagt, »danke schön, daß du mir jetzt geholfen hast«! Denn ich hatte gar nicht das Empfinden, daß mir irgendein höheres Wesen geholfen hatte. »Hilf Dir selbst, so hilft Dir Gott!« steht in meinem Poesiealbum, und das war es wohl für mich.

Hinter der Brücke war unser Zug unvermittelt sich selbst überlassen – wir standen auf freiem Feld, und dort, wo ich stand, sackte ich zusammen.

In der Nähe sah man ein Bauerngehöft, und auf dem Hof war eine Pumpe. Die Leute gingen mit Gefäßen los und ich mit dem Kochtopf, um Wasser zu holen. Sie gingen im Bogen um einen Acker herum, ich verstand das nicht und ging quer über das Feld, und plötzlich schrie es hinter mir: »Stoi!« – Wenn man in dieser Zeit »Stoi« hörte, dann lief man. Ich rannte also, so schnell ich konnte, hörte immer wieder »Stoi!« – aber das kam gar nicht näher. Und als ich mein Wasser im Kochtopf hatte und denselben Weg wieder zurückgehen wollte, sah ich, daß da Schilder mit einem Totenkopf standen; ich war über ein Minenfeld gelaufen, und das »Stoi« sollte mich vor der Gefahr bewahren.

Es folgte eine Nacht auf der Erde im Freien, ich habe mir ein Handtuch über den Kopf gelegt, weil die Mücken unerträglich stachen. Am nächsten Morgen gingen wir weiter, ich glaube, wir kamen beim Bahnhof Kolbitzow an. In der Nähe eines Erbsenfeldes machten wir halt. Die nächsten Tage ernährten wir uns von grünen Erbsen, und natürlich ist es uns nicht bekommen. Wir waren jetzt noch mehrere Leute in einer Kolonne, einzelne und welche mit Handwagen, und mußten uns überlegen, wohin wir gehen könnten. Auf dem Bahnhof stand ein Zug abfahrbereit nach Berlin. Wir stiegen nicht ein, obgleich dort mehrere Verwandte wohnten, aber wir wußten nicht, ob sie noch lebten. Wenn mein Vater noch lebte, würde er uns als erstes bei Verwandten in Stettin oder in Grimmen suchen, aber von Stettin hieß es: Da kommt niemand hinein, es weht die gelbe Flagge, in Stettin ist die Pest! Einige Männer wollten es doch versuchen, und für uns lag Stettin nun auch am nächsten. Ich sagte zu meiner Mutter: »Bleib du hier! Ich geh erst mal auskundschaften, was es mit den Gerüchten auf sich hat.« Meine Mutter war zu unselbständig dazu, sie stand bestimmt furchtbare Ängste aus, als ich weg war, und das war nicht unberechtigt: Denn nur einer der Männer und ich sind wieder zurückgekommen.

Als wir in der Nähe der Stadt waren, zogen viele Menschen mit Handwagen und Gepäck umher, auf der Straße war viel Bewegung, Trecks und einzelne Leute waren unterwegs. Plötzlich sah ich, wie Russen kamen und Menschen wegtrieben, nicht weit von uns entfernt. Ich faßte an den nächsten Wagen und ein Mann ebenfalls, und wir schoben. Die Leute am Wagen erschraken. Aber ich sagte nur: »Ich geh ja gleich wieder, schaut doch mal da rüber! Alle, die einzeln laufen, werden weggefangen!« – Wir sind also mit dem Wagen weitergegangen und dadurch auch nach Stettin gekommen; der Rest unseres Trupps wurde abgefangen. Wir hatten in dieser Zeit immer die Angst: Sie schaffen uns nach Sibirien! Sicherlich auch deshalb, weil wir wußten, wir hatten auch Leute weggeholt und sie als Arbeitskräfte bei uns eingesetzt – soviel war uns ja bekannt. *(Friederike kommt hinein nach Stettin, holt ihre Mutter, sie bleiben vier Wochen dort; M. L.)*

Wir hatten ja gehört, in Stettin sei die Pest, und nun fanden wir für dieses Gerücht auch die Erklärung: Typhus und Ruhr waren in der Stadt ausgebrochen, und viele Menschen starben einfach aus Entkräftung, etwa 300 am Tag. Sie wurden zusammengesammelt, auf Karren geladen und in Massengräbern verscharrt – wie in früheren Zeiten die Pestkranken.

Um Lebensmittel zu bekommen – um die Chance zu haben, Lebensmittel zu bekommen –, mußte man arbeiten. Es gab Arbeitsämter, in denen saßen polnische Kräfte, die uns einteilten. Wir wurden meist gruppenweise eingesetzt, zum Beispiel zum Obstpflücken. In dieser Zeit waren noch Russen und Polen gleichzeitig in Stettin, und jedesmal auf dem Weg zum Arbeitsamt mußte man fürchten, von Russen, die Arbeitskräfte suchten, weggefangen zu werden. Einmal habe ich nicht aufgepaßt und wurde von Russen mit zum Arbeiten genommen. Diesmal ging's in Boote und über die Oder, wir mußten eine Fabrik demontieren. Dabei fanden wir Melasse, und jeder nahm sich nun so ein Töpfchen voll. Zur Arbeit waren wir von den Russen über die Oder geschippert worden, aber um den Rücktransport kümmerte sich niemand. Wir fanden eine kaputte Brücke und sind dann über die Brückenbogen, die noch aus dem Wasser ragten, gekrochen, das kostbare Töpfchen mit Melasse in der Hand. In der Nacht kam ich zu Hause an. Meine Mutter hatte wieder furchtbare Ängste ausgestanden.

In dieser Zeit fand man in Stettin keine Kartoffeln mehr, es gab überhaupt nichts, wir kochten Melde und Brennesseln, von denen wir erst unzählige Läuse absammeln mußten. Holz zum Kochen fand man überall in den Trümmern, aber Streichhölzer mußte man hüten wie einen Augapfel, wir haben sie nur am Körper getragen. Wasser konnten wir von einer Pumpe holen, wie sie früher immer in den Städten standen. Der Weg war allerdings ziemlich weit.

Weil ich arbeitete, bekamen wir auch Brotmarken. Es gab drei Bäckereien in Stettin. Die Sperrstunde war morgens um 4 Uhr beendet, und wenn es 4 Uhr schlug – eine Turmuhr funktionierte noch –, stürzten aus den Trümmern ringsum die Leute hervor, teilweise mit Hockerchen in der Hand, damit sie sich vor der Bäckerei hinsetzen konnten. Bald fing es an, ganz wunderbar nach Brot zu duften, und man saß nun da und wartete, daß man an die Reihe kam. Die ersten ergatterten auch etwas, dann kam ein Lastwagen und lud auf, und die Verteilung hatte ein Ende. Wir haben in ungefähr vier Wochen beide zusammen ein halbes Brot erwischt.

Wenn wir zum Obstpflücken eingesetzt wurden, konnten wir dabei essen, aber nach dem Johannisbeerpflücken war mein Mund von der Obstsäure so wund, daß es Wochen dauerte, bis er wieder heil war, und Johannisbeeren mag ich heute noch nicht essen.

Ich hatte aber auch wieder positive Erlebnisse. Nach der Arbeit führte der kürzeste Weg zurück an Kasernen vorbei; ich nahm ihn, weil die anderen auch nicht ungefährlich waren. Einmal konnte ich nicht mehr weiter – man mußte ja immer sehr weite Wege gehen – und setzte mich einfach an den Rinnstein. Und als ich da so saß, hörte ich Musik, Klaviermusik – klassische Musik in dieser Zeit! Ich erinnere mich an ein wunderschönes Gefühl. Ich hätte einschlafen und nicht mehr aufwachen mögen. Das Klavierspiel endete, ein russischer Soldat kam nach draußen, sah mich da sitzen und fragte sehr teilnahmsvoll auf deutsch, was los sei. Ich sagte: »Ich bin müde, und ich bin schlapp, und ich hab Hunger.« Nun lud er mich so nachdrücklich ein, daß ich nicht ablehnen konnte, mit hineinzukommen, er wolle mir Brot geben. Und das hat er tatsächlich getan! Ich durfte es wieder nicht mitnehmen, sondern mußte es dort essen, und dabei spielte er auf dem Klavier. Dann konnte ich wieder gehen. Er holte mich nun täglich hinein, gab mir Brot und spielte Klavier. Das ging vielleicht eine Woche so, dann war er nicht mehr da.

Wir hatten bald gemerkt, daß Russen und Polen sich nicht mochten, und haben sie gegeneinander ausgespielt. Wenn die Russen uns belästigten, sind wir zu den Polen gelaufen, wenn welche in der Nähe waren, und die haben uns beschützt. – Wenn Polen uns bestehlen wollten, dann sind wir zu den Russen gelaufen. Und in dieser Situation tat uns von den jeweiligen Helfern keiner etwas, weil sie ja nicht aus ihrer Beschützerrolle fallen konnten.

Von unserer Wohnung in der Oberwieck sah man, wie es auf der anderen Oderseite ständig an irgendeiner Stelle brannte. Zwischen Stettin auf der einen Seite und Finkenwalde und Podejuch auf der anderen stand nichts mehr, und man konnte nun sehen, wie es drüben brannte und brannte. Wir hatten es ja schon erlebt, als wir noch dort waren, daß die Häuser angesteckt wurden; und als wir in Finkenwalde auf dem Dorfplatz auf unseren Abmarsch warten mußten, brannten ebenfalls mehrere Häuser; die Leute erzählten leise, daß sich dort Deutsche versteckt hätten, die »ausgeräuchert« werden sollten.

Wir sagten uns, wenn wir länger in Stettin bleiben, gehören wir auch bald zu denen im Massengrab. *(Friederike erlistet einen Passierschein; M. L.)*

Wir gingen nach Scheune, weil wir gehört hatten, dort führen Züge ab. Die Nazis hatten uns Bilder gezeigt von Polen und Juden, die in Mülltonnen nach Eßbarem suchten. An diese Bilder wurde ich dort erinnert. Wir warteten auf einen Güterzug. Es fuhr ein Zug ein mit russischem Militär, ein paar Personenwagen waren dabei, in denen die Offiziere befördert wurden. Und als die Russen ausgestiegen waren, haben wir und die anderen Wartenden den Zug gestürmt und von dem dreckigen und bespuckten Fußboden Brotreste aufgesammelt. Ich wußte jetzt, wie sehr Hunger erniedrigt. Deshalb werde ich jene Bilder auch nie mehr vergessen.

Wir wollten nach Pasewalk, von dort sollte einmal in der Woche ein

Zug über Greifswald nach Stralsund fahren – aber unser Zug fuhr ohne Halt bis Neubrandenburg, und da ging es nicht weiter. Essen war das einzige, woran man noch denken konnte. Wir Mädchen erbettelten bei Russen ein Stück Brot, mit dem sie uns sogar verschwinden ließen. In Neubrandenburg schliefen wir irgendwo auf einem Fußboden, es kann der Wartesaal gewesen sein. Auf einen Zug nach Grimmen bestand keine Aussicht, und wir wollten zu Fuß gehen. Aber wir sind nicht weit gekommen, wir waren alle zu geschwächt. Nette Leute holten uns in ihre Wohnung, gaben uns etwas zu trinken und sogar etwas von ihrer Suppe – richtige Gemüsesuppe, in Salzwasser gekocht. Sicher hatten sie auch nicht viel, und das Wenige haben sie mit uns geteilt.

Wir ließen von unseren Sachen die Hälfte dort und machten uns auf den Weg zurück zum Bahnhof. Wir wollten es nun doch über Pasewalk versuchen, und als wir in Neubrandenburg auf den Bahnhof kamen, stand da tatsächlich ein Zug abfahrbereit, mit großen Betonringen auf Güterwagen, allerdings voll besetzt.

Aber ich fand noch eine Lücke, nahm meine Mutter, hob sie hoch und konnte sie in diese Lücke setzen. Es war ein offener Güterwagen, und sie saß nun zwischen den Röhren. – »Ja, und du nun? Was wird aus dir?« Ich kletterte auf das untere Trittbrett, auf dem schon jemand stand, aber ein Mann, der etwas höher am Bremserhäuschen stand, griff mit seiner freien Hand in meine Rucksackriemen und hielt mich fest. So ging die Fahrt von Neubrandenburg bis Pasewalk, nur einige Stunden, aber mir war das wie eine Ewigkeit. Wir hatten nicht gesehen, wo Christa mit ihrer Mutter geblieben war, kamen aber zusammen in Pasewalk an. Dort wurde unser nächster Zug eingeschoben und sofort gestürmt, und es war so voll, daß unser Gepäck ganz woanders war als wir, weil wir weitergedrückt wurden. Wir standen die ganze Nacht, aber der Zug fuhr in der Nacht noch nicht. Plötzlich konnte ich sehen, daß Russen von unserem Gepäck vorne am Eingang etwas wegnahmen; auf dem Nebengleis stand ein Militärzug. Jetzt war ich nicht mehr gewillt, mich bestehlen zu lassen. Wir versuchten also, uns nach draußen zu drängen, das dauerte nur ziemlich lange. Und bei dem Militärzug der Russen hatten wir natürlich mit unserer Suche keinen Erfolg.

Gegen Morgen zuckelte unser Zug endlich los Richtung Greifswald. Dort erfuhren wir, die Kleinbahn Greifswald–Grimmen sollte zum letzten Mal fahren. Wir standen nun auf dem Bahnsteig, ich suchte eine Toilette. Da sah ich vor mir zwei Offiziere, und der eine hielt meinen Koffer in der Hand. Meine Mutter sah das auch und schrie: »Rika, laß das!« – Aber ich griff nach dem Koffer und sagte: »Das ist meiner!« – Der Russe hielt fest, und wir zogen nun beide an dem Koffer. Ich zählte laut auf, was drin war – und schließlich ließ er los. – Ich machte damals öfter die Erfahrung: Man durfte keine Angst zeigen. Wer Angst zeigte, war verloren.

In Grimmen stiegen meine Mutter und ich aus. Ich suchte eine Bank für meine Mutter, ließ sie mit unseren beiden Rucksäcken dort und ging erst mal zu Frau A., bei der wir das Kriegsende erlebt hatten. Ich habe nie in meinem Leben gerne Milchsuppe gegessen, aber jetzt hatten wir beide nur den Wunsch nach einem Teller Milchsuppe. Bei Frau A. war die Nachbarin im Garten, die Frauen schrien entsetzt auf, als sie mich sahen. Und nun wollten sie mir nicht glauben, daß meine Mutter noch am Bahnhof saß; sie meinten, so wie ich aussähe, könne man nur allein unterwegs sein. Ich schaffte es nicht mehr zurück und mußte dringend bitten, daß jemand meine Mutter und die Sachen holte. Aber dann bekamen wir wirklich unsern Teller Milchsuppe, aßen zwei Löffel, und unsere Mägen streikten.

Grimmen nahm uns nicht auf. Die beiden Mütter waren zum Bürgermeister gegangen, und der hatte gesagt: »Früher habt ihr Heil Hitler geschrien und alles bejubelt, und jetzt beschwert ihr euch!« – Und das hat sich meine Mutter, die in der Kriegszeit durch den Einsatz meines Vaters für die ausländischen Arbeiter sehr viel Angst ausgestanden hatte, laut und böse verbeten: Er könne nicht behaupten, daß sie Heil Hitler geschrien und alles gutgeheißen habe! Wir wurden aber trotzdem nicht wieder aufgenommen.

Mein alter Freund Günther A. war Hilfspolizist in Klevenow geworden – ich weiß nicht, wie das alles ging damals –, und er sagte uns, da würden noch Leute aufgenommen. »Kommt doch dorthin!« Christa und ihre Mutter kamen dann auch mit.

Klevenow war ein ehemaliges Rittergut gewesen. Die Baronin gab es nun nicht mehr, das Gut stand unter sowjetischer Verwaltung. Das erste, was wir nun in Klevenow zu hören bekamen, war:

»Schon wieder so'n paar verfluchte Flüchtlinge!« – Das waren Leute, die sitzengeblieben waren in dem, was sie hatten. Wenn das auf diesen Gütern auch nicht viel war – der Kutschstall war entschieden besser ausgestattet als die Leutekaten. Aber es tat uns doch weh. In Klevenow blieben wir für die erste Zeit hängen. Wir bekamen notdürftige Unterkünfte – meine Mutter und ich in dem Mansardenstübchen eines kleinen Siedlungshäuschens für Landarbeiter – und wir mußten gleich arbeiten.

Es vergingen aber nur ein paar Tage, da wurde ich krank, fiel im Kuhstall in den Mist, und die Leute behaupteten, ich hätte Typhus. Eine Ärztin kam, stellte fest, ich hätte Ruhr, und wies mich ins Krankenhaus ein nach Bartmannshagen. Man hatte dort frühere Ostarbeiter-Baracken zum Krankenhaus umfunktioniert. Ärzte und Schwestern waren Deutsche, aber viel zu wenige. Und ich hatte Typhus und Ruhr. Außerdem fing ich nun auch noch Läuse und Flöhe auf in diesen Baracken, wo Massen kranker Menschen zusammengepfercht waren. Aber ich habe es überstanden. Ich war etwa sechs Wochen dort. Die Leute, die starben, blieben zwischen den anderen. Die Todgeweihten bekamen eine Morphiumspritze, damit sie nicht randalierten. Und eines Abends hörte ich, wie der Arzt sagte: »Mo – ex.« (Morphium, weil exitus zu erwarten.) Mir war es in dem Augenblick egal, aber ich dachte: Nun hängt sich meine Mutter auf! Das war für mich klar. Am nächsten Morgen habe ich mich gekniffen, habe um mich geguckt und gedacht: Alles wie vorher! – Und der Arzt kam ans Bett, sah mich an und sagte: »Sie leben ja noch!« – Aber meine Temperatur war von 42 Grad auf 34 gestürzt, deshalb mußte ich noch ziemlich lange dort bleiben. Wahrscheinlich rührt mein Herzknacks von diesem Temperatursturz.

Meine Mutter mußte schwer arbeiten in der Klevenower Küche und lief trotzdem, wenn es Sonntag wurde, etwa sechs Kilometer von Klevenow nach Bartmannshagen, nur um mich zu sehen. Mein Bett stand in der letzten Reihe, gegenüber der Tür. Jetzt saß ich das erste Mal aufrecht und hatte einen Läuse-Turban auf dem Kopf; und als meine Mutter mich sah, lamentierte sie: »Und Läuse hast du nun auch noch!« – Ich habe erst viele Jahre später begriffen, daß das ihre Möglichkeit war, die Erleichterung auszudrücken, weil ich durchgekommen war. Nach der Entlassung ließ Frau A. mich durch ihre

Söhne auf einem Handwagen nach Grimmen holen. Sie fütterte mich ein bißchen heraus – die alten Grimmer hatten ja meist noch ihre Quellen durch Verwandte auf dem Land. Danach ging ich zu Fuß nach Klevenow zurück, das letzte Stück habe ich mich an einem Zaun entlanggezogen.

Ich wog jetzt 35 Kilo. Aber es gab nicht viel Zeit zum Erholen. Der Schweizer, unser Wirt im Siedlungshäuschen, brachte mir jeden Tag ein Töpfchen Milch mit aus dem Stall, und von den Russen bekamen wir täglich 200 Gramm klitschiges Brot. Ich mußte sehr schnell wieder arbeiten – als Kuhmagd, Ochsengespannführerin, Kuhhirtin und alles mögliche. Es hatte keinen Zweck zu klagen, wir konnten in dieser Zeit sogar lachen und albern sein.

Das schlimmste der Nachkriegszeit war nun überstanden, dieses Gefühl hatte ich nach dem Winter 1945/46. Und wir waren noch einmal davongekommen. Ich hatte gelernt, daß man nicht zum Unmenschen werden muß, wenn es für einen selbst auf Messers Schneide steht.

Die russischen Kommandos auf dem Gut wechselten sehr häufig, es kamen immer wieder andere Leute zur Aufsicht. Wir Frauen hatten nicht mehr unbedingt etwas zu befürchten, es ergaben sich Liebschaften von ganz allein. Einer unserer Aufpasser sah so richtig aus, wie man sich einen russischen Bären vorstellt: Breit wie ein Kleiderschrank und ungeheuer gutmütig. Es wurde viel gestohlen in der Zeit, vor allem Zuckerrüben; es war Mundraub. Ich war noch schwach und konnte nicht viel tragen, und natürlich wurde ich mit meinem halben Korb voll erwischt. So schlug jeder Versuch fehl, mir heimlich etwas zu besorgen. Ich gab das dann auf und nahm in aller Öffentlichkeit Kleinigkeiten mit, beispielsweise eine Kohlrübe. Die spießte ich auf die Forke, die Forke nahm ich über die Schulter, und damit ging ich los, so daß es jeder sehen konnte. Und nun sagte dieser dicke Iwan: »Rika! Du zapzerap!« – »Ach«, habe ich gesagt, »Iwan, drück ein Auge zu!« – »Andres Auge kucken!« – »Drück beide Augen zu!« – »Ach Rika, meine Gerze (Herz) kaput!« – Und ich bin natürlich gelaufen.

Einschneidend war für mich die Rückkehr meines Vaters aus der Gefangenschaft. Als ich die Nachricht hörte, trieb ich gerade die

Kühe in den Stall, und vor lauter Freude ließ ich sie auf dem Hof stehen, wo sie nun durcheinanderliefen. Die Russen schimpften, aber als sie hörten, der Papa ist da, hatten sie Verständnis und halfen, die Tiere in den Stall zu treiben.

Ich hatte mich wahnsinnig gefreut, als mein Vater kam – und dann ging es leider nicht so, wie ich es mir vorgestellt hatte, und unser gutes Verhältnis geriet in Gefahr. Ich sollte die Kinderschuhe, die ich – wie die Verhältnisse nun mal waren – endgültig abgestreift hatte, nun wieder anziehen. Ich war siebzehn und hatte gelernt, daß man alles selbst machen muß, und es war mir nicht mehr möglich, mich vollkommen unterzuordnen. Meine Mutter stand als Prellbock zwischen uns beiden. Hinzu kam, daß sich das alles auf engstem Raum abspielte. Meine Mutter hatte nun ihre Mutter zu uns geholt, die bei einer ihrer anderen Töchter in Berlin gelandet war und nach dem Tod meines Großvaters wieder zu uns wollte. Nun lebten wir in der kleinen Mansarde mit vier Personen. Mein Vater schlief in einem Doppelstockbett unten, ich oben, und meine Mutter und Großmutter schliefen zusammen in einem Bett. In der Mansarde hatten nur noch ein Stuhl und ein winziger Tisch Platz. Unsere Butter stand auf einem Teller unter dem Bett. Und einmal, bei Stromsperre, hörten wir etwas schlabbern und schmatzen, da hatte Tante Wenzels Katze die Butter aufgeschleckt. Meine Mutter konnte sich kaum fassen, aber mein Vater und ich haben gelacht. Frau Wenzel ersetzte uns die Butter, als sie von dem Malheur hörte. Sie hatte als Frau des ehemaligen Inspektors sogar eine Kuh im Stall; den Einheimischen ging es ja nie so schlecht wie den Flüchtlingen.

Weil mein Vater nicht körperlich arbeiten konnte, bekam er Arbeit in Grimmen bei der Sozialversicherung. Die russischen Kommandos zogen langsam ab, und das Gut wurde aufgesiedelt. Ich fand nach langem Suchen in Grimmen eine Schneiderin-Lehrstelle. Der Winter 1946/47 war sehr kalt, und nun ging ich jeden Morgen mit meinem Vater die fünf Kilometer auf der Landstraße. Meine Schuhe hatte ich immer wieder geflickt, aber sie blieben undicht. Die Gesichter vermummt, gingen wir beide gegen den Schneesturm an und trösteten uns gegenseitig. Aber die ganze Strapaze war unnötig, denn ich lernte nichts, jedenfalls nicht das Handwerk, und das Lehrlingsgeld war eher ein kleines Taschengeld. Noch in dem strengen

Winter hörte ich wieder auf. Danach merkte ich aber, ich muß fort von meinen Eltern, um ein gutes Verhältnis zu ihnen zu behalten. Ich versuchte nun, Neulehrer zu werden, aber mit siebzehn war ich noch zu jung. Dann hörte ich, daß in Barth eine Vorstudienanstalt eingerichtet werden sollte, wo man das Abitur im Abendunterricht machen konnte. Man mußte am Tage in einer Gärtnerei arbeiten und ging abends zur Schule. Barth lag an der Ostsee, hinter Stralsund. Ich fand dort ein Zimmer und fuhr nur am Wochenende nach Hause, und dann war es dort sehr schön. Die Bahnfahrt hatte damals allerdings noch ihre Tücken und ihre Schrecken. Im Winter 1946/47 waren noch keine Fensterscheiben in den Waggons, man mußte auf der kurzen Strecke zweimal umsteigen, kam abends in Stralsund an und konnte erst am nächsten Morgen weiter. Die Nacht verbrachte ich mit anderen Leidensgenossen in der Bahnhofshalle, auf Zeitungspapier liegend, den Rucksack unter dem Kopf. Alles, was man nicht festhielt, war am nächsten Morgen nicht mehr da, und während der Nacht stiegen Russen über die Liegenden auf der Suche nach Frauen. Aber das Verhältnis zwischen meinem Vater und mir besserte sich wieder, und das war mir sehr viel wert.

Der Direktor versicherte uns, er würde uns garantiert zum Abitur führen, aber ich hatte Zweifel daran und fühlte mich darum auch nicht wohl. In dieser Zeit erfuhr ich, daß es auch in Rostock eine ähnliche Möglichkeit gab. So ging ich im Herbst 1947 nach Rostock, machte im Frühjahr 1949 das Abitur und entschloß mich zum Pädagogikstudium mit Deutsch und Englisch, weil meine Eltern es gerne sahen, wenn ich Lehrer wurde, und ich selbst auch nichts Besseres wußte.

Auf der Schule hatte ich meinen ersten Mann kennengelernt; wir heirateten im August 1949. Da ich noch nicht 21 war, brauchte ich von meinem Vater eine schriftliche Heiratserlaubnis, und die verweigerte er monatelang. Er gab sie erst, als er merkte, er konnte nichts mehr ändern. Mein Vater war sehr böse, beleidigt, gekränkt und wohl auch unglücklich; er hatte mich auf einen Sockel gestellt, und nun enttäuschte ich ihn. Meine erste Tochter wurde im Januar 1950 geboren, und bis Weihnachten sprach er nicht mit mir, nicht ein Wort. Für mich war es in dieser Situation sehr schmerzlich, daß er sich zurückzog, aber hilfreich, daß meine Mutter zu mir hielt. Sie schrieb mir und war da, als das Kind zur Welt kam.

Aber Studium mit Kind, dazu sehr beengte Verhältnisse, das war nicht zu schaffen, schließlich sollte das Kind nicht vernachlässigt werden. Krippen gab es noch nicht. Damit ich die Ausbildung weitermachen konnte, nahmen meine Eltern, die inzwischen eine kleine Wohnung in Grimmen hatten, die Kleine zu sich und zogen sie auf. Es war ein großer Schmerz, das wenige Monate alte Kind wegzugeben, aber es ging nicht anders. Keine zwei Jahre später kam mein zweites Kind, wieder ungeplant. Mein Mann war vor dem Abitur von der Schule verwiesen worden, weil er seine Meinung zu deutlich gesagt hatte. Er war gelernter Flugzeugbauer und arbeitete zuerst auf der Werft in Rostock. Dann konnte er ein Studium an der Lehrerbildungsanstalt in Güstrow aufnehmen, und in diesem Augenblick war mein Studium gestorben, denn wir mußten ja von irgend etwas leben. Ich bekam nur eine Studienbeihilfe, kein Stipendium, weil mein Vater Angestellter war. Das Stipendium meines Mannes reichte nicht für uns beide, so fing ich an, in einem Kindergarten zu arbeiten. Ich war noch so erzogen, daß eine Frau nicht arbeitete, wenn sie verheiratet war und Kinder hatte, aber diese Zeit lag jetzt sehr, sehr lange zurück.

Meine Eltern nahmen nun unsere jüngste Tochter, und die große kam zu uns, weil ich sie in den Kindergarten mitnehmen konnte. Die Kleine war aber schon über ein Jahr alt und auf mich fixiert, sie jammerte bei meinen Eltern sehr lange nach ihrer Mama. Meine Eltern wollten schon aufgeben, aber ich mußte ja verdienen. Schließlich nahm die Kleine die Großeltern an. Sie sorgten aber stets dafür, daß ich für das Kind die erste Bezugsperson blieb.

Die Arbeit im Kindergarten befriedigte mich absolut nicht, und ich suchte übers Arbeitsamt nach etwas anderem. So kam ich in die Buchhaltung eines Betriebes für Schiffselektrik und merkte, daß ich mit Zahlen umgehen konnte, daß man sie lesen kann und sie Auskünfte geben. Das hat mir Spaß gemacht. Es kam meinem Bedürfnis nach Ordnung und Überschaubarkeit entgegen, es entsprach meinem Wesen. Von Anfang an merkte ich auch, daß meine Vorgesetzten sahen, ich hatte eine Begabung für die Tätigkeit und Freude daran.

Mein Mann machte sein Lehrerexamen, und jetzt konnte eigentlich das Familienleben anfangen. Aber unsere Ehe ging vollkommen schief; wir waren sicher beide zu jung und zu unerfahren. Nun wurde es jedoch schwierig für uns, auseinanderzukommen. Wir konnten nächtelang reden – aber reden allein reicht ja nicht. Die Ehe war kaputt, und der Mann lebte woanders, kam aber nach Hause, wenn es ihm gefiel. Das alles war eine starke Belastung, und ich faßte den Entschluß, aus Rostock wegzugehen. Inzwischen waren beide Kinder bei meinen Eltern, und ich konzentrierte mich voll auf die Arbeit. Ich fand die Möglichkeit, mit meiner Maschine zur Schiffswerft Fürstenberg zu gehen, und entwickelte auch da nun große Arbeitswut, war immer froh, wenn ich Überstunden machen konnte, um nicht allein zu Hause zu sitzen.

Es dauerte noch ein Jahr, bis die Ehe geschieden war. Später gab es eine zweite Ehe mit einem sehr kinderlieben Mann, zu dem meine Töchter bald Vertrauen faßten; er war nun ihr Vater, und ich hatte einen Mann, auf den ich mich verlassen konnte. Unser drittes, gemeinsames Kind, wurde von den beiden Mädchen ebenso erwartet und herbeigesehnt wie von uns. Denn wir hatten nun die Möglichkeit, die Mädchen endgültig zu uns zu nehmen. Meinen Eltern wurde die Verantwortung auch zu groß; die Mädchen waren zehn und elf Jahre alt. Wir brachten es aber nicht fertig, den Großeltern die Kinder wegzunehmen, und haben deshalb Eltern und Kinder zu uns genommen. Wir fanden eine Wohnung mit vier Räumen und waren nun Großfamilie mit allen Freuden und Schwierigkeiten. Ich konnte unbesorgt den Tag über arbeiten, es war immer jemand zu Hause. Die Erziehung ging automatisch auf uns über, aber natürlich gab es oft auch Reibereien oder Streit, weil wir Jüngeren »alles falsch« machten. Der kleine Sohn wurde der Liebling der ganzen Familie. Wenn wir einmal eine Strafe aussprechen mußten, waren immer mehrere da, die trösteten. Daß aus dem Jungen überhaupt etwas geworden ist!

Meine Arbeit war weiterhin notwendig, wir hätten sonst nicht vernünftig existieren können – einer allein verdiente zuwenig –, und sie war mir auch ein Bedürfnis geworden. Ich habe meine Familie gebraucht, aber auch die Anerkennung, den Erfolg und das Vorwärtskommen im Beruf. Ich hatte allerdings schon früh soviel Einblick, daß ich erkennen konnte, die Planwirtschaft wirkt sich hemmend auf die Entwicklung der Wirtschaft aus. Der Plan war festgeschrieben, und es gab daran nichts zu deuteln. Aber nun kamen die Parteileute mit dem Slogan: Der Plan muß übererfüllt werden! Und da sträubte sich mir das Gefieder, denn der Plan konnte nur dann funktionieren, wenn seine Teile wie ein Uhrwerk ineinandergriffen. Übererfüllung kann nicht gleichmäßig gelingen – der eine Betrieb schafft es, der andere nicht oder in geringerem Ausmaß, und damit ist das Plangefüge zerstört. Zum Beispiel nützte die Überproduktion von Schiffskörpern nichts, wenn nicht gleichzeitig auch von allen übrigen Teilen mehr produziert wurde. Diese Idiotie ging mir sehr gegen den Strich, aber wenn man so etwas aussprach, wurde man verteufelt. »Übererfüllung« war eine heilige Kuh.

In unseren Betrieben wurden politische Versammlungen abgehalten, die Teilnahme war nie ganz freiwillig. Natürlich gab es Leute, die davon überzeugt waren, daß das gemacht werden mußte, aber die Masse hat es über sich ergehen lassen. Ich war glücklicherweise nie in einem Betrieb, wo man das so ernst praktiziert hat. Einmal ging es auf einer dieser großen Versammlungen um die »Oder-Neiße-Friedensgrenze«, und der Leiter forderte mich auf: »Nun äußern Sie sich doch mal dazu, Sie kommen ja aus der Ecke, wollen Sie die Gebiete zurückhaben?« Ich brauchte meine Antwort nicht zu überlegen und sagte spontan: »Mir ist meine Heimat weggenommen worden. Aber es ist jetzt schon eine ganze Menge Zeit darüber vergangen, es wurden inzwischen Kinder dort geboren, für die meine alte Heimat jetzt Heimat wurde, und ich möchte nicht, daß denen das gleiche geschieht wie mir. Und eine Rückgabe mit Gewalt – um Gottes willen! Wenn es möglich ist, daß wir zusammen dort leben können, dann ja, aber keine gewaltsame Wegnahme!«

Diese Stellungnahme stand am nächsten Tag mit genauer Anschrift in der Zeitung, ohne daß ich vorher nach meiner Zustimmung gefragt worden war. Obgleich es meine Meinung war, habe ich mich furchtbar aufgeregt. Was ich in meinem Betrieb sagte, hätte ich auch auf dem Marktplatz sagen können; es gab keinen Persönlichkeitsschutz. Diese Begebenheit war typisch in der DDR, und an solche Praktiken konnte ich mich nie gewöhnen. Aber obgleich so etwas auch anderen nicht gefiel, hat sich niemand direkt dagegen aufgelehnt. Es wurde gemurrt, aber das war auch alles. Man wußte, daß einer allein nicht Wände einrennen kann, und man hatte Verantwortung für die Familie, für die Kinder. Ich hatte auch nicht soviel Zivilcourage, mich gegen den Staat und seine Politik zu stemmen. Die Betriebsversammlung habe ich als Muß hingenommen und wußte im wesentlichen, wer sie auch als lästiges Übel empfand. Aber ich war nicht in der FDJ, auch nicht in einer der Blockparteien. Obwohl wir in der »ersten sozialistischen Stadt« wohnten, konnten wir uns von vielen politischen Forderungen auch fernhalten, manches haben wir einfach an uns vorbeirauschen lassen.

Viel schlimmer war in meinen Augen Grundsätzliches; das hatte schon angefangen mit der Gründung der SED, denn das bedeutete Einparteienregierung – von den anderen Parteien habe ich so gut wie nichts gemerkt. Ich muß sagen, daß ich die Lehre von Marx an sich bejaht habe, aber sehr viele Dinge in der Praxis der DDR gefielen mir nicht. So mochte ich zum Beispiel nicht die Uniformen aller Art, von denen immer mehr zu sehen waren. Das hatte ich schon mal erlebt, als Kind. Es machte mir Angst, daß jetzt langsam, zunächst als »kasernierte Volkspolizei«, wieder eine Armee aufgebaut wurde. Manches, was man am Anfang verkündet hatte, fand ich gar nicht schlecht, aber es hat sich in der Ausführung dann sehr verändert.

Nun kann man natürlich fragen: Wenn dich diese Dinge gestört haben – warum bist du dort geblieben? Wir hatten ernsthaft die Übersiedlung nach Westberlin geplant, das war in der ersten Hälfte des Jahres 1961. Das hatte eine Vorgeschichte: Mein Mann ist Handwerker, und wir wollten uns selbständig machen und ein Stück mehr persönliche Freiheit für uns schaffen. Natürlich hat man uns gerade das nicht gestattet; also wollten wir fort, mein Mann hatte auch schon eine Arbeitsstelle in Westberlin. Aber weil ich zu dieser Zeit hochschwanger war, verschoben wir den Plan. Er wäre sonst ungefähr zur Zeit des Mauerbaus durchgeführt worden.

Im nachhinein war ich froh, daß wir auf die Schwangerschaft Rücksicht genommen hatten, denn sonst wäre die Familie auseinandergerissen worden. Wir hatten uns nämlich vorgestellt, daß zuerst mein Mann und ich als Vorhut gingen, und meine Eltern und die Töchter sollten nachgeholt werden. Wenn wir beide also zum geplanten Zeitpunkt gegangen wären, wäre der Mauerbau zwischen die beiden

Vorhaben gefallen, und ich weiß nicht, was aus meinen Töchtern geworden wäre. Von Zwangsadoptionen und solchen Praktiken hatte ich damals keine Ahnung, aber so etwas wäre sicher auf uns zugekommen, das weiß ich heute. Nun blieb die Familie jedenfalls zusammen, und das war für mich sehr wichtig.

Nach dem Bau der Mauer mußten wir bleiben und uns einrichten. Das Eigentümliche war, daß es am Anfang der sechziger Jahre einen wirtschaftlichen Aufschwung gab – und damit schien die Schließung der Grenze beinahe gerechtfertigt! Auch der politische Druck ließ zunächst nach. Aber es blieb ja der Slogan »Die Partei hat immer recht«, und dem konnte ich absolut nicht zustimmen. Ich hatte den Eindruck, der Marxismus wird in vielen Teilen vergewaltigt.

Meine Mutter hatte mich in meinen beruflichen Plänen immer unterstützt und tat es auch, als ich nun ein Fernstudium aufnahm. Ich war inzwischen stellvertretender Hauptbuchhalter, hatte aber keine Ausbildung und keinen Berufsabschluß. In meinem Betrieb war ich anerkannt, aber ich sah, daß von den Fachschulen immer mehr ausgebildete Leute kamen, und irgendwann hätte man mir vielleicht doch jemanden vorgezogen. Von einer Gleichberechtigung der Frauen waren wir ohnehin weit entfernt, das hatte ich erfahren, als ich Jahre zuvor zum ersten Mal ein Fernstudium machen wollte. Damals hatte mein Chef zu mir gesagt: »Ach, wissen Sie, die Männer haben für Familien zu sorgen, und wir müssen denen zuerst die Möglichkeit geben.« – Und ich, ich habe mich nicht gewehrt, obwohl ich allein für zwei Kinder zu sorgen hatte! Heute ist mir das eigentlich unverständlich.

Nun nahm ich also die nächste Möglichkeit wahr und hatte die Unterstützung der ganzen Familie. So kam es, daß die eine Tochter während meiner Studienzeit von 1965 bis 1969 das Abitur machte, die andere ihren Zehn-Klassen- und ihren Lehrabschluß. Eine solche Konstellation war nicht untypisch für die DDR, wir halfen uns gegenseitig.

In dieser Zeit kam auch einmal die Aufforderung: »Wieso bist du eigentlich nicht Genossin? Es würde doch nun langsam Zeit, daß du in die Partei eintrittst!« Eben das war das letzte, was ich wollte! Ich sagte aber nicht: »Rutscht mir mit eurer Partei den Buckel lang!«, sondern ich habe mich herausgewunden: »Hört mal, ihr kennt mich doch genau und wißt, wenn ich etwas mache, dann mache ich das ganz! Aber ich hänge in diesem Fernstudium, habe meine Arbeit voll zu tun, und nebenbei mache ich auch noch Gewerkschaftsarbeit. Ich kann also nicht auch noch Parteiarbeit auf mich nehmen! Und schließlich habe ich ja auch noch eine Familie!« Das hat man mir so abgenommen. Auf die Idee, daß ich einfaches Mitglied hätte sein können, ist offenbar niemand gekommen. Daß ich nicht klipp und klar gesagt habe: »Ich will nicht!«, war für mich zwiespältig. Ich bin dafür, man soll sagen, was man denkt, aber da mußte ich nun auch einsehen, daß das nicht in jeder Situation geht. Später, als ich mit dem Studium fertig war, stellte sich die Frage nicht mehr, da legte man nur noch Wert auf junge Produktionsarbeiter.

Ich war im FDGB – das war eine Selbstverständlichkeit, und dort war ich auch aktiv, war Mitglied der Betriebsgewerkschaftsleitung und zuständig für die Finanzen. Das war eine politische Tätigkeit, aber in den Anfangszeiten nicht so sehr wie eine Parteimitgliedschaft. Und sehr spät wurde ich auch Mitglied in der DSF (Gesellschaft für Deutsch-Sowjetische Freundschaft), das hing mit den Titelkämpfen der Kollektive in den achtziger Jahren zusammen, denen man sich nicht entziehen konnte. Sie waren Verpflichtung in den Betrieben, und dazu gehörte eben auch, daß die Mitglieder im FDGB und in der DSF organisiert waren.

Natürlich haben wir durch unsere Arbeit den Staat mitgetragen und dazu beigetragen, daß er überhaupt so lange bestehen konnte. Wir haben versucht, da wir ja nun dort lebten, aus der Situation für uns das Beste zu machen, und wie die meisten DDR-Bürger haben wir uns ein Refugium gesucht, wohin wir uns zurückziehen konnten. In den ersten Jahren war es für uns das Zelten, anfangs war das allerdings noch gar nicht so sehr ein Zurückziehen, sondern wir wollten mit den Kindern einfach nur in die Natur fahren. Zum Zelten kamen wir, weil wir mit drei Kindern keinen Ferienplatz fanden, aber auch unserer Großfamilie ab und zu entfliehen wollten. Wir fanden in der Umgebung unserer Stadt eine sehr schöne Landschaft; und einen Zeltplatz zu bekommen war damals einfach. So fingen wir mit dem Zelten früh an. Zu dieser Zeit hätten wir uns ein Auto noch gar nicht leisten können, und die Familie kletterte auf die Fahrräder. Vorneweg fuhr ich und gab das Tempo an, an der Lenkstange schwere

Taschen, hinten das Windelpaket für den Jüngsten. Hinter mir fuhren die beiden Töchter, elf und zwölf, bepackt mit Utensilien fürs Zelt und Lebensmitteln. Den Schluß bildete Vater, der auch noch Gepäck transportierte und im Babykörbchen den Sohn. So ging es jedes Wochenende, bergauf und bergab, 18 Kilometer zum See. Später hatten wir einen Trabant, und es war nicht mehr ganz so mühselig. Aber wir hatten auch Spaß am Radeln. Der Sohn schlief meistens ein, den Kopf auf einem Kissen über der Lenkstange. Wenn es im Wald holperig über Wurzeln ging, mußte die ganze Familie singen, damit das Kind wachgehalten wurde und sich nicht stieß.

Am See waren auch andere Jugendliche, und meine Töchter kamen gar nicht auf die Idee, allein etwas zu unternehmen. Sie fühlten sich dort wohl und blieben auf diese Weise lange in der Familie. Später kamen auch ihre künftigen Männer mit auf den Zeltplatz. Man hatte dort seinen Stammplatz, und es fuhren immer dieselben Leute hin. Wir verstanden uns gut mit unseren Zeltnachbarn, allerdings – die Politik wurde ausgespart, wir waren zur Erholung hier.

Schwierig wurde es später dann, einen Platz für ein Wochenendgrundstück zu bekommen; es gelang mir über Bekannte. Hierhin haben wir uns dann wirklich zurückgezogen. So machten wir immer in der Zeit um den 1. Mai eine Woche Urlaub, um den verordneten Massenveranstaltungen zu entgehen. Wir wußten natürlich, daß auch Kleingartenanlagen, Wochenendsiedlungen usw. von der Stasi durchsetzt waren. Aber die offiziellen Aufpasser kannten wir, und da wir über Politik nicht sprachen, waren die inoffiziellen gleichgültig.

In den letzten Jahren war ich in einem fleischverarbeitenden Betrieb als Hauptbuchhalter tätig – in der DDR war das der Direktor der Finanzen. Ich war nun Vorsteher eines Verwaltungskollektivs. Gleichzeitig war ich in meinem Kollektiv zum Vertrauensmann gewählt worden; man beschwerte sich nun bei mir u.a. auch über die Entlohnung. In der Verwaltung wurde man schlechter bezahlt als in der Produktion, wegen der sauberen Arbeit hatte man höhere Abzüge. Außerdem deckte sich das Volumen, das der Betrieb zur Entlohnung zur Verfügung hatte, nicht mit den in den Rahmenkollektiv-Verträgen ausgewiesenen Spannen. Man konnte also nie jedem die Höchstspanne geben, auch wenn er gute Arbeit geleistet hatte. So beklagten sich also die Betriebsangehörigen nun bei mir über mich; denn als Mitglied der Betriebsleitung mußte ich die Mehrheitsentscheidung mittragen, egal wie meine eigene Meinung war. – Aber die Kollegen kamen auch, wenn sie sich von der Betriebsleitung falsch behandelt fühlten. Ich hatte als Vertrauensmann nicht viele Möglichkeiten, konnte nur versuchen, mit den einzelnen vernünftig zu reden oder beide Parteien zusammenzubringen. Ich sah meine Funktion eigentlich vor allem darin, dafür zu sorgen, daß die Produktion lief, und zwar so, daß auch für die Betriebsangehörigen etwas dabei heraussprang. Und das ging nur über das Prämiensystem: Der Plan mußte übererfüllt werden, damit man an Prämien herankam.

In meiner Funktion als Vertrauensmann wurde ich auch »als gesellschaftlicher Vertreter« manchmal zu Gerichtsverfahren geladen. Einmal hat man mir dabei sogar den Mund verboten: Es ging um eine Anklage gegen unseren Betriebsdirektor. Uns waren Därme verdorben, weil ein Motor an einer Maschine kaputtging und es nicht möglich war, in der DDR einen solchen Motor aufzutreiben. Zu allem Unglück streikte dann auch noch die Kühlmaschine, und die Därme waren nicht mehr zu retten; der Verlust betrug Zigtausende Mark. Und obwohl wir in dem Verfahren nachweisen konnten, was alles unternommen worden war, um den Schaden abzuwenden, wurde der Direktor zu materieller Verantwortlichkeit verurteilt; er mußte zwei Monatsgehälter Strafe zahlen. Man war sehr schnell dabei, einen Betriebsdirektor zu bestrafen – für Dinge, für die er nichts konnte, die im System lagen.

Es war nicht das einzige Ordnungsstrafverfahren dieser Art, das ich erlebt habe. Es gab natürlich auch viel Mißgunst und Intrige. Zum Beispiel: Jemand fühlte sich falsch behandelt und wollte sich an der Betriebsleitung rächen. Er glaubte, etwas Belastendes zu wissen – wußte auch etwas, wenn auch nicht alles und nicht alles richtig. Uns kam also eine Revision ins Haus, Prüfer eines Kontrollorgans mit ehrenamtlichen Mitgliedern. Der branchenfremde Prüfer ließ sich alles zeigen; dann quartierte er sich bei mir ein und verlangte u.a. Einsicht in die Einkaufsbelege der letzten zehn Jahre, und damit konnte es allerdings Schwierigkeiten geben.

In den letzten Jahren der DDR hatten wir immer weniger Material, das im Betrieb gebraucht wurde, auf legale Weise beschaffen können. Man mußte die Lücken im Gesetz finden, aber manchmal reichte auch das nicht aus. Nun erlaubte zwar ein Gesetz, daß wir Industriewaren, die wir normalerweise aus dem Großhandel bezogen, auch in bestimmten Geschäften für Bevölkerungsbedarf kaufen konnten, allerdings nur bis zu einem Limit von 200 Mark im Monat. Manche Geschäfte hatten darüber hinaus für bestimmte Artikel einen Stempel »zugelassen für gesellschaftliche Bedarfsträger«. Belege mit diesem Stempel fielen nicht unter das Limit.

Irgendwann war jemand in unserer Einkaufsabteilung auf die Idee gekommen, so einen Stempel machen zu lassen. Nun konnten allerlei notwendige Dinge im Geschäft gekauft werden, und der Stempel wurde hinterher bei uns auf die Rechnung gesetzt, die ich dann zur Anweisung bekam. Das ging eine Weile gut – bis zu dieser Revision. Denn der Prüfer fand nun eine Rechnung vom sogenannten »Russenmagazin« – das waren Geschäfte für die sowjetischen Besatzungsangehörigen, die auch an Deutsche verkauften. Nur, einen solchen Stempel besaßen sie bestimmt nicht, und das wußte auch der Prüfer. Während ich im Urlaub war, hatte meine Vertretung unglücklicherweise den Beleg zur Zahlung angewiesen. Der Prüfer setzte ein 30 Seiten langes Protokoll auf mit allen Vergehen, die er glaubte gefunden zu haben, und der Betrieb sollte eine saftige Strafe berappen. Das wären außerplanmäßige Kosten gewesen, die wir zusätzlich hätten erwirtschaften müssen. Ich mußte den Einspruch gegen das Protokoll verfassen, und das war ein Stück harte Arbeit. Von den vielen aufgeführten Verstößen konnte ich bis auf die Stempelgeschichte alle glaubwürdig entkräften, wir mußten am Ende nur zehn Prozent des geforderten Strafgeldes zahlen, und der Einkaufsleiter wurde recht milde bestraft. Ich selber kam mit einem blauen Auge davon, weil man mir nicht nachweisen konnte, daß ich von der Existenz des Stempels in unserem Betrieb gewußt hatte. Der Prüfer teilte noch mit, die Denunziation sei aus den eigenen Reihen gekommen. Solche Vorkommnisse konnten gefährlich werden.

Innerhalb unserer Familie konnte sich jeder auf jeden verlassen, und es herrschte absolute Offenheit. Wir hatten ein wunderbares Vertrauensverhältnis, auf das ich stolz war. Ich habe versucht, meine

Kinder zu Wahrheitsliebe zu erziehen – soweit es ging, und es ging ja nicht immer, aber darüber sprachen wir in der Familie. All der häusliche Kleinkram wie Staubsaugen, Abwaschen usw. war mir ja durch meine Eltern abgenommen, und ich konnte mich um die Kinder kümmern. Sie wußten alle, Mutter hatte für jedes Problem ein offenes Ohr, und nichts war so schlimm, daß man nicht hätte darüber reden können.

Ich habe drei Kinder, und alle drei haben sich trotz gleicher Erziehung unterschiedlich entwickelt und sind ebenso unterschiedlich mit der politischen Entwicklung und den Forderungen, die von außen an sie gerichtet wurden, umgegangen. Letztendlich habe ich aber erreicht, ihnen selbständiges Denken beizubringen. Am schwierigsten war es, dem Jüngsten Diplomatie und Toleranz zu begründen. Er war so absolut, es gab Schwarz oder Weiß – Grau existierte für ihn nicht, und Kompromisse schließen nahm er übel. Nun war das bei dem Jungen sicherlich auch etwas anderes als bei den beiden Mädchen. In den elf Jahren, die zwischen ihnen lagen, hatte sich auch in der schulischen Erziehung eine Menge geändert. Während seiner Schulzeit verstärkte sich in der DDR der Militarismus zusehends. Am schlimmsten fand ich den Einmarsch deutscher Truppen in die damalige Tschechoslowakei. Ich habe mich geschämt, daß deutsche Stiefel wieder auf tschechischen Boden stampften. Nun war mir ganz klar, daß das, was einmal propagiert worden war, nicht mehr galt.

Später lebte auch das Preußentum wieder auf – unter besonderer Betonung von militärischer Zucht, Disziplin und Gehorsam. Der »Alte Fritz«, der aus den Schulbüchern ganz verschwunden war, stand plötzlich wieder auf seinem Sockel in Berlin Unter den Linden, und Berliner tönten hinter vorgehaltener Hand: »Lieber Fritze, steig hernieder und regier uns Preußen wieder! Laß in diesen schweren Zeiten lieber unsern Erich reiten!« – Über den Bildschirm flimmerte der Film »Sachsens Glanz und Preußens Gloria« aus DDR-Produktion. Irgendwann merkte ich dann, daß es keine Verfassung mehr zu kaufen gab – und das konnte nicht am Papiermangel liegen – und daß die Nationalhymne ihren Text verloren hatte: »... daß nie eine Mutter mehr ihren Sohn beweint.«

So gab es viele Zeichen, die sich summierten und vor denen man seine Augen wirklich nicht verschließen konnte, und ich hatte Angst vor einem neuen Krieg, mir hat Militarismus immer Angst gemacht. Ich habe meine Kinder ganz bewußt Kriegsfilme anschauen lassen, um ihnen das Grauen eines Krieges vor Augen zu führen, und habe ihnen dazu gesagt: »Die Wirklichkeit ist noch viel schrecklicher als das, was ihr auf dem Bildschirm seht!«

Bei unserem Sohn hat diese Erziehung mit dazu geführt, daß er den Wehrdienst verweigerte – trotz strammer Propaganda durch Schule, Junge Pioniere, FDJ. In den Schulen war die vormilitärische Ausbildung in der GST (Gesellschaft für Sport und Technik) zur Zeit seiner Entlassung eingeführt worden, er hatte sie mit großem Widerwillen als Lehrling »genossen«. Er zog also die Konsequenzen. Obwohl er schon alleine lebte, haben wir natürlich über seine Pläne gesprochen, über das Für und Wider, wie das in unserer Familie üblich war, und er sagte zu mir: »Mutter, reg dich nicht auf! Deine Erziehung!« Nur, welche Mutter läßt schon gerne ihren Sohn einen so gefährlichen Weg gehen? Es war ja in der DDR nicht einfach, Wehrdienstverweigerer zu sein. Mein Sohn stand der Bewegung »Schwerter zu Pflugscharen« nahe. Unter diesen jungen Leuten waren Kinder hoher Funktionäre aus Partei und Wirtschaft. Zum Teil wohnten sie gemeinsam in derselben Gegend, haben dort verlassene Häuser wieder bewohnbar gemacht und Höfe begrünt. Ich glaube, es war im zeitigen Frühjahr 1984, da wurden gerade in dieser Gegend einige Überfälle verübt. Ich fragte meinen Sohn: »Ob sie euch so etwas nicht auch mal anhängen?« – »Aber nein«, war die Antwort, »die wissen doch ganz genau, daß wir nicht kriminell sind!« – Ich teilte diesen Optimismus nicht.

Kurz nachdem wir dieses Gespräch geführt hatten, fand ein größerer Einbruch in ein Warenlager statt. Ich war auf einem Lehrgang außerhalb. Mein Sohn arbeitete zu der Zeit im selben Betrieb wie sein Vater, sogar in derselben Abteilung. Und nun mußte der Vater eines Morgens mitansehen, wie der Sohn abgeführt wurde; niemand sagte, warum. Am späten Abend kam er zurück, er und seine Freunde waren zu diesem Einbruch verhört worden. Man hatte also versucht, die unbequemen jungen Leute zu kriminalisieren, und das führte nun dazu, daß er jetzt auch noch einen Ausreiseantrag stellte. Beide, Vater und Sohn, hatten nun Angst davor, mir alles zu berichten, als ich heimkam. Obwohl ich durch Andeutungen immer darauf gefaßt war, daß mein Sohn den Ausreiseantrag stellen könnte, wenn die Schikanen sich verstärkten, war es dann doch ein sehr harter Schlag für mich. Er war 23 und mein Kleiner.

Wer einen solchen Antrag gestellt hatte, war in den Betrieben nicht mehr gerne gesehen. In seinem Betrieb, einem physikalischen Institut, durfte unser Sohn die Forschungsräume nicht mehr betreten. So suchte er sich bald etwas anderes, auch deshalb, weil er seinem Vater, der Leiter der Werkstatt blieb, keine zusätzlichen Schwierigkeiten machen wollte. Jetzt wanderte er von Betrieb zu Betrieb, wobei er sich immer das Gute daran herauspickte, indem er zu seinem Facharbeiterbrief mehrere Zusatzqualifikationen erwarb.

Am Morgen nach dem Ausreiseantrag ging ich zu meinem Chef, und der versuchte mich zu trösten! Eines Morgens sagte er mir: »Gestern nachmittag sind sie dagewesen!« – Sie, das war die Staatssicherheit. »Und, was ist nun?« – »Alles in Ordnung, ich hab denen gesagt, die sollten mir überlassen, wen ich als Hauptbuchhalter beschäftige, mir käme es auf die fachliche Qualifikation an!« – Das fand ich sehr gut. Aber im Betrieb fing nun hinter meinem Rücken das Gezischel und Getuschel an, und unsere Kaderchefin sagte: »Friederike, das muß ich sagen: Ob du nun noch weiter Vertrauensmann sein kannst in unserm Kollektiv, das weiß ich wirklich nicht.« Das war deutlich. Mir lag nichts an dieser Funktion. Bei der Gewerkschaftswahl, die gerade anstand, sagte ich, um allem die Spitze zu nehmen: »Ihr müßt es euch sehr überlegen, ob ihr mich noch als Vertrauensmann haben wollt oder nicht – mein Sohn hat einen Ausreiseantrag gestellt!« – Ich habe die Gesichter dabei beobachtet, das war richtig lustig. Das hatte offensichtlich keiner erwartet, aber sie fanden alle, wenn ich Hauptbuchhalter sein konnte, könnte ich auch Vertrauensmann sein, und alles blieb beim alten.

Beruflich hatte sich also für meinen Mann und mich nichts verändert. Und daß wir parteilos waren, wirkte sich nun günstig aus: Uns konnte niemand einen Parteiauftrag erteilen. Aber nun war das Wissen da, daß der Sohn uns irgendwann verlassen würde, und die Angst, wie alles weiterging, vor allem, ob man ihn am Ende noch einsperren würde, bevor man ihn aus der DDR herausließe.

Man versuchte meinen Sohn auch mit Ködern zum Bleiben zu bewegen, zum Beispiel wies man ihn auf sein gutes Verhältnis zu seinen Eltern hin; das kannte man also auch. Er hat mir sehr leid getan, er sah so verhärmt aus. Es gibt ja dann kein Ziel mehr für einen Menschen in einer solchen Situationn; er hängt in der Luft, und das macht kaputt. Einmal kam er von einer staatlichen Stelle zurück und sagte: »Nun sollt ihr noch eine Erklärung unterschreiben, daß ihr im Falle von Krankheit, Unfall oder Not mich nicht wieder aufnehmt!« Ich konnte es nicht fassen, das ging noch über das hinaus, was ich mir vorstellen konnte. Diese Bescheinigung wollten sie von seinen Eltern und von seinen Geschwistern haben. Wir haben gefragt: »Brauchst du das unbedingt für deine Ausreise?« – »Nein«, sagte er, »ich nicht, aber ihr vielleicht!« – Die Töchter waren schon verheiratet und hatten Kinder. Bei unserer ältesten Tochter wäre es egal gewesen, ob sie unterschrieb; sie und ihr Mann durften ohnehin keine Westkontakte haben. Die jüngere Tochter hatte die Einstellung: Ich bin in diesem Staat geboren, für mich ist das mein Staat, und was ich geworden bin, bin ich auch mit seiner Hilfe geworden.

Wir fuhren nun zu unseren Töchtern, aber beide sagten: »Nein, wenn du es nicht unbedingt brauchst, ich unterschreib das nicht!« – Also auch für die Mädchen, die dieser Zwischengeneration angehörten und viel loyaler der DDR gegenüber waren als ihr Bruder, kam das nicht in Frage. Die Haltung der Mädchen war wohltuend und tröstlich für mich. Man wollte also wohl die Verbindung zwischen uns und unserem Sohn zerstören, vielleicht war es auch nur eine weitere Schikane oder eine Machtprobe. Schließlich dachte ich: Wenn sie ihn doch bloß bald rausließen!

Aber zu dieser Zeit hatte das Weggehen noch etwas Endgültiges; man zweifelte nicht am Bestand der DDR und auch nicht an der Ewigkeit der Mauer. Als mein Sohn den Antrag stellte, war ich 54, als er ging, im April 1985, war ich 57 und hatte bis zur Rente noch vier Jahre. Dann konnte ich mit einer Besuchserlaubnis für den Westen rechnen. Für mich war das also nicht so schlimm wie für meinen Mann, der erst im Jahr 2000 65 wird und bis dahin hätte warten müssen. Er hatte im Gegensatz zu mir auch nicht mit dem Ausreiseantrag gerechnet. Für ihn war es sehr bitter.

Natürlich versuchten wir nicht, den Jungen von seinem Schritt abzuhalten. Das Leben in der Familie ging weiter wie gewohnt. Auch bei der zweiten Musterung blieb unser Sohn bei seiner Weigerung, und bald darauf erhielt er die Ausreisepapiere. Wir haben ihn nicht nach Berlin gebracht, wir wollten den Abschied nicht verlängern. – Und dann geschah doch bald wieder etwas Erfreuliches: Unser Sohn war im April gegangen, und im Mai bekamen wir ein Telefon. Wir hatten zwölf Jahre darauf gewartet! Jetzt hatte entweder etwas nicht funktioniert bei Vater Staat, oder die Bespitzelung sollte verschärft werden. Aber nun konnten wir wenigstens miteinander telefonieren, wenn auch wohl nicht ohne Mithörer. Ich wußte, daß manche Übersiedler im Westen Schwierigkeiten hatten, und es war mir eine Beruhigung, daß mein Sohn sofort gut Fuß faßte. Er arbeitete zuerst als Angestellter in einer Speditionsfirma, später machte er sich selbständig.

Wenn mein Mann im Sommer häufig zum Angeln ging, dann wußte ich, er hatte Sehnsucht nach dem Jungen. Wir sprachen nicht viel darüber, weil es jeden natürlich schmerzte und nichts geholfen hätte. Selbstverständlich trafen wir uns mit ihm im Ausland, zuerst in der damaligen Tschechoslowakei auf Zeltplätzen – man durfte dort nicht an westliche Privatleute vermieten. Aber es gefiel uns dort nicht, wir konnten nicht richtig allein sein. Einer unserer Wirte in der Tatra gab dann unseren Sohn als seinen Neffen aus, so daß wir im Haus wohnen konnten. Jedoch wollten wir die Leute nicht gerne unnötig belasten.

Dann stellten wir fest, daß es in Ungarn unproblematischer war, sich zu treffen. Wir fanden ein kleines Bauernhaus, die Besitzer vermieteten im Sommer und lebten dann im Nebenhaus bei ihrem Sohn. Der war bei der Kriminalpolizei, aber es störte dort nicht, daß sich Ost- und Westdeutsche trafen.

An unseren Arbeitsplätzen machten wir kein Hehl aus unseren Fahrten, damit man uns nicht vorwerfen konnte: Ihr verheimlicht uns etwas – und dann womöglich auf Konspiration oder eine ähnliche Idee kam. Denn wir mußten mit Spitzeln rechnen, von denen wir nichts wußten. Man hätte mir die Fahrten nicht verbieten können, aber es konnte zur Folge haben, daß ich meine Stellung verlor, ich war ja im Betrieb zur Geheimhaltung verpflichtet, und man ließ mich, solange ich gearbeitet habe, nicht in den Westen reisen.

Nach vier Jahren freute ich mich unheimlich auf meine erste Reise zu unserem Sohn, aber sie wurde sehr belastend. Zwei Tage nach meinem 60. Geburtstag, im Frühjahr 1989, fuhr ich los. Mein Mann begleitete mich bis zum Übergang Friedrichstraße, so weit, wie er mitgehen konnte. Ich hätte ihn am liebsten auf dem Rücken mitgenommen; ich war so glücklich, daß ich fahren konnte, aber es tat mir sehr weh, ihn zurücklassen zu müssen. Und so kam ich schon gar nicht mehr so recht froh in Westberlin an. Als ich den Jungen dann wiedersah, war ich im ersten Moment enttäuscht – er war mir fremd. Wir hatten immer ein besonders inniges Verhältnis gehabt, nun hatte er sich gelöst, und ich hatte das nicht miterlebt. Als ich aber in der ersten Nacht aufwachte, da saß er auf dem Stuhl neben meinem Bett und sah mich an, und dann war es wieder wie früher. Unsere Verbindung hatte sich nur verändert, er war selbständiger geworden und erwachsen. Und jetzt steckte er in seiner Arbeit, das war etwas anderes, als wenn wir uns im Urlaub im Ausland trafen.

In diesem Jahr 1989 fuhren wir auch noch gemeinsam nach Norwegen. Damit machte mein Sohn mir eine riesige Freude, aber es ging ja wieder nur ohne den Vater. Der hatte gesagt: »So etwas wird dir nie wieder geboten, fahr doch bloß!« Ein paar Monate später war die Grenze offen, und wir hätten alle zusammen reisen können, aber das ahnten wir nicht. Für Norwegen bekam ich in Westdeutschland einen provisorischen Reisepaß. Über diese Reise habe ich natürlich in der DDR nicht gesprochen; das hätte nur Ärger gegeben.

Wir trafen uns auch nach dieser Norwegenreise noch einmal in Ungarn und waren dort gerade zu dem Zeitpunkt, als die Botschaftsflüchtlinge ausreisen konnten. Wir hätten die Möglichkeit gehabt, uns anzuschließen, haben zu dritt darüber beraten. Aber wir hatten die beiden Mädchen noch in der DDR und die Enkelkinder. Also fuhren wir zurück. Dann überschlugen sich die Ereignisse. Unsere große Enkeltochter reise nach Ungarn und rief aus dem Auffanglager bei uns an: »Ich komme nicht wieder zurück!« Sie hatte gerade ihr Abitur gemacht.

Ich saß ständig vorm Fernseher und verschlang die Zeitungen. Doch wir lagen im Bett, als in der Nacht das Telefon klingelte: »Die Mauer ist offen!« – Es war unser Sohn. Danach waren keine Telefongespräche mehr möglich, es kam niemand mehr durch, wurde unterbrochen usw. Am nächsten Wochenende fuhren wir nach Berlin, und zu Weihnachten konnte unser Sohn das erste Mal wieder nach Hause kommen – noch mit einer Einreiseerlaubnis. Und nun redete er uns zu: »Kommt doch nach Berlin! Warum bleibt ihr denn jetzt noch hier!« – Ich fürchtete aber, daß es schwierig sein würde, dort eine Wohnung zu finden, und nun müßte sich ja bei uns auch alles ändern. Es mußte ja auch gar nicht so kommen, daß der Vater arbeitslos würde, was im geheimen schon sehr früh seine Sorge war. Aber wir wollten uns jetzt nicht mehr selbständig machen. Man hatte uns das früher nicht gestattet, jetzt wäre es möglich gewesen, aber wir fühlten uns nun zu alt.

Im Jahr darauf gingen wir dann doch nach Westberlin, der Auslöser dafür war das erste Wahlergebnis am 18. März 1990 mit dem hohen CDU-Gewinn. Wir ahnten, daß das nicht gutgehen konnte, die Leute wählten die D-Mark und würden damit eine Pleite erleben. Damals lachte man uns wegen unserer Besorgnis aus. Aber wenn DDR-Bürger damals nicht wußten, was sie mit ihrer Wahl bewirkten, dann hatten sie die Augen verschlossen, wie sie auch vorher die Augen verschlossen hatten. Mir wäre ein SPD-Wahlergebnis lieber gewesen, weil ich mir die Zusammenführung der beiden Staaten dann langsamer und sanfter vorgestellt hätte. Ich glaubte, daß dann Menschen aus der DDR sich hätten einbringen können in den neuen Staat und zeigen, daß sie nicht dümmer waren als die in den alten Bundesländern und daß sie durchaus in der Lage waren zu arbeiten. Aber sie mußten erst mal lernen, daß sie nicht mehr »gelebt wurden«, sondern daß sie allein über ihr Leben bestimmen konnten. Das war für einige sicher gar nicht so einfach und brauchte Zeit. Denn das Leben bei uns war ja von der Wiege bis zur Bahre geregelt, wurde organisiert und reglementiert. Nun mußte man erst mit der Freiheit umgehen lernen.

Nach dieser Wahl rief ich also bei unserem Sohn an und sagte: »Du kannst mich holen!« Mein Mann hatte noch seine Arbeit und blieb, ich fuhr als Quartiermacher vor. Ich mußte damals noch übers Auffanglager, mußte zwar dort nicht wohnen, aber diese ganze Übersiedlungsprozedur durchlaufen. In der DDR hatte der Amtsschimmel gewiehert, hier wieherte eine ganze Herde. Aber am 3. April 1990 war ich Bürger von Westberlin.

·Ein Jahr lang wohnten mein Mann und ich getrennt, wir besuchten uns gegenseitig, das war ja jetzt keine Schwierigkeit mehr. Aber es war dann wirklich schwer, eine Wohnung zu finden, auf normalem Wege ging gar nichts. Durch Bekanntschaft und Tausch fanden wir schließlich eine Wohnung, die wir früher als vollkommen indiskutabel angesehen hätten: klein – das störte nicht so – und in einem sehr verschlampten und schmutzigen Hinterhaus. Es war ein Notanker, den wir ergriffen, um von hier aus weiterzusuchen. Denn jetzt konnte auch mein Mann kommen. Es war nun auch abzusehen, daß er arbeitslos werden würde. Hier in Berlin ging er in die Firma des Sohnes. Dieser hatte in den zwei Jahren seit der Firmengründung keinen Urlaub gemacht, und das war jetzt wieder möglich, denn auf den Vater konnte er sich verlassen, abgesehen von dessen handwerklicher Erfahrung.

Aus meiner alten Umgebung habe ich mich leicht gelöst. Wir hatten dort fünfzehn Jahre in einer unpersönlichen Wohnwabe gelebt, in der ich nicht heimisch geworden war. Im Winter gingen wir morgens im Dunkeln aus dem Haus und kamen abends im Dunkeln wieder zurück, und den Sommer verbrachten wir in unserem Wochenendhaus, dort fuhren wir gleich nach der Arbeit hin. – Wir ließen in der Stadt auch nicht besonders viele Freunde zurück; unser Freundeskreis war in der DDR sehr geschrumpft. Manche Freundschaft ging in die Brüche, weil man unterschiedliche politische Ansichten hatte. Zum Beispiel machte jemand plötzlich in der Partei Karriere, und das gefiel mir nicht, und ich zog mich zurück. Man hatte Bekannte, und natürlich hatte man Kumpel, mit denen man ein Tauschgeschäft in die Wege leiten konnte, wenn man Dinge brauchte, die man im Handel gerade nicht bekam. Nach der Wende hatten wir nun noch ständig das Gefühl, bespitzelt zu werden.

Aber in einer Hinsicht war diese Übersiedlung nach Westberlin für mich genauso schlimm wie 1945 die Ankunft in Klevenow nach der Vertreibung aus Finkenwalde: Wir Übersiedler wurden von oben herab behandelt, und ich hatte das Gefühl, fast jeder, der im Auffanglager arbeitete, dachte: Na, was wollen die denn nun hier? Jetzt sind die Grenzen offen, nun sollen sie bleiben, wo sie sind! – So empfand ich den Ton der überwiegend jungen Frauen. Ich fühlte mich in mein Flüchtlingsdasein zurückversetzt. Aber nun waren es ja selbstgemachte Leiden; der Schritt war getan, ich mußte nun durch. Und jetzt ist es ja auch überstanden, und wir sind froh, uns so entschieden zu haben.

Ich weiß nicht, ob wir mal richtige »Wessis« werden. Sich hier zurechtzufinden ist nicht immer leicht für uns. Wir müssen uns natürlich auf beiden Seiten bemühen, wieder eine gemeinsame Sprache zu sprechen. Es muß jeder versuchen, den andern zu verstehen, aber was man nicht miterlebt hat, das kann man auch nur schwer nachempfinden.

In Ungarn hatten wir immer das Thermalbad besucht – dort trafen sich jedes Jahr die gleichen Leute: Westdeutsche, Österreicher, Tschechen und Ungarn. Auch bei unserem letzten Ungarnaufenthalt saßen wir dort zusammen und unterhielten uns. Gerade dieses Jahr der Grenzöffnung regte ja alle besonders auf, und die Westdeutschen fragten nun: »Warum laßt ihr euch alles gefallen, warum geht ihr nicht gegen die Zustände in eurem Staat an? Ihr müßt doch nicht alles machen, was die sagen!« Von den Ausmaßen der Gängelung und der Bespitzelung und von der Angst vor den russischen Panzern hatten sie keinen Begriff. Selbst nach Gorbatschows Reformen in der Sowjetunion hatten wir noch Angst, zu stark aufzumucken. Wir haben nicht geglaubt, daß die Sowjetunion sich ihr westliches Bollwerk würde nehmen lassen. Aber die Westdeutschen verstanden uns nicht. Ich kann hier nun auch manches nicht verstehen, so zum Beispiel, warum man sich in der Bundesrepublik einen Verwaltungsapparat gefallen läßt, den ich nicht weniger aufgebläht finde als unsern in der DDR.

Wir sind jetzt in einem Alter, in dem wir uns mehr auf uns selbst besinnen können und sicher auch mehr zu unseren Anfängen zurückfinden. Natürlich hätte ich in der Vergangenheit auch die Möglichkeit gehabt, nach Stettin zu fahren, aber ich habe sie nie wahrgenommen. Manchmal haben es die häuslichen Verhältnisse nicht erlaubt – die Eltern wurden pflegebedürftig –, aber ich hatte auch eine gewisse Scheu, wieder zurückzufahren. Ich fürchtete einfach, die schöne Erinnerung zu verlieren. Unsere Kindheit war ganz rigoros abgebrochen worden; wir konnten sie nicht beenden, als wir innerlich bereit dazu waren, und vielleicht idealisiert man manches nun. Es war also nicht Gleichgültigkeit, wenn ich nie gefahren bin.

Das erste Mal so richtig Heimweh hatte ich 1946 in Klevenow; da war ich in einer Nacht aufgewacht, mein Kopfkissen und mein Gesicht waren naß, ich hatte von zu Hause geträumt – mit einem ganz starken Gefühl der Sehnsucht. Später gab es Zeiten, in denen das Heimweh verschwunden schien, ich hatte mich eingelebt und war sehr beschäftigt. Nun habe ich plötzlich wieder Zeit und merke, daß das Heimweh nie ganz weg war. Aber wenn ich allein nach Stettin gefahren wäre, dann hätte das eine Enttäuschung werden müssen, denn die Menschen, die dazugehört hatten, waren nicht mehr da. Aber da mir die Klasse früher so viel bedeutet hatte, habe ich mich dann auf unser Klassentreffen im Harz sehr gefreut. Trotzdem bin ich mit gemischten Gefühlen hingefahren, weil ich nicht wußte: Wie treffen wir wieder aufeinander? Es ging dann einfacher, als ich es mir vorgestellt hatte.

Wir haben versucht, anzuknüpfen an Altes; ich fand es wunderbar, und jeder hat meiner Meinung nach, wenn er guten Willens war, die bekannten Menschen irgendwie wiedergefunden. – Natürlich hat mich auch interessiert, wie das Leben der anderen verlaufen ist, und ich war neugierig, ob wir wieder miteinander auskommen können. Ich denke nun, es ist nicht so schwer, wir haben ja soviel Gemeinsames gehabt.

Heimat ist für mich nicht nur der Landstrich, die Stadt, die Umgebung, sondern zur Heimat gehören vor allem auch Menschen. Und ich glaube, daß unser Treffen mir mehr Heimatgefühl vermittelt hat, als wenn ich allein nach Stettin und Finkenwalde gefahren wäre.

Gerda Szepansky
Die stille Emanzipation
Frauen in der DDR

Band 12075

Wie haben Frauen in der DDR gelebt? Achtzehn aufschlußrei-
che Biographien geben Antwort auf diese Frage. Sie zeigen ein
differenziertes, vielschichtiges und ganz persönliches Bild von
unterschiedlichen Frauen: Neben der Künstlerin, Politikerin,
Wissenschaftlerin steht die Pastorin, Sportlerin, Arbeiterin,
Bäuerin. Die Lebensgeschichten machen aber auch die durch
die gesellschaftlichen Verhältnisse bedingten Gemeinsamkeiten
deutlich: die hohe Wertschätzung qualifizierter Berufstätigkeit,
eine enge Beziehung zum Arbeitsprozeß, ökonomische Unabhängigkeit, frühe Heirat und Mutterschaft und schließlich die
Fähigkeit, Beruf und Familie, wenn auch unter großen Belastungen, erfolgreich zu vereinbaren. Emanzipation vollzog sich
jedenfalls in der DDR anders als in der Bundesrepublik. Die
Gespräche, die die Autorin mit den porträtierten Frauen führte
und aus denen die hier versammelten Biographien entstanden,
machen deutlich: Wenn der Geschichte der Ost-Frauen mehr
Aufmerksamkeit geschenkt wird, kann die dringend notwendige Verständigung mit West-Frauen möglich und der Umgang
miteinander freundlicher werden.

Fischer Taschenbuch Verlag

fi 1690 / 1

Die Frau in der Gesellschaft

Maya Angelou
**Ich weiß, daß
der gefangene
Vogel singt**
Band 4742

Mariama Bâ
**Der scharlach-
rote Gesang**
Roman
Band 3746

Anna Banti
Artemisia
Roman
Band 12048

Janina David
**Leben aus
zweiter Hand**
Roman
Band 4744

M. Rosine De Dijn
Die Unfähigkeit
Band 3797

Ursula Eisenberg
Mauerpfeffer
Roman
Band 12638

Oriana Fallaci
**Brief an ein nie
geborenes Kind**
Band 3706

Maria Frisé
**Wie du und
ganz anders**
Mutter-Tochter-
Geschichten
Band 11826

M. Gabriele Göbel
**Amanda oder
Der Hunger
nach Verwandlung**
Erzählungen
Band 3760
**Labyrinth der
unerhörten Liebe**
Roman
Band 12937

A.-M. Grisebach
**Eine Frau
Jahrgang 13**
Roman einer
unfreiwilligen
Emanzipation
Band 10468
**Eine Frau
im Westen**
Roman eines
Neuanfangs
Band 10467

Bessie Head
**Die Farbe
der Macht**
Roman
Band 11679

Helga Häsing/
Ingeborg Mues (Hg.)
Vater und ich
Eine Anthologie
Band 11080

Fischer Taschenbuch Verlag

Die Frau in der Gesellschaft

Helga Häsing/
Ingeborg Mues (Hg.)
**Du gehst fort,
und ich bleib da**
Gedichte und
Geschichten
von Abschied
und Trennung
Band 4722
**Und wenn ich dich
liebe, was geht's
dich an?**
Gedichte und
Geschichten
Band 11612

Ingrid Hahnfeld
Brot für Schwäne
Roman
Band 11291
Das tote Nest
Roman
Band 13033

Jutta Heinrich
Alles ist Körper
Extreme Texte
Band 10505
**Das Geschlecht
der Gedanken**
Roman
Band 4711
**Im Revier
der Worte**
Provokationen,
Gegenreden,
Zwischenrufe
Band 12308

Sabine Heller
**Flucht
durch Mexiko**
Roman
Band 13072

Eva Hoffman
**Ankommen in
der Fremde**
Lost in Translation
Band 12869

Karin Irshaid
Das Hochzeitsessen
Erzählung
Band 12649

Maria Regina Kaiser
**Xanthippe
Schöne Braut
des Sokrates**
Roman
Band 11737

Martina Kreßner
Lebenssplitter
Roman
Band 11881

Rosamond Lehmann
**Aufforderung
zum Tanz**
Roman
Band 3773
Der begrabene Tag
Roman
Band 3767

Fischer Taschenbuch Verlag

Die Frau in der Gesellschaft

Fischer Taschenbuch Verlag

fi 20 / 19 c